城市轨道交通工程建设技术丛书

城市轨道交通 U 形梁施工技术与管理

主　编　文开良　段军朝　余南山
副主编　茹启江　陈　琳　梅　源
主　审　张金军　司鹏飞

西南交通大学出版社
·成都·

图书在版编目（CIP）数据

城市轨道交通 U 形梁施工技术与管理 / 文开良，段军朝，余南山主编. —成都：西南交通大学出版社，2022.4
　ISBN 978-7-5643-8639-9

Ⅰ. ①城… Ⅱ. ①文… ②段… ③余… Ⅲ. ①城市铁路 – 铁路桥 – 桥梁工程 – 工程施工 – 施工管理 – 中国 Ⅳ. ①U448.13

中国版本图书馆 CIP 数据核字（2022）第 051453 号

Chengshi Guidao Jiaotong U Xing Liang Shigong Jishu yu Guanli

城市轨道交通 U 形梁施工技术与管理

主编　文开良　段军朝　余南山

责任编辑	王同晓
封面设计	何东琳设计工作室

出版发行	西南交通大学出版社 （四川省成都市金牛区二环路北一段 111 号 西南交通大学创新大厦 21 楼）
邮政编码	610031
发行部电话	028-87600564　028-87600533
网址	http://www.xnjdcbs.com
印刷	四川森林印务有限责任公司

成品尺寸	185 mm × 260 mm
印张	17.75
字数	431 千
版次	2022 年 4 月第 1 版
印次	2022 年 4 月第 1 次
定价	78.00 元
书号	ISBN 978-7-5643-8639-9

图书如有印装质量问题　本社负责退换
版权所有　盗版必究　举报电话：028-87600562

《城市轨道交通 U 形梁施工技术与管理》编委会

主　　任：张金军

副 主 任：司鹏飞

主　　编：文开良　段军朝　余南山

副 主 编：茹启江　陈　琳　梅　源

主　　审：张金军　司鹏飞

参　　编：钟海洋　张　浩　张　敬　刘广辉　徐　德

　　　　　张东平　何家刚　郝付军　赵旭坤　杨正华

　　　　　樊剑雄　孙　松　雷小雨　代亚鹏　李　航

　　　　　袁剑阁　侯善琨　张　拓　谢祥兵　刘海玉

　　　　　唐　超　曹文杰　王正东

前言
PREFACE

随着我国经济和社会的不断发展，人民生活质量和水平得到了较大提高，随之而来的大中城市道路交通量也日益高涨，城市居民的出行需求与城市道路有限的通行承载能力之间的矛盾不断加剧，城市交通问题更加严峻。交通问题已成为大型城市发展的巨大挑战与制约因素，仅仅依赖于简单的扩路增车的方法已无法解决城市的这一重大问题；而城市轨道交通将是未来解决城市拥堵问题、绿色出行的有效途径。

城市轨道交通是指"采用轨道结构进行承重和导向的车辆运输系统，依据城市交通总体规划的要求，设置全封闭或部分封闭的专用轨道线路，以列车或单车形式，运送相当规模客流量的公共交通方式"。根据《城市公共交通分类标准》（CJJ/T 114—2007）的分类规定，常见的城市轨道交通形式包括有轨电车、地铁系统、磁悬浮列车系统、轻轨交通、单轨交通系统等。

目前，城市轨道交通的建筑方案主要包括地下隧道、地面线路和高架桥梁三种。一般情况下，在市区或城市中心采用地下隧道，在郊区或城市周边建筑密度较低的地方采用高架桥梁形式。在城市轨道交通的发展过程中，受建造要求、设计理念与水平、技术进步、施工方法、设备革新、城市美观要求等影响，城市轨道交通高架桥梁的设计与建造取得了长足发展，在板梁、箱梁、组合 T 梁等常规公铁桥梁结构形式的设计与建造不断完善的同时，单线或多线槽形梁、单线薄壁开口 U 形梁等新型结构也不断出现、改进和发展。虽然近几年我国轨道交通事业得到了快速发展，然而与西方国家相比，我国城市轨道交通仍处于发展阶段，建设项目少，施工经验缺乏，配套产业不完善。特别是在轨道交通 U 形梁方面，由于其材料、结构形式的特殊性，相对于传统预制 T 形梁、箱梁，其预制、运输及架设等施工方法不同，施工经验缺乏，如在施工过程中方案考虑不周、措施不当，均有可能给建设和运营管理留下不容忽视的问题和安全隐患。

为让城市轨道交通从业人员更加全面、系统地了解 U 形梁施工技术与管理，本书从城市轨道交通 U 形梁下部结构施工至上部结构的架设全过程进行了详细阐述。全书包含轨道交通 U 形梁简介、施工组织布署、基础施工、墩柱及墩帽施工、U 形梁施工、质量管理、安全管理等 9 章内容。本书内容翔实、图文并茂、容易理解，对从事城市轨道交通 U 形梁施工技术与管理人员具有很好的指导、借鉴作用。在编写本书的过程中，编者得到了西安建筑科技大学梅源老师，陕西铁路工程职业技术学院郝付军、赵旭坤老师，西安工业大学杨正华老师，郑州航空工业管理学院谢祥兵老师的指导与帮助，在此一并表示感谢！

由于编者水平有限，在编写过程中难免有不妥和疏漏之处，敬请广大读者批评、指正。

编 者

2022 年 2 月

目 录
CONTENTS

1 轨道交通 U 形梁简介 ·· 1
  1.1 概　述 ··· 1
  1.2 天津城市轨道交通某线概述 ··· 1

2 轨道交通 U 形梁施工组织布署 ··· 6
  2.1 项目组织机构组建 ··· 6
  2.2 总平面布置 ··· 6
  2.3 施工准备 ·· 7

3 轨道交通 U 形梁基础施工 ·· 9
  3.1 桩基施工 ·· 9
  3.2 承台施工 ··· 10

4 轨道交通 U 形梁墩柱及墩帽（盖梁）施工 ································· 12
  4.1 墩柱施工 ··· 14
  4.2 墩帽（盖梁）施工 ··· 25

5 轨道交通整体预制 U 形梁施工技术 ··· 54
  5.1 整体预制 U 形梁简介 ··· 54
  5.2 整体 U 形梁的预制 ·· 57
  5.3 预制梁场 ··· 58
  5.4 整体预制 U 形梁施工方案 ·· 70

6 预制悬拼短线法 U 形连续梁预制施工技术······118

6.1 预制 U 形节段梁概况······118
6.2 预制 U 形节段梁总体施工方案······121
6.3 预制 U 形节段梁预制施工工艺······124
6.4 预制 U 形节段梁悬拼施工工艺······140

7 整体原位现浇 U 形连续梁施工技术······234

7.1 整体原位现浇 U 形连续梁工程概况······234
7.2 整体原位现浇 U 形连续梁支架体系施工······238
7.3 支座及防落梁工程······253
7.4 模板工程······254
7.5 钢筋工程······255
7.6 混凝土工程······257
7.7 预应力工程······260
7.8 支架拆除······267

8 轨道交通 U 形梁质量管理······268

8.1 质量保障体系······268
8.2 质量保障措施······269
8.3 工程质量过程控制与管理措施······270
8.4 成品保护······270

9 轨道交通 U 形梁安全管理······272

9.1 安全保障体系······272
9.2 安全保障措施······273

参考文献······275

1 轨道交通U形梁简介

1.1 概述

目前，U形梁结构被认为是可以取代城市轨道交通传统箱梁结构，并适用于大运量轨道交通项目和轻轨项目的一种新型预应力混凝土轨道梁。在国际上，U形梁结构已得到广泛应用，但在国内的城市轨道交通建设中尚处于起步阶段。由于U形梁具有建筑高度更低、降噪效果更好等优点，正逐步替代原有箱梁、T梁的结构形式，成为轨道交通系统特别是城市轨道交通高架桥系统的主要结构形式。

薄壁开口U形梁是引进国外最新技术、结合我国现状和实际应用，由槽形梁改进而来的具有自主知识产权的一种新式梁型。U形梁的设计理念先进，它不仅具备传统槽形梁的结构优点和力学特征，还具有结构自重小、抗压力强、减震隔声、建筑高度低、车辆行驶安全、节约材料和结构新颖、外形美观等独特且突出的特征与优点。虽然早在1999年广州就已在城市地铁中设立试验段，用于大型预制U形梁的设计与研究，但目前所推广的新型U形梁的首次成功应用，应属于2009年在上海市轨道交通M8线的高架桥梁，随后又在2010年的南京市地铁2号线东延段、重庆市轨道交通1号线沙大段、2015年的郑州市地铁2号线南延项目、青岛市地铁蓝色硅谷线（又名青岛市地铁11号线）、2016年的济南市轨道交通R1号线等多个工程项目中获得较为广泛的应用。

1.2 天津城市轨道交通某线概述

天津滨海新区城市轨道某线一期工程（以下简称"本工程"）线路起点为津晋高速公路北侧的新城一站，终点为汉蔡路，规划线路走向为新城一站—物流西路—东盐路—（下穿）海河—堡东路—（斜穿）紫云公园和天津碱厂—（穿）津滨轻轨—黄海路—（上跨）京津高速公路—（上跨）永定新河—中央大道（折向东）—（下穿）规划的环渤海城际—汉蔡路，途经主要区域有南部新城、于家堡、天碱、开发区、北塘、中新生态城、中心渔港和汉沽。全线长约43.5 km，其中地下段约15.3 km，高架段约27.439 km，敞开段长约0.761 km。沿线共设27座车站，平均站间距约1.8 km，地下车站13座，高架车站14座，设新城停车场和汉沽车辆段各1处。见图1-1所示。

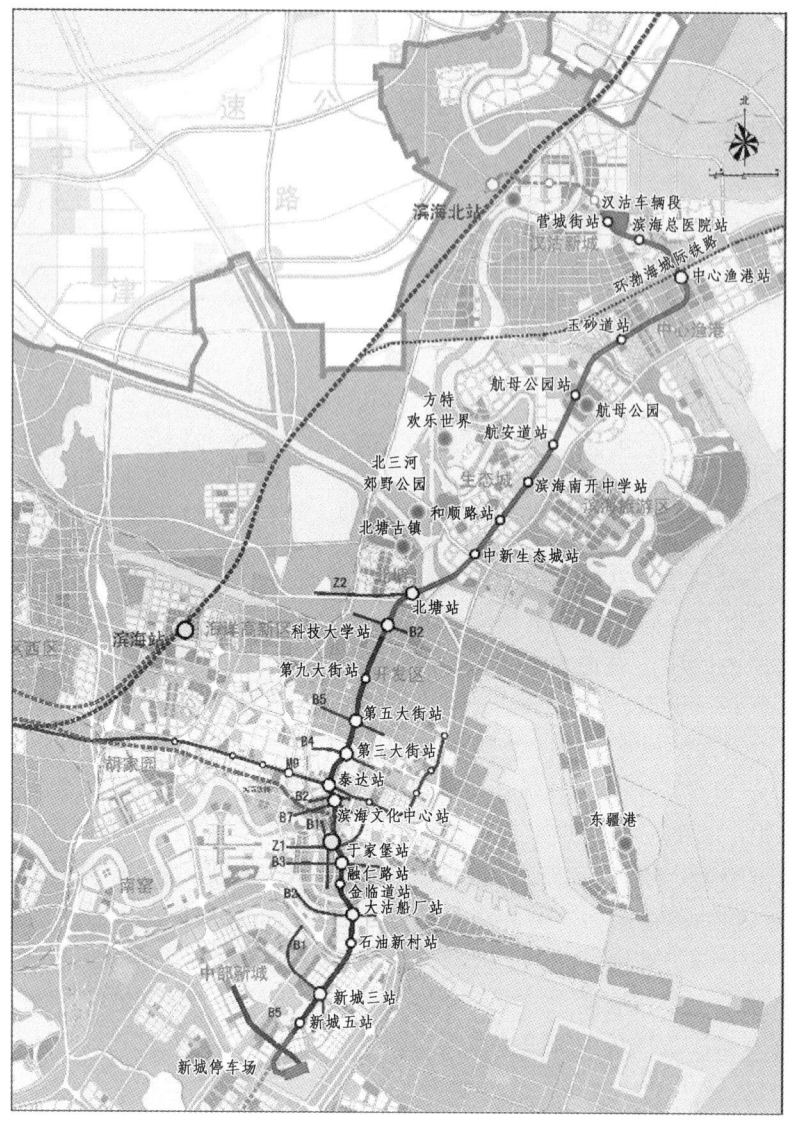

图 1.1 天津滨海新区城市轨道交通某线一期工程线路平面示意

1.2.1 高架区间工程简介

本工程高架区间桥梁标准梁采用简支 U 形梁结构，桥墩采用圆端型墩。跨越路口的节点桥梁采用大跨连续 U 形梁，桥墩采用圆端型墩，其中，Z4 线与 Z2 线交叉部分采用预应力钢筋混凝土 T 型刚构、道岔连续梁，跨越永定新河的桥梁采用（131+160+111）m 连续梁。

1.2.2 高架区间 U 形梁设计概况

1. U 形梁设计简介

本工程高架区间简支 U 形梁为预应力混凝土结构（如图 1.2），设计跨度为 12.5 m、16.113 m、18.613 m、20.547 m、22 m、23 m、25 m、26.29 m、27 m、27.15 m、27.5 m、

27.941 m、27.8 m、28 m、29 m、30 m、32 m、35 m，其中以 25 m、30 m 跨度为主，跨中梁高以 1.8 m、1.99 m 为主，梁顶宽 5.395 m，内宽 3.945 m。断面采用 U 形，曲线腹板，腹板厚度为 260 mm，底板厚度以 260 mm、300 mm 为主，梁端加厚段底板厚 400 mm。

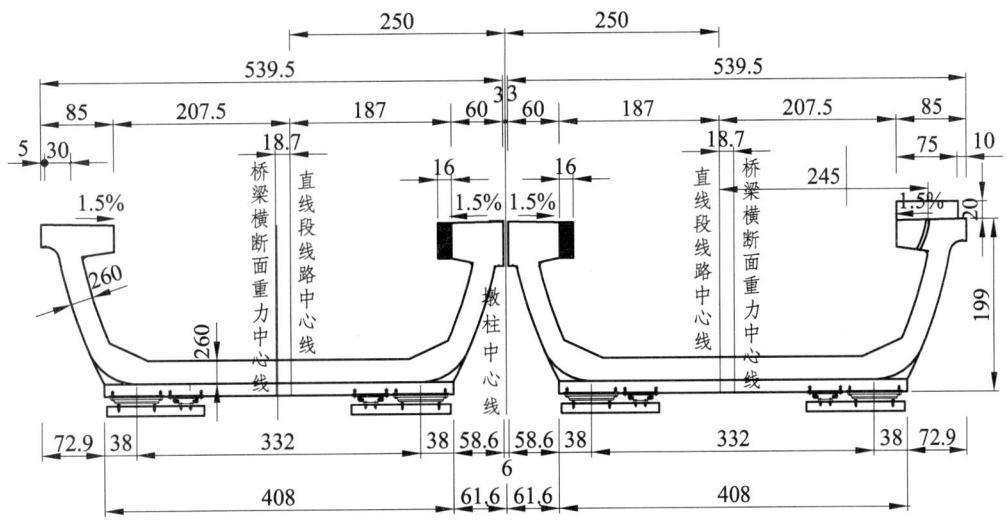

图 1.2　简支 U 形梁标准断面图（单位：mm）

跨越路口处采用预应力混凝土 U 箱组合连续梁结构，中新生态城站—和顺路站区间（37.5+60+37.5）m 双线 U 箱连续梁梁长 134.7 m（如图 1.3 和图 1.4）；和顺路站—滨海南开中学站区间（40+65+40）m 双线 U 箱连续梁梁长 144.7 m（如图 1.5 和图 1.6）。中支点截面中心线处梁高 5.19 m，跨中及边跨直线段截面中心线处梁高 2.29 m，边支点处截面中心线处梁高 1.98 m。梁底下缘按 1.5 次抛物线变化，边支座横桥向中心距 4.0 m，中支座横桥向中心距 3.4 m。

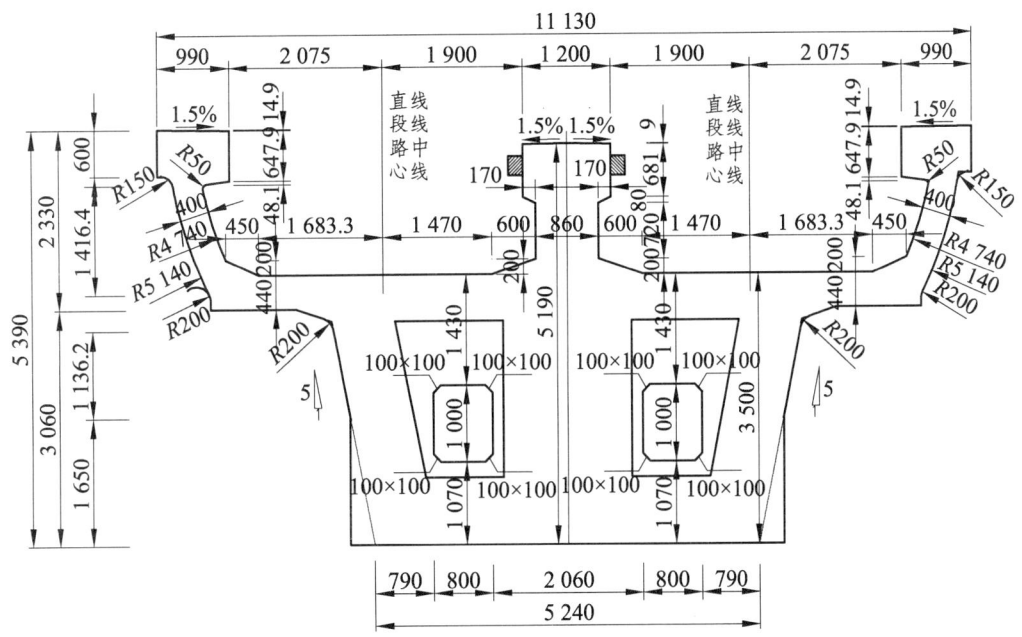

图 1.3　中新生态城站—和顺路站区间（37.5+60+37.5）m 连接 U 形梁中支点断面图（单位：mm）

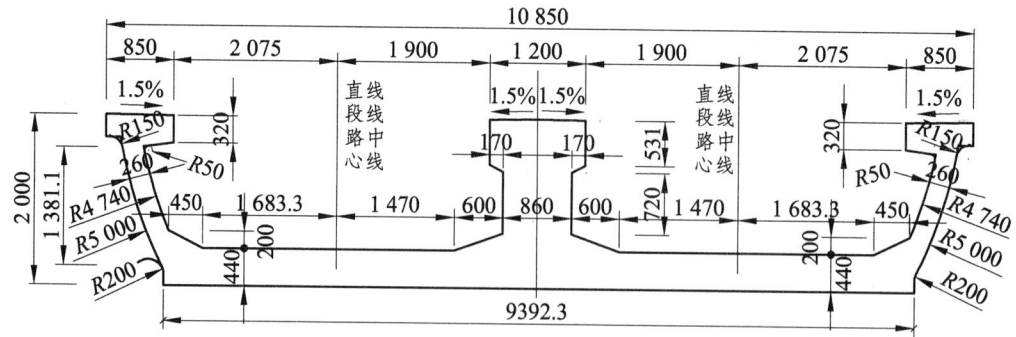

图 1.4 中新生态城站—和顺路站区间（37.5+60+37.5）m 连接 U 形梁边支点断面图（单位：mm）

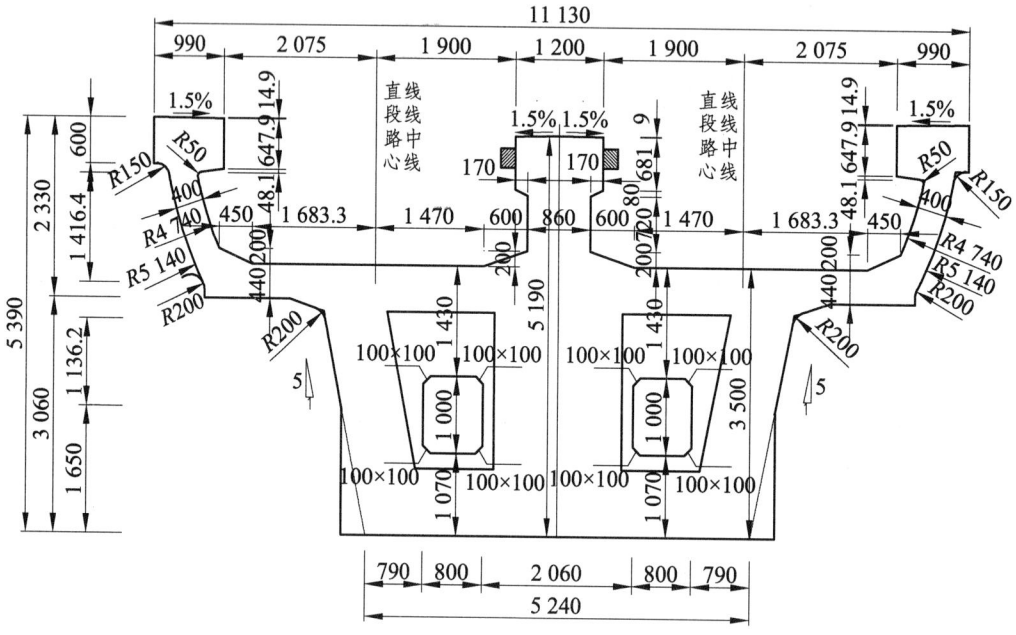

图 1.5 和顺路站—滨海南开中学站区间（40+65+40）m 连接 U 形梁中支点断面图（单位：mm）

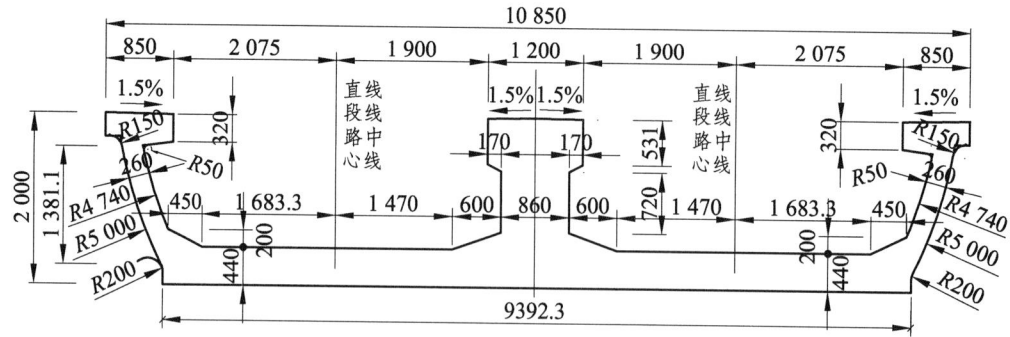

图 1.6 和顺路站—滨海南开中学站区间（40+65+40）m 连接 U 形梁边支点断面图（单位：mm）

2. U 形梁主要技术标准

高架区间 U 形梁设计技术标准如表 1.1 所示。

表 1.1 区间技术标准表

项目		建设标准
铁路等级		地铁
正线数目		双线
标准线间距		5 m
列车最高运行速度		120 km/h
高架段最小曲线半径		正线：一般情况 1 200 m，困难情况 550 m
线路最大坡度		正线 30‰
跨越市政道路桥下预留最小净空		5 m
设计使用年限		100 年
抗震设计	抗震设防烈度	8 度
	设计基本地震动加速度	0.2g
	抗震设防类别	重点设防类
	抗震措施等级	按抗震设防烈度提高一度要求
	场地土类别	IV 类
轨道结构高度	一般及中等减振地段	560 mm
	高等减振或特殊减震地段	650 mm

2 轨道交通 U 形梁施工组织布署

2.1 项目组织机构组建

在项目进场之前,施工单位应根据工程项目的实施内容、工程规模、总体工期计划,以及建设单位的相关管理制度、组织机构设置等,建立自己的项目管理组织机构,并明确各岗位、各部门的管理职责。

根据项目实际需求,为满足项目施工组织开展,项目部下设如图 2.1 所示的"八部两室两组一梁场",即:质量管理部、商务合约部、技术管理部、财务管理部、工程管理部、计划管理部、物资管理部、安全监督部、试验组、测量组、资料室、综合办公室和预制梁场。现场施工管理,实行工区制,根据线路长度、各分部工程特点以及工程量均衡的原则合理进行工区划分。

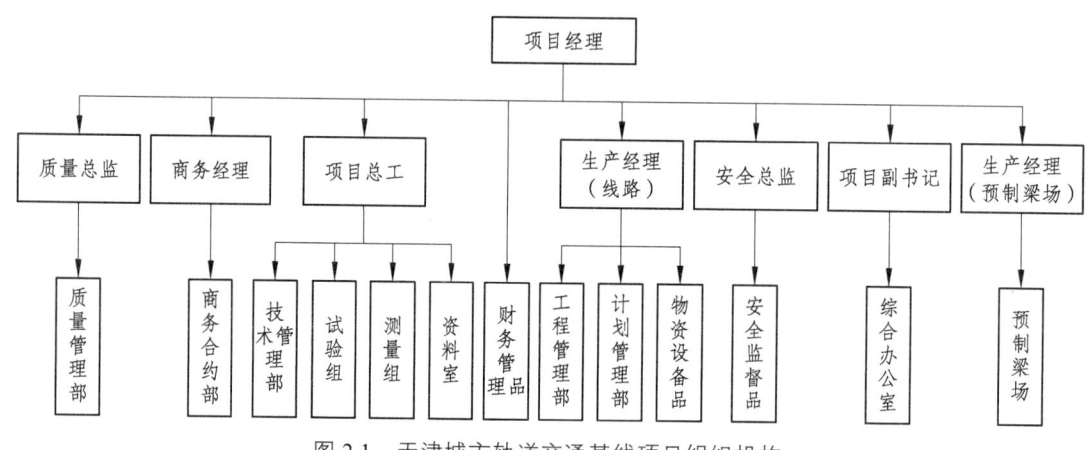

图 2.1 天津城市轨道交通某线项目组织机构

2.2 总平面布置

保证场内场外交通顺畅,满足工程施工和安全、文明施工要求;减少现场材料、机具二次搬运并避免环境污染；保证生活及办公场地安全、实用、经济、美观；对施工总平面进行科学、合理的布置。施工场地平面布置包括：项目部、项目部驻地、钢筋加工场、标养室、预制梁场、工人生活区、临时用水用电设施及现场施工围挡等设施。施工平面布置一般遵循下列原则：

（1）尽量减少施工用地，少占道路，使平面布置紧凑合理。

（2）保障现有道路交通运输方便通畅。

（3）应根据工程进展情况，分阶段调整施工总平面布置。

（4）布置符合现场卫生、安全防火和环境保护等要求。

（5）充分考虑水文、地质、气象等自然条件的影响。

（6）一切设施和布局，必须满足施工进度、方法、工艺流程及科学组织生产的需求。

（7）施工区段配置、临时建筑的布置合理、可行。生产作业区、材料堆放区、生活和办公区三区分离。做好场内与外部道路的衔接，既不影响外部交通，又便于材料、作业人员、施工车辆进出施工现场。

2.3 施工准备

2.3.1 技术准备

1. 熟悉图纸，并完成图纸会审工作

施工图设计是施工的主要依据。项目部在收到图纸后，各部门相关人员认真阅读图纸，领会设计意图，并记录下图纸中存在的问题及好的建议。工程进场后根据建设单位的安排，进行图纸会审和设计技术交底，形成文字记录，并组织项目成员对图纸进行深化设计，以便于更好指导现场施工。

2. 建立测量控制网

根据建设单位提供的 GPS 平面控制点及二等水准点组成的首级控制网，建立二级加密控制网，保证项目全线均匀分布有加密控制点，各重要工程部位控制点分布密度相应增加。待箱梁结构施工后，再将控制点引至箱梁上建立三级加密控制网。通过二级、三级加密控制网的建立保证地面及桥面体系的整体性。各级控制点的选取还必须保证每一级控制网中相对重要的点位在竣工验收前能够保存完好。

3. 试验检测准备

（1）根据需要引进有资质的单位作为母体试验室在现场建立工地试验室，施工前完成工地试验室的建立及验收工作。

（2）做好试验检测策划及工地试验室管理制度。

（3）按阶段做好原材及混凝土等材料的配合比设计。

4. 施工方案编制

根据施工进度安排及方案管理制度,按时完成实施性施工组织设计及分部分项工程施工方案的编制及报审工作。

5. 三级技术交底

为确保工程优质、高效、安全、低耗地完成,应做好三级技术交底工作。各级技术交底应具有针对性及可实施性,交底应包括项目施工内容、施工部署、施工方法、安全文明施工注意事项等。

2.3.2 现场准备

(1)完成工程各控制线(施工红线、道路中心线、拆迁边线等)的放线工作。
(2)详细调查施工场地地形地貌,为施工方案的确定提供依据。
(3)完成临时设施的选址工作。
(4)完成施工场地内施工障碍的调查统计工作,并按程序报迁改需求,完成施工障碍的清理。

2.3.3 资源准备

1. 物资材料准备

进场后,立即根据工程量清单和图纸计算的材料用量分阶段提出材料计划,在双方确定的合同范围内,积极采购材料进货。材料的入场管理及进货严格按照项目制订的相关管理制度执行,并积极接受业主和当地质检部门的监督。

2. 人员准备

在每个分项工程开工前提前完成队伍的招标工作,严格审核队伍资质和对类似工程的经验,在正式开工前按照施工方案的劳动力需求,积极组织劳动力进场。项目部以项目经理为首,积极组建现场施工管理人员,明确职责,落实到人。

3. 机械准备

根据施工组织设计中确定的施工方法、施工机具、设备的要求和数量以及施工进度的安排,编制施工机具设备需用量计划,组织施工机具设备需用量计划的落实,确保按期进场。机械设备进场后,按规定地点和方式布置,并进行相应的保护和试运转等工作。施工机械应做好维护保养,应定期对机械设备进行检查。

3 轨道交通 U 形梁基础施工

3.1 桩基施工

天津城市轨道交通某线一期工程位于滨海冲积平原，地下水比较丰富；沿线主要地层为建筑土、粉质黏土、黏质粉土、淤泥质黏土、粉沙、细沙，地质情况较为复杂。由于本工程地质条件的特殊性及地下水丰富的特点，本工程钻孔灌注桩施工采用反循环回旋钻机泥浆护壁成孔工艺（如图 3.1），并采用导管法灌注水下混凝土（如图 3.2）。

图 3.1 回旋钻机成孔施工　　　　　　　图 3.2 导管法灌注水下混凝土

（1）桩基施工前，需完成地上和地下障碍物的处理，以及施工所用临时设施的准备工作。按规定布设测量控制网，测放出各桩位中心点、平面位置。

依据钻机施工顺序图将桩基进行编号，并依据编号完成各桩测量记录、计算成果、图表等的清楚记录、准确标注及完整签署，并对结果进行复核与验算。

（2）当钻孔深度达到设计标高后，采用超声波探测仪检测孔径、孔壁形状及垂直度，并经监理工程师验收认可。对于反循环施工采用泵吸反循环抽浆换浆法清孔，钻头提起离孔底 20~30 cm，采用稍高的转速转动钻头，一边继续泵吸反循环，把孔底泥浆钻渣混合物排出孔外，一边向孔内补充储浆池内净化后的泥浆。孔底成渣厚度应满足设计要求。

（3）钢筋笼均在钢筋笼加工地基采用胎架成型法集中制作，采用平板拖车运至桩位。

待清孔泥浆指标及沉渣厚度达到规范或设计要求后移开钻机，再采用汽车吊或履带吊下放钢筋笼。

（4）混凝土由拌和站集中供应，采用混凝土罐车运至现场，导管法水下灌注。必须保证桩基混凝土灌注连续、快速地进行，且必须在混凝土初凝之前完成桩基混凝土的灌注。

（5）混凝土具有良好的和易性，灌注时保持具有足够的流动性，其坍落度宜控制在18～22 cm。首批灌注混凝土必须保证导管埋深不小于1 m，在后续混凝土灌注过程中，一般情况下导管埋深控制在2～6 m。混凝土导管不宜埋置过深，拆除导管应迅速及时，拆除后导管要检查密封圈好坏，及时更换密封圈，并保证导管有足够的安全埋管深度。测算混凝土上升高度和导管埋深要勤、要准。

灌注混凝土过程中，严格控制混凝土质量，随时检测混凝土坍落度，并根据要求制作混凝土试件以检验桩基混凝土质量。为确保成桩质量，桩顶超灌应控制在0.5～1.0 m。灌注过程中，指定专人负责填写水下混凝土灌注记录。

（6）桩基施工完成且混凝土强度达到检测要求后，及时与检测单位联系进行成桩检测。

3.2　承台施工

（1）根据地质情况及基坑开挖深度不大于5 m，且承台位于既有道路中央，在承台施工过程中，必须保证交通运输的畅通性、安全性，因此，承台施工采用钢板桩支护方式进行施工，钢板桩打设尺寸应沿承台尺寸外放0.5～1 m，如图3.3所示。

（2）承台基坑开挖采用挖掘机开挖，机械开挖至承台底标高以上预留30 cm进行人工开挖。

图3.3　承台基坑钢板桩支护　　　　图3.4　承台钢筋绑扎及墩柱钢筋预埋

（3）承台钢筋绑扎过程中，预埋的墩身钢筋露出承台顶4.5 m和5.5 m，并交错布置，如图3.4。

（4）承台模板采用组合钢模板（钢模板+木枋背楞），支架采用扣件式钢管支架。模板支撑体系中，钢模板后方设置竖向木枋（10 cm×10 cm），间距60 cm，竖向木枋后设置间距60 cm横向木枋作为外楞。支撑采用ϕ48 mm@3.5 mm钢管搭设，步距60 cm，横桥向间距60 cm，顺桥向间距60 cm，采用U形托与外楞连接。拼装模板时应注意拼缝严密、顺直、平整，防止漏浆。

（5）承台混凝土采用混凝土运输罐车运到施工现场后，采用溜槽进行承台混凝土分层浇筑施工，每层浇筑厚度不超过30 cm。

（6）混凝土的振捣采用插入式振捣器，移动间距不得超过振捣器作用半径的1.5倍。与侧模保持5~10 cm的距离，并插入下层混凝土5~10 cm。每一处振捣完毕后边振捣边徐徐提出振捣棒，避免振捣棒碰撞模板、钢筋及其他预埋件。

（7）浇筑过程中或浇筑完毕时，如混凝土表面泌水较多，必须在不扰动已浇筑混凝土的条件下，采取措施将水排除。继续浇筑混凝土前，应查明原因，采取措施，减少泌水。

（8）混凝土浇筑过程中，应设专人检查模板、钢筋和预埋件的稳固情况，当发现有松动、变形、移位时，应及时处理。混凝土浇筑完毕后，在混凝土初凝前及时进行承台顶面混凝土的收浆抹平，以防止出现裂纹。

（9）混凝土入模温度范围为5~30 ℃，常温下混凝土浇筑完成后，应及时覆盖并洒水养护。当气温低于5 ℃时，应采取暖棚法养护等措施，不得对混凝土洒水。采用塑料膜覆盖养护时，应在混凝土浇筑完成后及时覆盖严密，保证膜内有足够的凝结水。

（10）混凝土采用自然养护，在浇筑完毕初凝后对混凝土进行保温保湿养护。暴露面混凝土初凝前，应卷起覆盖物，用抹子搓压表面至少两遍，使之平整后再次覆盖，此时注意覆盖物不要直接接触混凝土表面，直至混凝土终凝为止。承台混凝土保温保湿养护的时间不少于7 d。

（11）当混凝土强度达到拆模规范允许值2.5 MPa后方可拆除模板。拆模过程中杜绝大力敲打，防止承台混凝土缺角少棱。

4 轨道交通 U 形梁墩柱及墩帽（盖梁）施工

天津城市轨道交通某线高架区间桥梁采用 U 形梁结构，简支梁位置桥墩采用圆端型墩和大悬臂墩帽（盖梁），大悬臂墩帽桥墩包含墩身及墩帽（盖梁）。墩身为等截面结构，截面平面最大尺寸为 2.8 m（横桥向）×2.3 m（顺桥向），截面横桥向为外凸圆弧，圆曲线半径为 157.2 m 截面横桥向除中心处有半径为 8 cm 的内凹圆弧外，其余均为直线。桥墩与承台的平面关系见图 4.1 和图 4.2。

墩帽平面最大尺寸为 10.5 m（横桥向）×3.24 m（顺桥向），两侧各悬臂 3.85 m。墩帽顶面横桥向水平，顺桥向有双向坡度。顶帽底面除墩身相连部分为水平以外，两侧悬臂部分均为内凹圆弧，圆曲线半径为 1 800 cm。

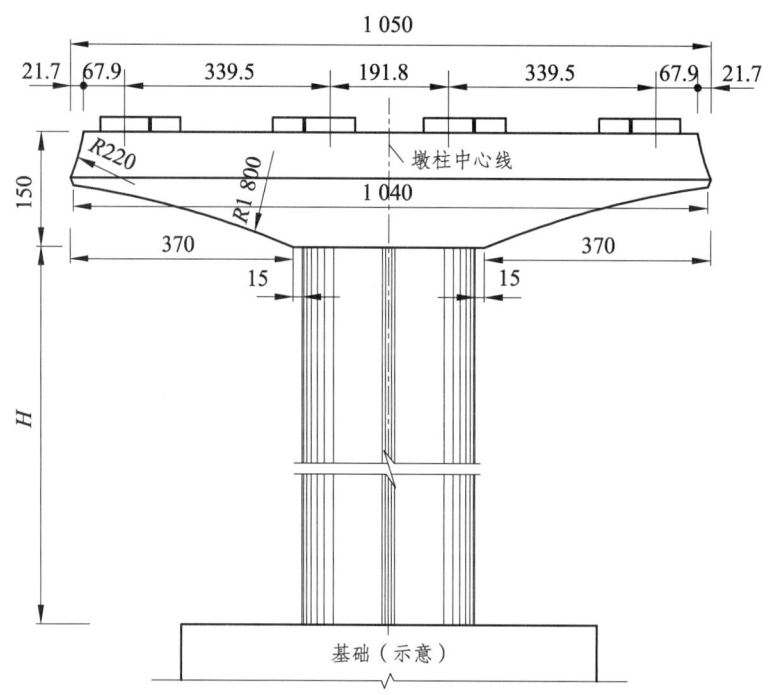

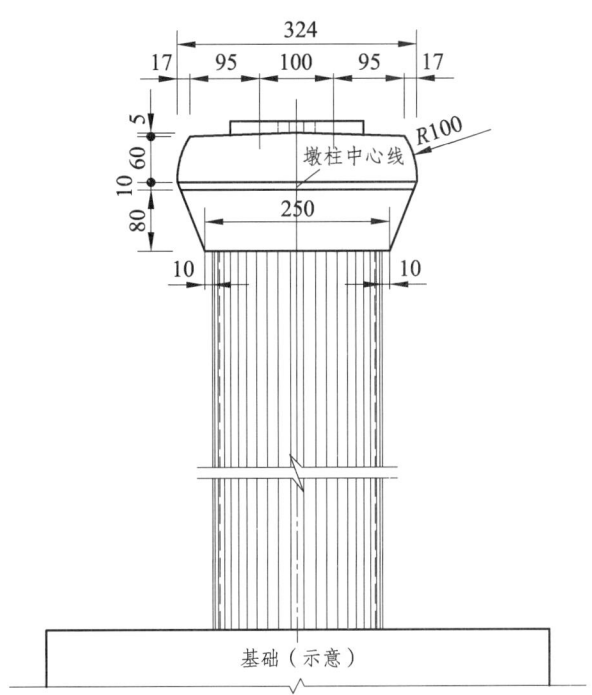

图 4.1 双线简支 U 梁墩身顶帽立面与侧面图（单位：cm）

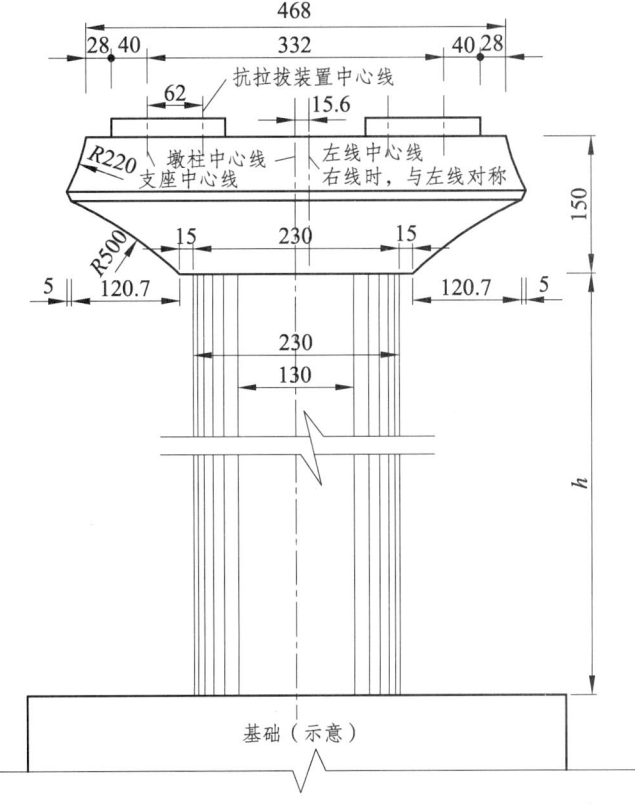

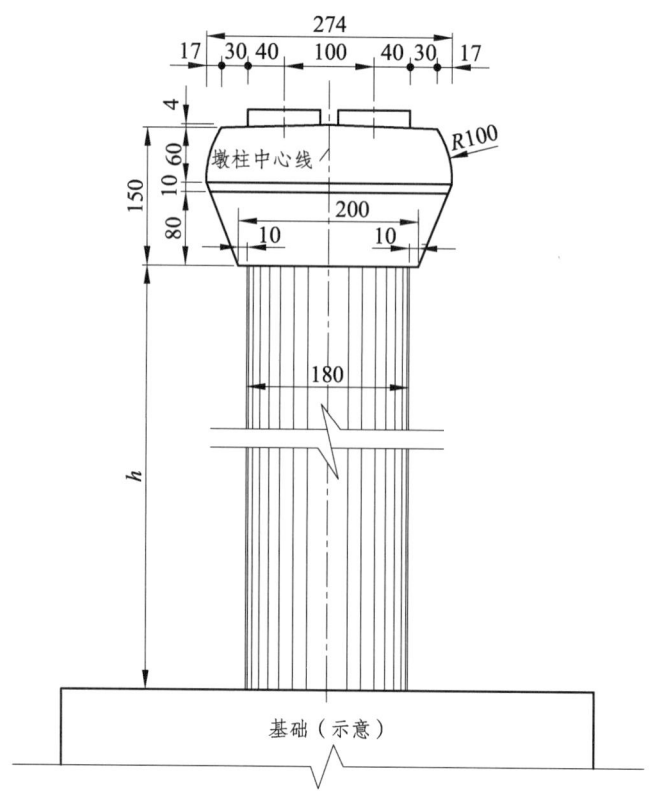

图 4.2　单线简支 U 梁墩身顶帽立面与侧面图（单位：cm）

4.1　墩柱施工

4.1.1　墩柱与承台交界面处理

在承台上的墩身截面范围内凿毛面积不少于 75%，凿除承台顶面浮浆使粗骨料露出。应注意凿毛范围，切勿超出墩身截面以外，对墩身边缘部分可待放出墩身立模线后再行凿毛，凿毛完成后冲洗干净，如图 4.3 所示。

图 4.3　墩柱与承台交界面凿毛处理

4.1.2 测量放线

墩柱模板安装前,在承台上精确放出墩柱中心十字线,人工根据十字线用卷尺放出墩身立模线。测量放线的同时对承台的位置和标高进行复核,确保墩身位置和标高的准确性。墩柱模板安装完毕,在浇筑混凝土前对墩柱模板放线复核,确认位置准确。

4.1.3 墩柱施工作业平台搭设

墩柱施工作业平台可采用盘扣式脚手架进行搭设,仅作为桥墩钢筋绑扎和模板安装的人工作业操作平台,不作为模板支撑架体,如图 4.4~图 4.8。立杆采用 $\phi 60$ mm×3.2 mm 钢管,材质为 Q345A;水平杆采用 $\phi 48$ mm×2.5 mm 钢管,材质为 Q235B;斜杆采用 $\phi 42$ mm×2.5 mm 钢管,材质为 Q235B。

脚手架步距为 2 m,立杆纵向、横向间距主要为 0.9 m、1.2 m,爬梯位置间距为 1.5 m。脚手架首层和顶层立杆采用 2 m 和 1.5 m 的立杆交错布置,立杆底部设置可调底座。沿架体外侧四角设置竖向斜杆和水平斜杆,增加架体整体稳定性。作为扫地杆的最底层水平杆距离承台面取 40 cm,不应大于 55 cm。

墩柱四周设置 0.9 m 宽作业平台,满布钢脚手板;外侧设置 0.9 m 宽上下廊道,采用挂扣式钢梯。作业层的脚手板架体外侧设置两道防护栏杆,分别设置在作业面立杆的 0.5 m 和 1 m 的盘扣节点上,并在外侧满挂防护网片。作业层与桥墩间的内侧在 0.2 m 高度范围内设置木踢脚板,防止平台上物体坠落;并在脚手板架体内侧作业面立杆 1 m 的盘扣节点上设置一道防护栏杆。

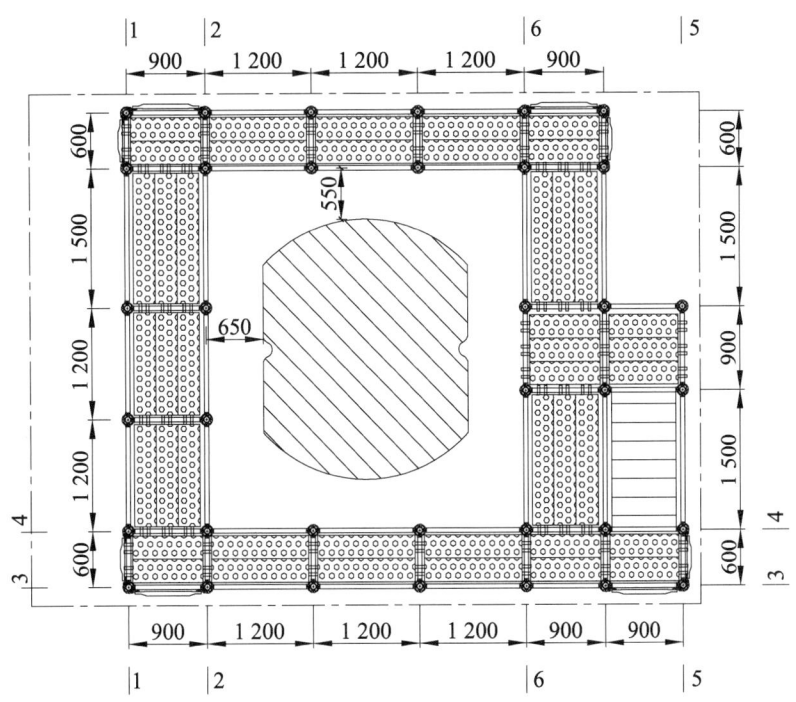

图 4.4 圆端型墩柱盘扣支架、脚手板平面布置图(单位:mm)

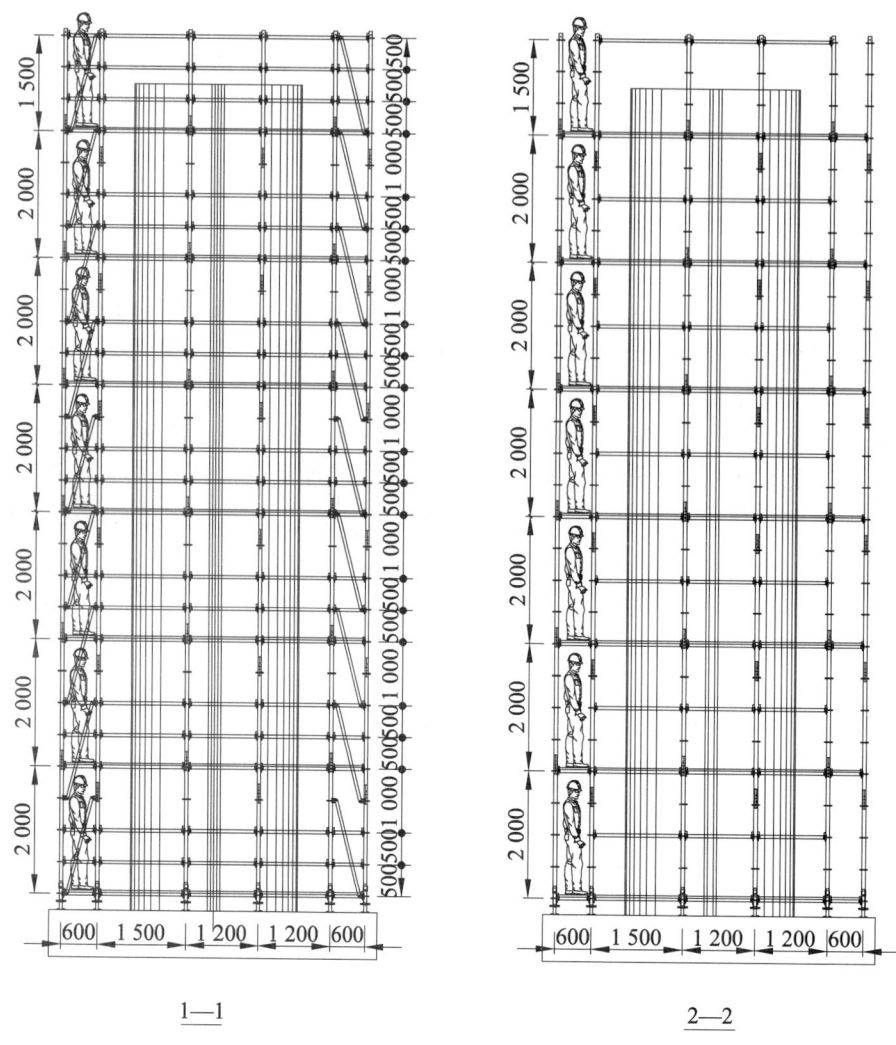

图 4.5 圆端型墩柱盘扣脚手架 1—1 和 2—2 立面图（单位：mm）

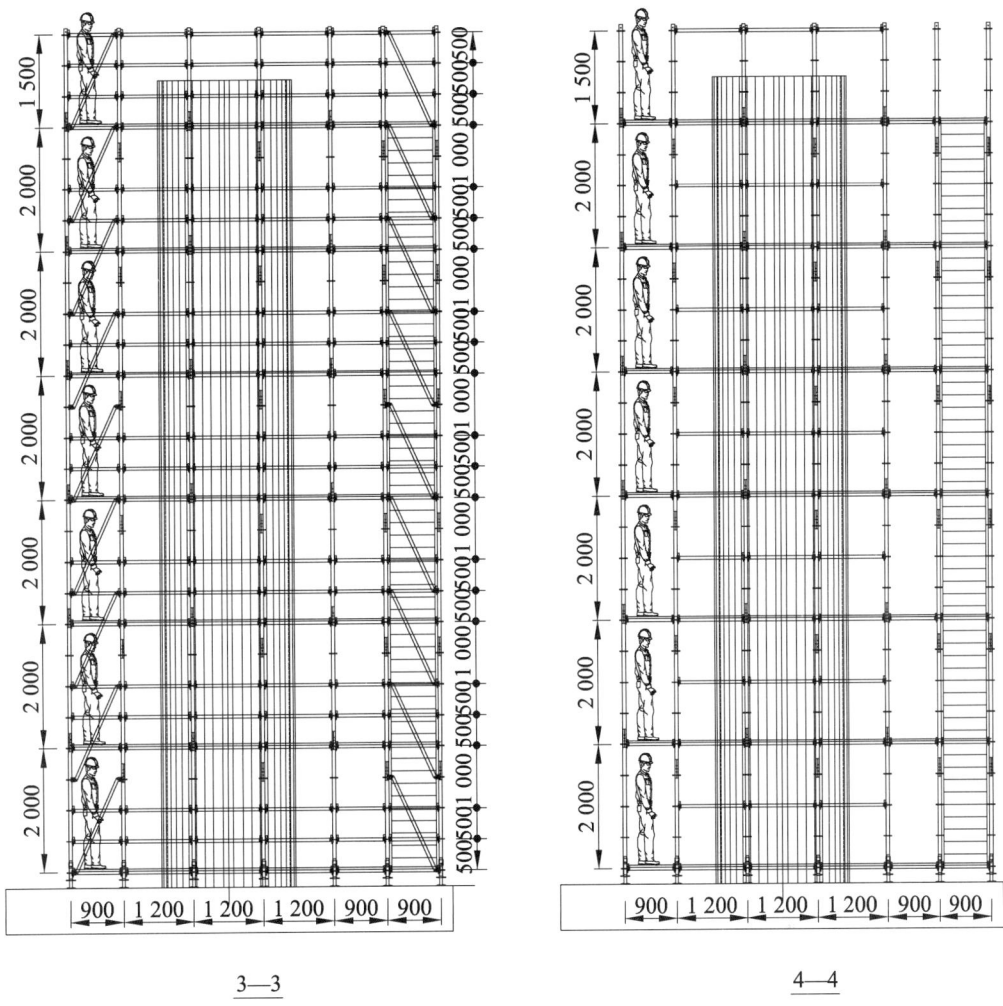

图 4.6 圆端型墩柱盘扣脚手架 3—3 和 4—4 立面图（单位：mm）

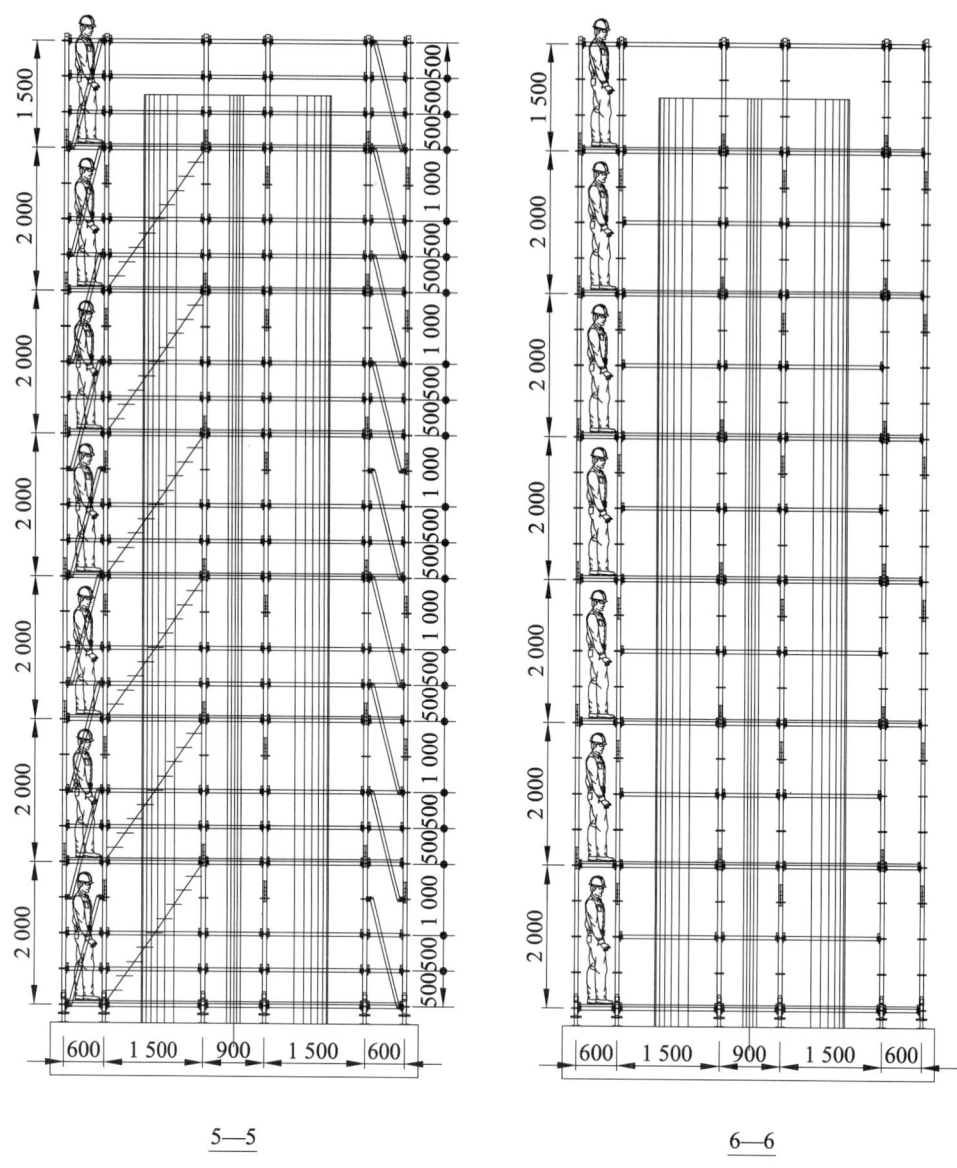

图 4.7 圆端型墩柱盘扣脚手架 5—5 和 6—6 立面图（单位：mm）

图 4.8 圆端型墩柱盘扣支架

考虑盘扣支架搭设时墩柱正在进行钢筋绑扎、模板安支,无法实现与墩柱抱柱固定;外侧设置缆风绳影响交通通行;故采用内侧交叉拉结缆风绳,共 8 根缆风绳,锚固点为预埋在承台上的顶帽支架立柱锚筋,此时暂未进行顶帽支架施工。为防止出现雷击伤亡,承台外侧设置 1 m 角钢插入土中并与支架底部相连实现接地。

4.1.4 墩柱钢筋工程

墩柱钢筋加工工艺流程如图 4.9 所示。

1. 钢筋原材料

钢筋材料进场后,首先要检验材料的牌号、等级、规格、生产厂家是否与合同相符,产品外观是否受损;检查无误后再检验其出厂质量合格证书和质量检验报告单。按批抽样测量直径、称量每延米重量并抽取试件做屈服强度、抗拉强度、伸长率和冷弯试验。

进场材料验收后,应按材料的不同种类、型号、规格、等级及生产厂家分别堆存,不得混杂,并设立识别标志,钢筋露天堆置时,应垫高并加遮盖,以防淋雨锈蚀和其他污染,影响钢筋质量。

2. 钢筋加工

(1)钢筋在钢筋加工场集中加工制作,采用运输车运至现场进行绑扎。
(2)半成品钢筋采用彩条布或其他覆盖物遮盖,防止日晒雨淋后生锈。
(3)在钢筋工程接头施工前,应根据直螺纹套筒连接或搭接焊进行现场条件下的工艺试验。
(4)加工好的钢筋应分类编号存放,钢筋在储存和运输过程中应上盖下垫,防止锈蚀、污染和变形。

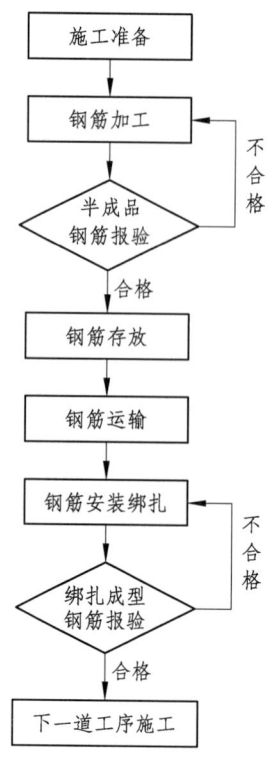

图 4.9 墩柱钢筋加工工艺流程

3. 钢筋绑扎

（1）墩柱钢筋在钢筋加工场内集中下料，原位绑扎成型。主筋采用直螺纹套筒接长，箍筋采用铁丝绑扎固定。

（2）绑扎墩柱钢筋。首先将箍筋套在承台预埋墩柱钢筋上，接着将墩柱竖向钢筋与承台预留钢筋进行机械连接，接头上下相互错开。根据施工图纸，准确在竖筋上标出箍筋、对拉钩筋的控制绑扎位置，将制备好的对应墩柱箍筋按竖筋上标出的控制绑扎位置从上往下与竖筋绑扎紧密，再将钩筋箍与竖筋和环向箍筋紧密绑扎。

（3）钢筋绑扎时所有绑扎丝多余部分必须向内弯，不得超出钢筋骨架外表面。所有定位钢筋端部不得超出钢筋骨架外表面。

（4）钢筋接头位置应避开钢筋弯曲处，且与起弯点的距离不得小于钢筋直径的 10 倍。

（5）墩柱周边的钢筋保护层采用混凝土垫块，其强度与桥墩混凝土的设计强度相同，保护层垫块采用梅花形布置，间距 1.0 m，且每平方米不少于 4 块。

（6）钢筋骨架在绑扎前，须对预制管道及预埋件位置进行放样，以及时调整钢筋位置进行避让。

墩柱钢筋绑扎见图 4.10，验收见图 4.11。

图 4.10　墩柱钢筋绑扎　　　　　　　　图 4.11　墩柱钢筋验收

4.1.5　模板工程

1. 模板要求

模板板面之间应平整，接缝严密，不漏浆，能够保证结构物外露面美观，线条流畅，结构简单，制作装卸方便。模板必须具有足够的强度、刚度及稳定性，确保施工过程安全可靠。模板使用前必须涂模板漆。

2. 模板设计

墩柱模板采用工厂精加工定型钢模板，模板应有足够的刚度，确保墩身模板坚固耐用。由于墩身高度类型较多，墩身模板采用标准节段为 2 m，设置 1 m、0.5 m 的调节段，每个节段水平方向分为四个块段。

3. 模板进场验收

（1）每套模板在出厂前均要进行试拼，并指派专人进行监督检查。各项指标检测合格后方可允许出厂运往工地。

（2）模板进场后，项目部与监理工程师对进场模板进行验收，确定进场数量及质量，模板进场后先进行试拼，确保能够严丝合缝。

（3）模板检查项目。

表面平整度、节与节之间的错台、板缝宽度、中间拉结杆的位置、间距、外缘直径；套丝长度、丝扣深度、从直板到圆端段四角的斜向连接及加固；外表有无磕碰，硬伤；等等。

4. 模板安装

1）测量放样

在承台顶面放出墩柱的中线、边线，并标出墩身底面准确位置。

2）墩柱模板安装要求

（1）墩柱模板安装顺序及技术要点。

① 墩柱模板安装流程如图 4.12。

② 技术要点。

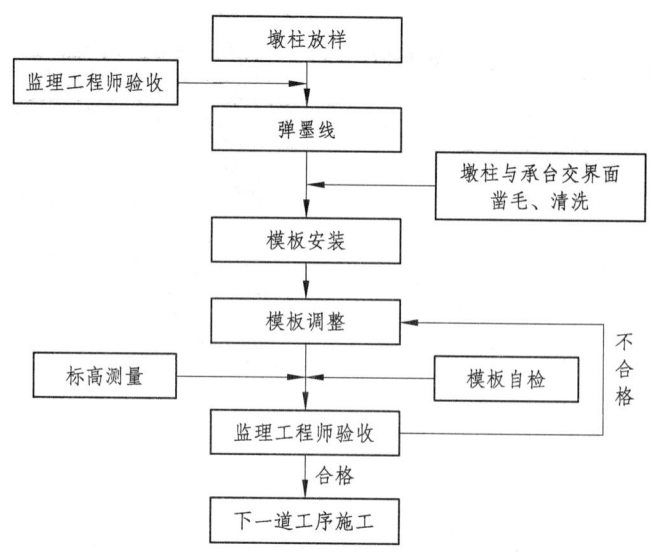

图 4.12 墩柱模板安装流程

墩柱安装模板前，首先必须将承台与墩身接茬处进行凿毛处理，并将承台上的碎屑、杂物等清理干净。为防止墩柱模板根部出现漏浆"烂根"现象，墩柱模板安装前，检验承台顶面平整度，若承台顶面高低起伏则在承台上采用同标号砂浆找平，以使模板与承台密贴。模板底口的砂浆带，宽0.1 m，环向布置，并凿毛至墩柱模板内侧平齐，确保砂浆带不侵入墩柱施工范围。

（2）模板组拼。

① 模板组拼采用吊车安装，吊点布置要合理，为防止碰撞引起变形，吊装快到位时，下落速度要慢。吊装时要设专人指挥。应按模板编号逐块起吊拼接。

② 墩身上下节模板，采用螺栓连接。安装时模板的接缝不得漏浆，且每两块模板拼装的每一个螺栓孔，都必须上螺栓紧固。模板之间采用体外拉杆进行拉结，通过对拉螺杆拉结背楞型钢成为整体。

③ 对于错台要采用辅助工具调整到位后，用螺栓拧紧，不可锤击或用其他强硬手段调整。

3）模板安装质量要求

必须符合《铁路混凝土工程施工质量验收标准》(TB 10424—2018)及相关规范要求。即"模板及其支架应具有足够的承载能力、刚度和稳定性，能可靠地承受浇筑混凝土的重量、侧压力以及施工荷载"。

（1）在涂刷模板隔离剂时，不得玷污钢筋和混凝土表面。

（2）模板安装应满足下列要求：

① 模板的接缝不得漏浆；

② 在浇筑混凝土前，混凝土接茬凿毛处应洒水湿润，但模板内不应有积水；

③ 模板与混凝土的接触面必须清理干净并涂刷优质隔离剂；

④ 浇筑混凝土前，模板内的杂物应清理干净，见图4.13。

（3）固定在模板上的预埋件、预留孔洞均不得遗漏，且安装牢固，其偏差应符合规定。

（4）对模板垂直度严格控制，在模板安装就位前，必须对每一块模板线进行复测，无误后，方可安装下一块模板，如图4.14所示。

图 4.13　墩柱模板打磨除锈　　　　　图 4.14　墩柱模板吊装

（5）模板安装完成后，应由测量人员对模板标高复核，浇筑前认真检查模板螺栓、拉杆是否松动。

（6）模板的拼缝、接头用双面胶密封条堵塞。

4）其他注意事项

为提高模板周转、安装效率，事先按工程轴线位置、尺寸将模板编号，以便定位使用。拆除后的模板按编号整理、堆放。

4.1.6　混凝土工程

墩柱混凝土一次浇筑至墩帽底，采用混凝土罐车进行运输，汽车输送泵泵送入模，汽车输送泵末端设串筒保证混凝土自由落距不大于 2 m。混凝土工程应符合下列要求：

（1）混凝土浇筑前，对模板、钢筋、预埋件进行详细的检查并作好记录，符合设计及规范要求后方可浇筑混凝土。模板内不得有杂物，夏季施工时可洒少量水在混凝土表面，承台与墩柱交界表面洒水湿润但不得有积水。

（2）注意对生产出来的混凝土进行检查监控，按规范要求进行坍落度、含气量试验及温度测试，制作混凝土试块，并观察混凝土的和易性，符合要求才能使用。

（3）混凝土生产后泵送入模。混凝土入模时，应控制混凝土自由下落高度不超过 2 m；若大于 2 m，则混凝土浇筑采用串筒施工，串筒出料口至混凝土浇筑面的高度按 1 m 控制。

（4）串筒设置在墩中心附近且位置应稳固，避免混凝土浇筑时串筒左右摆动，碰触模板、钢筋。混凝土浇筑时分层浇注厚度为 30～50 cm，混凝土振捣采用 B50 振动棒。

（5）混凝土振捣时，振动棒应插入下一层一定深度（一般 5～10 cm）。振动棒要快插慢抽，移动间距不大于振动棒作用半径的 1.5 倍。振捣时插点均匀、成行或交错式移动，以免漏振。每一次振动时间一般 20～30 s，以免欠振或过振，振动完毕后，边振动边徐徐拔出振动棒。混凝土应振捣密实，混凝土密实的标志为混凝土不再下沉、不再冒气泡、表面开始泛浆。

（6）混凝土振捣时，振动棒不得碰撞模板，更不得别住钢筋进行振捣。混凝土振捣过程中，应避免重复振捣，防止过振。应加强检查模板支撑的稳定性和接缝的密合情况，防止在振捣混凝土过程中漏浆。

（7）混凝土浇筑应连续进行，浇筑间断时间不得超过混凝土的初凝时间。当超过允许间歇时间时，应按浇筑中断处理，同时应留置施工缝，并做好记录。施工缝的平面应与结构的轴线相垂直，施工缝施工前应凿毛处理并洒水润湿。

（8）浇筑混凝土期间，应设专人检查模板、钢筋和预埋件等的稳固情况，当发现有松动、变形、移位时应及时处理。

（9）作业人员上下必须系好安全带，严禁不系安全带站在跳板上振捣作业。

混凝土浇筑见图4.15。

图4.15 墩柱混凝土浇筑

图4.16 墩柱包裹养护

4.1.7 混凝土养护

墩柱混凝土在带模养护阶段主要采用上部覆盖塑料薄膜加土工布，定时用养护系统喷水保湿，采用模板自身防风的方法。墩身混凝土强度达到2.5 MPa，且保证其表面及棱角不因拆除模板而受损坏，方可拆除模板；拆除模板后，立即在墩身缠裹一层塑料薄膜，外侧包裹一层土工布，顶帽持续覆盖塑料薄膜加土工布、定时喷水养护保湿，养护时间不少于14 d，见图4.16。

养护系统采用墩柱一侧中央布置不小于2 m³的水箱，水箱内始终保证有足够的蓄水量，不得低于0.5 m³，每天下班前对水箱进行加满。采用高扬程水泵通过2 cm PVC管将水压至墩顶，水泵扬程应高于桥墩最高墩身5 m。养护系统高于桥墩高度50 cm，水管采用2 cm PVC制作，其上安装向四周扩散的喷头，间距50 cm，水管沿顶帽混凝土外侧20 cm布设一圈，喷头朝下且面向混凝土，保证混凝土喷水养护全部覆盖。本养护系统设置时间继电器，由专人负责，高温时段设置为30 min喷洒一次，常温时段设置为60 min喷洒一次，每次5 min，养护时间的设置考虑在第二次养护时能确保上次水分还未完全蒸发。

4.1.8 预留预埋工程

1. 预埋件设置

墩柱施工时埋好预埋件，注意不要遗漏防雷接地、沉降观测标、泄水管卡件、支座螺栓孔、防震落梁等预埋件。预埋件施工前，项目部根据设计图纸对预埋件进行梳理，编制预埋件台账，避免遗落。

2. 垫块布置

墩柱顶预埋支座垫石钢筋，并且预留PVC管道，用于支座的地脚螺栓。

3. 防雷接地布置

墩柱防雷接地采用两根主筋做接地钢筋,接地钢筋预先用黄色油漆标记 5 cm,钢筋之间搭接焊长度不小于 6 倍接地钢筋直径并多预留 5 cm,接入桩基钢筋,形成的电气通路应良好,接地电阻满足设计要求。

4. 沉降观测标布置

(1)沉降观测标埋设于墩柱(桥台)横桥向两侧(一侧各一个),埋设高度为地面线以上至少 0.5 m,如图 4.17 所示。

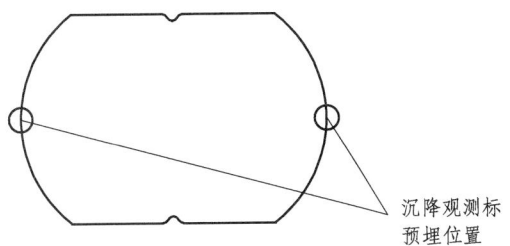

图 4.17 沉降观测标预埋位置示意

(2)墩柱观测标应在桥墩墩身施工完成后埋设。墩柱观测标材料、埋入深度、伸出长度等要求按照《铁路工程沉降变形观测与评估技术规程》(QCR 9230—2016)要求。如果有第三方检测要求,则按照第三方检测单位实施。

4.2 墩帽(盖梁)施工

4.2.1 抱箍法墩帽(盖梁)施工

1. 抱箍支架设计

抱箍主要由柱箍、牛腿、紧固件及承重梁等四部分组成。在墩身顶部偏下位置设抱箍,采用工字钢架设在抱箍两侧的牛腿上,作为墩身顶帽模板承重梁,彻底解决了因地基承载力不足而影响墩身顶帽施工的技术难题。

(1)抱箍体系设计。

如图 4.18 所示,墩身设置双层抱箍,上下抱箍采用直径为 125 mm,壁厚 5 mm 钢管进行竖向连接。单层抱箍高度 80 cm,单抱箍由两块半圆钢板(内径为 1 572 mm,厚度 20 mm)制成,用 12 根 ϕ32 mm PSB930 精轧螺纹钢对拉,单根螺纹钢预紧力为 25 t(扭矩值为 1 450 N/m)。为保护墩身及增加墩身与抱箍间的摩擦力,在墩身与抱箍间设置 10 mm 厚橡胶板,橡胶板采用万能胶与抱箍进行黏结。

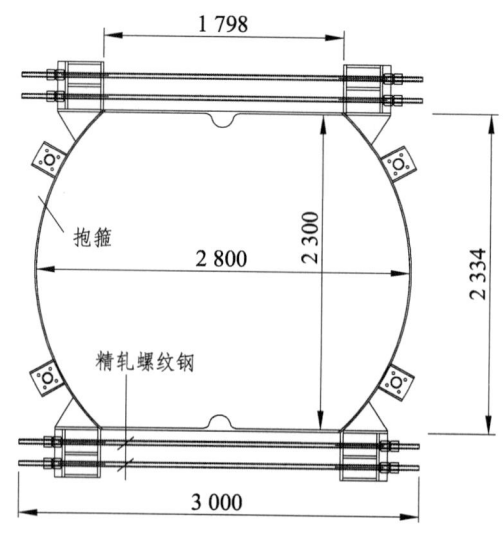

图 4.18 抱箍断面图（单位：mm）

（2）承重体系。

如图 4.19 和 4.20 所示，两根承重梁分别位于墩身顺线路两侧，采用 I30b 工字钢放置在顶层抱箍牛腿上，承重梁与抱箍间设置 $\varPhi=30$ cm 砂箱，砂箱总高 30 cm。承重梁间设置 6 道水平连接杆件，保证工字钢主梁的稳定性。承重梁采用 I20a 型工字钢（构件 1）支撑在下层抱箍牛腿上。工字钢承重梁上铺设 I18 工字钢分布梁，分布梁间距 30/50 cm。

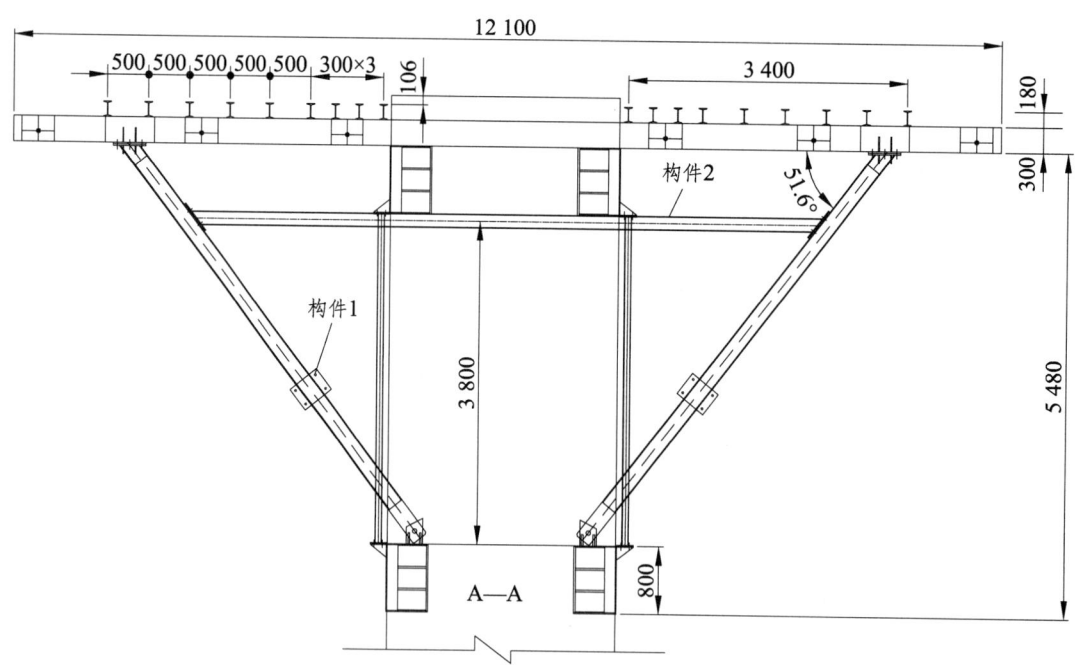

图 4.19 抱箍体系立面图（单位：mm）

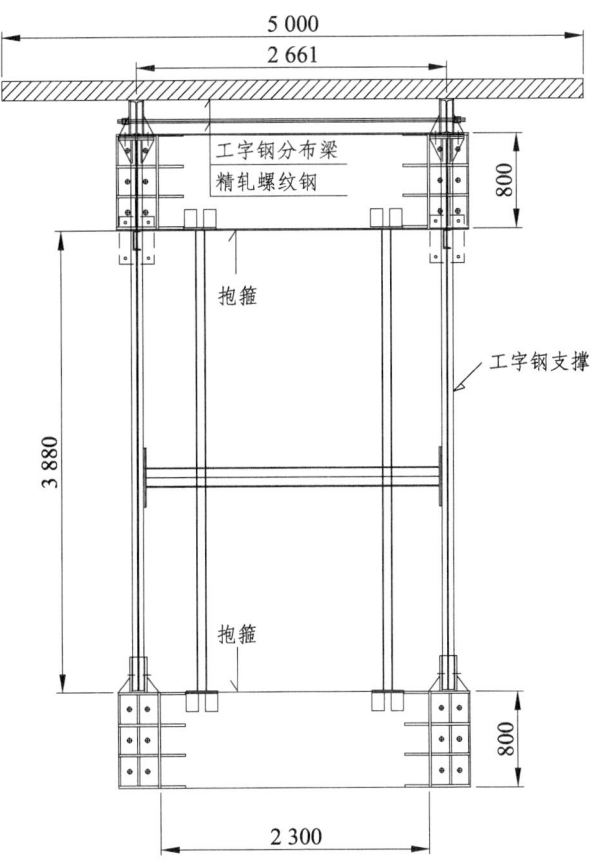

图 4.20 抱箍体系侧面图（单位：mm）

2. 墩帽（盖梁）抱箍法施工方法及工艺

1）施工工艺流程

墩帽（盖梁）抱箍法施工工艺流程如图 4.21 所示。

2）墩身顶部凿毛

墩帽（盖梁）施工前对墩身顶面混凝土进行凿毛处理，并冲洗干净充分润湿，露出新混凝土面积不小于 75%。

3）测量放样

墩帽抱箍施工之前，进行施工放样，测出墩身中线和墩顶标高，同时计算出墩帽施工期间支撑体系总高度和各分部支撑高度，利于施工时按各部情况调整支架的标高，满足施工要求。

根据抱箍支架结构尺寸及墩帽标高反算出抱箍安装高度，采用全站仪在墩身上准确放出抱箍安装位置，并采用墨线环墩身四周弹线标记。

4）抱箍安装

在抱箍组装前，应除去抱箍内侧的铁锈，提高抱箍与橡胶板间的摩擦系数。

抱箍安装时，先将墩身施工操作架拆除到顶层抱箍底层标高位置，为架设工字钢承重梁施工腾出空间，同时为吊装工作提供方便。抱箍吊装时先在施工脚手架上搭设脚手板，为紧固抱箍螺栓提供操作平台。在地面上先用精扎螺纹钢将抱箍的孔位逐一连接好后带上螺帽，螺帽外侧面与螺杆相平。用钢丝绳穿入抱箍的牛腿顶部用于固定砂箱的锚栓孔内，对称穿入后进行抱箍吊装，吊装时从墩身上方把抱箍套在墩身外侧，并且用人工在墩顶进行辅助定位，在抱箍与墩身之间设置10 mm厚橡胶板以增大抱箍与墩身之间的摩擦系数，同时避免施工过程中抱箍对墩身混凝土的破坏，影响墩身外观质量。

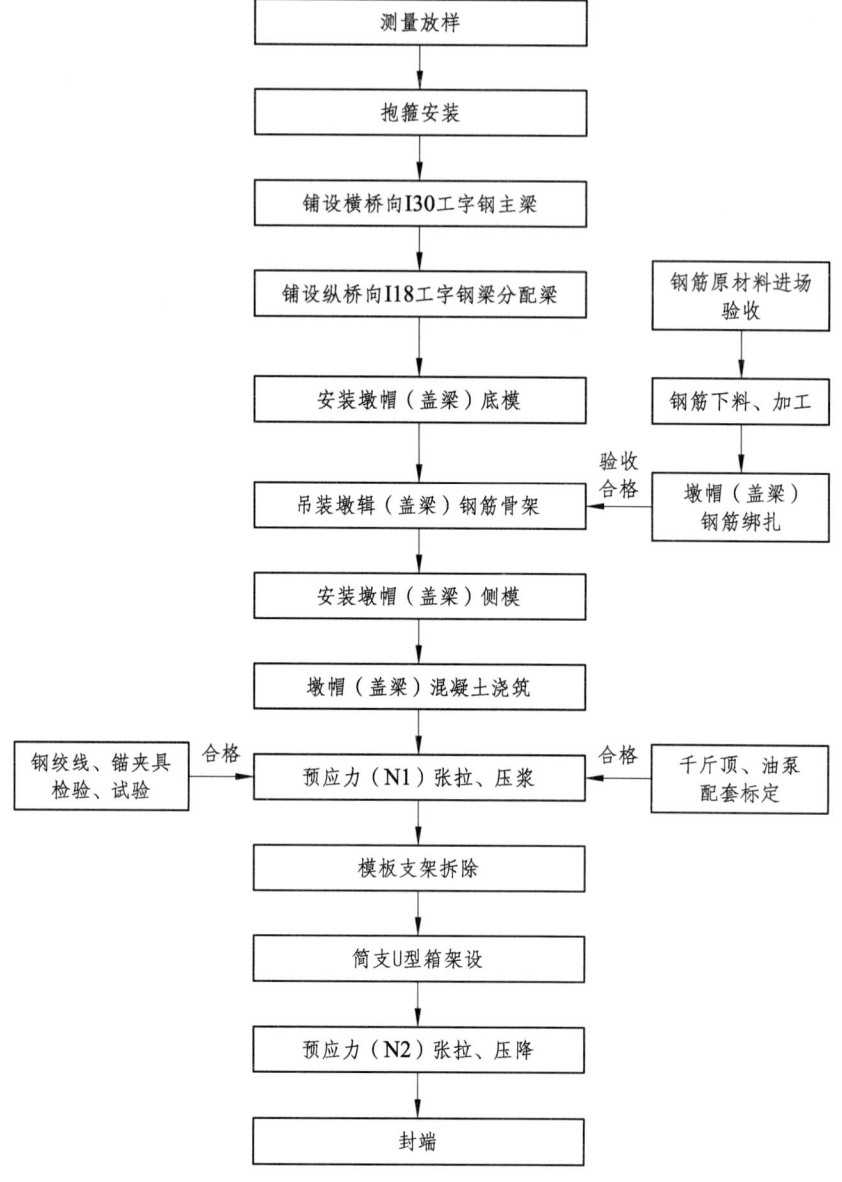

图 4.21 墩帽（盖梁）抱箍法施工工艺流程

对抱箍进行紧固时，采用力矩扳手分3次紧固精扎螺纹钢上螺母进行平行施加预拉力，第一次紧固值为设计值30%，检查抱箍安装偏差，抱箍安装位置准确后将螺母紧固值设计至80%，紧固过程中观察抱箍的各个板面及焊缝的情况，观察有无变形或开裂等情况，第三次紧固设计值100%。

抱箍安装并检查验收合格后，在抱箍的牛腿上安装砂箱，在砂箱顶部安装I30b工字钢承重梁,并在承重梁工字钢之间装上横向拉结杆件,防止吊装及定位过程中发生横向失稳引发意外。共设 6 根拉杆,墩身两侧各 3 根,拉杆采用 ϕ32 精扎螺纹钢外套 5 mm ϕ48 钢管。

5)分配梁安装

承重梁安装完成后,对承重梁顶部标高进行复核,复核无误后,在承重纵梁上安装 I18 工字钢分配梁,分配梁长 5.0 m、间距 30/50 cm。分配梁安装前,在分配梁上采用石笔画出承重梁位置线。分配梁与承重梁间采用 U 形螺栓卡件固定,防止施工过程中分配梁移位。抱箍支架体系如图 4.22 所示。

图 4.22 抱箍支架体系

6)施工操作平台安装

墩身操作架拆除前在分配梁、承重梁端部设置施工作业平台,施工作业平台宽 0.8 m,防护栏高 1.2 m。

墩身脚手架拆除后在垂直线路侧设置箱式组合框架式爬梯,爬梯长 4.0 m、宽 2.0 m,每节段高 2.0 m。上下节连接采用高强螺栓连接,上下平台与平台承接采用双层构件连接。爬梯距墩身净距 1.5 m。爬梯每 5.0 m 高度采用 ϕ48 钢管、扣件与墩身相连。爬梯基础采用 20 cm 厚 C20 混凝土基础,基础每边宽出爬梯 0.5 m。

7)墩帽(盖梁)底模安装

墩帽(盖梁)模板采用定型钢模制作,如图 4.23~图 4.25 所示。墩帽(盖梁)模板分为底模、侧模、端模。

底模面板采用 6 mm Q235 钢板,法兰为 100 mm×12 mm 钢带,横肋为 10# 槽钢,筋板为 100 mm×5 mm 钢板,模板下部采用 10# 槽钢焊接整体式托架。

侧模面板采用 6 mm Q235 钢板,法兰为 100 mm×12 mm 钢带,横肋为 10# 槽钢,模板外侧采用双 16# 槽钢背杠整体式焊接对拉,拉杆为 PSB830 级 ϕ25 精轧螺纹钢。

端模面板采用 6 mm Q235 钢板,法兰为 100 mm×12 mm 钢板,筋板为 100 mm×10 mm 钢板,预应力张拉、锚固区模板与端模整体设计。

抱箍支架搭设完成后,将墩帽(盖梁)底模安装就位,墩帽底模标高安装施工误差不应大于±5 mm,轴线偏位误差不应大于±10 mm,模板接缝间贴双面胶海棉条,防止接缝漏浆造成混凝土面色差或麻面。模板允许偏差和检验方法见表 4.1。

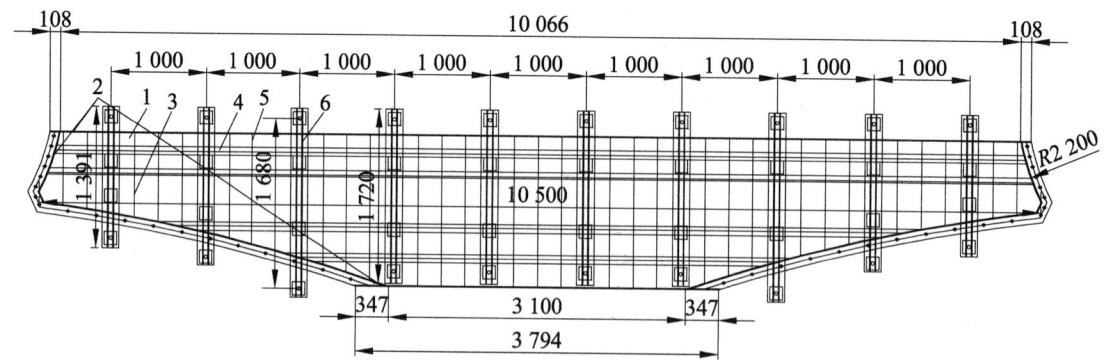

图 4.23　墩帽（盖梁）模板设计横桥向立面图（单位：mm）

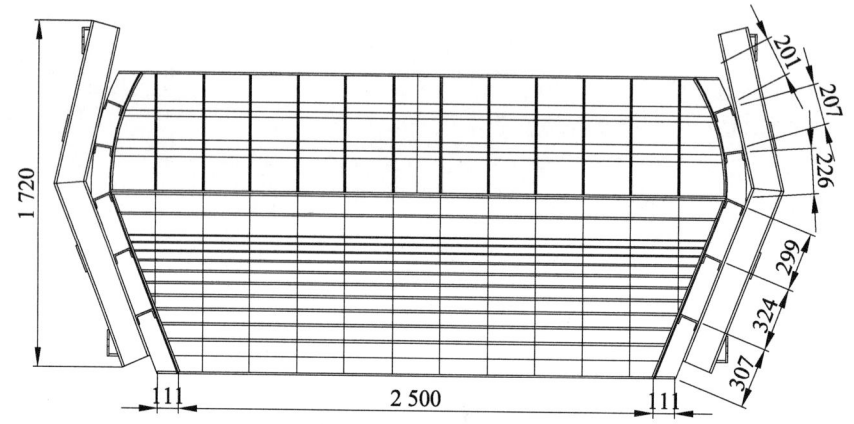

图 4.24　墩帽（盖梁）模板设计模板顺桥向立面图（单位：mm）

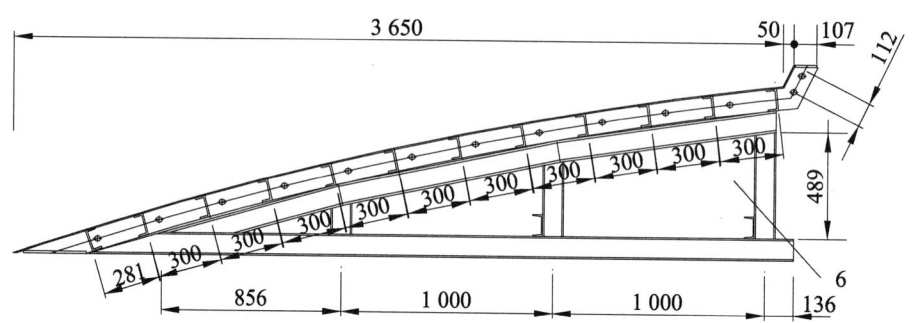

图 4.25　墩帽（盖梁）模板设计托架横桥向立面图（单位：mm）

表 4.1　模板允许偏差和检验方法

序号	项目	允许偏差/mm	检验方法
1	前后、左右距中心线尺寸	±10	测量检查每边不少于 2 处
2	表面平整度	3	2 m 靠尺检查不少于 5 处
3	相邻模板错台	1	尺量检查不少于 5 处
4	同一梁端垫石高差	2	测量检查
5	预埋铁件和预留孔位置	5	纵横两向尺量检查

8）钢筋制作安装

（1）墩帽（盖梁）钢筋绑扎。

墩帽（盖梁）钢筋进场后由项目部质量部、试验室、钢筋加工厂、物资部对进场钢筋数量、钢筋型号、外观质量进行验收，并对验收合格钢筋进行取样送检，钢筋各项力学指标满足图纸、规范要求后对进场钢筋按照钢筋型号分类存放。

墩帽（盖梁）钢筋下料前，采用 BIM（建筑信息模型）软件对墩帽（盖梁）钢筋、预应力波纹管进行建模模拟，并对冲突部位进行调整。墩帽（盖梁）钢筋放样后，放样单需经项目部审核签字后钢筋加工厂方可下料加工。

墩帽（盖梁）钢筋采用定型钢筋模具在施工现场绑扎成型后，采用吊车、吊装扁担吊装安装。钢筋骨架吊装点位置，架立钢筋与结构主筋焊接牢固。垫石钢筋与顶帽钢筋同时绑扎。

墩帽（盖梁）钢筋所有交叉点采用 20#双股铁丝按"八"字扣绑扎牢固，不得有悬空现象，扎丝头向内弯折，不得伸入保护层内，避免形成锈蚀通道。墩帽（盖梁）钢筋净保护层厚度 4 cm，墩帽（盖梁）钢筋底部、侧部、端部设置混凝土强度不小于墩帽（盖梁）混凝土强度的钢筋保护层垫块，垫块间距 50 cm，梅花形布置，如图 4.26~图 4.28 所示。

钢筋焊缝均采用搭接双面焊接，焊缝长度不小于 5d（d 为钢筋直径）。

图 4.26 钢筋保护层垫块绑扎

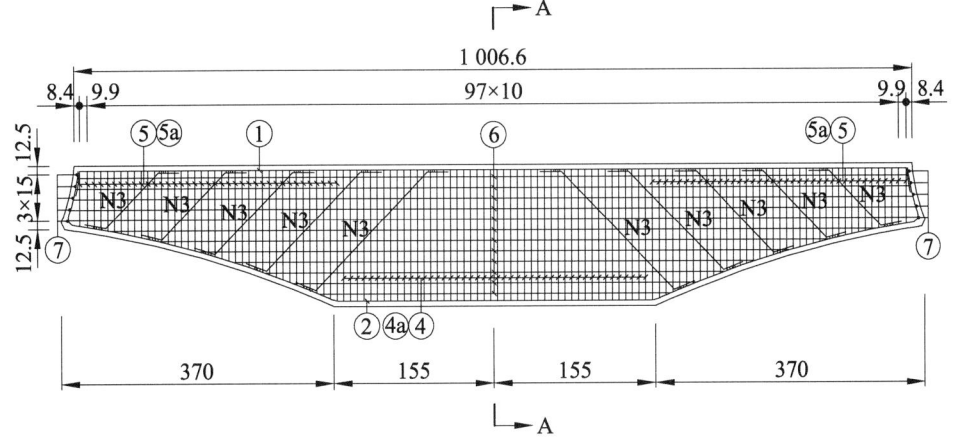

图 4.27 墩身顶帽钢筋立面图（单位：cm）

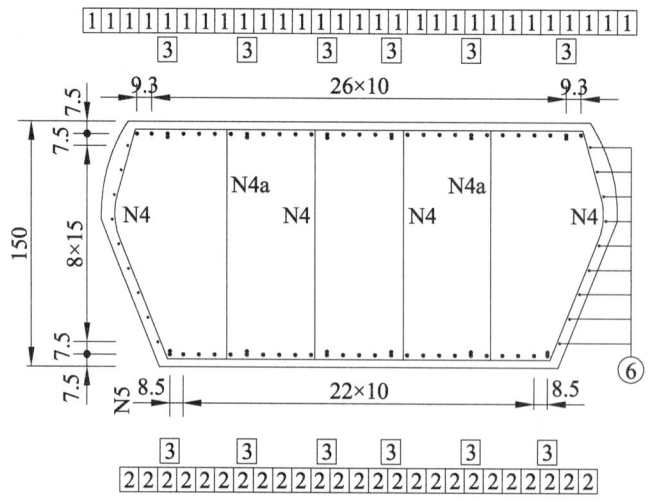

图 4.28 墩身顶帽钢筋 A—A 断面图（单位：cm）

(2) 垫石钢筋绑扎。

墩帽（盖梁）垫石钢筋与墩帽（盖梁）钢筋同时绑扎，垫石钢筋绑扎前根据桥墩所处纵断面、支座高度（平置或斜置后的高度）、线路纵坡、是否增加楔形块的高度换算垫石高度。

垫石钢筋绑扎完成后按照设计图纸要求预埋支座螺栓锚栓孔及防落梁装置螺栓锚栓孔，锚栓孔采用预埋 PVC 管，PVC 管端部采用胶带密封，如图 4.29 所示。锚栓孔预留直径为锚栓直径加 60 mm，深度为锚栓长度加 60 mm。

图 4.29 墩帽（盖梁）垫石钢筋绑扎及支座螺栓锚栓孔预埋

墩帽（盖梁）钢筋及垫石钢筋与预留锚栓孔有干扰时，可对墩帽（盖梁）及垫石钢筋做适当调整。

(3) 墩柱防雷接地装置。

墩帽（盖梁）接地钢筋网与墩身接地钢筋连接、墩帽（盖梁）接地钢筋网钢筋相交点均采用 L 型焊接，焊接长度不小于 $6d$（d 为接地钢筋直径），接地钢筋直径不小于 16 mm，墩身顶帽顶部预埋钢板（150 mm×150 mm×10 mm）与连接钢板（80 mm×100 mm×10 mm）采用 Q235 钢板，钢板采用 2 级热镀锌防腐。预埋钢板外侧面与墩帽（盖梁）混凝土顶面齐平，连接钢板与预埋钢板垂直焊接，焊缝厚度不小于 5 mm。

（4）钢筋加工安装质量验收。

钢筋加工允许偏差和检验方法见表4.2，钢筋安装及钢筋保护层厚度允许偏差及检验方法见表4.3。

表4.2 钢筋加工允许偏差和检验方法

序号	名称	允许偏差/mm	检验方法	检验频率
1	受力钢筋全长	±10	尺量	按照钢筋编号各抽检10%，且各不少于3件
2	弯起钢筋的弯折位置	20		
3	箍筋内净尺寸	±3		

表4.3 钢筋安装及钢筋保护层厚度允许偏差及检验方法

序号	项目	允许偏差/mm	检验方法
1	受力钢筋排距	±5	尺量两端、中间各1处
2	同一排中受力钢筋间距	±10	
3	分布钢筋间距	±20	尺量连续3处
4	箍筋间距	±10	
5	弯起点位置（加工偏差20 mm包括在内）	+30	尺量
6	钢筋保护层厚度	+10 0	尺量两端、中间各2处

9）预应力安装

（1）预应力波纹管安装。

预应力管道采用内径为100 mm的塑料波纹管，波纹管采用"井"字型定位钢筋网进行固定焊接，定位钢筋网沿管道方向按500 mm布置，在管道转折范围内定位钢筋网加密间距不大于250 mm，预应力钢束布置见图4.30、图4.31。定位钢筋网均采用点焊以保证预应力管道位置准确，见图4.32。在定位焊接时采用湿润土工布对预应力管道进行防护，防止预应力管道烫伤、损坏。

波纹管接头采用专门焊接机焊接或采用本身具有密封性能的塑料联结器连接。

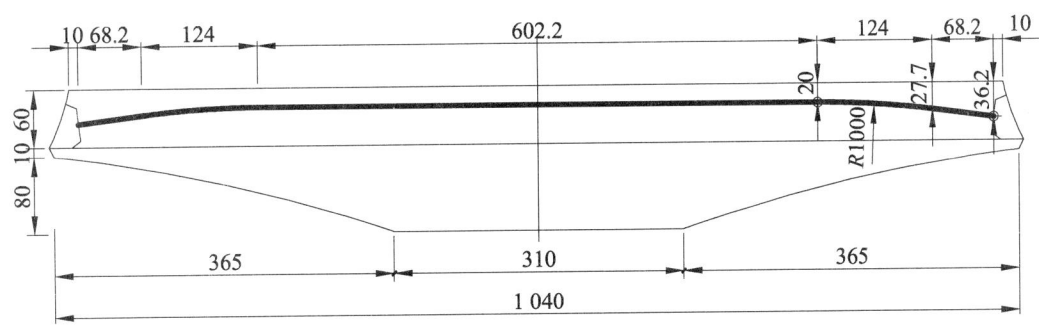

图4.30 预应力钢束断面图（单位：cm）

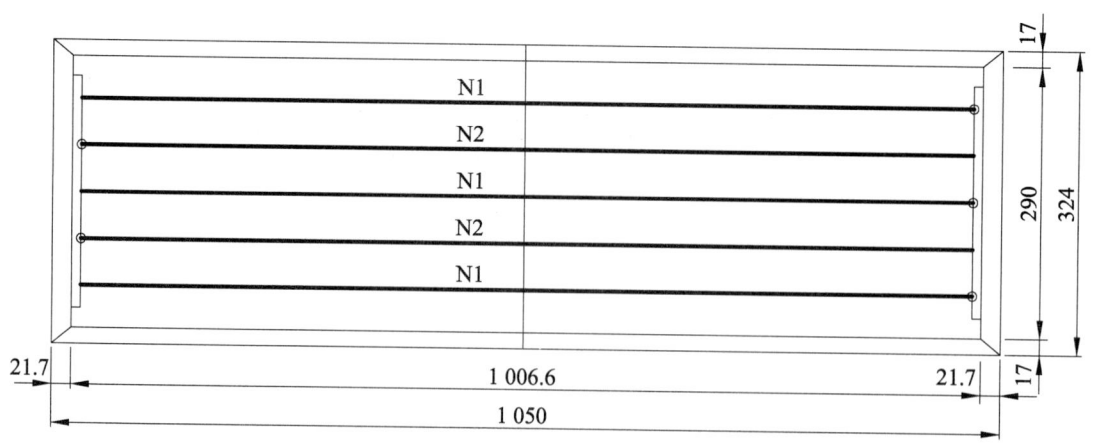

图4.31 预应力钢束平面布置图（单位：cm）

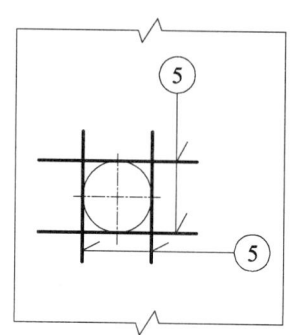

图4.32 预应力钢束定位钢筋示意

（2）预应力钢绞线安装。

① 简支U形梁桥墩帽（盖梁）预应力钢筋采用 $15×\phi^s 15.2$ mm（每束钢绞线为15根公称直径 $\phi^s 15.2$ mm）钢绞线，钢绞线单束下料长度为 1 068.2 cm，波纹管单束长度 988.23 cm，施工前可根据下列计算原则对钢绞线下料长度进行复核，钢绞线下料长度不得小于设计长度。

预应力钢绞线下料长度：

$$L=L_0+2L_1+n(L_2+L_3)+2L_4$$

式中：L_0——锚具支承板间管道长度；

L_1——工作锚具厚度；

L_2——张拉千斤顶长度；

L_3——工具锚具厚度；

L_4——长度富余量（可取 100 mm）。

采用单端张拉时，取 $n=1$。

② 预应力钢绞线下料应在保持钢绞线顺直情况下采用切断机或砂轮锯进行切割，且不应损伤和污染钢绞线表面，不得使用电弧切割。

③ 固定端挤压头制作：在钢绞线头部套上挤压套，通过专用机具进行挤压，使挤压套产生塑性变形后握裹钢绞线。

挤压工作流程：

A. 将挤压机与油泵连接好，接好电源。

B. 在挤压模具上涂刷油脂。

C. 将挤压弹簧套入钢绞线，并一起穿过挤压模。

D. 在钢绞线挤压弹簧外再套挤压套。

E. 开动油泵，挤压机活塞伸出，压挤挤压套通过挤压模，使挤压套变细而嵌套在钢绞线上。

质量控制要点：

A. 挤压套通过挤压模具时，最高油压应在 25~35 MPa。

B. 挤压套挤压后，要求底部与钢绞线嵌套紧密无凹坑，挤压弹簧应全部嵌套在挤压套与钢绞线之间。

C. 挤压套挤压后，长度及外径应符合厂家给定值，外部应光滑无裂痕。

④ 预应力钢绞线固定端挤压头制作完成后，将挤压好挤压头的钢绞线依次穿入固定锚板安装孔位，并梳整编束，每隔 1~1.5 m 绑扎一道铁线，以使预应力筋顺直不扭动。

编好束的预应力筋束按标号分类存放，搬运时支点距离不得大于 3 m，端部悬出长度不得大于 1.5 m，搬运时不得在地上拖拉。

⑤ 预应力筋穿束前应用高压水冲洗管道内杂物，并用风吹干孔道内水分。预应力筋穿束采用人工进行，筋束前端应扎紧并裹胶布或套上弹头型壳帽，以便顺利通过管道。穿束时，预应力筋应无损坏、污染、锈蚀。穿束后，应测量两段钢筋束外露长度。

预应力筋下料长度、孔道安装允许偏差和检验方法见表 4.4。

表 4.4 预应力筋下料长度、孔道安装允许偏差和检验方法

序号	项目		允许偏差/mm	检验方法
1	钢绞线	与设计或计算长度差	±10	尺量
2		束中各根钢绞线长度差	5	
3		纵向孔道	4	尺量两端

（3）锚具安装。

模板安装完成后按照设计施工图纸安装定位螺旋筋和锚垫板，锚垫板必须与波纹管垂直安装。预应力锚具包括与之配套的锚垫板、螺旋筋、约束圈等配件。

张拉端锚垫板安装时，预留孔应放置在下方作为压浆孔使用。

固定端 P 型锚具（固定端锚板、螺旋筋、波纹管、约束环等）按照产品说明书组装好，安装约束圈、螺旋筋、将钢绞线整束穿过波纹管，安装好固定端锚板，如图 4.33 所示。

波纹管穿入约束圈小端孔内，并在约束圈处设置排气管。排气管采用 $\phi 15$ 钢管并引出，高出顶帽顶面 30 cm 并在端部安装阀门。采用可靠的填充材料填充波纹管与约束环小端孔之间的间隙，再用密封带将波纹管与约束环缠绕，防止浇注混凝土时漏浆。

所有锚垫板下部设置 3 层 ⌀12 钢筋加强网片，网片长 230 cm，宽 30 cm，具体如图 4.34 所示。锚垫板安装与墩身顶帽端部混凝土面齐平。

图 4.33 预应力张拉固定端

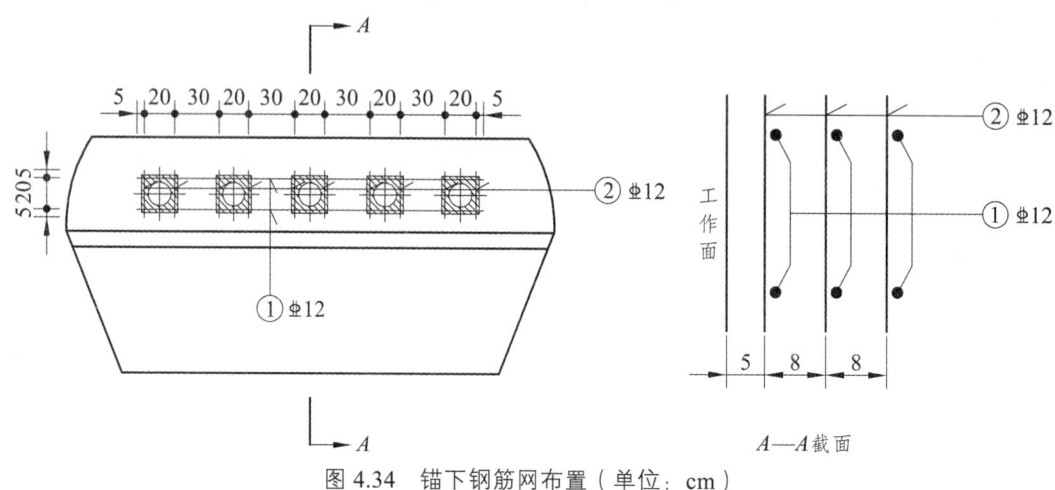

图 4.34 锚下钢筋网布置（单位：cm）

10）墩帽（盖梁）侧模、端模安装

侧模、端模采用组合式钢模，使用前应对模板进行调整校核、清理除锈，安装前均匀涂刷脱模剂。侧模整体拼装后，采用 $\phi 25$ 精轧螺进行上下对拉加固模板。模板之间的接缝要紧密，加双面胶海绵条防止漏浆。侧模、端模安装完毕后由测量人员测出模板标高，并推算墩身顶帽标高，标识墩身顶帽顶浇筑位置。完毕后检查几何尺寸、轴线位置、顶面高程、模板牢固，确保其位置正确不发生变形，做到不跑模、不漏浆、不错位。自检合格后报请监理工程师验收，检验合格后进行混凝土浇筑。

11）混凝土浇筑

混凝土采用拌和站集中拌和，罐车运输，泵送入模。混凝土坍落度（180±20）mm，浇筑现场每 50 m³ 混凝土或每工班检测混凝土坍落度、含气量不少于 1 次。混凝土入模温度每工班测量不少于 1 次。

混凝土浇筑前 24 h，向混凝土拌和站发送混凝土浇筑计划。模板、钢筋自检合格后报监理工程师进行验收。

混凝土运输到达施工现场后，现场试验员对混凝土随车资料包括：混凝土施工配合比、原材料检验报告等进行核查，并对混凝土性能进行检测，检测合格后方可施工。

混凝土浇注前在墩身顶部浇注 10～20 mm 水胶比略低于混凝土，胶砂比为 1∶2 的水泥砂浆，对墩顶部混凝土结合面进行润湿。混凝土浇注顺序由低处向高处、由中间向两边采用"均匀、分层对称浇注，分层振捣"的方式进行施工，每层混凝土浇筑厚度不超过 30～

50 cm，且在下层混凝土初凝前浇筑完成上层混凝土。

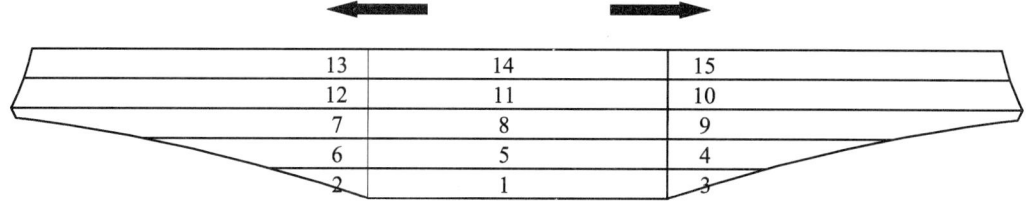

图 4.35 墩帽混凝土浇筑顺序

墩帽（盖梁）混凝土采用插入式振捣器振捣，混凝土振捣以表面泛浆气泡消失为准，防止漏振、过振。振捣过程中严禁振捣棒触碰钢筋、模板以及预应力管道。插入式振动棒时宜快插慢拔，振动棒移动距离不得大于振动棒作用半径的 1.5 倍（移动间距 30～50 cm），混凝土振动棒插入深度以进入前次灌注的混凝土面层下 5～10 cm。振捣过程中，不得用振捣器驱赶混凝土。当振动完毕需变换振捣器在混凝土拌和物中的水平位置时，应边振动边竖向缓慢提出振捣器，不得将振捣器放在拌和物内平拖。表面振捣器的移动距离应能覆盖已振动部分的边缘。混凝土浇筑期间设专人观察支架、模板、钢筋和预埋件等的稳固情况，发现松动、变形、移位时，及时调整至准确位置。

12）混凝土养护及拆模

混凝土浇注完后 1 h 内及时对混凝土进行保温、保湿养护，墩帽（盖梁）顶面混凝土初凝前，应卷起覆盖物，用抹子搓压表面至少 2 遍，使之平整后再次覆盖，此时应注意覆盖物不要直接接触混凝土表面，直至混凝土终凝为止。混凝土自然养护期间，墩帽（盖梁）采用土工布覆盖并采用喷淋系统进行喷水养护，保证混凝土表面湿润。养护期间重点加强混凝土的湿度和温度控制，指派专人定时量测环境、混凝土表层和芯部温度，形成书面记录，并根据混凝土温度和环境变化情况及时调整养护措施，确保混凝土的内外温差满足要求。

养护龄期养护期间，应在混凝土浇筑完成后及时对混凝土进行保温保湿养护，当环境温度低于 5 ℃ 时禁止洒水。当环境温度 5 ℃≤T<10 ℃ 时，养护 21 d；当环境温度 10 ℃≤T<20 ℃ 时，养护 14 d；当环境温度 T≥20 ℃ 时，养护 10 d。

墩帽（盖梁）混凝土养护期间，养护用水水温与墩帽（盖梁）混凝土表面温度之差不得大于 15 ℃。

墩帽（盖梁）混凝土强度达到 2.5 MPa 时，方可拆除墩帽（盖梁）端模；混凝土强度达到设计强度 75% 后，拆除墩身帽（盖梁）侧模。拆模时应做好混凝土成品保护措施，防止混凝土面及棱角破坏。

混凝土墩台允许偏差和检验方法见表 4.5。

表 4.5 混凝土墩台允许偏差和检验方法

序号	检验项目		允许偏差/mm	检测方法
1	墩台前后、左右边缘距设计中心线尺寸		±20	测量检查不少于 5 处
2	表面平整度		5	1 m 靠尺检查不少于 5 处
3	支撑垫石顶面	高程	0，-15	测量检查
		中心位置	15	
4	简支混凝土梁	每片梁一端两支承垫石顶面高差	3	
		每孔梁一端两支承垫石顶面高差	5	

13）预应力张拉、注浆

（1）张拉机具。

墩帽（盖梁）预应力张拉采用全自动智能张拉系统（包括：位移挡板、千斤顶、油泵、高压油管、位移传感器、张拉控制器、控制电脑），及ZKB型真空注浆泵。

张拉千斤顶的张拉力宜为钢绞线锚下张拉控制应力设计值的1.5倍，且不得小于1.2倍，使用前必须由有资质的试验检验部门进行标定、校正，校正系数不得大于1.05，校正有效期为1个月且不超过200次张拉作业。

压力表应为防振型，最大读数应为张拉应力对应压力值的1.5~2.0倍，精度为0.4级。检定有效期为一个月。

油泵的额定压力宜为张拉力对应压力值的1.5倍，油箱容量宜为张拉千斤顶总输油量的1.5倍。

张拉千斤顶、压力表和油泵等应配套标定、配套使用并建立卡片档案备查，在使用过程中出现异常应重新进行标定。

（2）钢绞线伸长量计算。

理论伸长量计算：

$$\Delta L = \frac{P_p \times L}{A_p \times E_p}$$

式中：ΔL——理论伸长值（mm）；

P_p——预应力筋的平均张拉力（N）；

L——预应力筋分段长度（mm）；

A_p——预应力筋的截面面积（mm^2）；

E_p——预应力筋的实际弹性模量（MPa）。

$$P_p = \frac{P \times (1 - e^{-(kx+\mu\theta)})}{kx + \mu\theta}$$

式中：P——预应力筋张拉端的张拉力，将钢绞线分段计算后，为每分段的起点张拉力，即为前段的终点张拉力（N）；

θ——从张拉端至计算截面曲线孔道部分切线的夹角之和，分段后为每分段中每段曲线段的切线夹角（rad）；

x——从张拉端至计算截面的孔道长度，分段后为每个分段长度或预应力筋分段长度；

k——孔道每束局部偏差对摩擦的影响系数（1/m），管道内全长均应考虑该影响，$k=0.0025$；

μ——预应力筋与孔道壁之间的摩擦系数，只在管道弯曲部分考虑该系数的影响，$\mu=0.2$。

（3）预应力张拉。

墩帽（盖梁）混凝土强度达到100%，混凝土龄期不小于10 d，进行预应力张拉，墩帽（盖梁）施工节段中张拉N_1钢束、U形梁吊装架设完成后张拉N_2钢束。$N_1\backslash N_2$钢束均采用单端张拉。预应力钢筋布置图见图4.36。

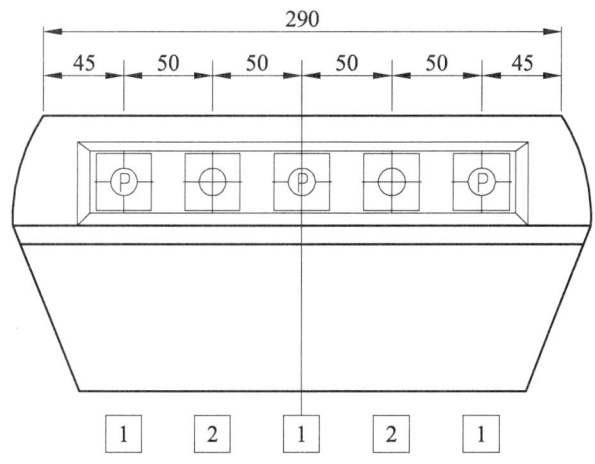

图 4.36 预应力钢筋布置图（P 为固定端；单位：cm）

预应力钢绞线张拉按照设计要求顺序进行，千斤顶、锚具和孔道位于同一轴线上，N_1 预应力钢绞线同时、同步张拉，保持千斤顶加压速度相近，使 3 根 N_1 预应力钢绞线同时达到同一荷载值，以防止墩帽（盖梁）发生扭曲。

图 4.37 预应力张拉

预应力钢束张拉工艺为：0→初始应力（$0.2\sigma_k$，测钢绞线伸长值并做标记，测工具锚夹片外露量）→张拉控制应力 σ_{con}（测钢绞线伸长值，测工具锚夹片外露量）→静停 5 min，校核张拉控制应力→主油缸回油锚固（油压回零，测量总回缩量，测工具锚片夹片外露量）→副油缸供油卸千斤顶。

张拉完成后，应在锚圈口处的钢绞线上做记号，以观察是否滑丝。经 24 h 复查合格后，采用机械切割钢绞线头，切断处距锚具外不宜小于 30 mm。

张拉质量控制应符合下列规定：实测伸长值与计算伸长值的差值不应小于 6%（计算伸长值按钢绞线实测弹性模量计算）；钢绞线夹片布置应均匀，外漏应齐平；每束钢绞线的断丝、滑丝不超过 1 根，整个截面不超过该断面钢丝总数的 1%。

张拉端预应力内缩量限值及检验方法符合表 4.6 规定。

表 4.6　张拉预应力筋内缩量限值和检验方法

锚具类别	内缩量限值	检验方法
无顶压	6 mm	尺量

将实测引伸量与设计引伸量相比较，如实测引伸量与设计引伸量的差值在±6%以内，说明张拉合格，否则，应查明原因并采取措施进行处理后方可继续张拉。认真做好张拉记录，并由现场监理工程师签认。

（4）孔道压浆。

管道压浆在预应力钢绞线张拉完成 48 h 内进行，压浆过程中及压浆后 3 天内，梁体温度不得低于 5 ℃，压浆前使用 C50 水泥浆封闭锚具空隙。

预应力孔道注浆水泥浆应按施工配合比（浆液中不得含有 UEA 或铝粉为膨胀源的膨胀剂，严禁掺加氯盐、亚硝酸盐类或其他对预应力钢绞线有腐蚀作用的外加剂）配置，水胶比不大于 0.35，且不泌水，水泥终凝时间不大于 24 h。

① 注浆准备。

A. 注浆材料。

水泥：采用硅酸盐水泥或普通水泥，水泥强度等级不低于 P·O42.5；

外加剂：具体由施工配合比确定；

水：一般饮用水。

B. 搅拌水泥浆并使其水灰比、流动性、泌水性达到技术指标要求。

按照施工配合比将称量好的水（扣除用于融化减水剂的水）、水泥、外加剂倒入搅拌机，搅拌 2 min；将溶于水的减水剂倒入搅拌机中，搅拌 3 min 出料。

水泥浆随拌随用，置于储存罐的浆体应持续搅拌，从拌制到压入管道的时间间隔不得超过 40 min，水泥浆搅拌均匀后，应经孔格不大于 2 mm×2 mm 的网筛过滤后方可使用。

C. 检查清理抽真空端，安装引出管、阀门和接头，并检验其功能。

② 真空注浆。

将水泥浆加入到灌浆泵中，在灌浆泵的高压橡胶管出口打出浆体，待打出浆体浓度与灌浆泵中水泥浆浓度一致后，关闭灌浆泵。将高压橡胶管接到孔道注浆管上，并扎紧。

关闭灌浆阀门，启动真空泵将管道内真空度抽到 -0.06～-0.1 MPa 并稳定后，开启进浆口阀门压浆，当水泥浆流过空气滤清器时关掉真空泵及抽气阀，打开排气阀。待排气管流出的浆体稠度与压入端一致时，关闭排气阀门，继续由进浆口一端向出浆口一端压浆，压浆最大压力不超过 0.6 MPa，并在不小于 0.5 MPa 压力下保压不少于 5 min，然后关闭进浆口阀门。

同一管道压浆应连续进行，一次完成，同一管道压浆因故中断时，应立即用压力水将孔道冲洗干净。

水泥浆试件在压浆地点随机取样，每个墩身顶帽留置 2 组，一组标准养护，一组同条件养护。

③ 设备清理。

拆卸外接管路、附件、清洗空气滤清器及阀门等；安装在降压端及出浆端的阀门，应在浆体初凝后拆除并进行清理。

14）墩帽（盖梁）模板支架拆除

N_1 预应力孔道压浆水泥浆强度达到设计强度的 75% 后，拆除墩身顶帽底模及支架。模板支架拆除过程中做好墩身混凝土成品保护，防止模板磕碰混凝土表面。

抱箍支架及底模采用吊装梁（图 4.38、图 4.39）配合沙箱进行拆除。抱箍支架拆卸按照"先支后拆""后支先拆"的顺序施工，杆件卸落采用吊车配合。

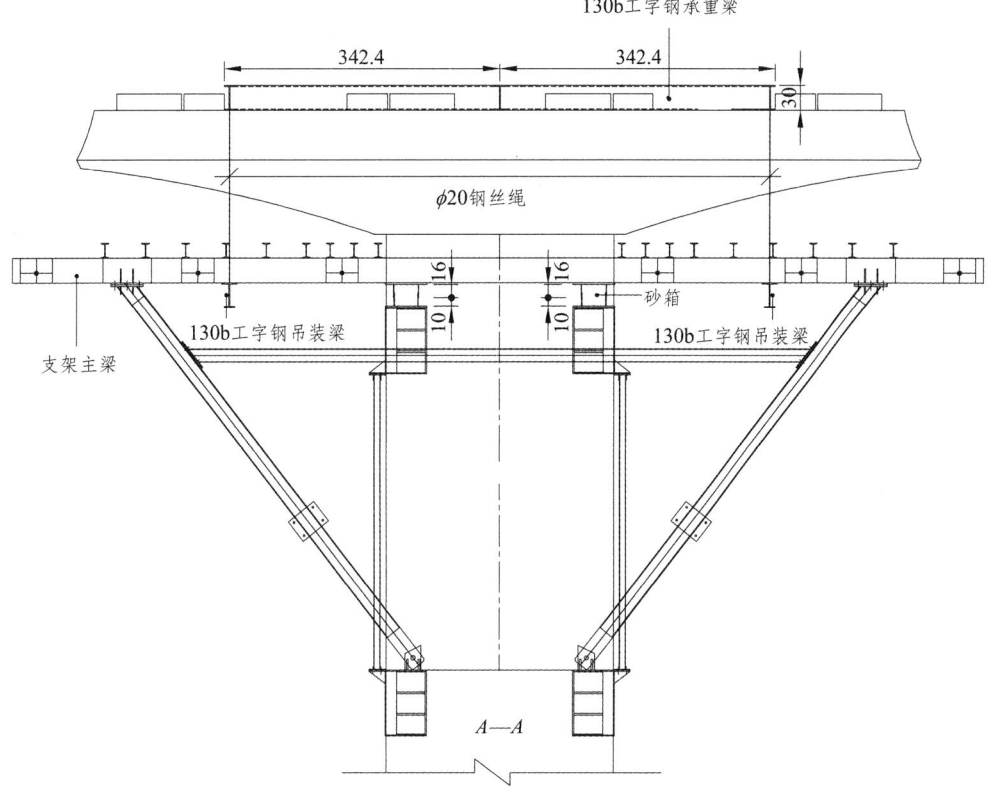

图 4.38　吊装梁、沙箱布置立面图（单位：cm）

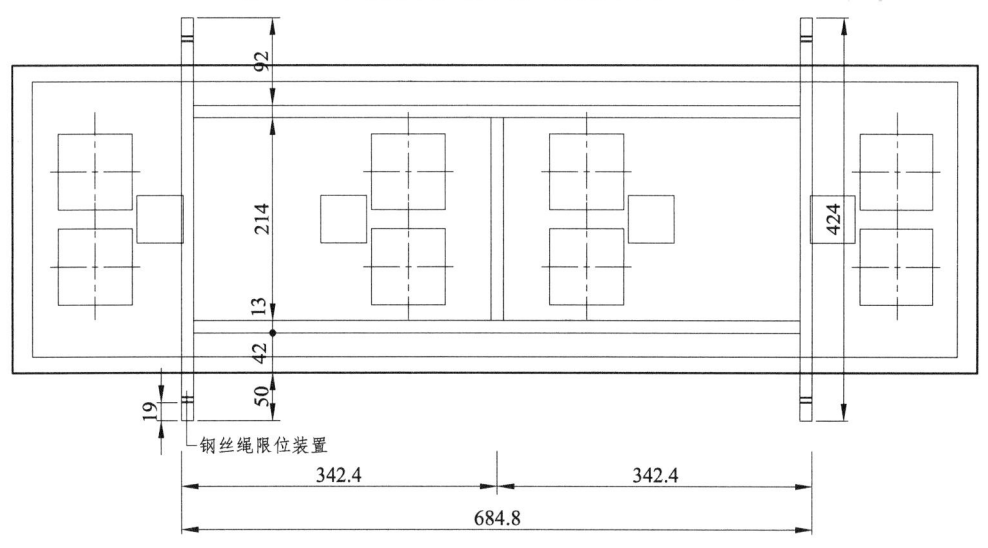

图 4.39　吊装承重梁平面布置图（单位：cm）

墩帽（盖梁）模板支架拆除顺序流程如图 4.40 所示。

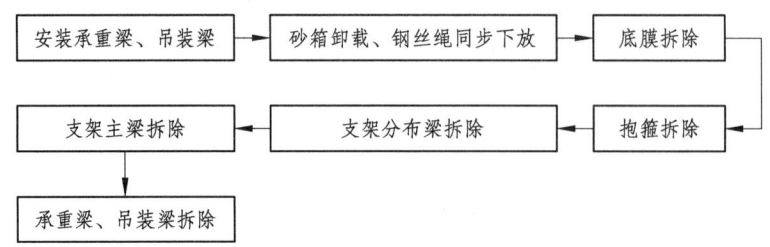

图 4.40　墩帽（盖梁）模板支架拆除顺序

具体的拆除步骤如下：

（1）在墩帽（盖梁）顶部安装吊装承重梁，在承重梁与墩帽（盖梁）顶部接触范围铺设 5 cm 厚木脚手板以保护墩帽（盖梁）混凝土。

（2）承重梁与吊装梁之间采用 5 t 手拉葫芦、ϕ20 钢丝绳连接，并将钢丝绳拉紧。

（3）松动底层抱箍对拉精扎螺纹钢螺母。

（4）四个砂箱同时放砂，并采用四个手拉葫芦同步将支架下落。

（5）底模与混凝土分离距离约 10 cm，支架平稳后，采用吊车将底模拆除。

（6）松动顶层抱箍螺栓，采用手拉葫芦将抱箍支架沿墩身下滑至地面。

（7）拆除底层抱箍后将支架承重梁下滑至地面拆除分布梁、承重梁、吊装梁。

15）N_2 钢束张拉

在简支 U 形梁架设完成后，进行 N_2 预应力钢绞线束张拉，张拉、注浆工艺与 N_1 预应力钢绞线束相同。

N_2 预应力钢绞线张拉、注浆施工，采用型钢加工挂篮，挂篮采用吊车吊装，挂靠在 U 形梁侧墙上。挂篮与 U 形梁接触位置设置 1 cm 橡胶垫，防止挂篮对梁体混凝土造成损伤。

挂篮长 3.0 m，宽 1.2 m。挂篮四周设置高度不小于 1.2 m 护栏，护栏底部焊接 25 cm 高钢质踢脚板。挂篮底部满铺 3 mm 厚压花钢板。

16）封锚

N_2 预应力钢绞线束张拉完成后进行封锚施工。

封锚前锚具应进行防锈处理，锚圈与锚垫板接触处用聚氨酯防水涂料进行防水处理。封锚处混凝土表面应进行凿毛处理并清理干净。

锚穴内设置钢筋网片，利用原锚板螺孔拧入带钩的连接螺钉将钢筋网与锚垫板连接。

封锚内设置 ϕ12 钢筋网片，网格横向间距 10 cm，竖向间距 12 cm。钢筋保护层厚度不小于 4 cm，如图 4.41 所示。

封锚混凝土采用 C50 微膨胀细石混凝土，封锚混凝土填充应分两个步骤，首先用较干硬的混凝土填充至距离锚穴顶 2 cm 左右，并捣固密实，然后在用 C50 混凝土填满密实抹平。封锚混凝土浇筑完成后及时进行保湿养护，养护时间应符合《铁路混凝土工程施工质量验收标准》（TB 10424—2018）的规定。混凝土养护完成后，封锚混凝土表面满涂聚氨酯防水涂料，厚度 1.5 mm。

封锚混凝土应按批留置试件，每批至少 2 组（1 组标准养护，1 组同条件养护）。

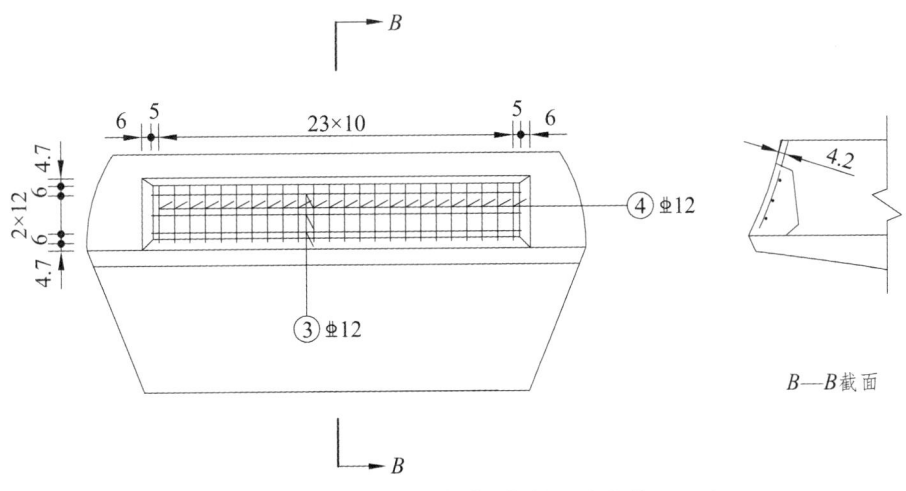

图 4.41 墩帽（盖梁）端封锚钢筋网（单位：cm）

4.2.2 钢管少支点支架法墩帽（盖梁）施工

1. 支架设计及结构布置

墩帽（盖梁）施工采用钢管少支点支架，支架基础设在承台上，通过在承台顶面预埋8根ϕ28 mm锚固钢筋，立柱采用4根ϕ820 mm×10 mm钢管，以13 m高的墩柱为例，支架钢管高度为9.32 m，钢管立柱横向间距4.3 m，纵向间距2.8 m；纵横向2根钢管之间采用I12.6工字钢平联焊接拉结。钢管柱顶设砂箱调节标高同时方便卸落架体，砂箱下底板与柱顶封头板采用焊接连接，砂箱上顶板焊接U形钢板对主分配梁贝雷梁固定。横向主分配梁设置在桥墩大小里程两侧，采用设置2层2排贝雷梁，上层5片下层4片，标准贝雷片尺寸为3.0 m×1.5 m，下层采用1片1.5 m×1.5 m进行调节。为增强贝雷片的整体稳定性，两侧贝雷片要使用连接花窗作为横向连接。贝雷梁在钢砂筒处需设置加劲杆，防止因剪力过大发生局部变形。

主分配梁贝雷梁上搭设纵向次分配梁，采用6 m长的I25b工字钢，设置在贝雷梁竖杆或斜杆支撑处，标准间距为68.8 cm。贝雷梁与I25b之间采用U形扣连接。次分配梁顶设带钢托架的定型钢模板。

墩帽（盖梁）模板外设置1 m宽的操作平台，操作平台由10 mm厚的钢板点焊在I25b上。操作平台外侧设置2.0 m高的护栏，护栏采用ϕ48.3 mm×3.6 mm钢管焊接在操作平台钢板上，护栏外设置安全密目网进行封闭，保证人员安全。栏杆立柱标准间距为1.5 m，具体布置见图4.42～图4.46；横杆竖向布置3道，间距为60 cm，底部设置踢脚板，防止高空坠物。

墩帽（盖梁）施工过程中，操作人员通过盘扣式脚手架作为人员上下通道，盘扣式脚手架平面尺寸为2.7 m×1.8 m，高度为13～14 m，盘扣式脚手架设置在桥墩一侧。盘扣式脚手架设置连墙件，连墙件采用旋转扣件将脚手架立杆和焊接在钢管柱上的ϕ48.3钢管连接，每2 m布置一道。在每层贝雷梁位置设置连墙件，通过钢管和扣件与贝雷梁固定。为避免盘扣式脚手架与顶帽结构冲突，定型钢爬梯一半与平台顺接，一半位于外侧，平台四周设置栏杆，并与脚手架栏杆连接。

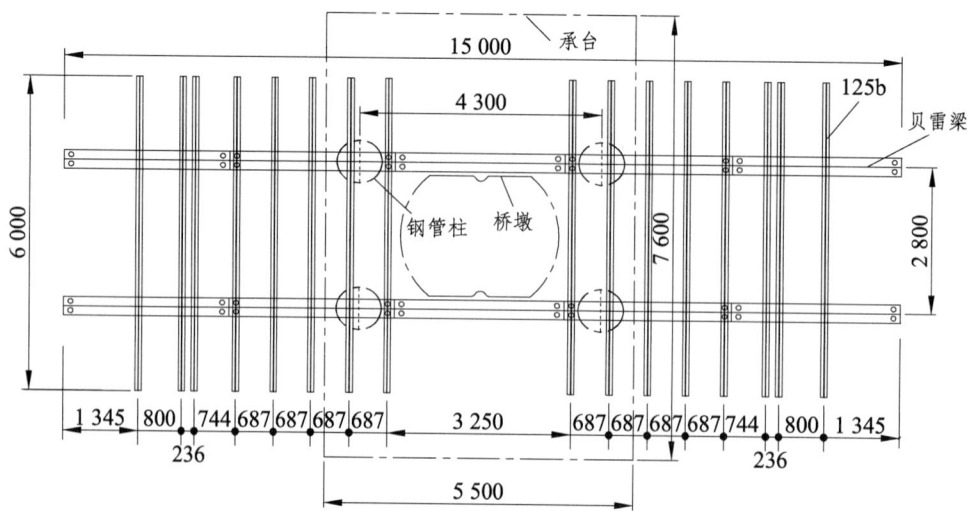

图 4.42 墩帽（盖梁）支架分配梁布置（单位：mm）

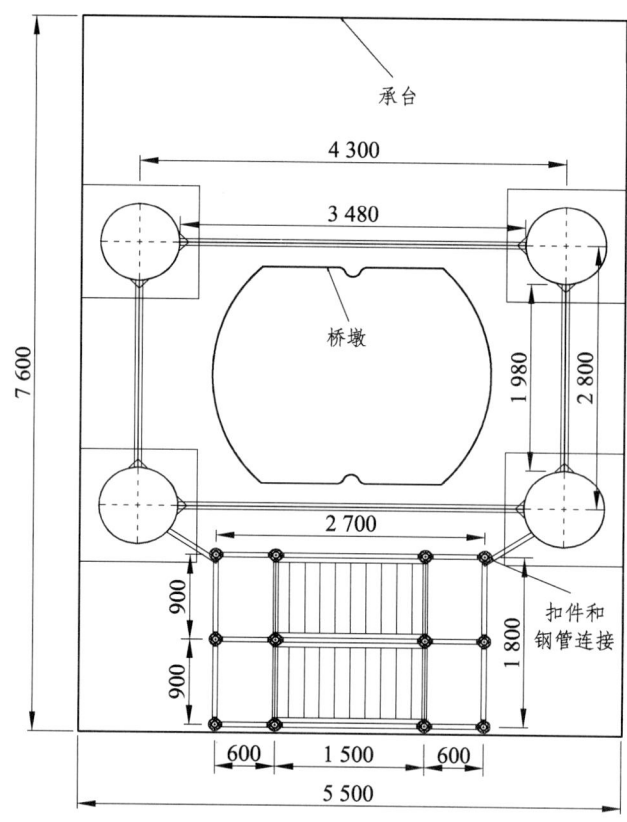

图 4.43 钢管柱与盘扣脚手架平面图（单位：mm）

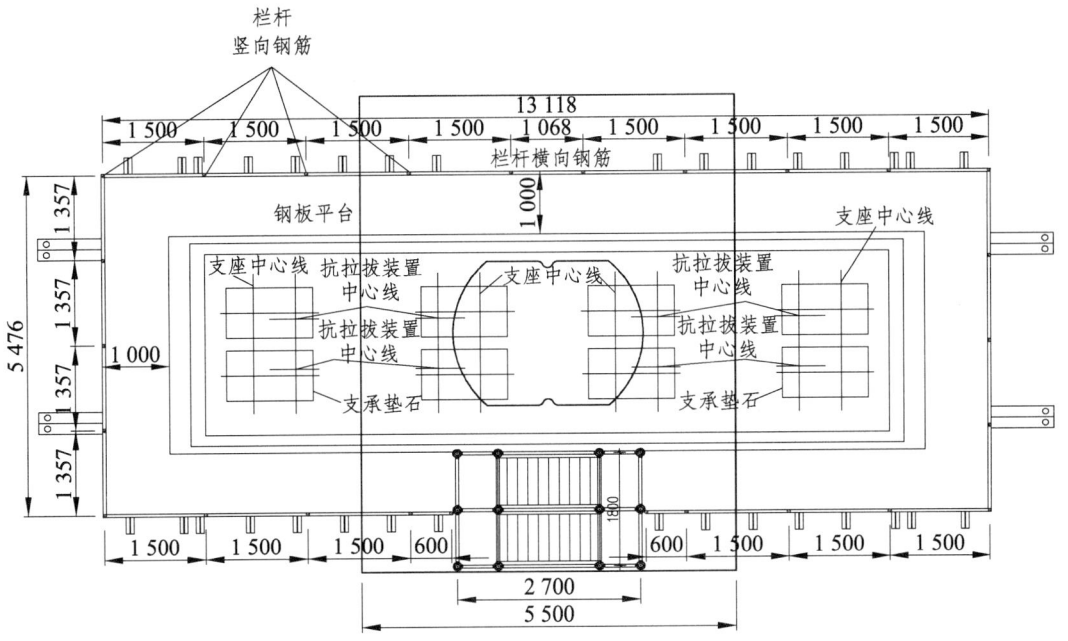

图 4.44 墩帽（盖梁）平台与盘扣脚手架布置（单位：mm）

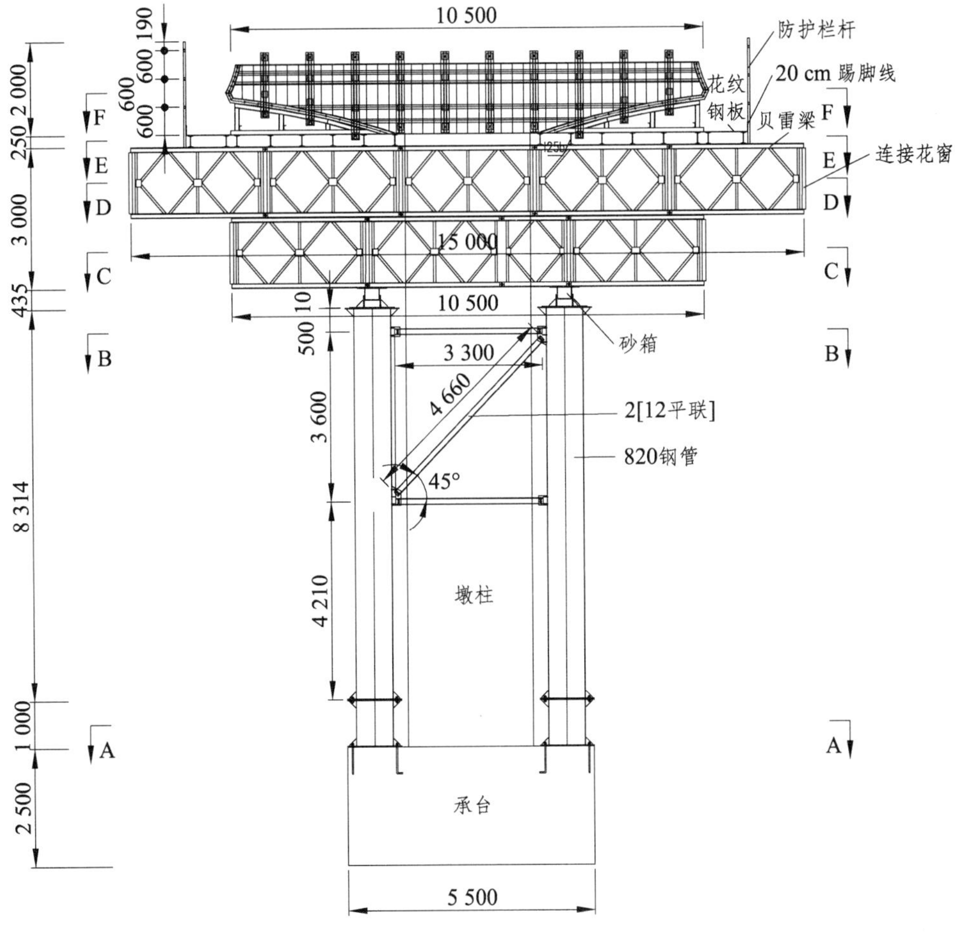

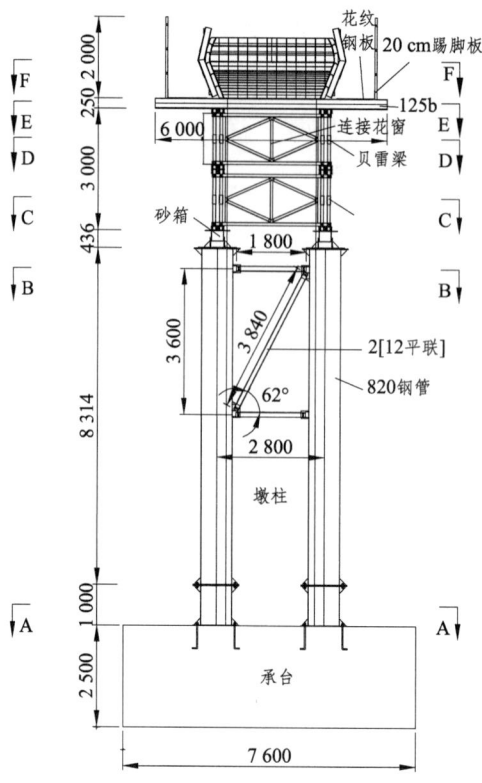

图 4.45 墩帽（盖梁）支架横桥、顺桥向立面图（单位：mm）

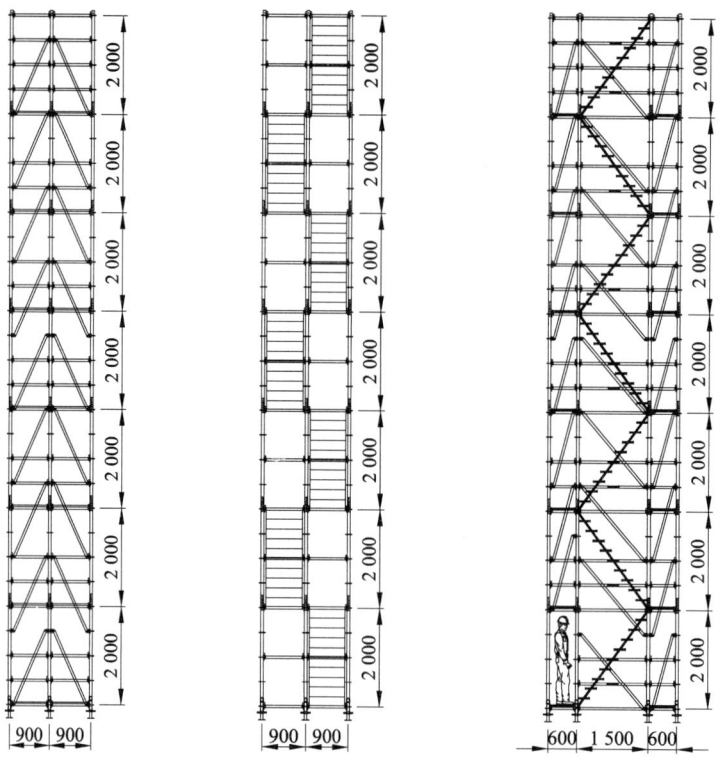

图 4.46 盘扣脚手架示意（单位：mm）

2. 墩帽（盖梁）少支点支架施工工艺流程

墩帽（盖梁）少支点支架施工工艺流程如图4.47所示。

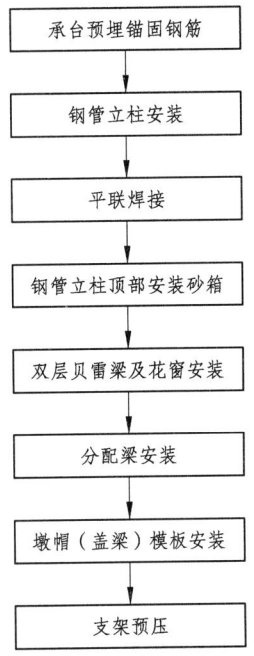

图4.47 墩帽（盖梁）少支点支架法施工工艺流程

3. 墩帽（盖梁）少支点支架施工

1）钢管立柱及基础施工

为保证少支点支架整体稳定性，增加抗倾覆、抗风承载力，在承台顶面埋设 8 根 $\phi 28$ 锚固钢筋，外露 10 cm 用以螺母锚固。锚固钢筋埋入混凝土长度 60 cm，其中埋深 50 cm、弯筋 10 cm。

钢管柱与承台预埋锚固钢筋之间采用螺栓连接，钢管柱端头设置 16 mm 厚的 1.2 m× 1.2 m 钢板，钢板与钢管柱焊接连接，并在连接处设置 8 块 16 mm 厚 150 mm×150 mm 的加劲板，焊缝厚度均按 10 mm 进行控制。在连接钢板上开 $\phi 30$ 螺栓孔，通过 $\phi 28$ 螺栓进行连接，如图 4.48 所示。

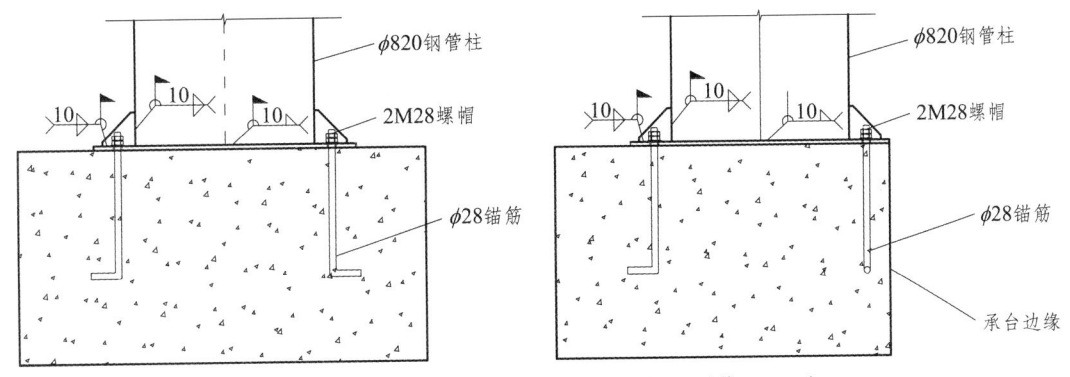

图4.48 钢管立柱与承台顶面连接大样（单位：mm）

由于墩帽支架高度不一致,采用设置调节钢管柱进行调节支架高度。主钢管柱与调节钢管柱之间采用螺栓连接,钢管柱端头设置 16 mm 厚的 1.2 m×1.2 m 钢板,钢板与钢管柱焊接连接,并在连接处设置 8 块 16 mm 厚 150 mm×150 mm 的加劲板,焊缝厚度均按 10 mm 进行控制。在连接钢板上开 ϕ30 螺栓孔,通过 ϕ28 螺栓进行连接,如图 4.49 所示。

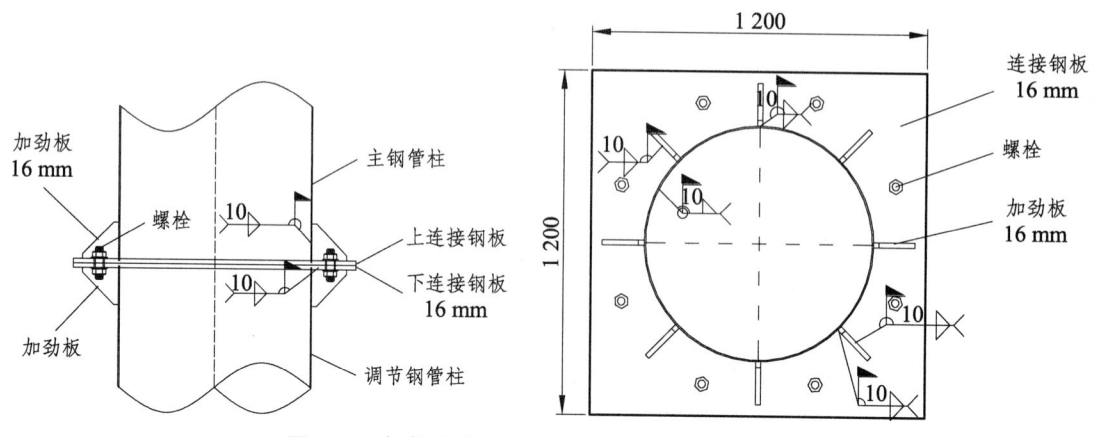

图 4.49 钢管连接立面图及平面图(单位:mm)

为加强支架整体稳定性,钢管柱之间采用 Z 字形平联连接,如图 4.50 所示。平联采用 I12.6 工字钢,钢管柱连接处设置加劲钢板。

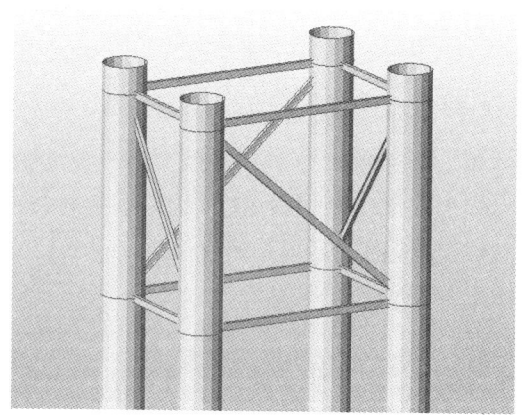

图 4.50 钢管柱与平联连接三维示意

2)钢管立柱顶砂箱施工

钢管立柱顶砂箱采用钢管和钢板组焊而成,上砂箱顶板为 650 mm×650 mm×16 mm 钢板,箱身为高度 250 mm 的 ϕ325 mm×10 mm 钢管,底板为 ϕ325 mm×10 mm 钢板,内填充 C30 混凝土;下砂箱底板为 1000 mm×1000 mm×16 mm 钢板,箱身为高度为 250 mm 的 ϕ381 mm×16 mm 钢管,底板和箱身之间焊 6 块 150 mm×150 mm 加劲板。箱身内填充干燥均匀的细砂 150 mm 厚,下砂箱底部侧面预留一 ϕ34 螺栓孔,焊接 M30 螺母在孔外侧,用 M30 螺栓将孔封堵。后场加工好后,待立柱安装完毕后将下砂箱底板与柱顶连接板电焊连接,然后再安装上砂箱。下砂箱与钢管立柱顶板焊接,与立柱一起周转;上砂箱上放置主分配梁贝雷片,通过 U 形钢板固定。施工前对设计砂箱进行承载力试验及预压。砂箱如图 4.51~图 4.53 所示。

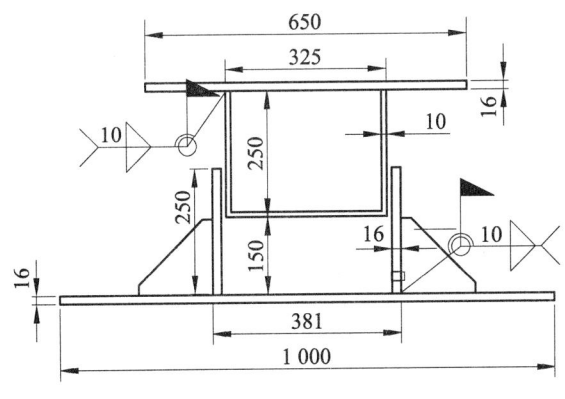

图 4.51 砂箱加工示意（单位：mm）

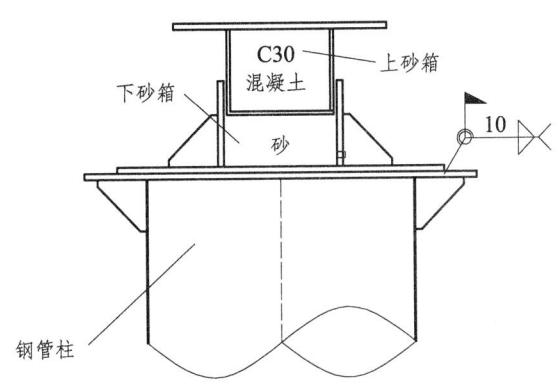

图 4.52 下砂箱与钢管柱焊接示意

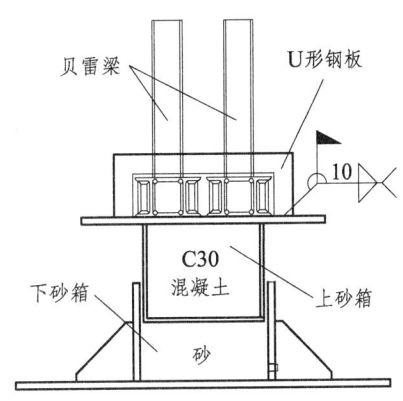

图 4.53 上砂箱与贝雷梁固定示意

3）主、次分配梁施工

在砂箱上安装双层贝雷梁作为主分配梁；次分配梁 I25b 设置在贝雷梁竖杆或斜杆支撑处，标准间距为 68.8 cm，主分配梁与次分配梁之间采用 U 形扣固定。

贝雷梁由上弦杆、下弦杆、竖杆及斜杆焊接而成，上下弦杆的端部有阴阳接头，接头上有桁架连接销孔，如图 4.54 所示。弦杆由两根 10 号槽钢（背靠背）组合而成，竖杆用 8# 工字钢制成，材料为 16 Mn，每片桁架质量 270 kg。弦杆理论容许承载力为 560 kN，竖杆理论容许承载力为 210 kN，斜杆理论容许承载力为 171.5 kN。贝雷梁的结构、性能、桁架布置必须经过计算复核确定。贝雷梁吊装见图 4.54、图 4.55 所示。

图 4.54 贝雷梁吊装

图 4.55 少支点支架安装完成

4. 墩帽（盖梁）模板安装

墩帽（盖梁）模板采用工厂精加工定型钢模板，模板应有足够的刚度，确保墩帽（盖梁）模板坚固耐用。由于墩帽（盖梁）悬臂部分有弧度，故底模背楞设置支撑托架。支撑托架采用[10型钢焊接成整体且与底模整体焊接，支撑托架底部[10与分配梁I25b之间采用U形卡进行连接。墩帽底模安装如图4.56，墩帽侧模加固如图4.57所示。

图 4.56 墩帽底模安装　　　　图 4.57 墩帽侧模加固

5. 墩帽支架预压

墩帽支架施工完毕后必须对支架进行预压。预压重量为悬出墩身部分混凝土重量的1.1倍。支架预压采用砂袋预压。

墩帽底模支架拼装完毕，安装底模、侧模，调整好标高，做好预压测量观测点标记与记录后即可进行预压试验。预压监测项目仅为沉降量，即标高差。

1）支架预压

为充分检验支架承载能力，加载的总重量为悬臂梁段重量的110%。

预压采用砂袋预压，中间设置预压支撑架，支撑架采用I25b焊接，如图4.58和图4.59所示。加载分三级进行：0%→60%→100%→110%，加载顺序由根部往端部、中间往两边对称加载。卸载可一次性卸载，卸载顺序由端部往根部、两边往中间对称卸载。

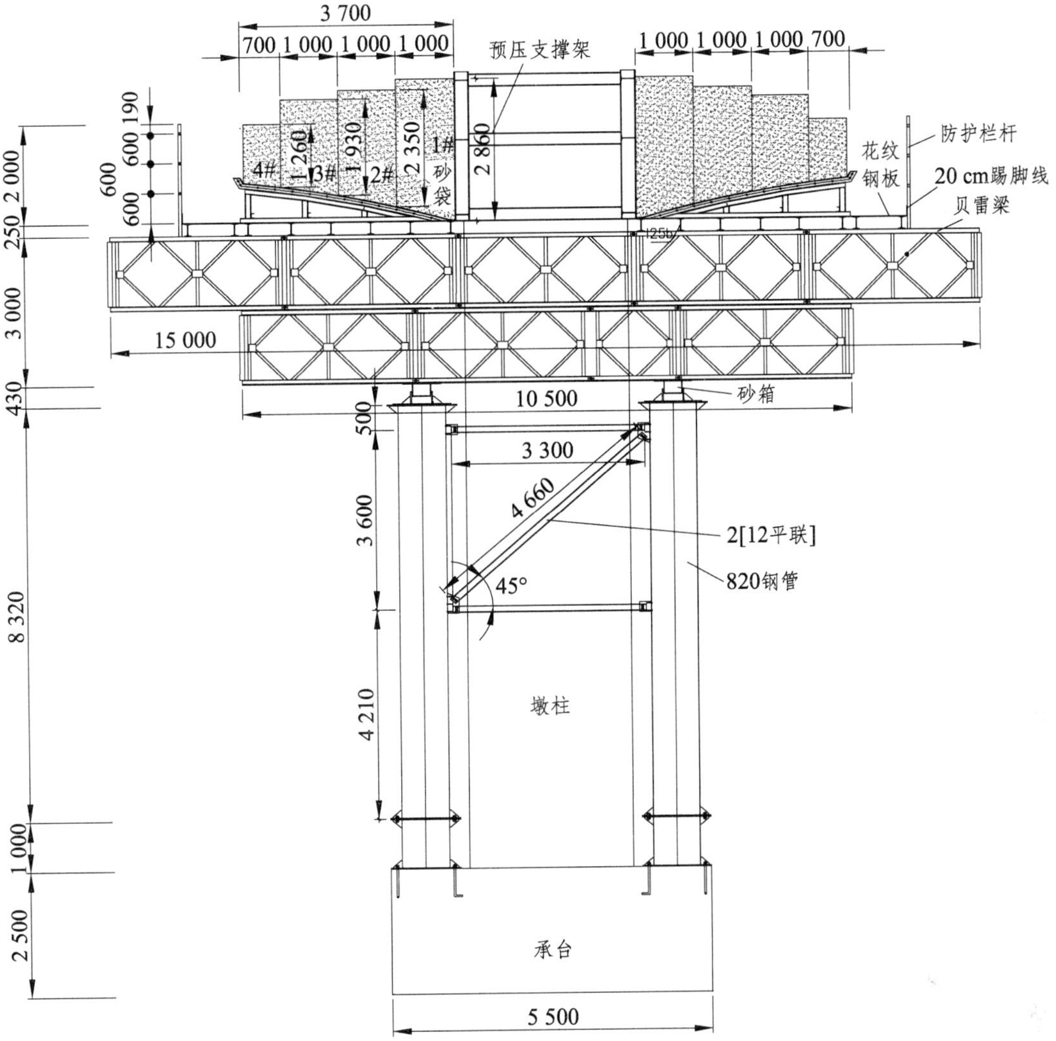

图 4.58 支架堆载预压示意（单位：mm）

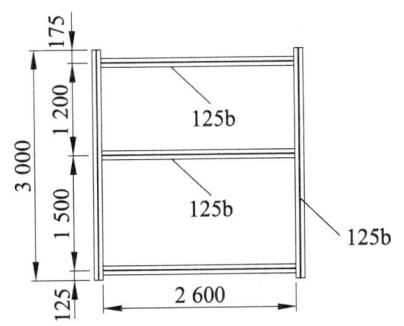

预压支撑架立面图（顺桥向）

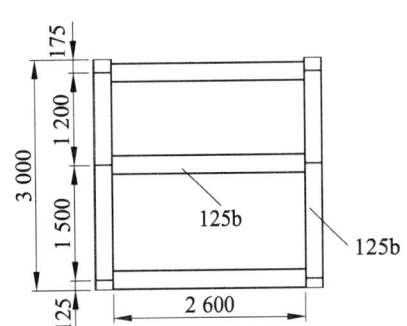

预压支撑架立面图（横桥向）

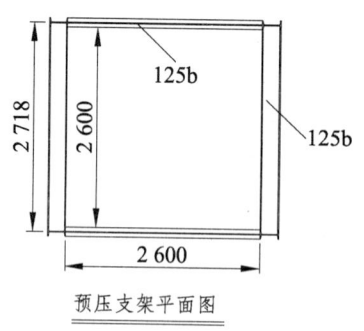

图 4.59　预压支撑架结构（单位：mm）

预压监测采用水准仪，采用二等水准测量要求作业。加载前监测点标高读数一次；每级加载 1 h 后监测点标高读数一次，以后间隔 6 h 监测点标高读数一次，当相邻两次监测位移平均值不大于 2 mm 时，方可进行下一级加载；在加载至 100% 后，每隔 6 h 监测点标高读数一次（连续 12 h 沉降量观测平均值之差不大于 2 mm，判定支架沉降达到合格要求）；卸载完毕 6 h 后再读取一次，监测各点标高，计算支架弹性变形量。

2）观测点布置

通过堆载预压消除支架整体的非弹性变形，确定立模标高，故仅将沉降观测点设置在顶帽底模板上。在底板两端共 2 个断面设置观测点，每个断面布置 4 个测点，共计 8 个测点，如图 4.60 所示。

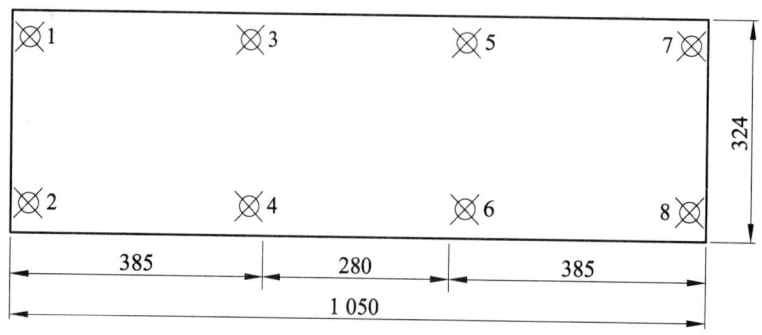

图 4.60　观测点布置示意图

考虑到堆载后观测点的保护及测量仪器的通视问题，加载前将测点断面用红油漆做上标记，加载堆放砂袋时注意将标记的位置预留出来，不得堆放加载无关物品，以方便加载过程中的观测，支架堆载如图 4.58 所示。

3）监测项目

（1）加载之前监测点标高。

（2）每级加载完成 1 h 后监测一次，以后间隔 6 h 监测点监测一次标高。

（3）加载至 100% 后每间隔 6 h 监测点监测一次标高。

（4）卸载 6 h 后监测点监测一次标高。

4）预压记录与计算

（1）预压荷载施加前，监测并记录各监测点初始标高。

（2）每级荷载施加完成 1 h 后监测记录各监测点标高，以后每间隔 6 h 监测记录一次各监测点标高,并计算沉降量。

(3)全部预压荷载施加完毕后,每间隔6 h监测一次。预压结束验收要求为:最后两次沉落量观测平均值之差不大于2 mm时,判定支架沉降达到验收合格要求,可进行卸载。

(4)荷载卸载完毕6 h后,监测并记录各监测点标高,并计算支架各监测点的弹性变形量。

(5)计算支架各监测点的非弹性变形量。

5)试验总结

(1)支架方案评估。

通过预压试验可直观检验支架体系的安全性能,预压试验顺利完成可充分判定支架体系是否满足施工要求,根据预压试验评估支架设计方案的可行性。

(2)试验数据整理。

根据初始测量、加载中测量与卸载中测量可计算出支架体系弹性变化与非弹性变形情况,由此可指导现浇支架标高控制。

支架弹性变形=完全卸载后观测点标高-加载完毕观测点标高
非支架弹性变形=荷载加载前观测点标高-完全卸载后观测点标高
立模标高=设计标高+支架弹性变形+预拱度

5 轨道交通整体预制 U 形梁施工技术

5.1 整体预制 U 形梁简介

天津城市轨道交通某工程高架区间整体预制 U 形梁设计跨度有 12.5 m、16.113 m、18.613 m、20.547 m、22 m、23 m、25 m、26.29 m、27 m、27.15 m、27.5 m、27.8 m、27.941 m、28 m、29 m、30 m、32 m、35 m，其中以 25 m、30 m 跨度为主。跨度为 12.5～30 m 的采用先张法预应力混凝土结构；跨度大于 30 m 的采用先张和后张结合预应力混凝土结构。16 m～30 m 的 U 形梁上部宽 5.395 m、中部梁高 1.8 m、底腹板厚 0.26 m、端部 1.17 m 范围内梁高 1.94 m、底板厚为 0.4 m；35 m 的 U 形梁上部宽 5.395 m、中部梁高 1.99 m、底板厚 0.3 m、腹板厚 0.26 m、端部 1.17 m 范围内梁高 1.94 m、底板厚为 0.4 m。30 m 的 U 形梁重 181.818 吨，35 m 的 U 形梁自重 225 吨。本工程标段整体预制 U 形梁数量共 447 跨，894 片。本工程标段 U 形梁截面图如图 5.1～图 5.7 所示。

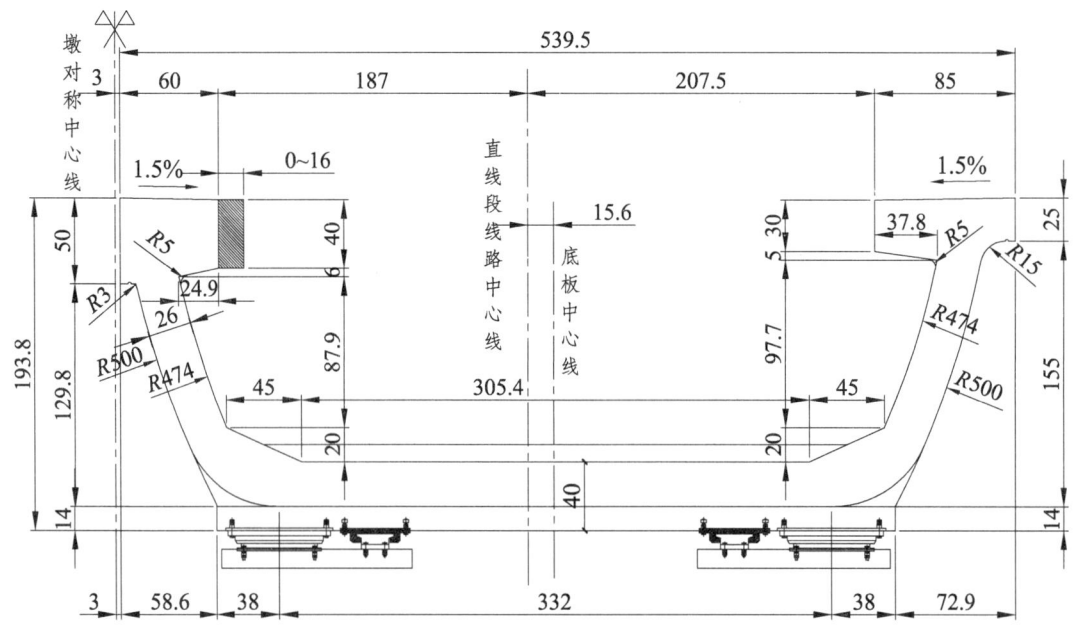

图 5.1 16 m～30 m 的 U 形梁端部截面图（单位：cm）

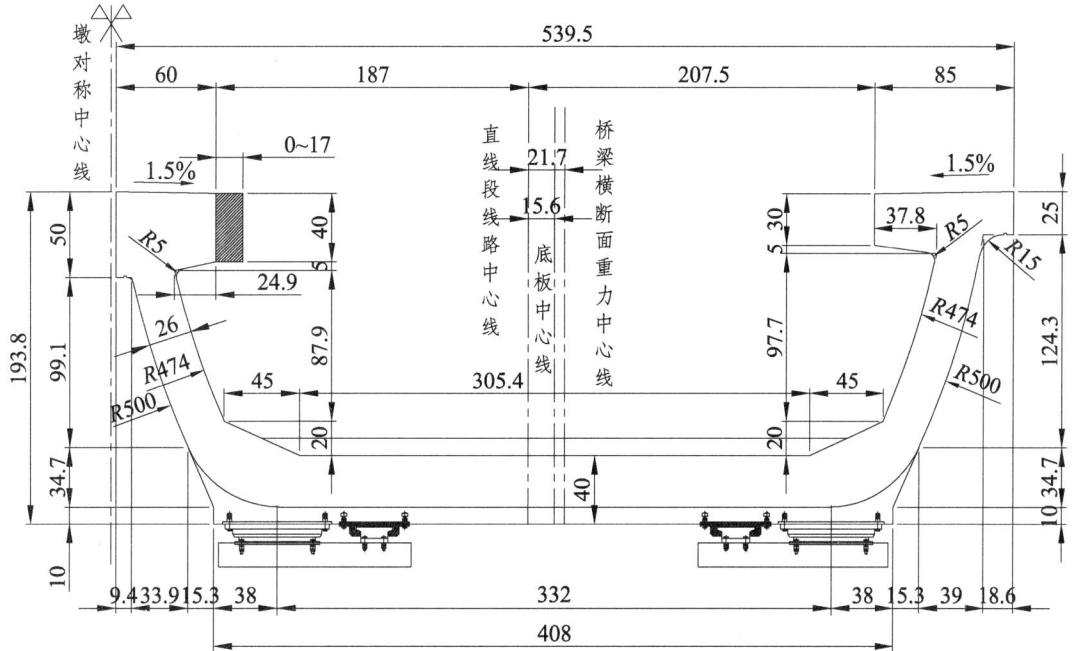

图 5.2　16 m～30 m 的 U 形梁跨中截面图（单位：cm）

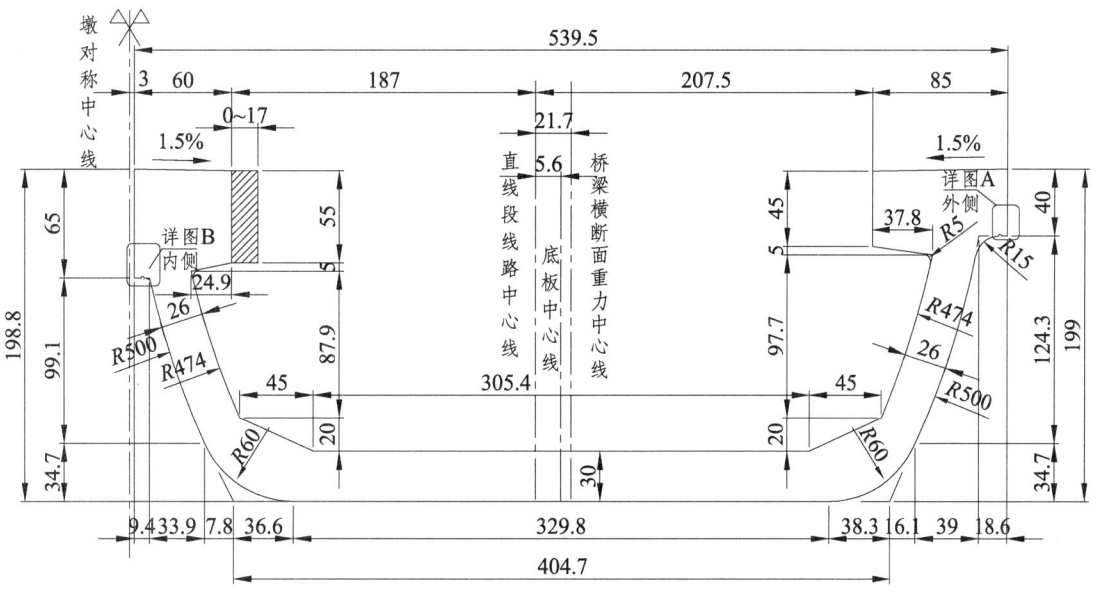

图 5.3　32 m～35 m 的 U 形梁端部截面图（单位：cm）

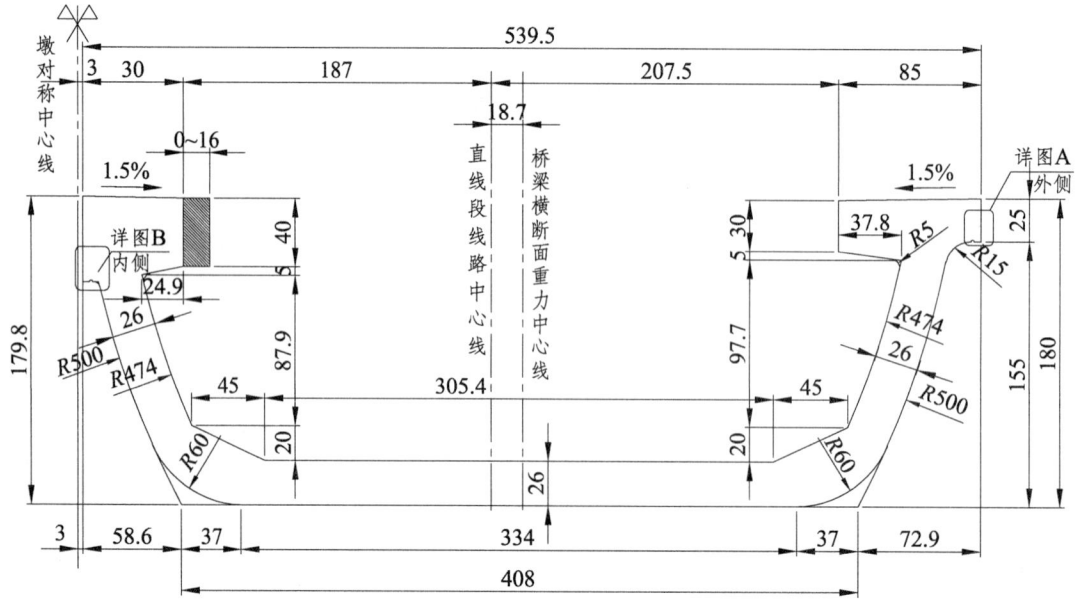

图 5.4 32 m～35 m 的 U 形梁跨中截面图（单位：cm）

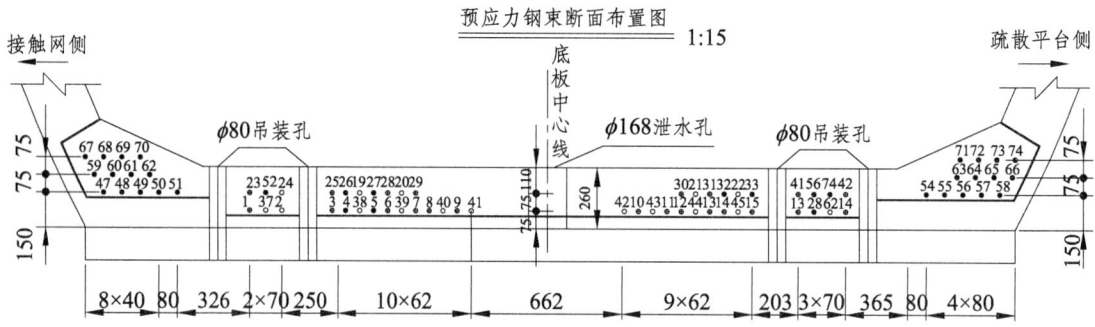

图 5.5 25 m 的 U 形梁钢绞线布置断面图（单位：cm）

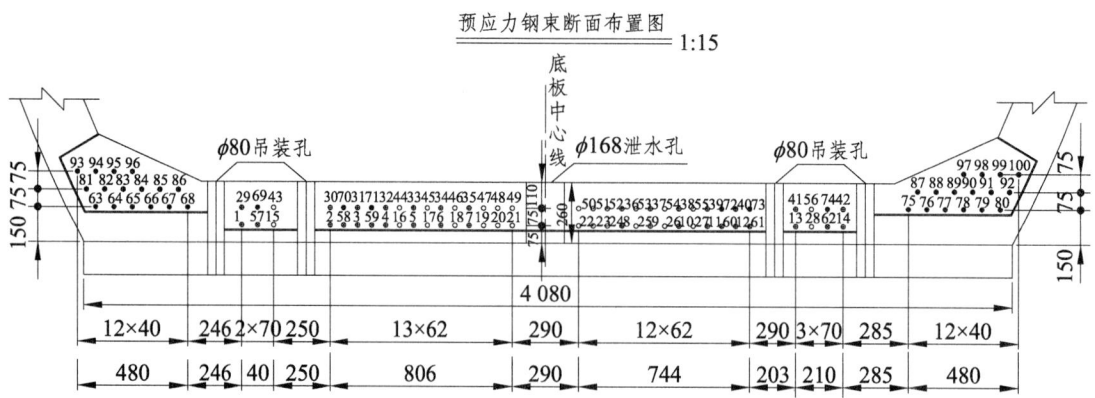

图 5.6 30 m 的 U 形梁钢绞线布置断面图（单位：cm）

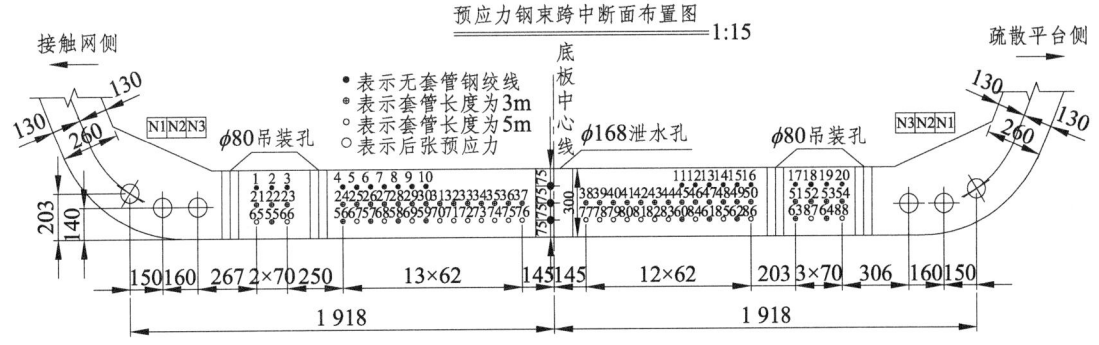

图 5.7 35 m 的 U 形梁钢绞线布置断面图（单位：cm）

U 形梁预应力钢筋采用公称直径为 15.2 mm 的钢绞线，抗拉强度标准值为 1 860 MPa，弹性模量为 195 000 MPa。25 m 的 U 形梁每片为 78 根先张钢绞线，30 m 的 U 形梁每片为 100 根先张钢绞线，35 m 的 U 形梁每片为 88 根先张钢绞线和 6 束后张束。不同 U 形梁钢绞线布置分别见图 5.1~图 5.7。

U 形梁采用在梁场集中预制，通过公路运输和桥上运梁车相结合，采用专用架桥机架设，局部困难地段采用双机抬吊的方式施工。

5.2 整体 U 形梁的预制

1. 整体 U 形梁预制策划

（1）为保证钢筋骨架绑扎质量，采用钢筋绑扎胎具进行 U 形梁整体钢筋预绑成型、然后采用钢筋吊架整体吊装入模工艺。

（2）为保证梁体外观质量，U 形预制梁内、外模板采用不锈铁材质。

（3）为保证大吨位预应力先张法施工质量，有效控制应力损失并消除安全隐患，采用长线法"牵引穿心式"整体预应力施工工艺方案，并引入预应力智能张拉同步控制系统，有效保证预应力施工精度，减少人为因素影响，节约劳动资源。

（4）利用蒸汽发热管热辐射原理和恒温自动控制系统进行蒸汽养护，有效解决传统工艺棚温不均、热损失大、低效、高耗等问题。

2. 整体预制 U 形梁架设策划

城市轨道交通工程高架区间提梁点的选择，不同于其他线性工程预制梁体的架设。最早架设梁体应选择高架区间内无现浇或简支箱梁、连续 U 形梁节段桥梁少、无线路分离、无跨既有桥梁或保护区的区间。

预制梁架设点的选用，要在保障交通运输便利的条件下，必须考虑所选提梁点的位置能够保障连续架设梁体，以减少架梁设备的多次拆装及倒运。局部困难地段可采用双机抬吊方式施工。

3. 整体 U 形梁预制总体预制施工方案

预制梁场的产能设计，应根据架梁工期、气候条件、设计要求及相关规范合理设计。

预制 U 形梁采用工厂化集中预制，工序流水化作业方式，采用蒸汽养护。混凝土以专站专用形式，保证混凝土的供应量及质量。

U 形梁钢筋加工在预制场内加工区加工，采用专用预绑胎具提前预绑，利用龙门吊和专用吊架整体骨架吊装入模形式；U 形梁模板采用侧模固定式、内模自动液压式整体模具。待 U 形梁钢筋入模后安装端模，连接预应力筋，单根初张拉到20%应力，安装内模及预埋件，采用智能张拉系统进行85%张拉，最后张拉至100%（亦可在初张拉后直接整体张拉至100%）。浇筑混凝土养护至设计强度，U 形梁整体卸载放张后，机械切割钢绞线。采用250t提梁机提移至存梁区存放并进行自然养护。

U 形梁采用多轴液压平板汽车运输及梁面轨道运输相结合，专用架桥机进行架设，特殊地段采用双机抬吊方式进行架设。

5.3 预制梁场

5.3.1 预制梁场的选址

预制梁场的选址应着重考虑一下几点要求：
（1）交通运输条件良好，能够满足大型设备和 U 形梁的出场运输；
（2）场地基础稳定、场地面积够用，适宜建造预制梁场及相关配套设施；
（3）梁场施工用电、用水接驳便利；
（4）便于现场梁体架设的施工组织。

5.3.2 梁场的规划

本工程梁场占地面积约226亩，设钢筋加工存放区、制梁区、存梁区、混凝土拌和区、办公生活区和其他生产设施辅助区等6个区域。梁场总平面图规划布置如图5.8所示。

办公生活区要与生产区相互独立，通道设置门禁系统和视频监控系统便于管理。功能分区布置考虑安全文明施工、交通运输、交叉作业相互影响、施工效率、安全隐患及过程成本等综合因素。

办公生活区本着以人文本的理念规划布置，响应合同文件要求，设置建设、设计、监理等单位的专用办公场所，做到各功能区布置规划都科学合理。

1. 钢筋加工存放区

梁场设 1 个 U 形梁钢筋加工存放区，钢筋加工存放区内设 16 m 跨 10 t 门式起重机 1 台，用于钢筋进场卸车及钢筋半成品转运。钢筋加工存放区内设钢筋原材堆放区、钢筋加工区和半成品钢筋堆放区，钢筋加工区内设钢筋普通加工设备 1 套（含钢筋调直机、钢筋切断机、钢筋弯曲机、螺旋筋加工机、电焊机等设备）和钢筋数控加工设备 1 套（含数控剪切线、数控弯曲中心、数控弯箍机）。钢筋加工存放区如图 5.9 所示。

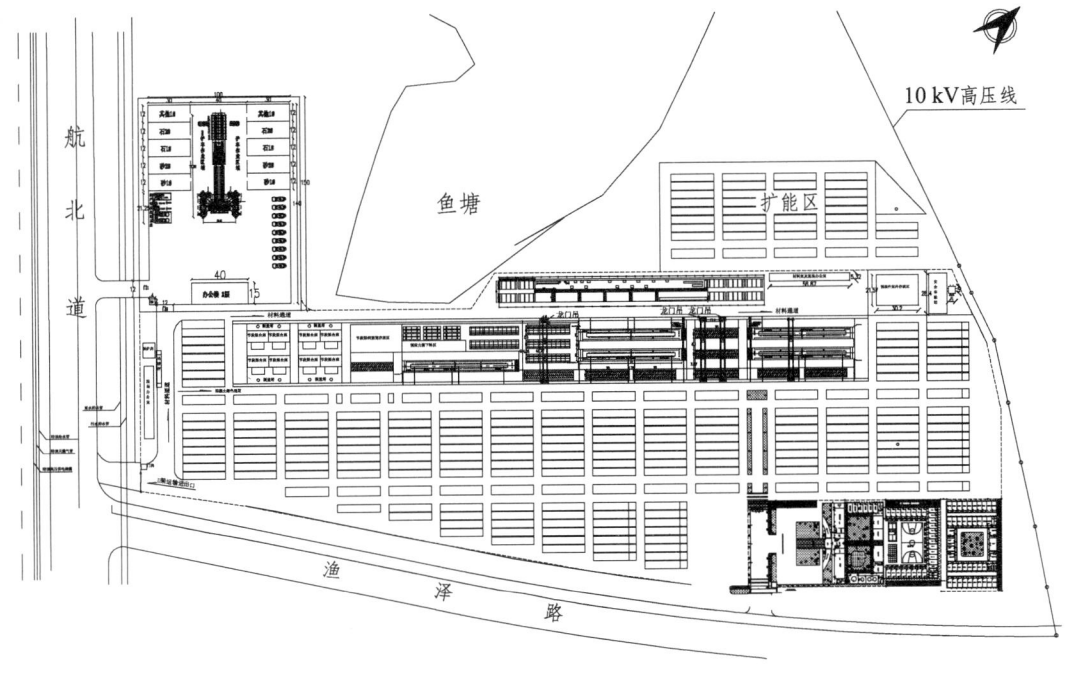

图 5.8 梁场总平面规划布置示意

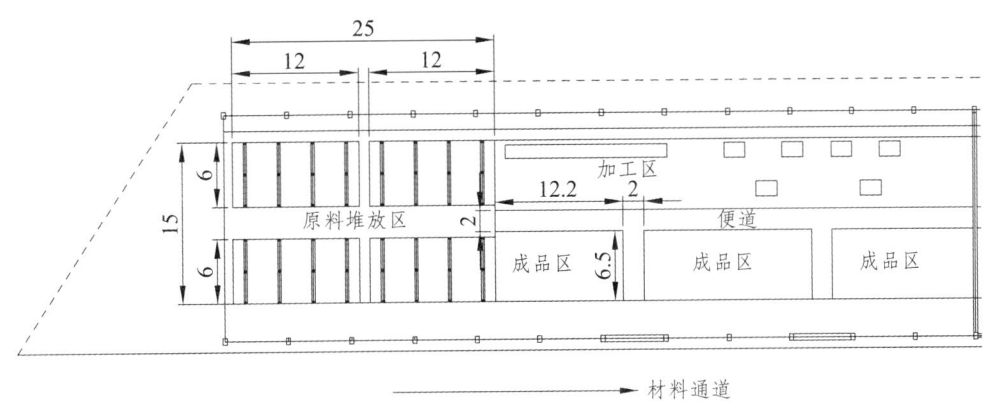

图 5.9 钢筋加工存放区布置示意（单位：m）

2. 制梁区

U 形梁制梁区内设 42 m 跨 20 t 门式起重机 3 台，设 U 形梁制梁台座 10 个，配 10 套模板，7 个整体式钢筋绑扎台座。制梁区如图 5.10 所示。

制梁区、存梁区内设 250 t 跨轮胎式提梁机 1 台，用于 U 形梁在场内运输及装车。设 1 台 4 t 燃气锅炉，用于梁体混凝土蒸汽养护。

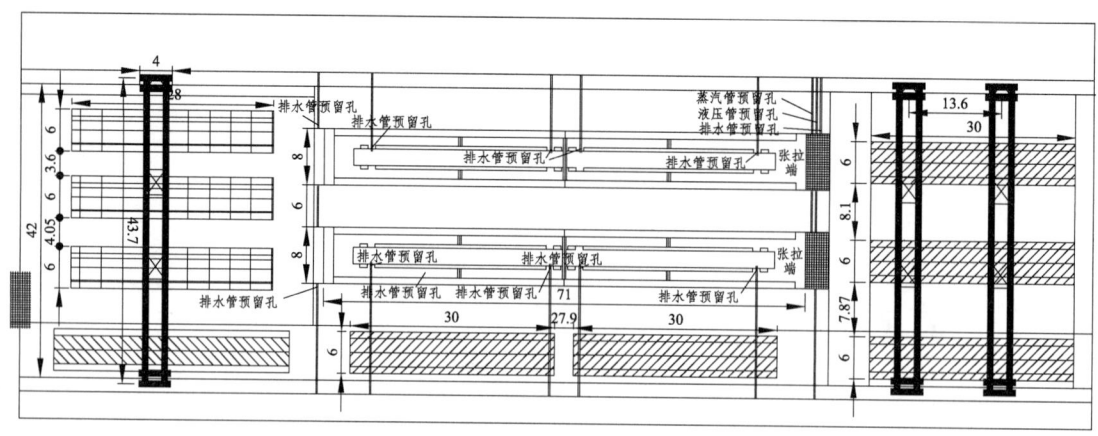

图 5.10 制梁区布置示意（单位：m）

3. 存梁区

梁场存放区提梁机道路纵横交错贯通，内设 226 个 U 梁存梁台座。存梁区布置如图 5.11 所示。

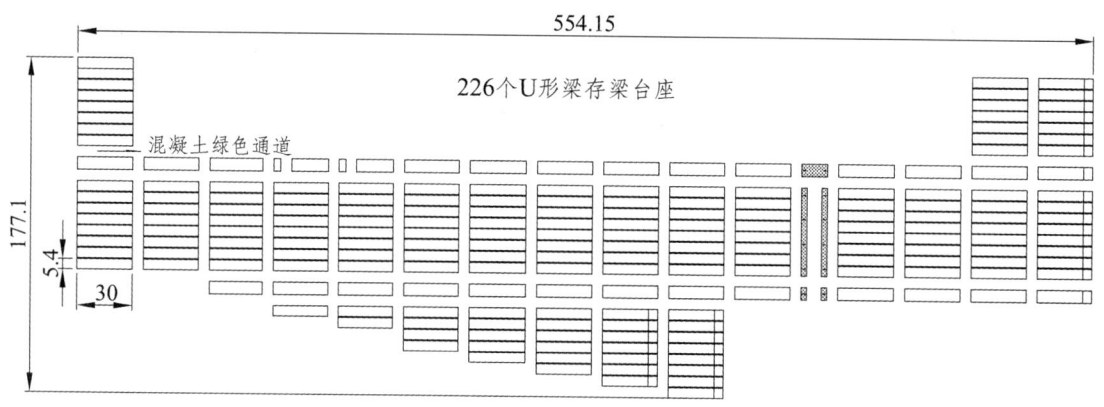

图 5.11 存梁区布置示意（单位：m）

4. 混凝土拌和区

梁场混凝土拌和区设 2 台 HZS180 搅拌站及配套设施，用于梁场内 U 形梁混凝土的拌制，搅拌站及料仓采用全封闭处理。混凝土拌和区如图 5.12 所示。

5. 办公生活区

梁场生活区分项目部职工住宿区和施工作业队住宿区，单独设置建设、设计、监理等单位的现场办公区及相应生活设施。

办公区、职工宿舍与施工作业队住宿区相互独立，附属配套设施也相互独立。空地设绿化区、彩砖路面和混凝土地坪。办公生活区布置如图 5.13 所示。

6. 其他生产辅助设施区

其他生产辅助区含锅炉房、试验室、配电室、材料室、现场办公室等，具体布置如图 5.14 所示。

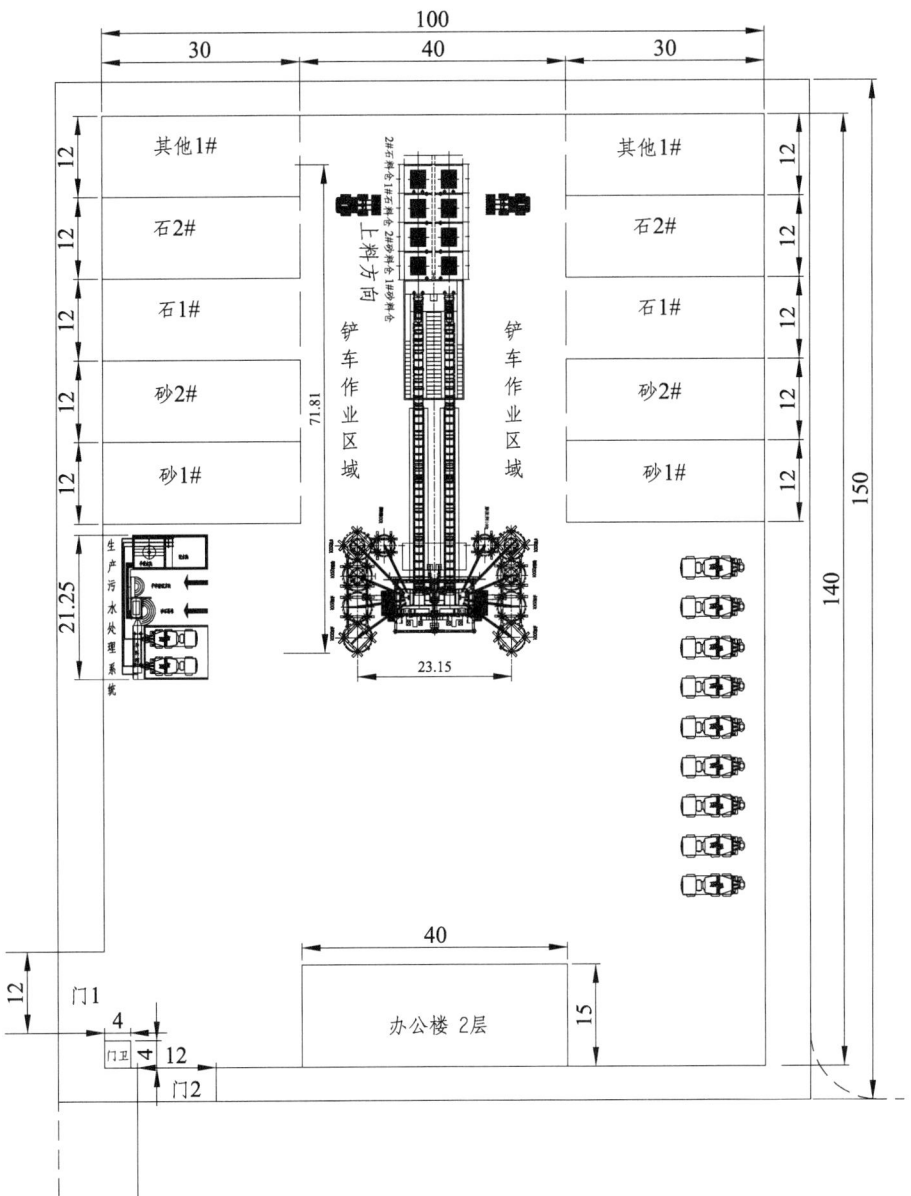

图 5.12 混凝土拌和区布置示意(单位：m)

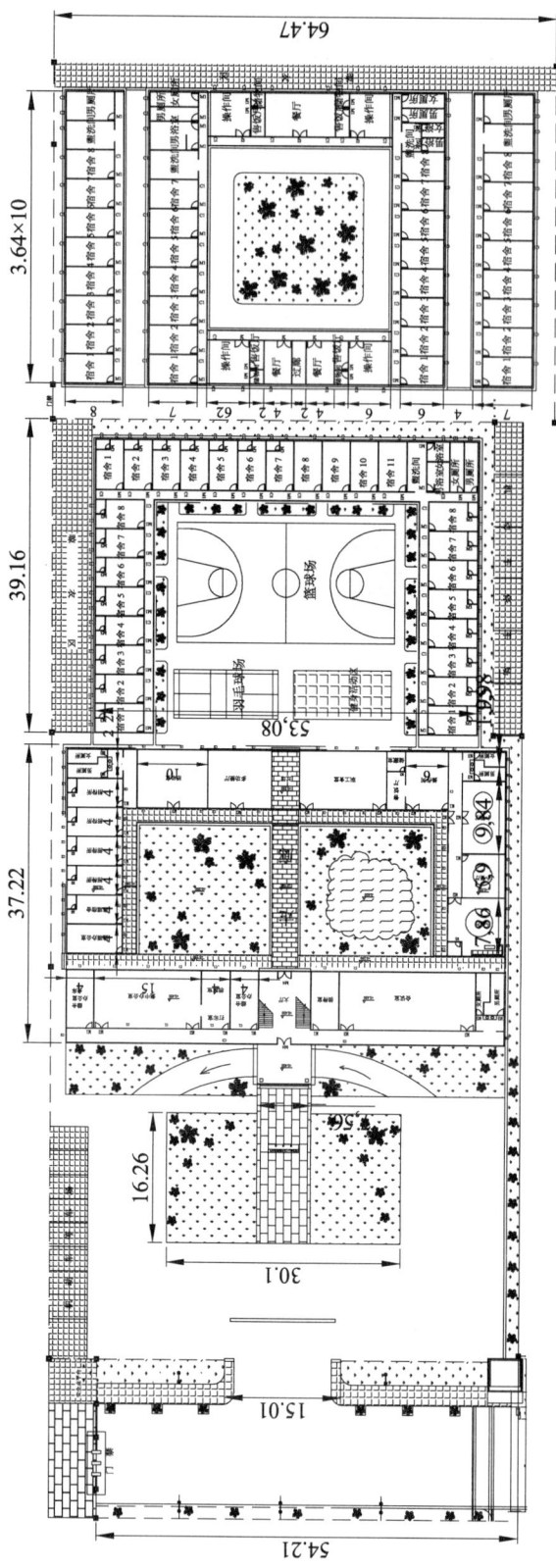

图 5.13 办公生活区布置示意（单位：m）

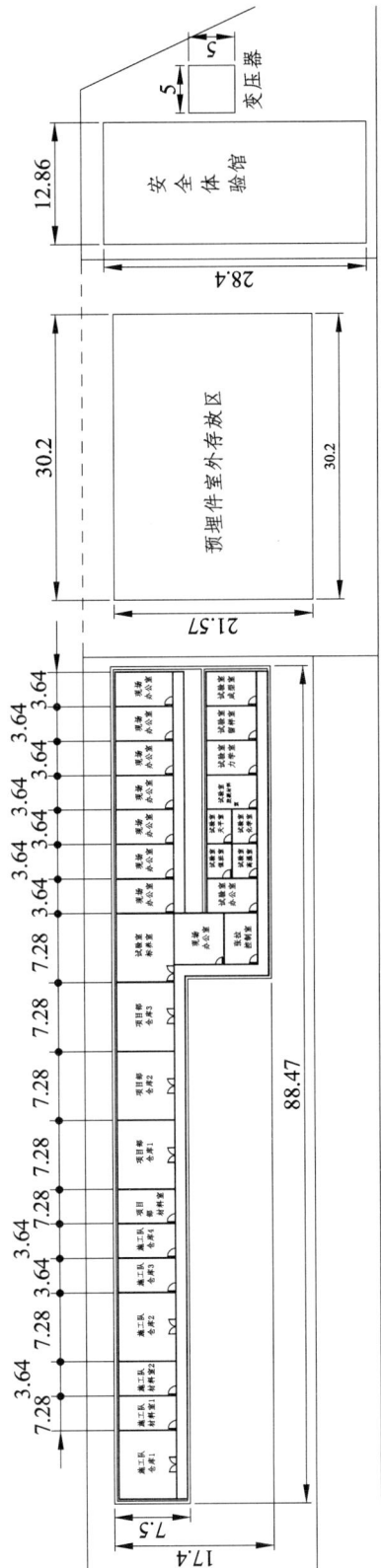

图 5.14 其他生产辅助设施区布置示意（单位：m）

锅炉房和配电室、钢筋废料池采用砖混结构，试验室、材料室采用彩钢结构，使用 A 类防火岩棉夹芯面板。

5.3.3 梁场建设方案

梁场应合理规划，各专项作业区间协调有序，既不多占地又能满足制架进程。在满足工程需要的前提下，确定经济合理的使用面积和使用期限，使用后按要求做好恢复或复垦。梁场各区域的布置以制梁区为中心进行布置，以便于混凝土、半成品钢筋笼、水、电、蒸汽的集中供应。

1. 进场道路

临时设施本着"综合利用、便于管理、注重环保、服务施工"的原则进行布置。施工便道宽 12 m，进行地基处理后，路面采用 25 cm 厚 C30 混凝土硬化处理。施工便道应能满足重型车辆与工程机械通行要求，且晴雨畅通。

2. 施工用电

从高压电力接驳点接驳，引至梁场，在预制梁场处设 1 台 630 kV·A 箱式变压器，再架设低压线至使用点，供应生活用电和施工生产用电，并配备 520 kW 的备用发电机 1 台。场内临时用电线路采用电缆敷设方式。临时用电应注意以下事项：

（1）编制临时用电方案并报监理审批。

（2）宿舍区照明必须按照规定使用 36 V 电压，办公区每间房屋必须设置超载保护装置。

（3）施工现场临时用电工程必须由电气工程技术人员负责管理，明确职责，并建立电工值班室和配电室，确定电气维修和值班人员。现场各类配电箱和开关箱必须确定检修和维护责任人。

（4）根据《施工现场临时用电安全技术规范》（JGJ 46—2005）规定，梁场配电采用工作零线（N）和接地保护零线（PE）分开使用的 TN-S 系统，以三级配电两级保护的供电方式对用电设备送电。从变压器室总配电柜各分路漏电保护开关出线采用聚氯乙烯绝缘 BV 铜芯线埋入地下 0.7 m，部分地段穿阻燃塑料管进行保护。由分配电箱至固定设备开关箱间线路仍采用穿硬质塑料管埋地敷设的方式，电缆同样以穿管的方式敷设，移动式机械设备电缆明设。

（5）临时用电配电线路必须按规范整齐架设，架空线路必须采用绝缘导线，不得采用塑胶软线。电缆线路必须按规定沿附着物敷设或采用埋地方式敷设，不得沿地面明敷设。不得架设在树木、脚手架、钢筋上。

（6）总配电箱中应在电源隔离开关（可视明显断开点）的负荷侧装漏电保护器，并灵敏可靠。分配电箱设置正确并与开关箱距离不大于 30 m。固定开关箱漏电保护装置安装在设备负荷侧，灵敏可靠，并距离设备不大于 3 m。固定配电箱、开关箱安装位置正确，下底与地面的垂直距离为 1.4～1.6 m。移动配电箱、开关箱的下底与地面的垂直距离为 0.6～1.5 m。电箱底进出线，不混乱，并加绝缘护套，采用固定线夹成束卡固在箱体花栏架构上。

（7）各类施工活动应与内、外电线路保持安全距离，达不到规范规定的最小安全距离时，必须采用可靠的防护和监护措施。

3. 施工用水

根据现场考察情况，就近接驳当地饮用自来水，用于生活和施工生产。梁场供水主管路采用 $DN100$ mm 的 PE 管，分支管路采用 $DN76$ mm、$DN50$ mm 和 $DN25$ mm 的 PE 管，在制梁区、存梁区根据施工需要分别布设相应 $DN25$ mm 支管路，以确保梁体养护及施工用水。

4. 提梁机道路、运梁道路

提梁机道路、运梁道路主要按照 250 t 轮胎式提梁机行走及场内重型运梁行走的需要设计，如图 5.15 所示。设计采用刚性路面，路基采用水泥土搅拌桩及回填材料，回填材料自下至上的分层为 30 cm 建筑垃圾、30 cm 改良土、34.5 cm 建筑垃圾、10 cm 碎石垫层，路面采用 25 cm C30 混凝土，内设 $\phi 10$ 钢筋 200 mm×200 mm 钢筋网片；具体道路设计可根据现场原状路基情况进行针对性设计。

5. 制梁台座

制梁台座采用轴线传力梁反力作用结构体系，由底板和两边传力梁组成，底板主要是使地基受力均匀，避免制梁台座发生不均匀沉降，两边传力梁传递水平张拉力。为保证制梁台座受力，制梁台座基础采用 PHC 桩（500-A）处理。

制梁台座的总长度为 71 m，有效长度 68 m，其三维图如图 5.16 所示。考虑到经济性与适用性，制梁台座底板为变厚度板，靠近两边传力梁底板厚 500 mm，中部厚 300 mm。

两边传力梁的截面尺寸为宽×高=1 000 mm×2 060 mm，要求除能满足受力要求外，还要能满足净空要求，方便提梁机提取梁体。

6. 存梁台座

存梁方式采用单层存放，梁场存梁台座分固定存梁台座和活动存梁台座。固定台座主要用于存放 30 m 的 U 形梁，活动台座用于存放跨度 30 m 以上的 U 形梁。活动存梁台座采用一端固定，一端可调，以适应不同跨度的梁存放。

存梁台座采用钢筋混凝土条形基础，混凝土强度等级为 C30；存梁台座基础采用水泥土搅拌桩、碎石褥垫层及 C30 混凝土扩大基础。地基承载力可达到 100 kPa，能有效降低不均匀沉降，满足技术需要。

存梁台座采用两端四点简支支撑结构，存梁台座的每端两个支承点在下部联结成整体确保每端受力均匀，避免发生不均沉降，如图 5.17 所示。在柱顶垫特制橡胶垫，通过橡胶垫变形消除四支点微小高差，使梁体受力均匀。

7. 锅炉房及蒸养管道

锅炉采用 1 台 4 t 的燃气锅炉，主蒸汽管道采用 $DN130$ mm，分管道采用 $DN50$ mm，蒸汽管道外侧采用保温材料包裹减少蒸汽管道蒸汽损失。制梁台座蒸汽养护采用循环管道发热保温方式，为保证棚内湿度，在循环管上预钻 $\phi 2$ mm 的小孔作为保湿喷管喷汽。

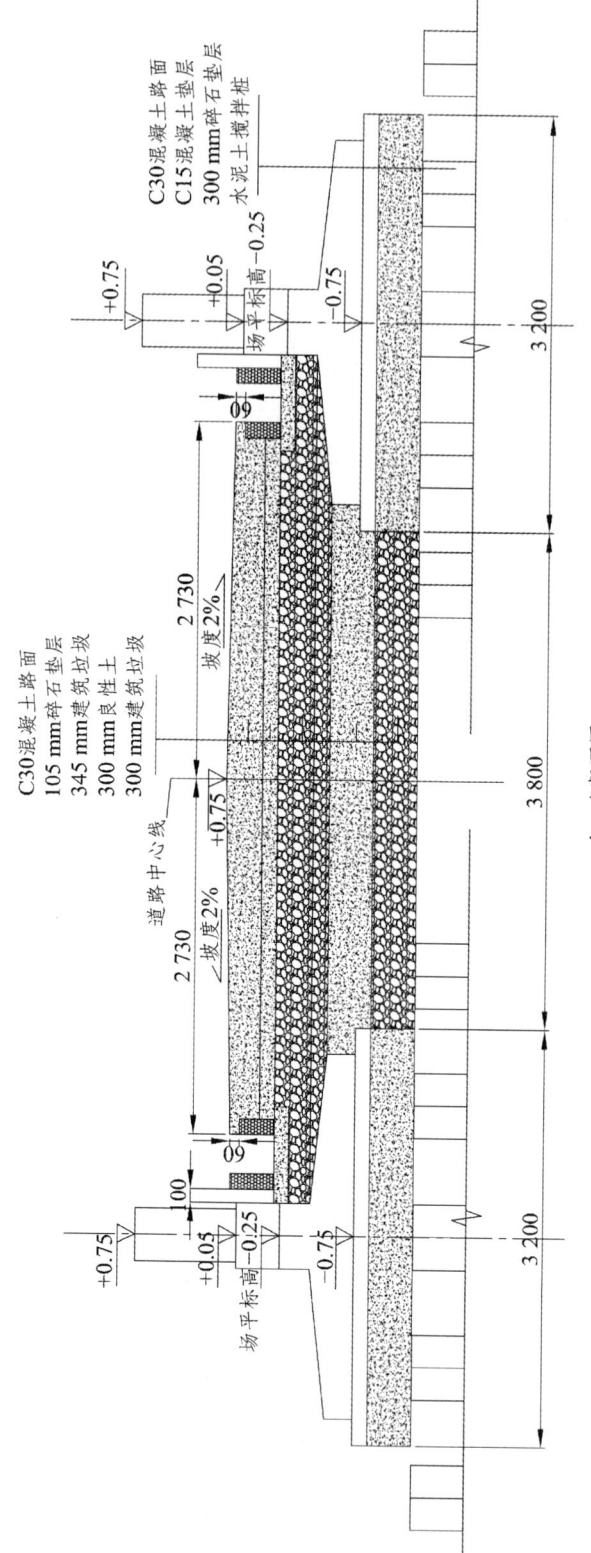

图 5.15 提梁机道路、运梁道路示意（单位：mm）

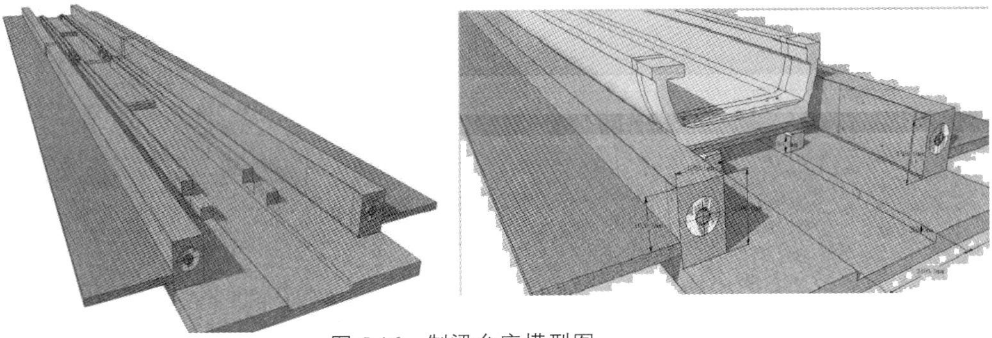

图 5.16　制梁台座模型图

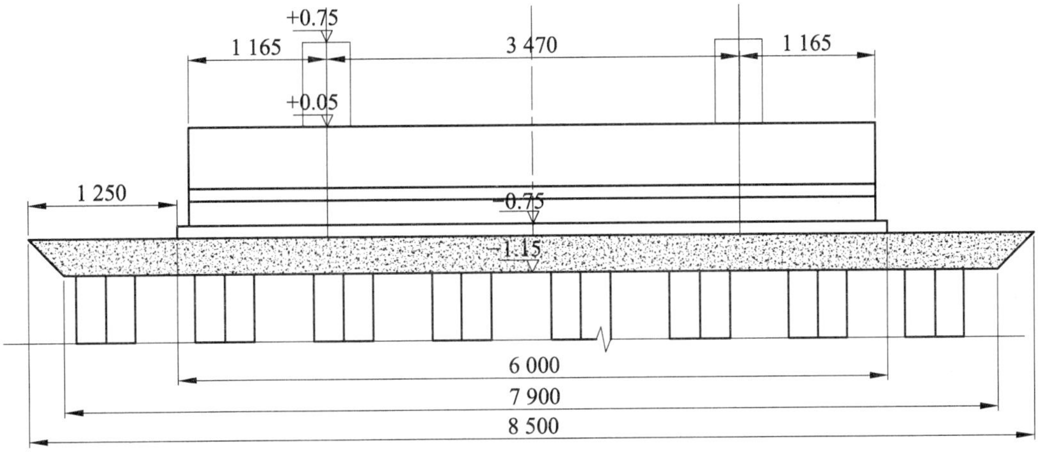

图 5.17　存梁台座基础示意（单位：mm）

8. 龙门吊基础

10 t 龙门吊、20 t 龙门吊基础均采用整体混凝土道床，地基处理采用换填、压实处理，10 cm 厚 C15 混凝土垫层，C30 钢筋混凝土结构，混凝土顶面预埋钢板，后期钢轨定位后，采用压板与预埋钢板焊接定位钢轨，如图 5.18 所示。

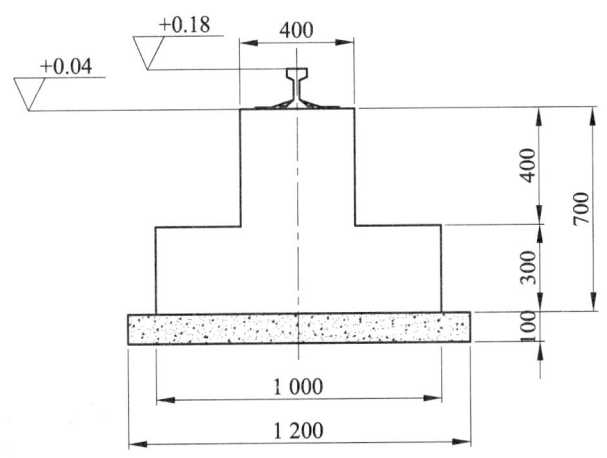

图 5.18　龙门吊基础示意（单位 mm）

9. 混凝土搅拌站

混凝土生产区主要有混凝土拌和站和砂石料存放场,根据混凝土搅拌设备生产能力和U形梁混凝土浇筑工艺要求,混凝土拌和站配置2套HZS180型混凝土搅拌楼,并在拌和站的一侧设置砂、石料堆放场。搅拌楼两侧布置各5个,共计10个储存罐,用以储存水泥、矿粉、粉煤灰及固态添加剂,每个储存罐的储量为200 t。在搅拌站大门处设置混凝土输送车清洗区,采用"龙门式洗轮机"对出厂车辆车轮彻底清洗。以保证出厂车辆的整洁,彻底杜绝对外部道路的污染。厂区设全自动废弃混凝土回收设备1台(型号WST-800)和三级沉淀池。清洗分离后的再生砂、石存入备用库,清洗后的浆水通过沉淀处理经管道系统直接用于生产。真正实现搅拌站"原材料100%回收,零排放,零污染"。

拌合站砂、石骨料堆放修建专门的全封闭的堆放料场,以保证砂、石料不受雨、雪等自然环境的影响,造成原材料的含水性能变化。砂石料堆放场地采取分仓管理,共修建10个堆放料仓。原材料堆放仓根据试验检验情况分合格区、待检区,并用标志牌在显著位置进行标识。

10. 钢筋加工存放区

钢筋加工区根据U形梁梁体钢筋数量、型号规格、施工工序占用时间、梁场总体生产进度要求分析进行布置,在钢筋绑扎区外侧设置1个U形梁钢筋加工场,加工场采用钢结构,长120.6 m、宽22 m,主跨径16 m,净高11 m,如图5.19所示。钢筋加工棚地面采用20 cm厚C20混凝土进行硬化,加工棚周围采用排水沟形式或暗管形式,防止雨水浸泡。

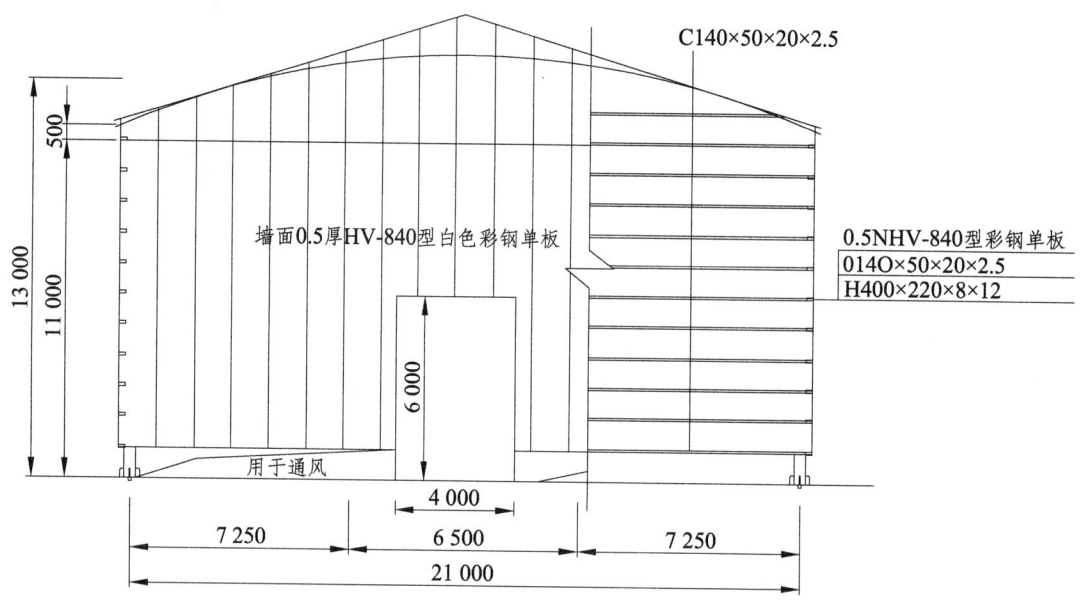

图5.19 钢筋车间断面示意(单位:mm)

钢筋车间内工作台符合钢筋加工流程、布置合理,工作台必须稳定牢固,考虑安全防护距离。钢筋车间内的各种原材、半成品、废料等应按规格、品种分别堆放整齐。钢筋车间内设置照明灯具及用电线路应符合安全用电规定,照明灯具必须加装防护罩。夜间施工用的照明灯挂在顶棚,并加灯罩,电线绝缘良好。用电设施的安装使用,应符合临时用电规范和安全操作规程，严禁任意拉线接电。钢筋加工棚立面要求悬挂机械操作规程和警示标志，禁止与施工无关人员进入施工现场。

钢筋加工场两侧设钢筋原材料存放场，地面硬化后做宽 30 cm、高 30 cm 的地梁，间距为 2 m。钢筋原材料进场检验合格后整齐堆放于地梁上，并覆盖防雨篷布，保证原材料不锈蚀。

钢筋加工存放区设置 1 台型号为 MG10t-16m 龙门吊用于钢筋原材料的装卸，从原材料存放到加工流水作业，互不干扰。

11. 办公生活区

（1）办公生活区采用 A 级防火板材结构、四面坡瓦屋顶；劳务队宿舍、试验室、材料室采用防火等级为 A 级的玻璃丝棉彩钢板房。

设砖砌封闭垃圾池，砌筑高度 1.5 m，并及时集中、分拣、回收、利用、清运出现场；工地厕所为岩棉彩钢板结构，封闭严密，地面为混凝土面，并设大小便池。

（2）试验室设收样室、骨料室、力学室、水泥室、办公室、计量器具室、标养室及相应试验设备及计量仪器。负责 U 形梁生产所需原材料及构配件进场检验、混凝土配合比选定、现场混凝土性能测试及计量仪器的检测工作。

（3）现场材料室，分为桥配库房、五金库房、机具库房、办公室等。考虑施工班组的相对独立性，材料库房的布置相互独立分类又相互联系，布置注重适用经济合理。

（4）生活区统一规划、集中布置，效果图如图 5.20 所示。生活区垃圾集中堆放，定期用垃圾车运往指定地点处理；生活污水排入污水收集容器并拉到指定地点排放。

图 5.20 办公生活区规划效果图

12. 梁场排水布置

（1）自然雨水、地表水采取排水沟直接引导排放至市政管网内。

制梁区主排水沟设置，沿 20t 龙门吊轨道基础外侧做 2 条 0.75 m×0.84 m 的浆砌砖纵向排水沟，龙门吊跨中往两侧分别设 2‰排水坡度，确保制梁区排水畅通。

存梁区提梁机道路横向设 2%排水坡度，两侧设置 0.3 m×0.54 m 浆砌砖排水沟，存梁区雨水经排水沟汇入主排水沟后排入存梁区雨水收集池及市政管网中。

钢筋加工区车间内地面高出周围地面 5 cm，确保车间内不积水。

（2）生产污水。

搅拌站位置处设三级沉淀池一座，用以对搅拌机械清洗用水先进行沉淀处理，混凝土搅拌车使用后在搅拌站三级沉淀池处进行洗车处理，污水排入三级沉淀池。检验合格后排入排水沟。

（3）生活污水。

生活污水先排入化粪池，进行三级沉淀后，再排入污水管道。

（4）梁场内排水系统，须经市政水务主管部门同意后，方可进行排放，并按照水务主管部门要求办理相关手续及缴纳费用。

13. 消防设施布置

生产及生活区均应严格按照《建设工程施工现场消防安全技术规范》（GB 50720—2011）和建设单位的相关规定，在施工现场建设消防设施，在办公区、生活区、施工区安装消火栓、消防砂池，并配备灭火器材，设置消防通道和紧急疏散通道，严格管理现场用火、用电、用气的情况。

14. 梁场围墙布置

施工围挡的土建、结构安装形式及结构尺寸应满足当地及业主的管理要求。梁场进行全封闭管理，实行隔离封闭，进出口设置宽敞、牢固、美观的大门，两侧悬挂和书写文明宣传标语，设置应坚实、稳固、整齐美观。

5.4 整体预制 U 形梁施工方案

U 形梁预制生产采用"长线法"（一条生产线配置 2 套模板）与"短线法"（一条生产线配置 1 套模板）施工方案。梁场设 10 个制梁台座、10 套模板（底模、侧模、内模、端模）。

U 形梁钢筋在钢筋加工厂房内制作完成后，运至专用绑扎胎具上绑扎成形，先张钢绞线在钢筋绑扎时穿束固定（含隔离套管），钢筋骨架采用两台 42 m/20 t 的龙门吊整体吊装入模，安装端模，用连接器连接两片 U 梁钢绞线，进行 20%张拉应力初调；修整钢筋骨架及预应力筋位置，调节、封堵预应力失效管，安装埋件及内模，钢绞线进行 85%张拉，最后进行 100%张拉（或 20%—100%）。

U 形梁混凝土采用在梁场新建搅拌站提供的 C55、C60 混凝土，采用龙门吊和料斗配合分层浇筑，采用插入式振捣器进行振捣。梁体混凝土根据生产需要可采用蒸汽养护或自然养护，在混凝土达到设计强度后降温脱内模，打开变截面活动块、松端模；采用整体式同步单端分级放张卸载（按 10%—10%—20%—20%—20%—20%，各步放张间隔时间 1 min），切割钢绞线，拆除下端模。采用轮胎式提梁机移梁至存梁区进行存放，U 形梁在存梁区采用无纺布进行覆盖，洒水自然养护，养护时间不低于 7 d。

35 m 的 U 形梁梁体混凝土强度达到设计强度的龄期后进行后张，管道压浆采用真空压浆工艺。

无需后张的 U 形梁先进行梁端凿毛及钢绞线防锈处理（外露钢绞线头采用涂刷防水涂料）进行封端，最后封端混凝土强度达到设计强度并后装车出场。

U 形梁场内运输采用轮胎式提梁机进行，场外运输采用专用平板车通过社会道路和施工便道运到提梁点。采用专用架桥机进行架设，部分线路分离大或其他特殊地段采用双机抬吊方式进行架设。

整体预制 U 形梁施工工艺流程如图 5.21 所示。

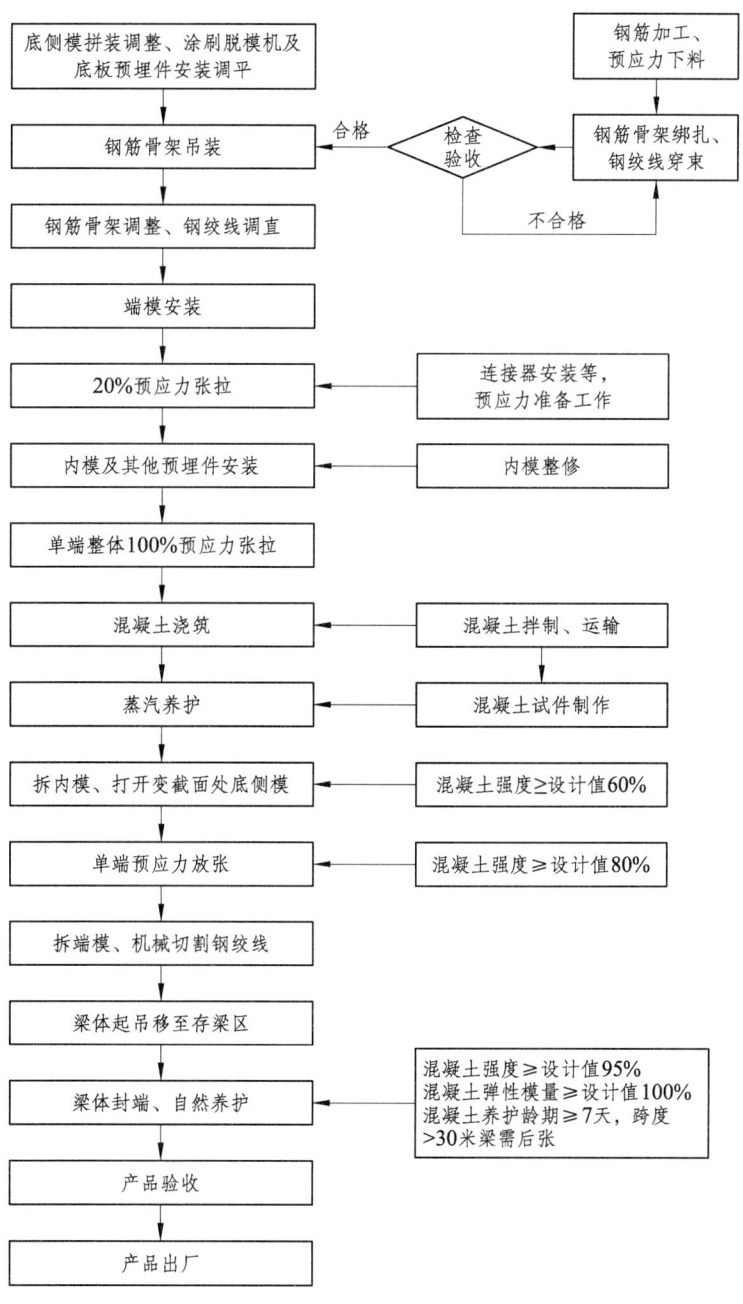

图 5.21 整体预制 U 形梁预制流程

5.4.1　整体预制 U 形梁模板设计及施工方案

1. 模板设计原则和要求

（1）须能保证 U 形梁结构的形状、尺寸准确，各种预埋件位置准确、连接牢固。

（2）模板采用整体式不锈铁钢模，具有足够的强度、刚度和稳定性。

（3）为装拆方便，减轻作业人员劳动强度，内模的合模、拆模采用全自动液压动力形式，并须满足多次周转使用，模板接缝严密，不漏浆的要求。

（4）模板同时满足曲线梁的要求。

（5）模板应能可靠地承受施工过程中可能产生的各项荷载，防止模板变形，保证结构物各部位形状、尺寸的准确，内模设置模板不仅要能抵抗在竖直面的变形还要能抵抗水平面的旁弯形变，以保证梁体内腔尺寸。

（6）为保证线路在运营时的平稳性，设计要求 30 m 梁底模要设置预拱度。跨中位置预拱度为 8 mm，其他位置按照二次抛物线过渡。为此，跨中模板块按抛物线加工，其余底模块在拼装过程按抛物线安装。

2. 模板结构

U 形梁模板由底模、侧模、内模、端模及配件组成，模板表面面板采用复合面板，以适应室外、高盐、高湿度使用环境，模板实体图及构造示意如图 5.22 所示。

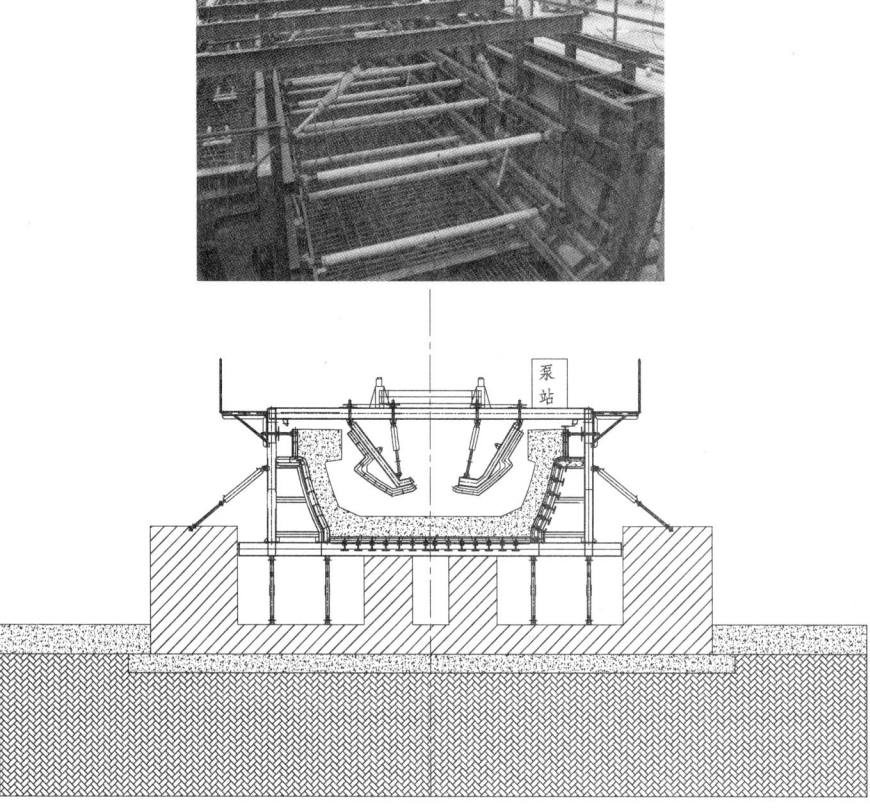

图 5.22　模板实体图及构造示意

（1）外模。

模板采用整体式液压自动钢模形式。根据设计要求，U 形梁外模长度需满足 26～30 m、12.5～25 m、30～35 m 共用，根据实际情况及方便施工，模板设计采用一定的模块组合形式，在一套基准模板基础上加减组合方式，以实现相应不同长度变跨 U 形梁共用，如图 5.23 所示。

图 5.23 侧模

整个外模内侧依靠螺旋撑杆支撑于地面，外侧依靠螺旋千斤顶支撑于制梁台座传立柱上。放张时卸载千斤顶，使变截面处模板向外倾斜，达到放张要求即可。

（2）内模。

内模长度按外模情况进行匹配设计，满足拆除相应长度模板后可实现 12.5～35 m 梁共用。内模设计采用整体液压式内模，模板采用液压油缸收模，如图 5.24 所示。整个内模板悬吊于横梁之上。横梁通过立柱支撑于地面。模板收模后整体一次从梁体吊出，无需人工拆卸任何模板。

图 5.24 内模

（3）端模。

端模与外模连接方式采用外模夹端模方式，端模整体分成 6 段运输。端模直接放置于底模上方，与外模间采用螺栓连接。端模与底模及外模连接处均设置有密封胶条，保证预制过程中不发生漏浆现象。

（4）底模。

底模需承受梁体重量及内模支撑重量，因此底模需具有足够刚度及强度。考虑运输及预拱调整方便，底模的长×宽按 3.0 m×3.25 m 考虑，端部宽 4.08 m。端部变截面处设置有活动底模，通过液压系统进行打开或闭合。为满足 U 形梁吊装要求，底模吊装孔处需设置活动模板，因此台座相应位置需预留槽口。跨中模板块按抛物线加工，其余底模块在拼装过程按抛物线安装，采用以直代曲实现整个预拱度设置。

（5）横梁及立柱。

横梁及立柱主要用于固定内模，梁体纵向布置四排，横梁与立柱间采用V形结构连接，以方便快速立模。四根横梁两两焊接成整体作为内模的吊架，整个内模悬挂于横梁下方，通过吊装横梁来进行内模脱模。横梁及立柱均采用H型钢加工。

（6）其他附属设施。

为方便施工，模板设计时根据梁体上底部泄水孔、强弱电支架、吊装孔等预留情况，均设计有相应孔模具。

5.4.2 钢筋成型及整体吊装

钢筋施工工艺流程如图5.25所示。

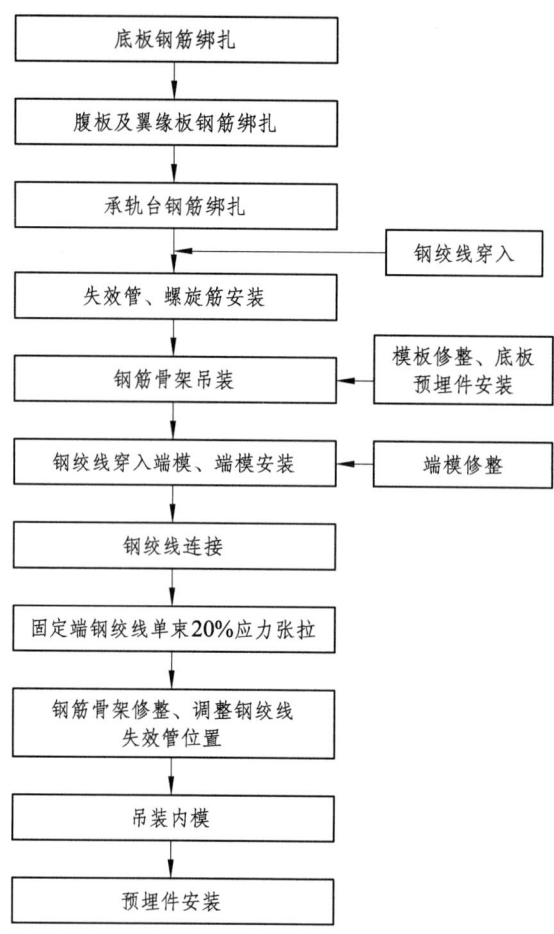

图5.25 整体预制U形梁钢筋工艺流程

1. 钢筋制作

（1）普通钢筋制作。

配料时应根据断料长度、数量合理搭配。钢筋切断必须保证钢筋断料精度要求，切断下料时钢筋限位小车一定要拧紧，以防钢筋碰击移位，从而影响切断尺寸正确。在切断下料时应做到"先非定尺，后定尺"，并根据切断机的功率和负载决定一次下料数量。做到长料长用、短料短用、废料利用、合理裁用。

钢筋下料应去掉有缺陷的钢筋部分；对于有弯曲角度的钢筋下料（如箍筋、腹板弯筋），要通过计算扣除钢筋在弯制过程中的伸长量。

骨架钢筋下料长度误差：不带弯钩的长钢筋下料长度误差为±5 mm；带弯钩及弯折钢筋的下料长度误差为±0.5d（d为钢筋直径）。

（2）钢绞线下料。

钢绞线下料时应装入放线架内进行，以防自然弹性伤害人体，断料采用砂轮切割机切断。

先张钢绞线下料长度应根据使用的锚具厚度、连接器长度、工作长度、U形梁长度和台座之间距离等数据进行计算决定。

后张钢绞线的下料长度应根据钢束孔道长度、千斤顶工作长度、锚具厚度等数据计算决定。

后张钢绞线要制成钢束，保证每根钢绞线保持顺直，不得拧扭在一起。钢绞线下料长度误差为±10 mm。

（3）钢筋弯曲成型。

操作前要对机械的传动部位、工作部位、电气元件、润滑部位进行全面检查，再进行空车运转和检查倒顺开关是否灵活。

弯曲时按工作牌所示形状、尺寸先在工作台上划线试弯，符合要求后方能成批，并做到在操作过程中要经常复核尺寸、角度。允许偏差范围为：弯起点移位±20 mm，箍筋尺寸±5 mm，弯钩平直部分长度符合要求。

按施工图设计尺寸和规定的误差要求弯制钢筋，弯制的首根钢筋要认真、仔细地检查各部尺寸，并对不合格尺寸进行调整，批量弯制过程中，至少抽取不少于20%的钢筋进行检查。

钢筋弯制过程中，如发现脆断、开裂等现象，应及时按规定程序和要求向项目技术、质量管理部门进行反馈，并查明质量原因，采取处理措施。弯制合格的钢筋才可用于梁体钢筋的绑扎。

按钢筋规格和强度选取不同的主轴转速和弯芯直径：对于HRB400级钢筋，直径d小于20 mm时可用快速；d在22 mm至25 mm之间用中速；d大于28 mm用慢速。对于HRB400级螺纹钢，成型机弯芯直径不小于4d。

弯制成型的钢筋应分类堆放，进行编号标识并及时使用，如图5.26所示。钢筋存放应防止淋雨，避免锈蚀。

2. 钢筋焊接

（1）电焊焊接。

钢筋焊接在骨架钢筋内穿入钢绞线后进行，所有焊接均采用保护焊，不得使用电弧焊，以免烧伤钢绞线。

钢筋支座段主要钢筋采用双面焊接，焊缝长度≥5d；采用单面焊接，焊缝长度≥10d。预应力钢绞线穿入钢筋骨架后，钢筋应采用二氧化碳气体保护焊，防止钢绞线烧伤。

图 5.26 钢筋加工半成品堆放

（2）对焊焊接。

U形梁通长钢筋连接采用闪光对焊。

从事钢筋加工和对焊的操作人员必须经过考试合格，持证上岗。

在工程开工正式焊接前，参与该项施焊的焊工必须进行现场条件下的焊接工艺试验，并检验接头外观质量及规定的力学性能（详见表 5.1），试焊质量合格和焊接工艺参数确定后，方可正式生产。并总结调节出合适的调伸长度、烧化留量、顶锻留量及变压器级数等焊接参数。

表 5.1 钢筋闪光对焊接头类型规定要求

接头类型	接头简图	适用范围	
		钢筋类别	钢筋直径/mm
连续闪光焊		Ⅱ级钢筋	10~18
预热闪光焊		Ⅱ级钢筋	20~40，端面较平整
闪光-预热闪光焊		Ⅱ级钢筋	20~40，端面不平整

注：① 连续闪光对焊施工工艺：闭合电源使两钢筋断面轻微接触，形成闪光；徐徐移动钢筋形成连续闪光过程；待钢筋白热溶化时，施加轴向压力，迅速进行顶锻使钢筋焊合。

② 预热闪光对焊施工工艺方法在连续闪光焊前增加一项预热过程，当闪光一开始便将接头作周期性的闭合和断开，当钢筋烧化到规定程度的预热留量后，随即进行连续闪光和顶锻。

③ 闪光-预热闪光对焊工艺方法则结合以上两方法先按闪光方法进行闪光但不是连续闪光，再进行预热方式，两交替进行达到钢筋白热溶化时，施加轴向压力，迅速进行顶锻使钢筋焊合。

（3）定位筋片的焊制。

定位筋用来限定后张预应力波纹管道在钢筋骨架中的位置。单独成型定位筋采取在腹板箍筋上焊接横向螺纹钢筋，横向螺纹钢筋在箍筋上的位置，根据梁体的不同截面由图纸的设计尺寸确定。要求焊接牢固，位置准确，尺寸误差为±2 mm，焊接后不在同一平面的偏差≤5 mm。焊接好后的定位筋片要编号标识，并分类堆放。

3. 钢筋绑扎

（1）要熟悉蓝图和配筋图，绑扎前应先根据配筋图配料，备齐各种规格的钢筋，并根据蓝图、结合钢筋形状确定合理的绑扎顺序。

（2）钢筋骨架的绑扎应严格按图纸尺寸在预绑胎具上进行。U形梁钢筋绑扎如图5.27所示。

图5.27 预制U形梁整体钢筋绑扎胎架

（3）钢筋交接点绑扎应符合下列要求：

① 钢筋弯折角与纵向分布筋交点均应绑扎；箍筋与主筋交点均应绑扎；中间平直部分交点可交错绑扎。

② 绑扎丝内扣，绑扎扭断的必须重绑，电焊药皮随焊随敲。

③ 绑扎时必须采用八字扣加保险扣（1.2 m-扣），确保各钢筋的位置和骨架必要的刚度，使起吊时不松动、不变形。

④ 箍筋的脚头和长钢筋的对焊接头按要求错开。

⑤ 不允许跳绑和漏绑，扎铁丝头一律朝内，并朝远离混凝土面的一侧内弯，以防绑扎丝保护层过小而产生锈蚀。

（4）梁体钢筋骨架均按设计图纸要求在钢筋预绑工作平台上预制成钢筋骨架。所有横向钢筋不得留连接接头。钢筋预绑工作平台上设有限定箍筋、纵向钢筋及横向分布筋位置的装置，以保证钢筋的位置准确。

（5）在钢筋预绑工作平台上摆放腹板外侧圆弧钢筋、底层钢筋、箍筋片（包括定位筋片），绑扎底板钢筋，并穿入底板先张钢绞线，并按要求准确安装隔离套管和螺旋钢筋。底板上下层钢筋预先焊接成片状骨架，以保证底板钢筋不下榻，并保证底板保护层厚度。

（6）支座预埋钢板、防落梁挡块预埋钢板和吊具埋钢板同钢筋骨架钢筋一起定位，并预埋准确。

（7）吊入内模前，在底板钢筋底层均匀布置垫块，以保证底板钢筋保护层，然后安装腹板箍筋和先张钢绞线定位片，绑扎腹板钢筋。后张梁波纹管定位筋及波纹管绑扎牢固并成型后，穿入钢绞线束及锚垫板、螺旋筋，定位应准确、牢靠。波纹管之间的连接可采用大一号的同型波纹管，接头管长度不短于 300 mm，并用密封胶带封口；绑扎波纹管及穿入钢铰线过程中，应注意波纹管各处有无变形或破损，按要求及时处理变形或破损处波纹管，防止混凝土灌注过程中漏浆引起孔道堵塞。

（8）绑扎钢筋保护层垫块应符合下列要求：

① 在钢筋骨架外侧面均匀布设混凝土保护层垫块，布置间距不大于 800 mm，并呈梅花形布置。

② 混凝土保护层垫块可采用混凝土垫块，强度不低于 U 形梁设计强度，垫块布置间距不大于 0.5 m。

③ 绑扎混凝土垫块，要求绑扎牢固，绑扎丝内扣，避免绑扎丝外露；支座处箍筋的侧面、端面及斜面也按此要求布置、绑扎混凝土垫块。

④ 预制 U 形梁钢筋保护层采用混凝土垫块来控制，混凝土垫块厚度同梁体各部位钢筋保护层一致。

（9）安装钢绞线后，电焊作业时，采用二氧化碳气体保护焊，避免焊渣溅落在钢绞线上，烧伤钢绞线。为防止电焊引火对钢绞线产生损伤，采用"十字线"双负极焊接工艺。

4. 钢筋骨架的安装

用 2 台 20 t 龙门吊将绑扎成型的钢筋骨架整体吊入制梁台座模板内，并准确对位，对吊装过程中钢筋骨架发生的局部变形进行修整，如图 5.28 所示。

图 5.28　U 形梁钢筋骨架整体吊装入模

5.4.3　混凝土施工工艺方案

1. 混凝土搅拌和运输

U 形梁混凝土采用在梁场建专用混凝土搅拌站提供的 C55、C60 等高标号混凝土，采用混凝土搅拌车运到梁场内直接使用，混凝土拌和物应在浇筑地点取样检测：混凝土的温度、坍落度和含气量，其中混凝土的温度、坍落度每车进行检测，含气量在底板及腹板浇筑各测定一次，混凝土入模温度<30 ℃，坍落度控制在 180±20 mm，混凝土含气量控制在 2%～4%，符合要求方可投入使用。

混凝土搅拌运输车运输混凝土过程中，搅拌筒应保持低速转动，控制混凝土运至浇捣地点后不分层、组成成分不发生变化，并保证施工所需的坍落度。

在运输过程及浇捣过程中，严禁向装有混凝土拌和料的拌筒内加水，混凝土从搅拌机卸出后，必须在混凝土初凝前完成浇捣。

2. 混凝土浇筑

梁体混凝土采用料斗进行浇筑，工艺流程如图5.29。

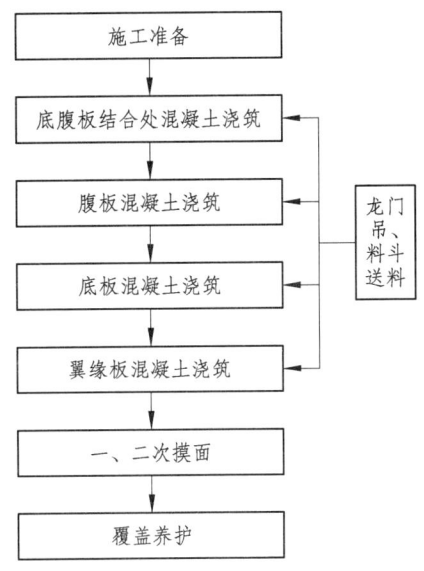

图5.29 整体预制U形梁混凝土浇筑工艺流程

浇筑采用斜向分段、水平分层，从梁体一端向另一端推进浇筑的方法，如图5.30所示。

图5.30 混凝土浇筑作业

浇筑顺序如图5.31所示，具体为：水平方向沿梁体纵向分段从一端向另一端布料6~8 m；竖直方向先底腹板结合部位，再腹板，向前推进约12~16 m后，返回进行底板浇筑或补料，最后浇筑上翼缘板，水平分层厚度控制在30~50 cm，不大于50 cm。每片梁开盘浇筑放料时均在距梁端2 m位置下料，尽量避开支座位置。

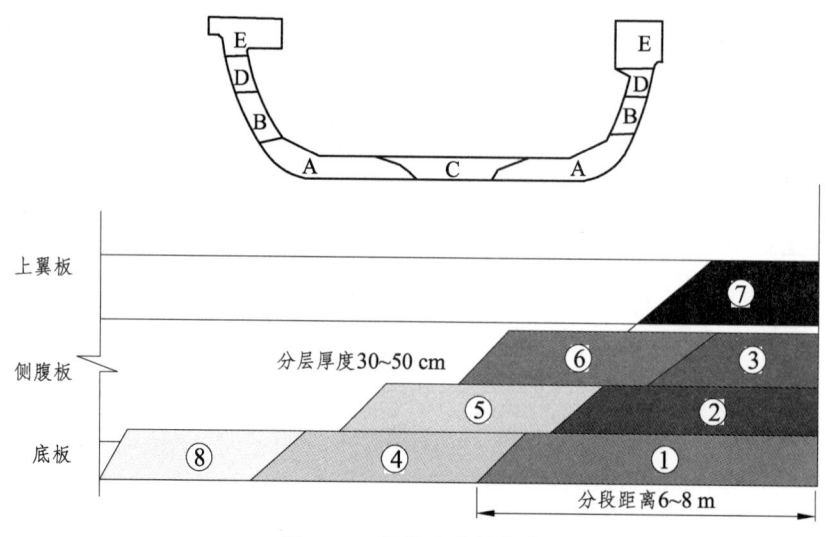

图 5.31 混凝土浇筑顺序

3. 混凝土振捣

混凝土振捣采用插入式振动器。使用插入式振动器时,移动间距不应超过振动器作用半径的 1.5 倍;与侧模、预应力孔道、预留筋和预埋件应保持 50~100 mm 的距离;插入下层混凝土 50~100 mm;每一处振动完毕后应边振动边徐徐提出振动棒。

对每一振动部位,以振动到该部位混凝土密实为止,密实的标志是混凝土停止下沉,不再冒出气泡,表面呈现平坦、泛浆,尤其应加强梁端支座板位置和吊点处的混凝土振捣。振捣过程中应避免翘振模板、钢筋、预应力筋、预应力管道和预埋铁件。

在确保混凝土密实的同时,应避免发生混凝土过振产生离析。腹板浇筑时,更应注意仔细观察混凝土表面情况,合理控制插入式振动器的插入深度,避免因过振引起腹板下部内侧与底板连接处产生蜂窝、麻面和流挂等现象。

5.4.4 预制 U 形梁混凝土养护

1. 蒸汽养护

施工中严格控制升温、降温的速度及恒温温度,以免梁体内外温差过大或恒温温度过高而导致梁体出现裂纹。根据生产需要施工中采用自制的全自动温控养护系统来实现 U 形梁的自动养护。

温控养护系统由管道、数字温度传感器、蒸养棚及锅炉、控制室、显示屏等组成,如图 5.32 所示。

养护过程中通过通入蒸汽实现升温过程,通入压缩空气实现降温过程,同时为了保证蒸养棚内一定的湿度,还需要通入气化水。各管道在台座底板环形布置。在梁跨的 $L/4$、$L/2$、$3L/4$ 处两侧设测温点(共 6 处)。

蒸养棚设计为吊装的组合式结构,蒸养棚必须具备耐热性、密封性及气体循环良好的特性。钢结构支架外覆隔热夹芯板,以确保蒸养棚的保温效果和密闭性能。蒸养棚的两端开设通风口,在降温时使用。蒸养棚设置如图 5.32 所示。

图 5.32 蒸汽养护设施

梁体混凝土养护技术要求及全自动温控养护系统的操作过程：

蒸汽养护分为静停、升温、恒温、降温四个阶段，其过程见图 5.33 所示的蒸汽养护温度曲线。静停时棚内温度不低于 5 ℃；静停 6～10 h 开始升温，升温速度不大于 10 ℃/h，恒温时梁体芯部混凝土温度不应超过 55 ℃，恒温时间应根据 U 形梁脱模强度要求、混凝土配合比情况以及环境条件等试验确定；降温速度不大于 10 ℃/h。

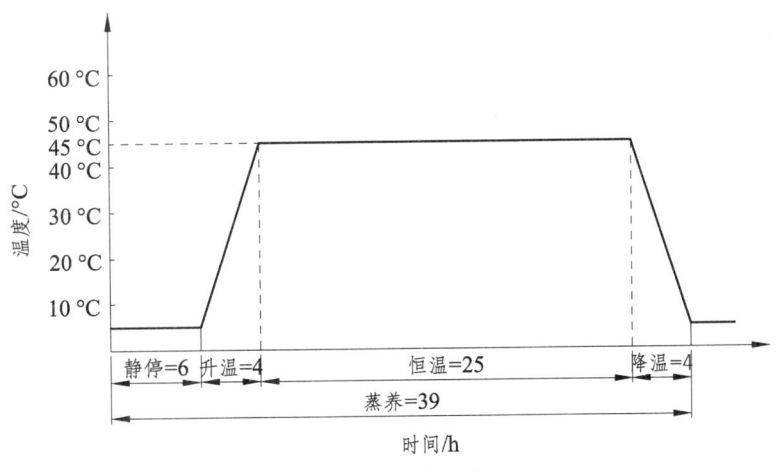

图 5.33 蒸汽养护温度曲线

梁场采用 1 台 4 t 的燃气锅炉给 U 形梁供蒸汽。用 1 台 4 t 燃气锅炉保证蒸汽供应，采用自制屏蔽式全自动养护罩，确保多点测温、多点升温、多点降温。

在制梁台座内设置蒸汽管道，设定养护罩中恒温温度定格在 45±5 ℃，通过两端供蒸汽，调节管道中的蒸汽供给量，保证养护罩内温度的均匀性，持续养护时间为 24±3 h。当室外平均温度低于 10 ℃，则初始升温速度应控制在 6 ℃/h 以内，直至 10 ℃/h，并适当提高蒸汽养护温度或延长养护时间。U 形梁蒸养管布置如图 5.34 所示。

梁体混凝土浇筑完成后，安装养护罩，将梁体与模型置于密闭的养护罩内。通过调节供汽量及风冷等措施，保证梁体芯部混凝土温度与表面温度之差、表层与环境温度之差及 U 形梁腹板内外侧温度之差不超过 15 ℃ 时，方可拆除撤除屏蔽式养护罩。

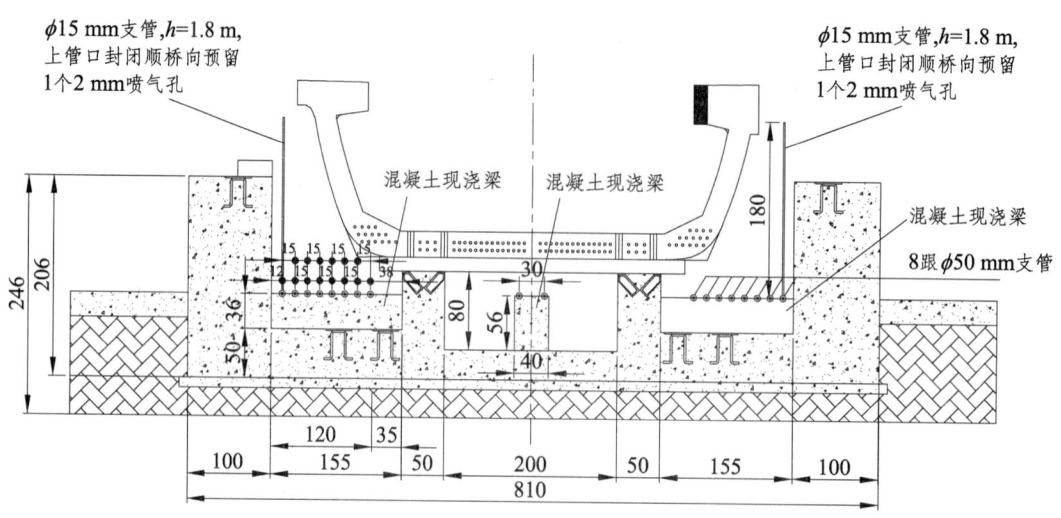

图 5.34 蒸养管道布置（单位：cm）

2. 自然养护

拆外模后，立即进入自然养护。在炎热和大风干燥季节，拆模后梁体表面立即喷涂养护剂并覆盖梁体。自然养护喷淋系统如图 5.35 所示。

图 5.35 自然养护喷淋系统

自然养护时，U 形梁表面采用无纺布进行覆盖，梁体洒水次数以能保持混凝土表面充分潮湿为度。在任何养护阶段，混凝土表面与养护水之间的温差不得大于 15 ℃，当环境相对湿度小于 60% 时，自然养护不少于 28 天；相对湿度 60% 以上时，自然养护不少于 7 天。当环境温度低于 5 ℃ 时，U 形梁表面喷涂养护剂，采取保温措施，禁止对混凝土洒水。

当梁体完成 7 d 自然养护后，但天气处于大风、高温时，采用洒水车对厂区所有 U 形梁不定时洒水养护，防止开裂。

5.4.5 预应力工艺方案

1. 先张预应力张拉方案

1）先张方式

"长线法" 预应力施工就是在一条先张生产台座上同时对 2 片或 2 片以上的梁进行 "串

联式"预应力先张施工，然后进行混凝土浇筑、养护、脱模并同时放张的生产方式，如图 5.36 所示。本梁场采用在一条长线法生产台座上同时进行 2 片 U 形梁生产，短线法生产台座上生产 1 片 U 形梁。

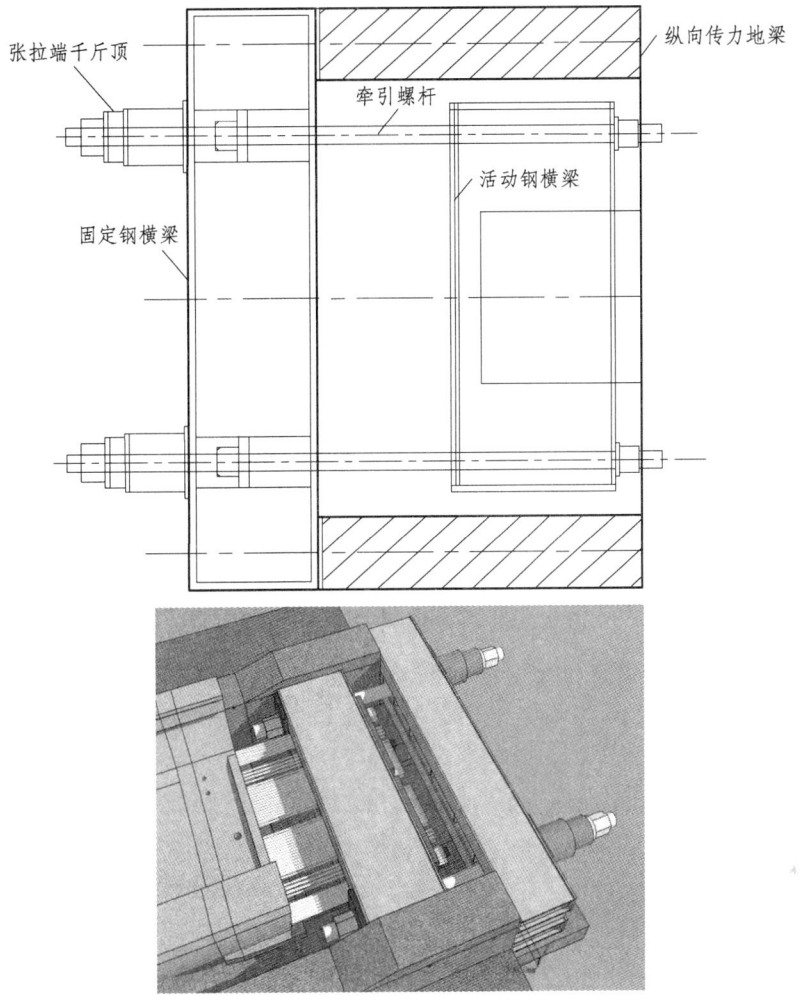

图 5.36 张拉原理示意

张拉方式采用穿心式牵引方案进行先张法施工，如图 5.37 所示。一条生产线采用 2 台 1 200 t 或 4 台 600 t 穿心式千斤顶，每台千斤顶行程 500 mm 或 300 mm，设置在张拉台座张拉端，台座另一端采用固定钢横梁钢绞线分别锚固在台座梁端的活动钢横梁和固定钢横梁上，依靠张拉端的固定钢横梁上的 2 台千斤顶带动牵引杆牵引张拉端的活动钢横梁已达到整体张拉或放张的要求。千斤顶与钢横梁的链接通过 XZ-L270/7000 的牵引钢棒与张拉端固定、活动横梁联结。

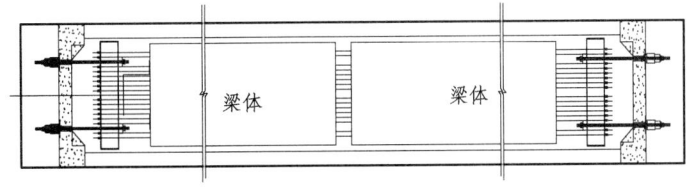

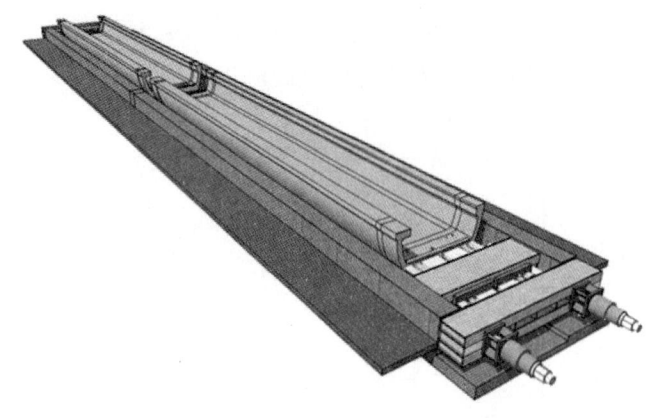

图 5.37 "长线法穿心式"张拉示意

2）智能化控制系统

（1）泵站布置。

6 条长线台座采用 3 个生产区域并行施工，每个生产区域 2 条生产线。2 条生产线的张拉端邻近，但考虑到控制的响应速度，采用每 4 台千斤顶共用一套泵站的方案，该方案具有管路的最大长度较小的特点。泵组放置在三个台座中间，油管长度控制在 25 m 以内。

（2）控制系统具备的功能。

控制系统的主控制台与泵站之间的通信使用有线通信，且具有：张拉力值与张拉位移双变量实时同步控制功能；力值和位移超限报警功能；工作参数菜单设定与保存功能；分级张拉与放张的功能；分级张拉与放张的控制策略的设定；保存与选择功能；自动记录张拉力值和位移的功能；测力传感器、位移传感器校准功能（进行斜率和截距的修正）；钢梁的摩擦力自动修正功能（在张拉与放张时，自动调整摩擦力方向）；初张拉综合效果自动评价功能；持荷期间自动补压功能；持荷时间设定功能；持荷倒计时显示功能；伸长量同步功能；视频监控功能；当日张拉、持荷与放张期间的视频自动保存功能。本控制系统满足《公路桥涵施工技术规范》（JTG/T F50—2011）中的关于张拉力值控制精度、张拉力同步精度、伸长量控制精度等要求。

（3）预应力张拉工作原理。

智能张拉系统是通过计算机控制张拉油泵和千斤顶，利用测力传感器和位移传感器的测量数据反馈，实现预应力同步和精确张拉，同时对张拉过程数据进行储存，可随时调看历史数据，这样可消除人为因素干扰，能有效地保证预应力张拉施工质量。

智能张拉控制系统主要包括智能张拉泵站、智能千斤顶、控制系统三大组件。

预应力自动张拉过程中，以力值为控制对象，伸长量作为校核量，实现双控目标，通过传感器测量数据，控制系统实时得到每天张拉设备的张拉力值和钢绞线的伸长量，实时进行分析判断，根据分析法来控制指令传递给张拉设备，实时调整工作参数，实时高速调整油泵电机转速，实现张拉力及加载速度的实时、精确控制。系统还可根据预设定的力值和张拉步骤、发出指令，自动完成整个张拉过程。

PLC 液压同步系统是建立在力和位移双闭环的控制基础上，千斤顶精确地按照实际荷重，平稳地张拉，使张拉过程中梁受到的附加应力下降至最低，确保张拉时结构安全。

可实现每一台千斤顶的张拉精确自动控制或手动控制，位移同步或压力同步控制，具有千斤顶压力、位移显示，压力、位移值可设，压力、位移误差范围可设，报警和误操作互锁的功能。预应力张拉控制系统如图5.38~图5.41所示。

图5.38 预应力张拉千斤顶

图5.39 预应力张拉油泵智能控制系统

图5.40 预应力张拉远程控制系统

图5.41 预应力钢绞线锚固形式

3）施工工艺

张拉程序可分两种类型：

（1）1 200 t千斤顶：分为两阶段进行，首先由前卡式千斤顶进行单根钢绞线张拉至20%控制预应力，然后由张拉端1 200 t千斤顶整体张拉100%控制预应力。预应力张拉计算如表5.2所示。

表5.2 采用1 200 t千斤顶张拉预应力张拉计算

项次	基本参数	应力值/MPa 1 353	荷载值 /kN	计算伸长值 /mm	伸长值下限 /mm	伸长值上限 /mm
1	20%	270.6	37.613	96.4	90.6	102.2
2	100%	1 353	188.067	385.8	362.7	408.9
3	103%	1 393.59	193.709	14.5	13.6	15.4
4	103%	1 503.85	62.500	38.3	36.0	40.6

注：冬季温差控制应力=1 253+2×(45+15−10)=1 353 MPa

（2）600 t 千斤顶：分为三阶段进行，首先由前卡式千斤顶进行单根钢绞线张拉至 20% 控制预应力，然后由张拉端 600 t 千斤顶整体张拉 85% 控制预应力后静停 1 min，最后整体张拉至 100% 控制应力。预应力张拉计算如表 5.3 所示。

表 5.3 采用 600 t 千斤顶张拉预应力张拉计算表

项次	基本参数	应力值/MPa 1 353	荷载值 /kN	计算伸长值 /mm	伸长值下限 /mm	伸长值上限 /mm
1	20%	270.6	37.613	96.4	90.6	102.2
2	85%	1 150.05	159.857	313.4	294.6	332.2
3	100%	1 353	188.067	72.3	68.0	76.6
4	103%	1 503.85	62.500	52.4	49.3	55.5

注：冬季温差控制应力 =1 253+2×(45+15-10)=1 353 MPa

4）整体卸载放张方式

放张采用单端整体放张方式，必须将残余应力卸载完才能切割钢绞线，放张过程由台座张拉端的千斤顶按 10%—10%—20%—20%—20%—20% 逐级释放预应力来实现分步放张，每级之间间隔 1 min。

在混凝土强度达到设计值放张强度后，采用控制系统的整体放张程序，系统自动根据预设程序控制千斤顶位移同步卸载回缩推动活动钢梁达到整体卸载目的，钢绞线应力全部释放。放张过程中两个千斤顶之间依靠位移传感器同步实现，再切割钢绞线。

2. 后张预应力张拉方案

整体预制 U 形梁后张钢绞线采用规格为直径 ϕ15.20 mm 高强度低松弛预应力钢绞线，标准强度 F_{pk}=1 860 MPa、E_y=195 000 MPa。在梁体先张拉预应力钢绞线放张完成后，混凝土强度达到设计值 100%，弹模达到设计值 95% 且龄期不小于 5 天后进行初张拉。

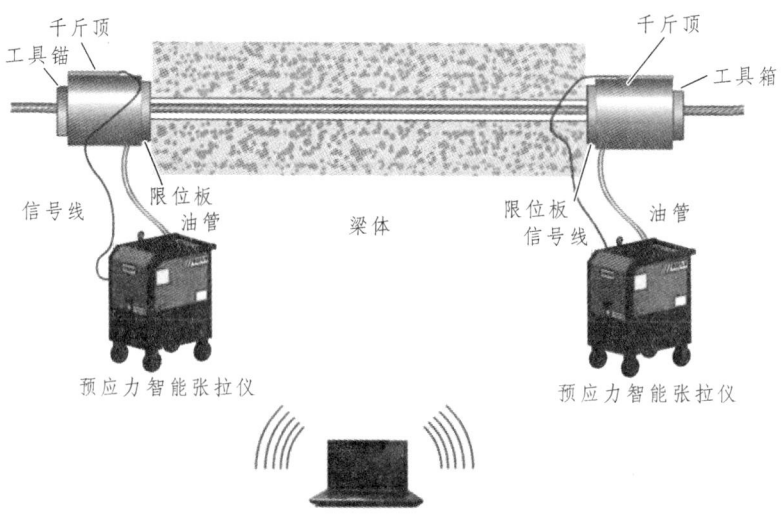

图 5.42 无线控制预应力后张拉原理示意

预应力后张工艺采用预应力智能张拉同步系统,将梁体预应力束两端同时张拉,并通过无线信号传输,控制两端的张拉力及位移值,以实现"应力应变双控"施工工艺目标。预应力后张拉原理如图 5.42 所示。应力和伸长量均自动读取和执行并储存。系统内设置自动报警系统,当位移超出规范允许范围或张拉力超出设计值时报警并自动停止工作。应有效保证预应力施工质量,并符合下列规定:

(1)钢绞线下料及穿束。

按图纸设计长度及钢绞线根数制束,需要后张的 U 形梁,后张钢绞线用一根带钩的 $\phi 5$ mm 钢丝做引线,卷扬机牵引引线使钢绞线束平顺地穿入管道,不得扭结。先张钢绞线在钢筋绑扎完底板钢筋后穿入钢绞线,可将其临时绑扎固定在架立筋上,张拉时拆除绑扎。钢绞线束在梁端的长度符合设计及张拉要求。

(2)张拉设备校验。

施加预应力所用的机具设备及仪表应由专人使用和管理,并定期进行维护和配套标定。千斤顶与压力表应配套标定,以确定张拉力与压力表之间的关系曲线。当采用测力传感器计算张拉力时,测力传感器应按国家相关检定规程规定的检定周期(一般为 1 年)送检,千斤顶和压力表不再做配套标准。

(3)张拉时,油压升降缓慢、均匀,切忌突然加压或卸压。两端伸长基本保持一致,严禁一端张拉。

(4)钢绞线及锚具因处理滑丝、断丝而留有明显刻痕或其他伤痕时,立即予以更换。发现断滑丝及伸长值超标需要卸荷重新张拉。

3. 压浆

U 形梁终张拉完成后,在 48 小时内进行管道压浆,压浆前管道内清除杂物及积水,梁体与环境温度不得低于 5 ℃。

孔道压浆采用真空辅助压浆工艺,原理如图 5.43 所示。压浆前,应检查有无滑丝、失锚及其他异常情况。确认合格后,才允许进行压浆。

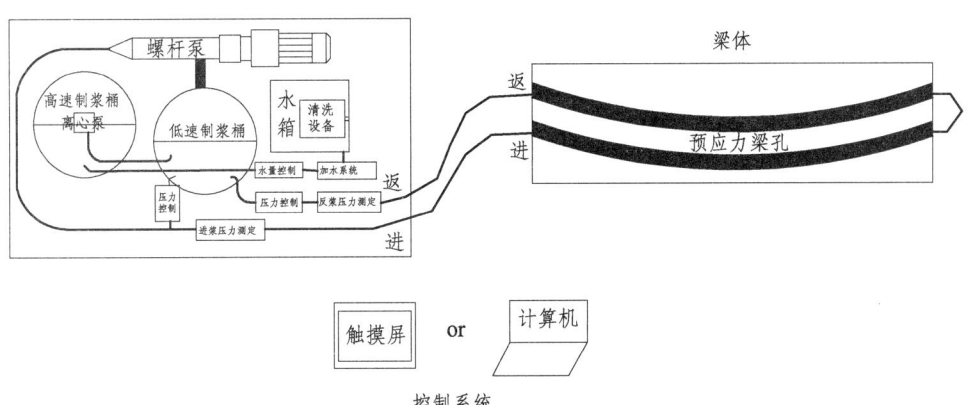

图 5.43 压浆原理示意及实物图

预应力筋锚固完结并检验合格后,采用砂轮机切割多余的钢绞线,切割后钢绞线外露长度不小于 3.0 cm,且保护层不小于 3.5 cm。

按试验室封锚配合比报告配制无收缩水泥砂浆,堵塞钢绞线与锚具、夹片间的缝隙,并包裹严实不得有漏浆现象。堵缝工作,主要是手工操作,要耐心细致,以防止孔道压浆不密实。

用转速 1 000 r/min 的高速水泥浆拌和机,按照配合比进行制备胶稠状水泥浆,流动度在 13～20 s。拌和机出浆口安置过滤网,保证压入管道的浆体不含未搅匀的水泥团块。贮料桶中宜设置水泥浆搅动机在使用前和压浆过程中连续对浆体进行搅拌,维持浆体流动度,保证顺利压浆。水泥浆搅拌结束后尽快连续压注,搅拌至压入管道的时间间隔不应超过 40 min。对于因延迟使用导致流动度降低的浆体,不得通过加水来增加流动度。

压浆前,应先安装好压浆短管,检修压浆管,配装好水泥浆压力表。压浆泵采用连续式;同一管道压浆应连续进行,一次完成。管道出浆口应装有三通管,确认出浆浓度和进浆浓度一致时,方可封闭保压。压浆前,管道真空度应稳定在负压 0.06～0.10 MPa。为保证管道中充满浆体,关闭出浆口后,应在 0.50～0.60 MPa 下持压 2 min。

压浆工艺中为保证预应力管道内浆体饱满密实,将进浆管和出浆管改用带球形阀的橡胶管。改装后持压和真空负压效果均能达到工艺要求,并能自由弯曲。在压浆完成后将进出浆橡胶管向上弯曲竖立,使初凝过程中管内的储浆能有效地填补因浆体收缩产生的空间,从而有效预防和避免不饱满现象。

拆卸压浆管道的时间应在不同季节酌情掌握,待孔道内水泥浆的压力消失后,才准许拆卸。应先试拆一个查看,若水泥浆不返浆后,方可拆卸;否则,必须向后推迟。

孔道压浆及压浆后 3 天内,梁体及环境温度不得低于 5 ℃,否则应采取保温措施。

压浆时,试验室应按相应的标准进行取样,制作试件,测定水泥浆的泌水率及 28 天的抗压强度。施工时认真如实填写压浆施工记录。

4. 封端

30 m 以上先后张结合的 U 形梁封端必须在孔道压浆结束后,经检查合格后,才允许进行施工。

30 m 以上先后张结合的 U 形梁在拆除端模后,先将锚穴四周进行凿毛处理,凿毛深度控制在 2~3 mm，凿毛程度以不见原光面混凝土为标准。清除锚垫板表面的灰浆、孔道口堵塞缝隙的纸及双面胶等杂物。

利用锚垫板安装孔连接一端带螺纹一端带钩的短钢筋，使之与封锚钢筋连为一体绑扎牢固。

封端混凝土采用膨胀性混凝土，其强度不低于设计强度。封锚混凝土连续浇筑，一次成型，并应具有良好的密实度。

封端工艺中为保证封端的密实杜绝空响，经不断摸索改进工艺，利用电镐机前改装焊接与锚口大小相当的一块圆形钢板形成封闭型自制振捣器进行振捣封锚混凝土。该工装振动力强，既保证封端质量又提高工效。

封端混凝土表面，应进行二次抹面，表面用塑料薄模覆盖保水，拆除后覆盖洒水自然养护不低于 10 d。

5.4.6 整体预制 U 形梁静载试验

U 形梁应进行静载试验，按设计要求 30 m 跨 U 形梁首件及之后每 200 片（含 30 m 以下梁）测试 1 片 30 m 简支 U 形梁，对 35 m 跨 U 形梁进行首件静载试验。试验内容应包括：

（1）测试先张预应力施工在梁内建立的预压应力状态。
（2）四点支撑受力不均匀对结构内力影响。
（3）验证设计荷载作用下，梁的强度、刚度和抗裂性。
（4）1.2 倍等效设计荷载作用下，检测梁的强度、刚度。
（5）测试荷载作用下梁的纵向应力分布（剪力滞效应）。
（6）测试荷载作用下横向应力分布沿梁长度方向的变化规律。
（7）测试荷载作用下腹板的竖向应力。
（8）根据实测结果，按有关桥梁规范评价梁的强度、刚度、抗裂性等指标是否满足规范设计要求。

5.4.7 整体预制 U 形梁存梁与运输方案

1. 场内运输及存梁方案

先张法 U 形梁放张完成后，即可在场内进行移运作业。先后张结合 U 形梁应在梁体先张拉预应力钢绞线放张完成后，完成初张拉后方可在场内进行移运作业。梁场配 250 t 轮胎式提梁机 1 台，分别用于 U 形梁场内运输及装车。提梁机采用"四点起吊、三点平衡"技术，能够保证 U 形梁起吊时的要求。

U 形梁放张完成后，轮胎式提梁机就位并放下起吊缆绳，起重螺杆通过预留孔，安装定位钢板，安装并拧紧螺母，开始起吊 U 形梁，如图 5.44 所示。

在存梁台座四个支点上放置 400 mm×400 mm×40 mm 的橡胶垫板并抄平后，将 U 形梁缓慢落下梁支座预埋钢与橡胶垫板位置重合，完成整个 U 形梁的移运工作，如图 5.45 所示。再次移动 U 形梁时，重复以上的工作。存梁台位上的梁也通过轮胎式提梁机移至 U 梁提梁装车区并存放在运梁车（图 5.46 和图 5.47）上。

图 5.44　场内移梁机

图 5.45　场内存梁

图 5.46　液压平板车运梁车

图 5.47　运梁

U形梁起吊前应对吊装孔的连接件进行细致的检查，保证各处连接牢固。起吊应缓慢、平稳地进行，基本保持顶面水平，避免梁体晃动。

存梁台座应具有足够的强度和刚度，并配有相应的排水设施，存梁支点距梁端的距离符合设计要求，各支点高差满足设计要求。

首次使用存梁台座应进行台座沉降观测并持续观测直至沉降稳定。

2. U形梁场外运输方案

预制U形梁最大自重225 t（35 m），最大运输宽度为5.395 m，梁高1.99 m。运输过程应保证U形梁运输的安全和运输进度满足现场施工的需要，避免梁体在运输过程中意外受损。同时应考虑运输车辆的轴重能满足沿线道路桥梁的结构承载能力。运梁过程如图5.47。

1）运输设备选择

整体式挂车能通过液压悬挂系统使载货平台受力分散均匀，承载后单轴荷小于20 t，能够满足沿途"汽-超20级"桥梁和道路的轴载要求。

（1）牵引车。

采用重载卡车作为牵引车，额定牵引力为450 t，与运梁车组合后重载牵引速度可达到25 km/h，爬坡能力为10%，与运梁车组合后空载行驶速度为40 km/h，最大输出功率为

448.35 kW。平板车采用液压自动找平控制系统，用来保证车辆运行安全。根据桥梁架设进度计划表，每天架设 4 片桥梁，计划配置 6 台运输车辆，运输主要设备见表 5.4 所示。考虑到设备故障的发生，梁场根据运输车辆的需要可随时调运运输车进行应急处理。

表 5.4　主要运输设备配置

项目	设备名称	型号	数量	备注
1	牵引车头	—	6 台	
2	液压平板	5+5 轴型	4 套	其中 2 台为备用
3	液压平板	8+8 轴型	2 套	
4	工程押运车	江铃	2 台	
5	提梁机	TLMEL250	1 台	桥梁装运和场内转移

（2）平板挂车。

该平板挂车具有多轴、轴间串联式独立平衡液压悬挂系统，单体挂车可以进行纵横向拼接，有较大的承载台和自装自卸能力。挂车能双向牵引自动转向，也可以进行人工控制遥控转向，有较小的转弯半径。挂车每轴线设左右二组液压悬挂，每组悬挂有 4 只轮胎。

运输车辆采用大件牵引汽车，平板车采用专门的"鹅颈"，30 m U 形梁平板车采用 10 轴线板，前 5 轴加后 5 轴进行组合，考虑到牵引车头鹅颈还有 3 轴线板承载，车辆的实际承载轴线板为 13 轴。车辆正常运行速度控制在 15 km/h 内，按照梁质量约 181.8 t，车辆总质量 50 t 考虑，运输车辆每轴线承载为 231.8 t/13=17.8 t，运输线路沿途路基最低限重为 20 t，能保证运输安全通行。

35 m U 形梁平板车采用 16 轴线板，前 8 轴加后 8 轴进行组合，考虑到牵引车头鹅颈还有 3 轴线板承载，车辆的实际承载轴线板为 19 轴。车辆正常运行速度控制在 15 km/h 内，按照梁质量约 225 t，车辆总质量 80 t 考虑，运输车辆每轴线承载为 290 t/19=16.05 t，运输线路沿途路基最低限重为 20 t，能保证运输安全通行。

（3）液压挂车。

液压挂车悬挂系统为液压悬挂形式，当路面有凹坑或凸点时，车辆行驶过程中载荷平台能够始终保持水平，减震性能极佳；车辆支撑系统可以实现三点支撑或四点支撑，每个支撑点载荷均匀，没有偏载现象；转向系统为液动平面连杆机构，通过转向液压系统调整和连杆合理布置，车辆可以实现八字转向，转弯半径能够达到最小值。为保证 U 形梁运输的稳定性，使其运输平台保持统一高度的平衡，平板车上的液压悬挂系统通过液压油缸使车架自由升降，并通过管理使所有悬挂液压油缸可单侧连通成全部连通，提高了挂车的通过性，行驶稳定性。

由于 U 形梁宽度较大，且运输车辆不好捆扎，因此捆扎有特殊要求，为了保证 U 形梁在运输过程中的平稳性，避免车辆在转向过程中对梁体产生损伤，在运输车上必须要增设转盘平衡支撑机构，该设施能够 360°旋转，具有自动调整、转向、倾斜度功能，如图 5.48 所示。运输要求在运输过程中各受力差（达到平衡时的受力差距）绝对不能超过 5%。

在前、后液压平板上各增设一个转盘机构且上面专门设计两块翼板和三块腹板组合的承重横梁，前五轴液压板转盘机构带纵向倾角，后五轴线液压板转盘机构不带纵向倾角两液压平板转盘机构均可 360°旋转，保证 U 形梁在运输过程中遇到转弯和有坡度的路面时，能够保持平稳不受扭拒。

图 5.48　专用转盘

承重横梁可以球头为中心进行 360°旋转，两侧采用铰接型式的滑块起支撑限位作用，可保证支撑横梁的横向和纵向倾角。

运输过程中转盘采用具有四点支撑的特性，即转盘是通过球关节将承载部分与底座连接，承载梁体能前后上下坡摆动，在运输时组成一个矩形平面，使其矩形平面始终在同一水平面上以防止车辆的摆动及货物的扭曲。

转盘球关节内层材料为：聚四氟乙烯，摩擦因数为 0.04 载荷 100 t。球关节摩擦力 $F=\mu N=0.04\times 100\ 000=4\ 000$ kg

U 形梁承载横梁长 L=4.5 m，U 形梁承载力矩

$$Q=F\times L=\mu N\times L=4\ 000\times L/2=4\ 000\times(4.5/2)=1\ 778\ \text{kg}$$

受力差=Q/50 000=1 778/50 000=3.56%<5%

故此货物安全。

（4）场外运输。

在一般道路上直行速度约为 15 km/h，通过转弯道路时速度为 5 km/h，U 形梁装车转弯如图 5.49 所示。在通过路口时按押运车的指挥信号安全通过；通过桥梁时不得加减速及紧急制动，匀速通过桥梁及涵洞。到达卸梁地点后，按照吊装要求，停妥卸车位置，用枕木把轮胎固定好，拆除捆扎大螺丝。

2）U 形梁梁上运输

梁上运输采用 HYP125t 轮轨式运梁车，沿线铺设钢轨，钢轨与梁底板顶面预埋承轨台进行焊接定位。

HYP125t 轮轨式运梁车作为轨道交通预制 U 形梁运输设备，必须与 HJQ260-35m 型架桥机配套使用。首先运梁车将提梁点的梁拉运至架桥机尾部，然后作为架桥机辅助支腿一部分配合完成架桥机喂梁，当架完一孔 U 形梁后，又作为架桥机过孔的驱动机构，帮助架桥机完成过孔。

HYP125t 轮轨式运梁车主要由承载梁、一次分配梁、二次分配梁、三次分配梁、行走轮箱等部分组成，如图 5.50 所示。

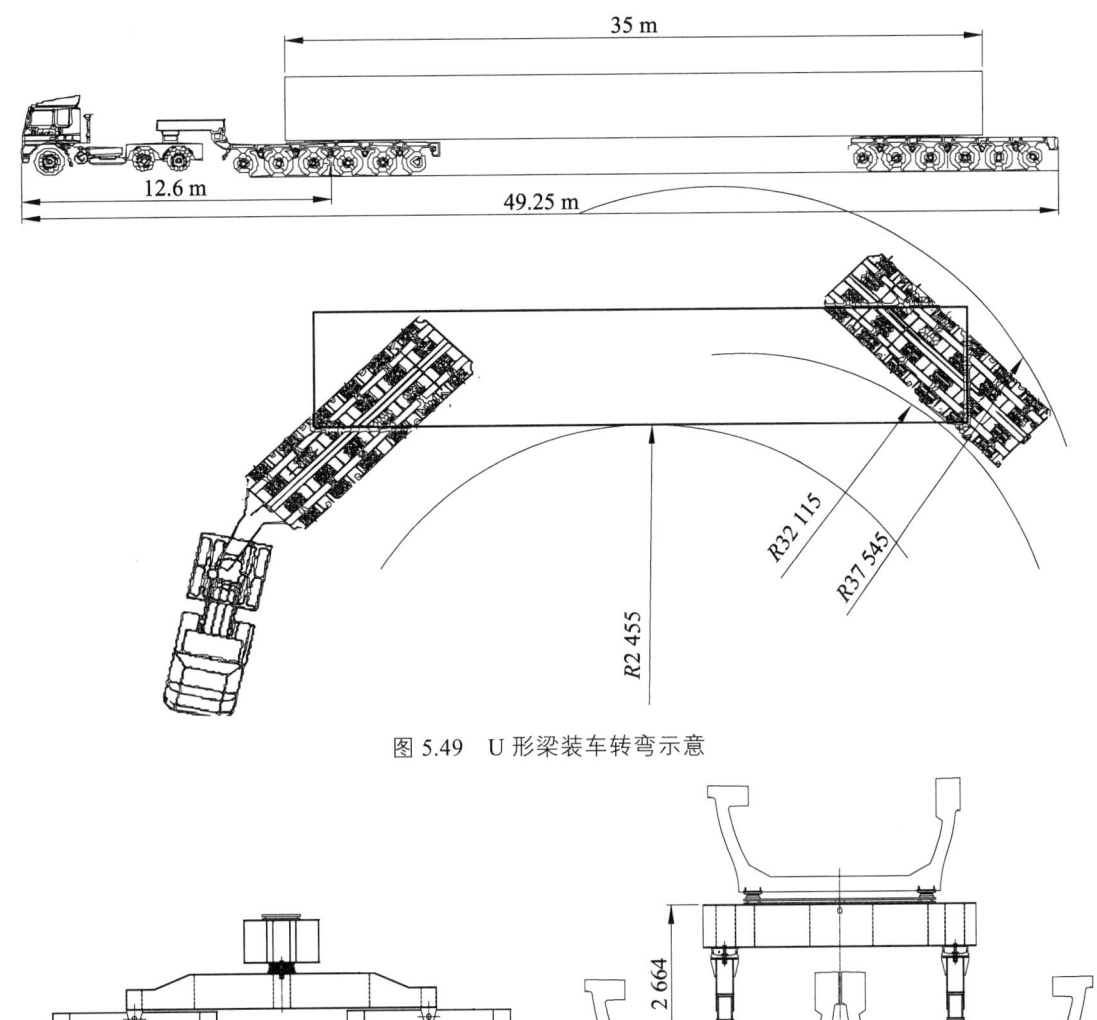

图 5.49 U 形梁装车转弯示意

图 5.50 轮轨式运梁车示意（单位：cm）

5.4.8 整体预制 U 形梁架设施工

1. 整体预制 U 形梁总体架设方案

根据工程的实际情况，架梁主要采用跨线龙门吊和专用架桥机进行架梁，车站两端的 U 形梁，线间距小于 6 m 可采用架桥机一次就位，线间距大于 6 m 的 U 形梁，采用双机抬吊架设。

龙门吊、架桥机、履带吊进场后，需组织相关人员进行验收，验收合格后，方可投入使用。

U 形梁出场前，在梁底放样弹线，标出"一纵二横"三根基准线，分别是 U 形梁的线路中心线以及 U 形梁两侧的支座的纵向中心线。

U 形梁安装前，首先根据设计要求，分别对 U 形梁和盖梁上标记的定位轴线进行预检。并根据 U 形梁和盖梁上的线路中心线，分别标记出四个支座的定位轴线。U 形梁定位轴线如图 5.51 所示。

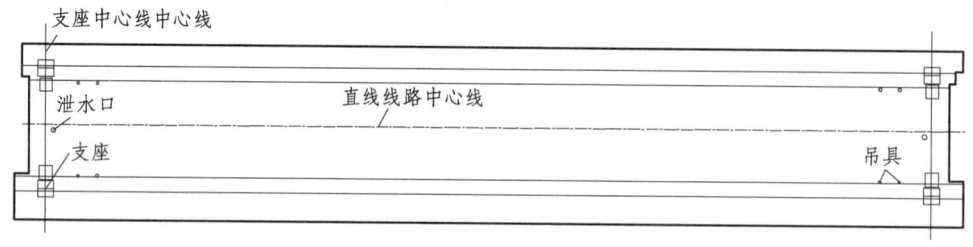

图 5.51　定位轴线示意

在待安装 U 形梁的盖梁上，沿 U 形梁纵向放置千斤顶。调整千斤顶标高至设计要求标高，通过水平尺校正、控制同一桥墩上的相邻两个千斤顶标高的精度要求±2 mm。

以上全部完成后，开始安装 U 形梁。为满足钢支座的成品保护要求，防止钢支座在 U 形梁运输过程中受到损坏，在架桥机和龙门吊吊起 U 形梁后，再在 U 形梁底部安装钢支座。然后，通过架桥机和龙门吊将 U 形梁吊至安装位置上方，放下 U 形梁到千斤顶顶面，通过千斤顶临时搁置并用水平调节装置微调 U 形梁水平位置，使 U 梁和承台两线合一，如图 5.52 所示。U 梁型安装、校正后，在支座下方灌浆并完成钢支座固定，待砂浆强度满足设计要求后，梁上运梁小车才能在新安装 U 形梁上行走、运梁。

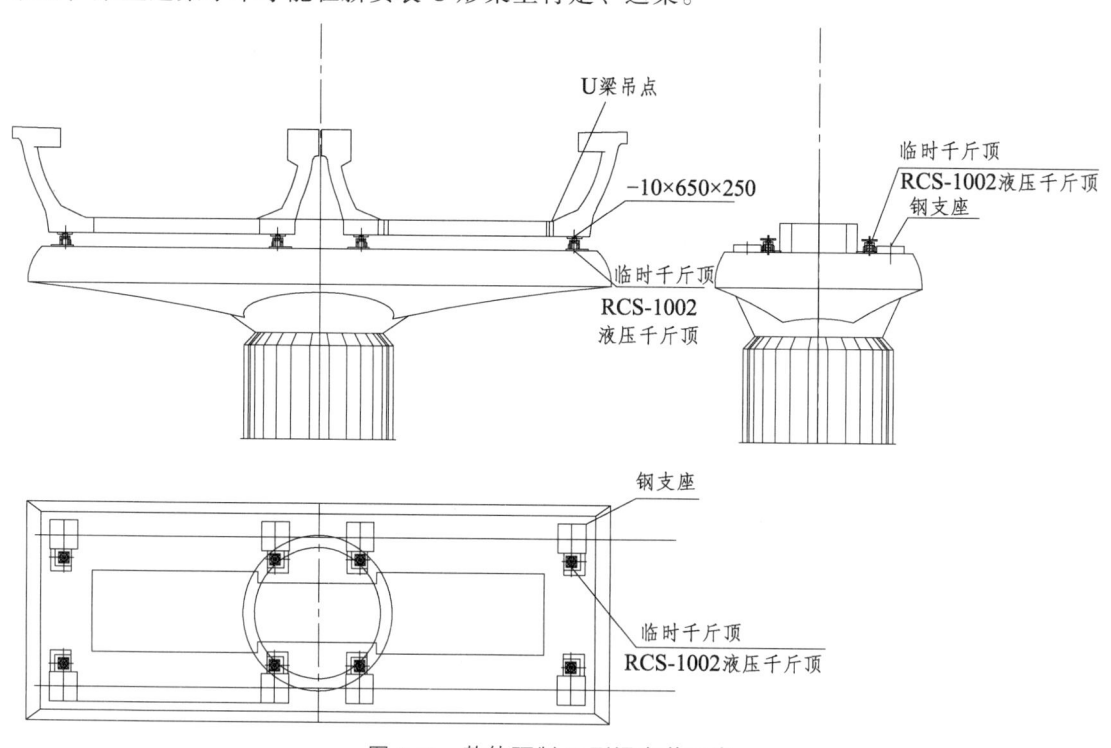

图 5.52　整体预制 U 形梁安装示意

2. 整体预制 U 形梁架设工期安排原则

U 形梁架设工期安排按以下几个原则进行：

（1）架桥机、运梁车过现浇梁、连续 U 梁时，架梁采用 2 台跨线龙门吊、轮轨式运梁车、架桥机架梁，车站两端线间距小于 6 m，可采用架桥机一次就位，大于 6 m 需采用双机抬吊方式架设。

（2）架梁进度按每天 4 跨计，架桥机调头时间按 5 天计，跨线龙门吊、运梁车、架桥机转场按 30 天计，架梁数量小于 50 跨预留 10 天时间。

3. 整体预制 U 形梁架设设备选型

本工程整体预制 U 形梁最大跨度 35 m，最大运架质量 225 t，考虑到吊梁频繁程度及设备起重量的标定标准，门式起重机额定起重量定为 150 t，架桥机的额定起重量为 260 t，履带吊额定起重量为 250 t。运梁车根据梁体承压部位的要求设定运行轨道的轨距，载重能力为单台 125 t。架桥机总长度 62.3 m，高度 8.82 m，外侧宽度 11 m。根据考察情况，初步拟定投入表 5.5 中设备，具体参数分别详见表 5.6 ~ 表 5.9。

表 5.5 拟投入的主要设备型号及数量

设备型号	数量	工作内容
MG150t/10t-24 m 型门式起重机	4 套	提梁点架梁、提梁、拼拆桥机
HJQ260t-35 m 型架桥机	2 台	提梁点架梁
HYP125t 型轮轨式运梁车	4 套	线上运梁、喂梁，辅助架桥机过孔
150t 支撑千斤顶	20 台	落梁灌浆时临时支撑

注：架桥机数量暂按 2 套计，根据工期需求再决定是否增加投入，MG150t/10t-24 m 型通用门式起重机主要技术参数详见表 5.6。

表 5.6 MG150t/10t-24 m 型通用门式起重机主要技术参数

序号	项目名称		参数	备注
1	额定起重量	主钩	150 t	
		电动葫芦	10 t	
2	跨度	大车	24 m	
		小车	2.65 m	
3	起升高度	主钩	23 m	
		电动葫芦	23 m	
4	起升速度	主钩	0.75 m/min	
		电动葫芦	7 m/min	
5	运行速度	天车	3 m/min	
		电动葫芦	20 m/min	
		大车	9.4 m/min	
6	主梁总长度		30（3 节）	

续表

序号	项目名称		参数	备注
7	行走轮踏面直径	大车	φ370 mm	
		小车	φ370 mm	
8	整机功率		83	
9	工作环境温度		−20 ℃ ~ +40 ℃	
10	控制方式		地面遥控	
11	电源		三相交流、380 V、50 Hz	
12	运行轨道	大车	P43	
		小车	32×70 扁钢	

表 5.7 HJQ260t-35 m 型架桥机主要技术参数

序号	项目	参数	备注
1	额定起重量	260t	
2	适应跨径	≤35 m	
3	起升速度	0.64 m/min	
4	小车纵移速度	3.0 m/min	
5	小车横移速度	1.9 m/min	
6	架桥机过孔速度	3.0 m/min	
7	支腿吊挂运行速度	4.63 m/min	
8	适应桥梁纵坡	±3%	
9	适应最小曲线半径	R450 m	
10	整机功率	102 kW	不含运梁车
11	整机工作级别	A3	
12	电源	三相交流 380 V 50 Hz	
13	操作方式	便携箱式有线遥控	
14	过孔形式	自平衡过孔	
15	运梁车运行速度	1.9 ~ 30 m/min	
16	施工效率	6 h/孔	一般桥型,运梁距离 1 km 以内

表 5.8 HYP125t 型运梁车主要技术参数

序号	项目	参数	备注
1	额定载重量	125t	单车
2	轨距	5.0 m	
3	轴距	7×1.6 m	

续表

序号	项目	参数	备注
4	行走轮数量	16	单车
5	运行速度	1.9~30 m/min	
6	喂梁速度	3.0 m/min	
7	辅助过孔速度	3.0 m/min	
8	适应最大纵坡	±3%	
9	适应最大横坡	2%	
10	适应最小曲线半径	R450 m	
11	运行轨道	P43	
12	整机功率	33 kW	单车
13	控制方式	便携式有线遥控	
14	整机外形尺寸	11.7 m×10.2 m×2.5 m	长×宽×高

表 5.9 250 t 履带吊的基本性能参数表

序号	内容	参数	备注
1	主臂长度	35 m	
2	作业半径	11 m	
3	配重	90 t	
4	车身配重	30 t	
5	在该作业工况下,额定起重量	145 t	

1）龙门吊轨道基础

龙门吊走行轨道地基（图 5.53）应坚实、稳固、无沉陷，软弱地基应进行加固处理，轨距、水平、接头、坡度应符合龙门吊走行要求。

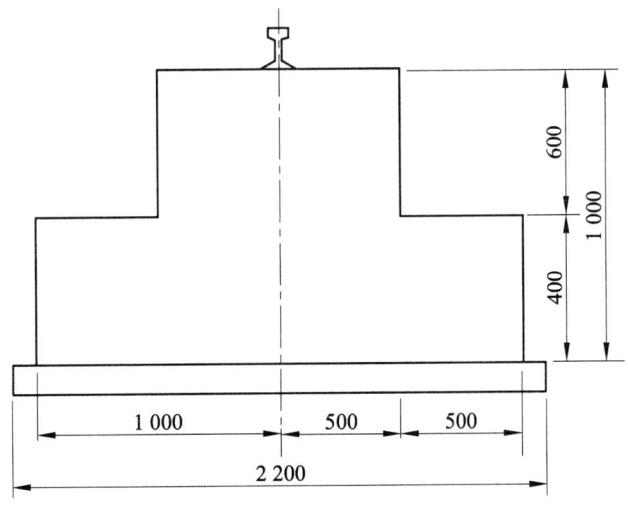

图 5.53 龙门吊轨道基础图（单位：cm）

2）龙门吊组装

（1）安装前的准备。

为保证龙门吊拼装的质量和进度，以及施工中的安全，在拼装前必须做好以下准备工作：

① 将龙门吊的图纸及有关技术文件准备齐全，负责拼装的人员，特别是技术人员必须研究并熟悉与龙门吊拼装有关的机械、电气等图纸资料，掌握设备的相关技术性能和参数，制订出拼装方案并对参加拼装的有关人员进行技术培训和技术交底。

② 安装前，对设备进行全面清理、检查，如发现有损伤、腐蚀或其他缺陷，在安装前予以处理，合格后方可安装。

③ 龙门吊运行轨道基础应有足够的承压能力，能够满足龙门吊在吊重情况下的安全运行。要求地基承载力不小于 130 kPa，否则应进行处理。轨道钢轨正面、侧面的不平度不大于 $L/1\,500$，全长范围内不大于 2 mm。钢轨的两端面平直，其倾斜值不大于 1 mm。

④ 拼装场地应在龙门吊轨道内侧，拼装场地内无障碍物。龙门吊场地内平整、不积水，并有排水措施。吊车作业区域无高压线及其他电力线通过。

⑤ 在拼装现场的相应位置竖立施工安全标示牌，如"严禁碰撞缆风绳""施工现场""闲人免进"等。

⑥ 龙门吊的拼装应由具有拼装资质的单位和具有拼装资格的人员进行拼装。

（2）地锚设置。

整台龙门吊机拼装时在轨道外侧设置 4 个地锚，轨道内侧利用龙门吊轨道基础横向排水孔进行锚固，要求地锚单根钢丝绳拉力不小于 10 t。

（3）主要组合拼装程序。

由于龙门吊属于大型临时设备，其拼装要有严密的施工组织，拼装顺序及施工组织为：开箱检查→组装各主要部件→吊装支腿并拉设缆风→吊装主梁→吊装天车及吊具→安装司机室及电气控制系统→调试、试吊、验收。

① 开箱检查。

在设备到位后，首先检查各部分零、部件在运输与装卸过程中是否有损坏，若有损坏应在技术人员书面认可的情况下修复合格后，方可进入拼装程序。另外检查轨道地基、轨道连接及轨道纵、横坡是否满足技术要求。

② 支腿拼装应倒在轨道内侧进行，具体位置如图 5.54 所示。将爬梯安装于支腿上，支腿顶面先与托梁用销子连接，支腿之间连接平衡梁、平衡杆、横撑以及均衡梁，支腿下面与分配梁及行走轮箱组装。平面拼装时须将各处支点垫平。用吊车将拼好的支腿立起，之后在支腿两侧用手拉葫芦将固定缆风绳固定在预先挖设好的地锚上，每侧支腿缆风绳不得少于 4 根，并调整支腿相对位置。检查各连接部位连接是否牢固。

在仔细检查完各部分连接是否牢固后，需再检查托梁中心距离是否与天车轨道中心相符，如果误差大于 50 mm，则不能进行后续吊装，须整改后方可进行拼装。支腿组立及揽风绳拉设置如图 5.55、图 5.56 所示。

③ 主梁在轨道外侧沿轨道方向拼装：先将单根主梁按实物编号用销轴连接成整体；再将主梁吊起垫高离地面约 2.5 m，在主梁下用枕木或其他支撑防止主梁倾倒；最后，检查各连接部位连接是否牢固。主梁拼装如图 5.57 所示。用 1 台 200 t 汽车吊将拼好的单组主梁分别整体起吊放在支腿上，然后按要求连接主梁垫梁与支腿间连接螺栓，最后安装主梁联系框架。

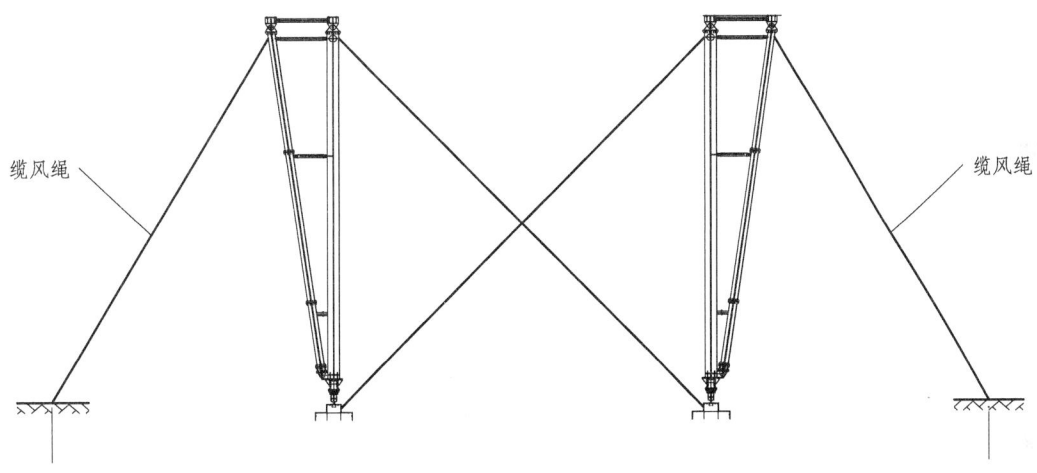

图 5.54 支腿拼装平面位置示意（单位：mm）

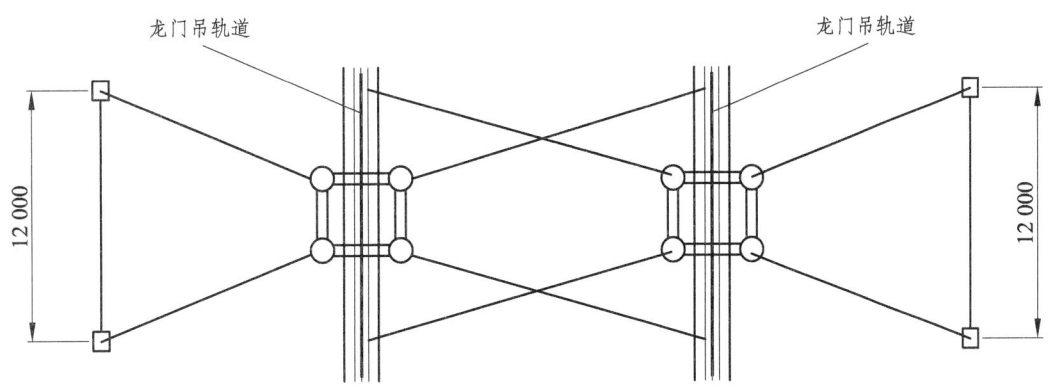

图 5.55 支腿组装示意

图 5.56 揽风绳设置示意（单位：mm）

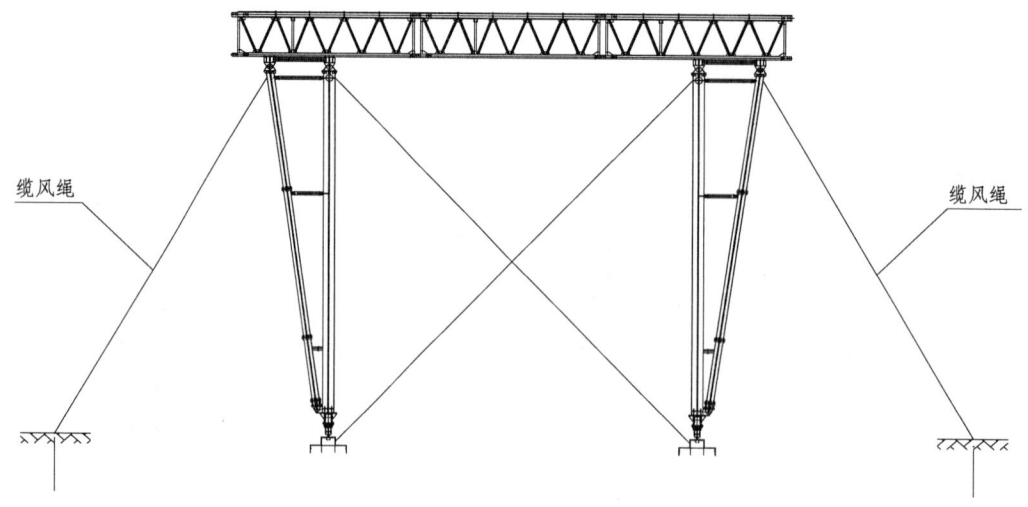

图 5.57 主梁拼装示意

④ 天车的吊装在地面将卷扬机、天车梁、轮箱、定滑轮组、人行走道等连接完毕后开始。整体将天车吊至主梁上并临时固定,穿钢丝绳,安装动滑轮组。

⑤ 在地面将驾驶室内设施组装完毕,在整体安装主梁之前用吊车将驾驶室起吊安装至刚性支腿上部的水平连接上。

⑥ 电气设备参照电气原理图进行安装,安装后要使各驱动电机转向正确,制动器工作灵敏,各安全装置坚固,大车供电和天车供电正常,天车电缆滑车正常滑动,设置接地保护装置等。

⑦ 全面检查安装场地及门吊各平台、走台是否有遗漏的物品或杂物并进行清理,以免造成安全隐患。

3)龙门吊试运行检验

龙门吊拼装结束后必须进行空载试运行和吊重运行检验,大车纵向运行和小车横向运行检查时,要特别注意行走轮在轨道上运行情况及其制动情况。试吊重量动载按额定起重量的 1.1 倍进行;静载按小车在跨中起吊额定起重量的 1.25 倍进行。试吊时测量横梁挠度等数据,检查龙门吊各部件受力情况和小车吊重升降作业及制动情况等,正常后经专门验收方可投入使用。

4. 架桥机架设梁体

1)架桥机及运梁车选型

本工程根据 U 形梁跨度、质量及上梁方式,选择 HJQU260t-35m 型自行转跨架桥机及配套轮轨式运梁车(2×125 t)。HJQU260t-35m 型架桥机共 2 套专用吊具,前后起重天车各 1 套,通过吊具均衡机构实现对预制梁的"四点起吊、三点平衡"起升系统,以确保 4 个吊点间均衡受力,使预制梁不受任何不平衡荷载所产生的扭矩。

(1)轮轨式运梁车。

梁上运梁小车是配合架桥机的设备,主要作用是将 U 形梁运输至架桥机小车钩下,然后通过架桥机完成架梁工作。采用轮轨式运梁小车,使用简便,安全可靠,较适宜长距离运输。运梁小车主要由八台主动纵移车、承载均衡梁、摆架、转盘、调整垫块、变频器、电控系统等组成。小车分前后两组,可调节长度,满足不同跨度 U 形梁运输的需要。小车的支点采用 U 形梁设计支点,避免对 U 形梁的影响。

运梁车满足相关国家及行业标准要求,满足与架桥机正常配套使用的要求。限制条件具体表现为:

① 平台高度:受架桥机卸梁区允许高度和架桥机中支腿横梁高度限制。

② 轮压:受 U 形梁设计载荷的约束。

HYP125t 轮轨式运梁车分为前车和后车,二者结构基本相同。运梁车由托梁,球铰,上、下均衡梁,走行轮箱,电气系统等组成,如图 5.58 所示。前车(后车)包含 16 个走行车轮,8 个主动,8 个从动,由摆线针轮减速机(含动力电机)及开式齿轮传动走行。走行轨道采用铁路 P43 钢轨。

图 5.58 轮轨运梁车

为保证 U 形梁运输时的静定状态,使 U 形梁在运输过程中不受扭,其中的一台运梁车的两个驮梁支点设均衡梁,保证两个支点反力均衡,从而实现对 U 形梁的三点静定支承。

(2)架桥机。

架桥机主要包含以下部件:主梁、前辅助支腿、前支腿、中号支腿、后号支腿、起重天车、液压系统、电控及动力系统,如图 5.59 所示。

图 5.59 架桥机架梁

① 主梁。

HJQU260t-35m 型架桥机主梁为双三角桁架梁结构,两根主梁横向中心距为 10 m。主梁总长为 65 m，每节之间用销轴连接。主梁顶面铺设供起重天车走行的轨道。主梁全高 2.82 m。

② 前辅助支腿。

架桥机架梁时的前辅助支腿为刚架结构，通过端梁与主梁连接，支腿立柱可伸缩调节，用于辅助架桥机过孔。

③ 前支腿。

架桥机架梁时的前支腿，为刚架结构，自上至下依次为吊挂组件、托辊轮箱、伸缩调节机构、横梁、横移轮箱等，支腿立柱可伸缩调节，以适应末跨架设及坡道施工。横移轮箱可以横移以适应曲线架梁。

④ 中支腿。

中支腿，自上至下依次为吊挂组件、托辊轮箱、横梁、横移轮箱、支承刚架。横移轮箱可以在支承刚架上横移，以满足曲线梁施工需要。

⑤ 后支腿。

后支腿由吊挂机构、伸缩机构及支承机构等构成。架梁时 3 号支腿支承在桥墩附近的桥面上，是架桥机的后支点。

⑥ 起重天车及专用吊具。

起重天车由两套额定起重量150 t 的机组组成，各自独立，两台天车可同步进行起吊或走行，也可单台工作，以满足各种工况使用的要求。

起重天车大梁两端连接有纵移小车，小车由减速机驱动，减速机电机变频启动，实现无冲击平稳启动。起重天车在架桥机主梁顶方钢轨道上自行，起重天车大梁顶面设横移小车，横移范围为±2.6 m。

⑦ 电控及动力系统。

主控电源部分由主接触器、主过流继电器、天车及各走行机构过流继电器组成。

天车共 2 台，每台天车由 2 台纵移电机和 2 台横移电机驱动，电控部分设有每台天车单独正、反向点动，单独正、反向长动，两台天车同时正、反向点动和同时正、反向长动的功能。另外，还设有天车超程及过流保护装置。

起吊部分由两台天车、过流保护和限位保护组成。由于起吊后可能出现不平衡现象，需单独调整，因此每台天车上的卷扬机均可单独工作，同时两台天车上的 2 台卷扬机亦可同时工作。此外还设有过流保护和限位保护。

每台运梁车由 12 台电机驱动，变频调速，以配合运梁车喂梁。电机采用变频制动电机。采用柴油发电机组给架桥机和运梁车供电。

⑧ 液压系统

液压系统共三套，分别为：前辅助支腿液压系统、前支腿液压系统、后支腿液压系统。

2）架桥机拼装与调试

（1）组拼程序。

测量定位→铺设桥面轨道→安装运梁车→地面分别组装前、中支腿→分别将运梁车，前、中支腿→地面拼装主梁→主梁整体吊装→后支腿与安装前辅助支腿→吊装天车→安装液压系统→安装电气系统→初步运行检查调试。

第一步：利用提梁点门式起重机在地面分别组装前、中支腿，铺设桥面轨道。

第二步：将运梁车，前、中支腿分别吊至桥面指定位置安装，利用 U 形梁吊装孔拉设前支腿缆风绳，如图 5.60 所示。

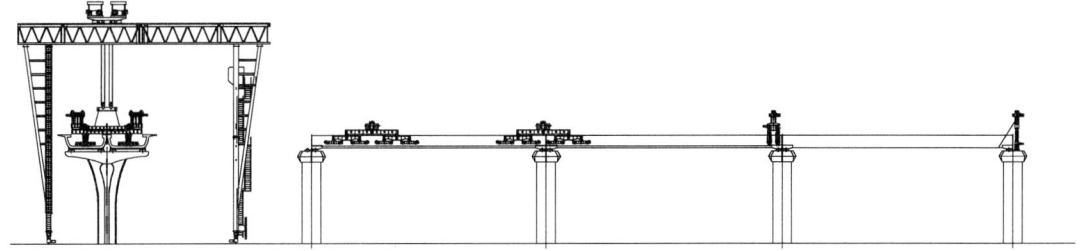

图 5.60 架桥机前、中支腿拼装示意

第三步：用门式起重机在地面组装主梁。

第四步：将主梁整体吊至桥面的前、中支腿及前运梁车上安装，如图 5.61 所示。

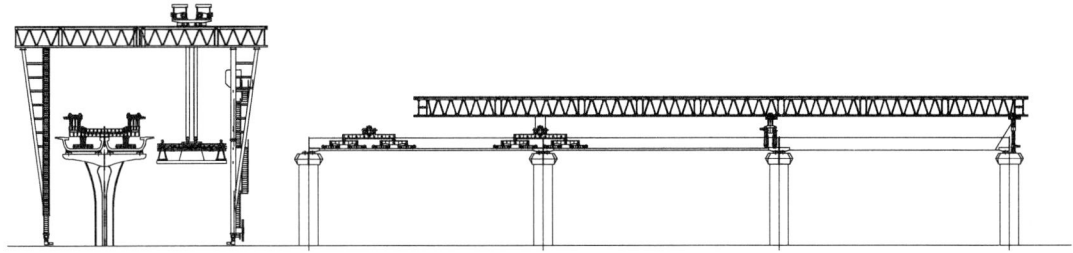

图 5.61 架桥机主梁拼装示意

第五步：安装后支腿及前辅助支腿，如图 5.62 所示。

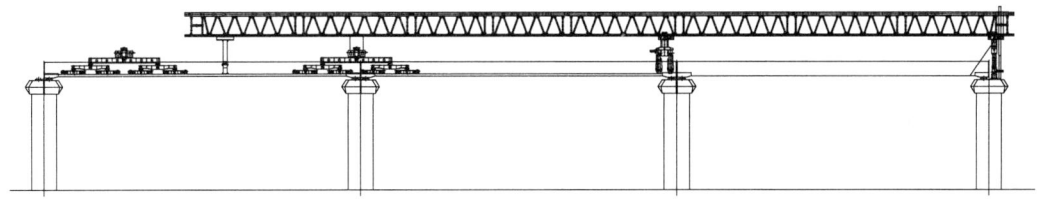

图 5.62 架桥机后支腿及前辅助支腿拼装示意

第六步：安装起吊天车，如图 5.63 所示。

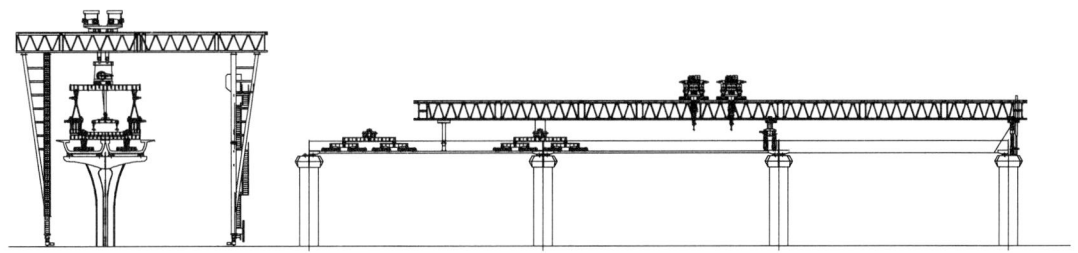

图 5.63 架桥机起吊天车安装示意

第七步：安装电控、液压系统，运行检查调试。

第八步：解除前支腿缆风绳，拆除前运梁车与主梁的支承，架桥机过孔准备架梁，如图 5.64 所示。

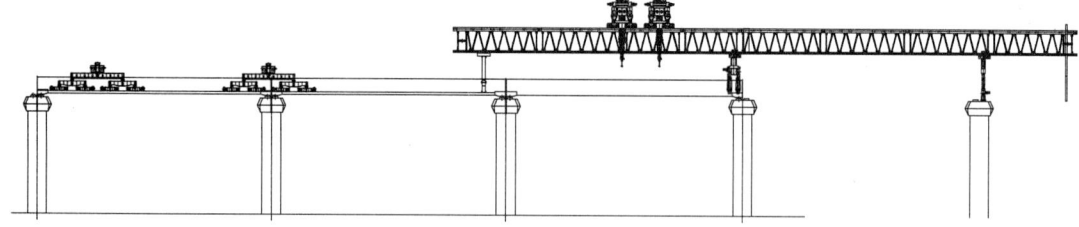

图 5.64 架桥机架梁准备示意

（2）液压系统安装与调试。

整套液压系统出厂时，已安装调试完毕，并经带负荷试运行。现场安装步骤如下：

① 将液压泵站及千斤顶分别安装就位。

② 将高压软管两端堵帽去掉，用煤油清洗内腔并用压缩空气吹扫。

③ 检查软管接头处密封圈是否完备。

④ 将软管两端分别与泵站和液压缸接通，并用 U 形卡固定。

（3）卷扬机钢丝绳。穿好后，必须用绳夹把钢丝绳夹死，绳夹数量不少于 4 个。

（4）试运行。

① 通过油箱上的注油口向箱中注入液压油，约 100 L，观察液位计显示情况。

② 不同牌号不同品种的液压油不可混合使用，根据气候情况可调整液压油牌号。液压油在使用过程中每年过滤一次，每两年更换一次。

③ 通过油箱盖上油泵上的泄油口向泵内注入适量引油。

④ 将溢流阀完全松开，接通电源，开启油泵，在无负荷下空运转。本油泵对旋转方向无要求。监视监听油泵有无杂音等运转情况。空运转 5~10 min。

⑤ 转动（或推拉）手动换向阀并适当旋紧溢流阀，使千斤顶开始启动。架桥机第一次安装完毕，因千斤顶缸内有空气，有时会产生油泵运行很长时间而千斤顶不动作或动作很慢的现象，均属正常现象，可让千斤顶长时间向下顶，直到全部行程，然后调节换向阀向上收，直到千斤顶全部收完，在全行程情况下往复伸缩 4~5 次，以尽可能排除系统内空气。

⑥ 手动换向阀在操纵换向时动作不可过快、过猛，由正向转到反向运动时应在中间位置停留片刻，以免产生液压冲击现象。

做完上述检查及调整，确认正常后将两起吊天车后退至架桥机后部，将前支腿收起，测量主梁前端高度，考虑架桥机悬臂挠度，看是否满足过前端墩帽要求；如果满足要求，将前支腿调整就位，调整各机构至正常，天车空载反复行走 2~3 次。运梁小车安装完毕后，在轨道上来回运行 2 次，如有故障及时排除。

（5）空载试验。

① 空载试验选择无雨、无雪天气进行，试验场地坚平整，测试用仪器、量具等准备齐全，架桥机应达到正常工作状态。

② 空载试验前检查天气、气温、风力是否满足作业要求；架桥机外观，其全部工作装置应满足施工需要与设计要求，各传动机构、电气系统调试完毕后均能正常动作，整机无异常现象。所有金属结构连接应牢固，主要焊缝应符合相关规定。钢丝绳的缠绕应符合设计及工作要求，钢丝绳不得与其他构件相碰擦，钢丝绳端部的紧固应安全、可靠。检查各传动件、紧固件的安装情况，连接部位应牢固，润滑和密封性应良好，润滑点及润滑通道、

润滑油品质应符合设计规定的要求。检查各液压元件的耐压性，元件、管路的连接及清洁状况应符合设计的规定。检查有无妨碍各种机构工作的障碍物；检查安全防护装置、限位装置是否灵敏可靠。

③架桥机1、2、3号支腿各顶升、下落2次，检查液压油缸工作状况以及销轴拆装情况；起重天车空载往返走行2次，检查启动、制动性能及走行限位装置灵敏性；两台天车走行至架桥机尾部，1号支腿脱空，2号支腿横移油缸微动，检查2号支腿横移功能；铺设轨道，运梁车配合架桥机前移、后退各0.5 m，检查驱动电机启动、制动性能及2号支腿托辊轮箱工作状况。

（6）重载试验。

①重载试验配重材料采用内部添加钢筋的钢箱梁。

②前天车先起吊梁（1.1G），然后利用前天车和后平车携梁继续前移至后平车到后天车下部，后天车起吊梁（1.1G），起升100 mm，检查吊具安装是否可靠。前后天车同步走行至前后天车对称于2号支腿，检查前后天车同步情况。前后天车加载至1.25G，停留10 min，检查天车卷扬机制动可靠性。前后天车卸载至1.1G，前后天车吊梁同步走行至前跨落梁，检查卷扬机是否同步。设桥面走道，前移架桥机，检查过孔状态稳定性及前端挠度。

3）架桥机架设U形梁

（1）架桥机标准跨施工站及架梁时各支腿横断面示意图分别如图5.65和图5.66所示。

（2）架桥机架设。

架桥机的主梁中心距为10 m，配合起吊天车的横向移动可以实现U形梁的一次就位。首先由运梁小车将梁喂至架桥机后部主梁内，依次用起吊天车吊运和安装梁，运梁小车在喂梁时都采用3 m/min的速度，当前起吊天车起吊梁后，起吊天车和后运梁平车都以3 m/min的速度运行，直到后起吊天车起吊梁后，两天车以3 m/min的速度安装梁，此时喂梁工作完成，两运梁平车返回拉梁，空车返回时可利用变频调快速度。

架桥机架梁共分五个步骤，工艺流程如下：

步骤一：运梁车将U形梁驮运至架桥机尾部，至前吊梁小车起吊位置停止，辅助支腿顶起支撑在前运梁平车的横梁上，然后前吊梁小车吊起梁的前端，如图5.67所示。

步骤二：前吊梁小车与后运梁车配合，以相同的速度向前运行，至后吊梁小车起吊位置停止，如图5.68所示。

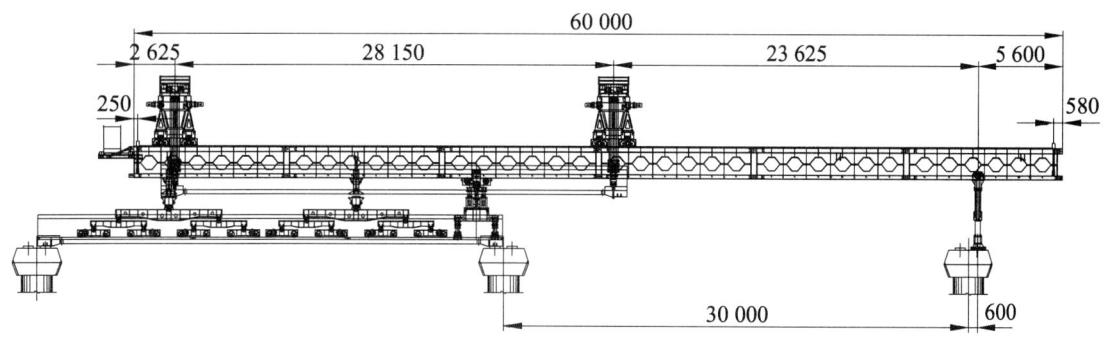

图5.65 架桥机标准跨施工站示意（单位：mm）

辅助支腿

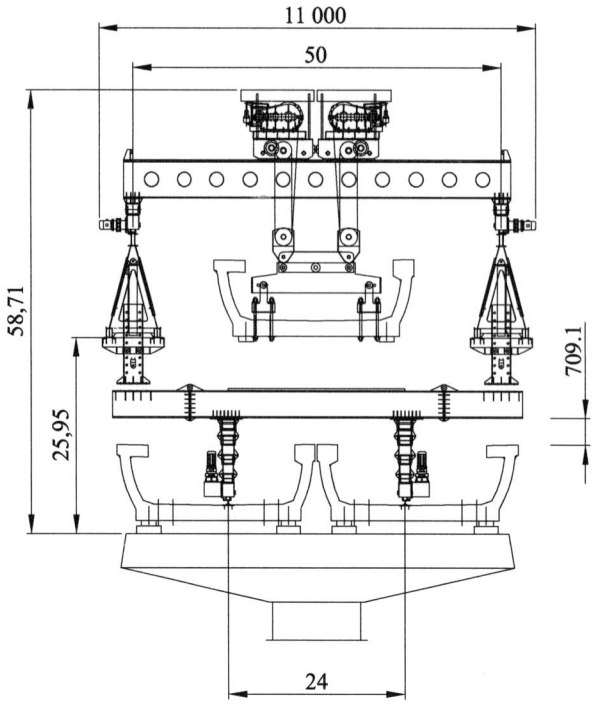

二号支腿

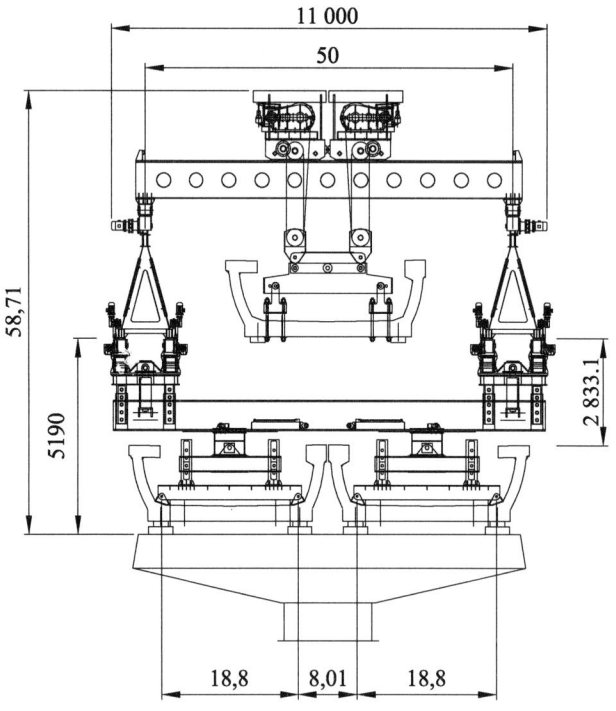

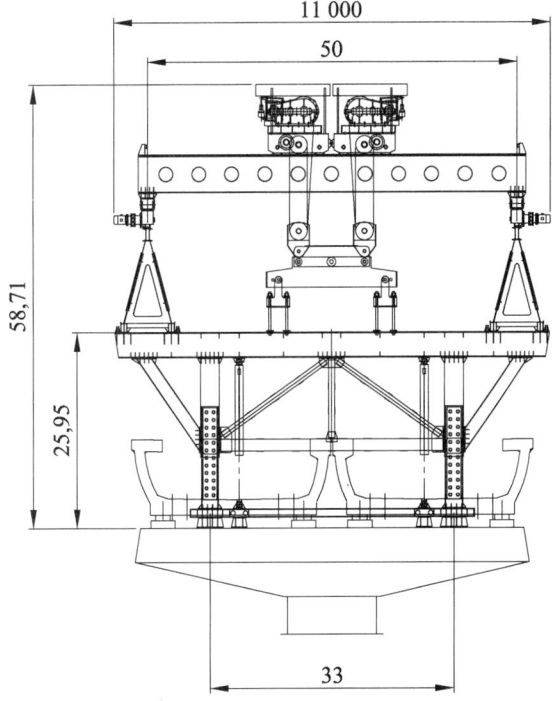

图 5.66 架桥机架梁时各支腿横断面示意（单位：mm）

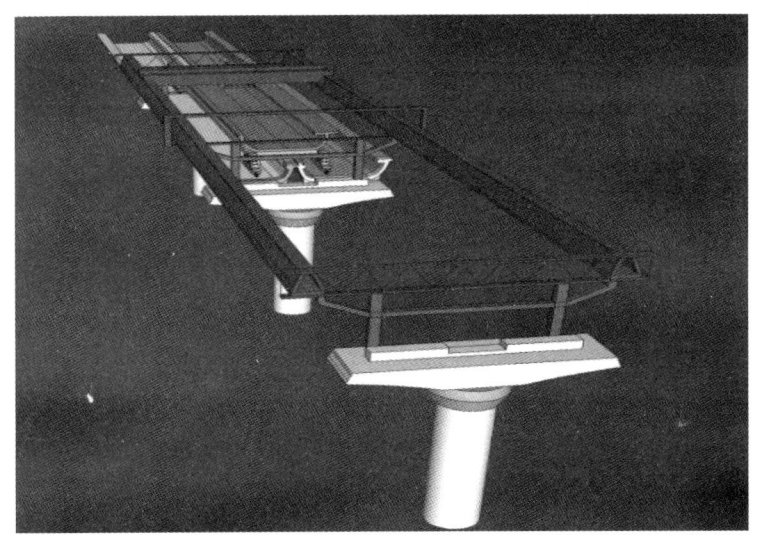

图 5.67 架桥机架梁步骤一示意

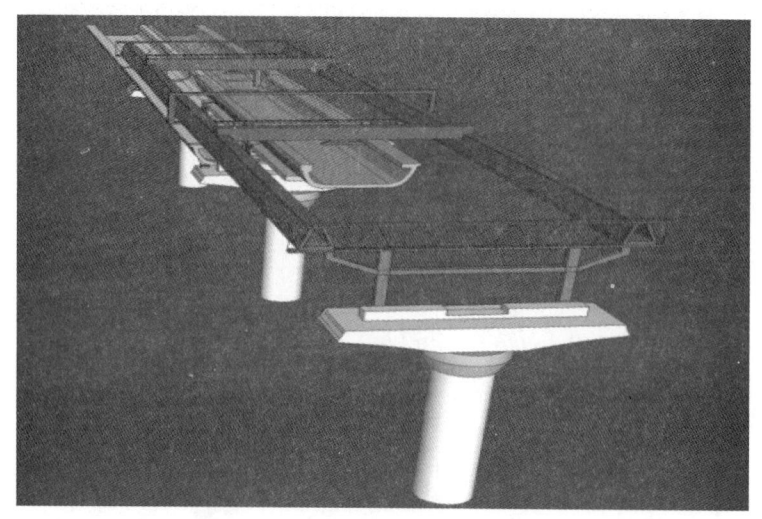

图 5.68 架桥机架梁步骤二示意

步骤三：辅助支腿顶起支撑在后运梁平车的横梁上，由后吊梁小车将 U 形梁的后端吊起，两起吊天车以相同的速度将 U 形梁吊至跨中，运梁平车退回运梁，如图 5.69 所示。

图 5.69 架桥机架梁步骤三示意

步骤四：两吊梁小车纵移将 U 形梁移动到预定位置，如图 5.70 所示。

步骤五：两吊梁小车横移将梁移动到指定位置，落梁在临时千斤顶上，至此，本孔第一片 U 形梁安装完毕，重复此步骤，安装第二片 U 形梁，如图 5.71 所示。

架桥机架梁应注意以下事项：

① 架桥机的后支腿为辅助支腿，在喂梁和过孔时都需要运梁车的配合。运梁车喂梁到第一台天车能够提梁的位置，1 号辅助腿伸出，距离运梁车车托盘 6 cm 高度，天车提梁后，辅助支腿由于架桥机主梁挠度顶在运梁车横梁上，此时架桥机主梁和运梁车横梁会同时分担梁重载荷，即减小了运梁车对 U 形梁底部的轮压，也减小了中支腿处架桥机主梁的负弯矩。

② 在安装第二片 U 形梁时，由于梁体要从架桥机主梁下弦下和第一片梁的上面上之间横移穿过，所以必须控制好第二片梁的起吊高度，如图 5.72 所示。

图 5.70　架桥机架梁步骤四示意

图 5.71　架桥机架梁步骤五示意

图 5.72　架桥机第二片 U 形梁安装起吊高度控制示意

步骤一：天车下落，至U形梁上面落至主梁底面下20 cm停止，如图5.73所示。

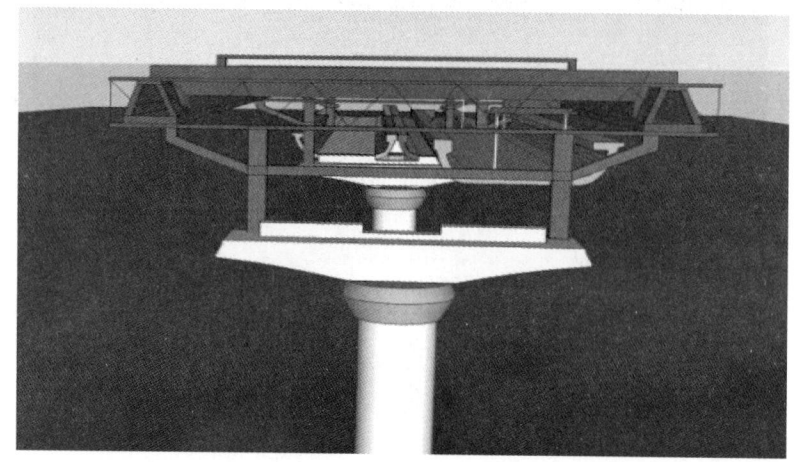

图5.73　架桥机第二片U形梁安装横向就位示意

步骤二：天车横移使梁横向位置就位。

步骤三：再次下落将梁安装到支座位置，搁置在临时千斤顶上，进行支座安装及灌浆养护达到强度后，撤除临时千斤顶。

（3）架桥机过孔共分四个步骤，工艺流程如下：

步骤一：运梁车移动至辅助支腿支撑位置，调整辅助支腿高度并与运梁平车横梁锚固。若架桥机在曲线段上，利用二号支腿的横移机构，使架桥机的辅助支腿和一号支腿始终在桥梁横向中轴线上，以保证架桥机一号支腿在过孔后能支撑于前部盖梁中心，如图5.74所示。

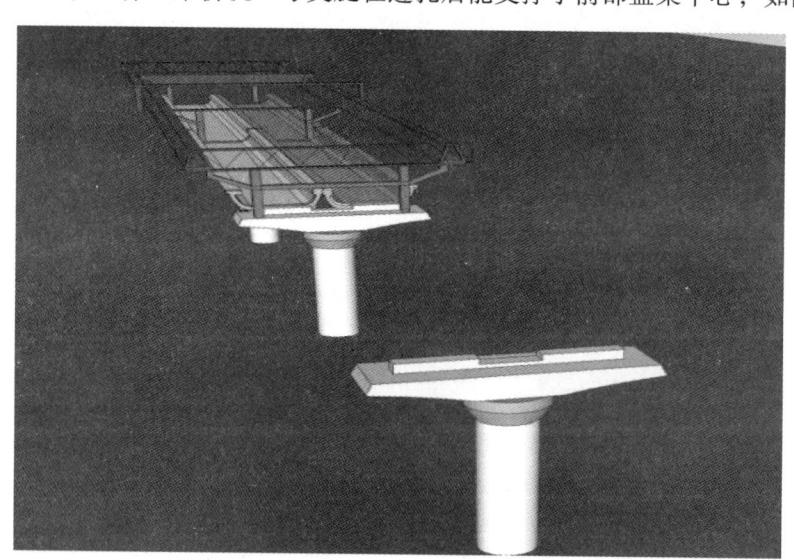

图5.74　架桥机过孔步骤一示意

步骤二：两吊梁小车移动至架桥机尾部预定位置，解除二号支腿与主梁的锚固并将二号支腿向前移动一跨，如图5.75所示。

步骤三：前支腿收起，利用二号支腿的反托滚轮，在运梁平车的驱动下架桥机向前推进一孔，如图5.76所示。

（6）曲线段 U 形梁架设。

小曲线半径架梁是 U 形梁架桥机的施工难点。

架桥机过孔是以运梁车固定在尾部辅助支腿处作为动力，配合二号支腿上的带动力反托滚轮将架桥机推进至下一孔。当进入曲线段时，过孔前应首先对架桥机做调整，以保证架桥机推进至下一孔时能准确地支撑于盖梁上方。首先要确定架桥机过孔至前方盖梁时一号支腿支撑于标准位置的状态，即架桥机一号支腿中心和尾部运梁小车中心都位于线路中心线上时，二号支腿的偏心差值如图 5.81 所示。

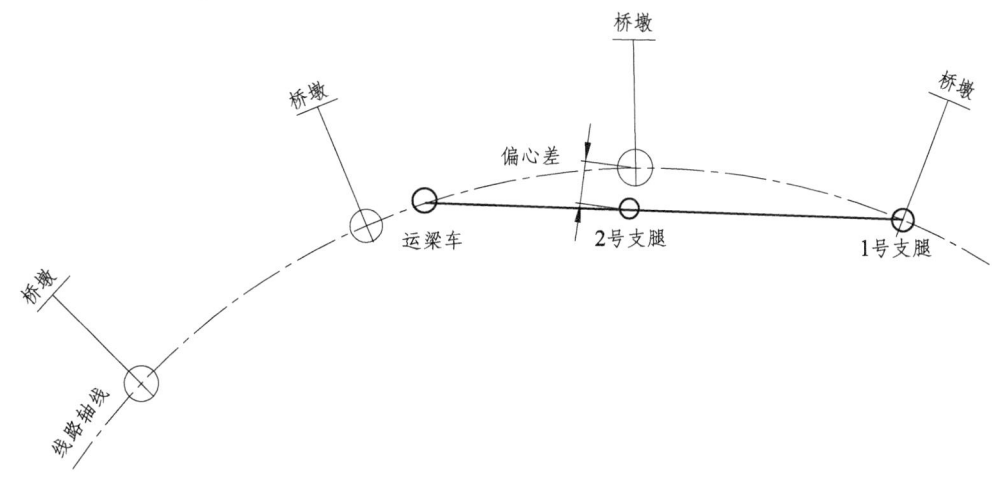

图 5.81 架桥机在曲线段上架梁站位时中支腿的偏心差示意

根据此偏心差值，架桥机在过孔前首先调节出二号支腿偏心，这样架桥机在过孔后，便能把一号支腿准确地支撑于前方盖梁的预定位置，如图 5.82 所示。

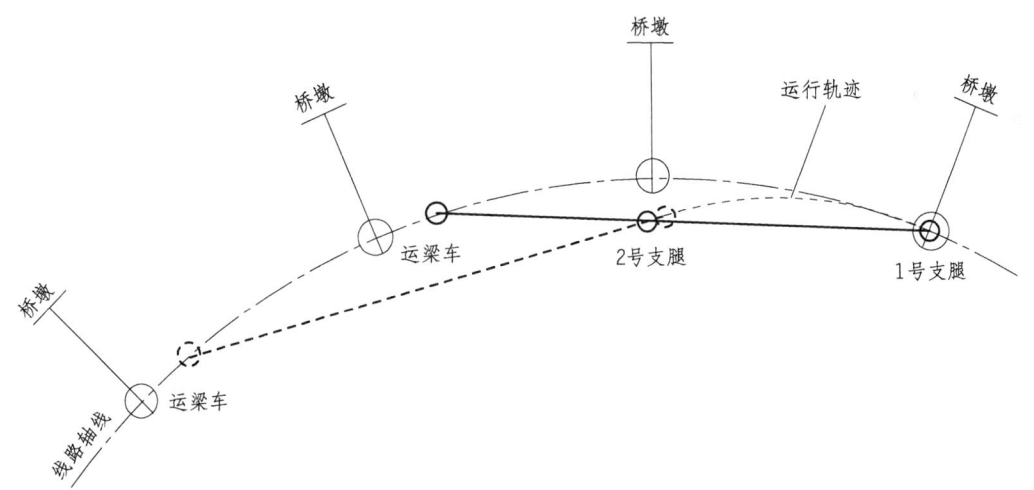

图 5.82 架桥机在曲线段上过孔时前支腿的运动轨迹示意

（7）架桥机调头。

因本架桥机设前支腿、中支腿、后支腿，调头时，中支腿位置不变，只需将架桥机的前支腿和后支腿互换位置即可。具体步骤如下：

第一步：架桥机退回提梁点。

第二步：中支腿支撑于梁上。

第三步：用跨线龙门吊将架桥机主梁吊住。

第四步：用汽车吊将架桥机前后支腿拆除。

第五步：前支腿、后支腿互换位置。

第六步：跨线龙门吊将调头完成的架桥机放置到已架好U形梁上（钢轨），即完成架桥机调头工作。

4）履带吊架梁U形梁

在架桥机无法架设的位置采用2台250 t的履带吊进行U形梁的架设，如图5.83所示。

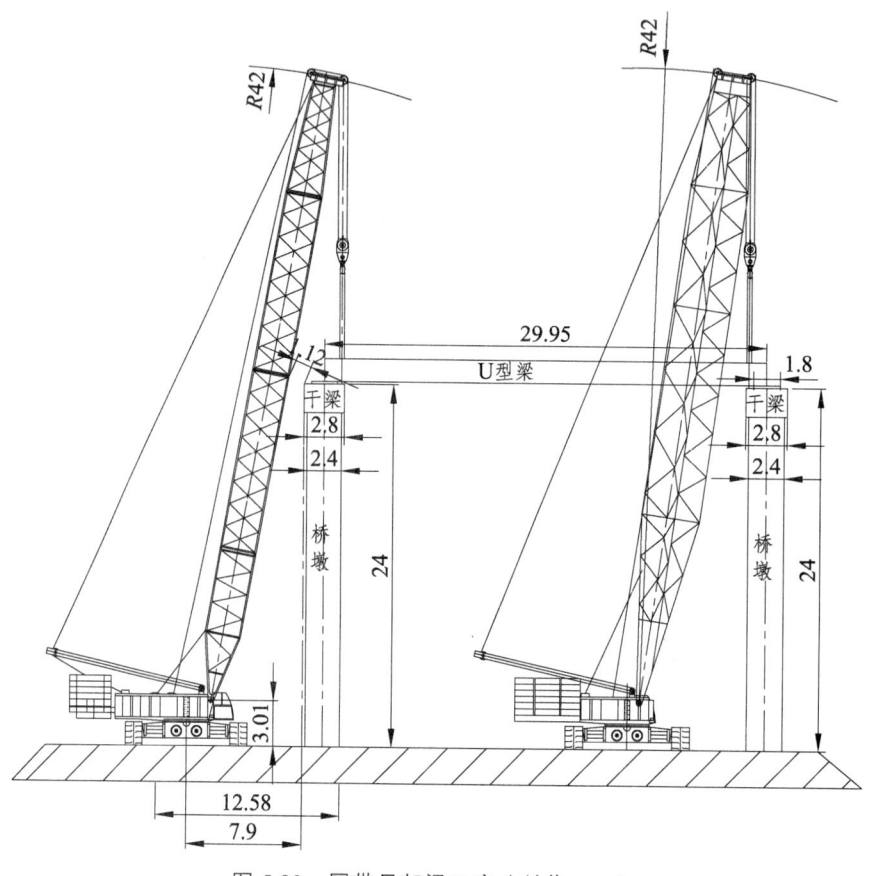

图5.83　履带吊架梁示意（单位：m）

（1）吊装前准备要求。

①施工前必须认真熟悉施工方案及技术资料，认真做好施工技术、物资、机具、人员及施工环境的准备工作，确定吊装作业位置，确定履带吊进场道路，并对作业区域的地面进行清理、平整，设置好安全防护措施。

②U形梁安装前先进行支座中心放样，划出U形梁安装纵横中心线。在完成盖梁垫石浇筑、钻孔后，具备吊装条件方可吊装。

③履带吊组车完成后，检查所有吊、索具和施工机具，完成车辆的调度和检查工作。

④检查所吊装U形梁的规格、外形尺寸、单片重量、数量等参数，核对合格证等相关技术资料。

⑤将U形梁吊装作业区域内的场地夯实平整,确保250 t履带吊工作地面承载压力不小于15t/m²;吊车站位的地面应铺设路基钢板,吊机工作范围内高空不得有障碍物,清理吊装场地周围的物件,保证工作区视线良好。

⑥作业区域及运输线路范围内,不允许有车辆通行以及其他妨碍施工的行为发生。

(2)吊装步骤。

2台250 t履带吊停位,一部跨内、一部跨外,梁车将U形梁运至如图位置,履带吊吊住U形梁,缓慢起升,运梁车开走,履带吊变幅起扒杆至工作半径11 m以内,2台履带吊同时旋转,将U形梁缓慢提升至,逐步就位,详细步骤为:

①安装吊架并调整吊架的水平高度,挂入吊钩,调整钢丝绳位置,如图5.84所示。

②缓慢提升吊钩,使钢丝绳逐步收紧。

③在确认梁体与运输车之间约束全部解除后,由指挥员发出起吊指令,双机缓缓起吊,直到U形梁底部离开地面约1.5 m左右,停止提升。

④待梁身稳定后,完成支座、防落梁装置安装,拧紧螺栓后再次缓慢提升吊钩,如图5.85所示。

⑤待梁底提升至距地面5 m以上时,运梁车可驶离现场,提升至高于桥墩顶面1 m时,双机同时旋转,直到到达设计梁位。

⑥根据测量控制线及支座位置微调龙门吊扒杆方向和角度,使U形梁准确定位。定位的同时,必须由专人在梁底观察平台上对支座螺栓位置进行观察。

⑦吊车缓慢松钩,使梁底支座上锚栓顺利插入预留支座锚栓孔,此过程中必须加强观测人员与指挥人员的信息沟通,切忌盲目松钩使螺栓受冲撞后变形受损。

⑧吊装到位后,松下吊钩,并卸除钢丝绳。

⑨U形梁就位:每片U形梁配备4个150 t临时千斤顶,临时千斤顶顶升梁体,然后通过千斤顶调整梁体的位置和标高,各千斤顶反力不超过5%。

⑩调整到位后支座、防落梁锚栓预留孔进行灌浆作业,达到强度后移走临时千斤顶,完成一跨的安装。

图5.84 履带吊装吊机站位

图5.85 U形梁支座安装

5)龙门吊架梁

提梁点架设U形梁时,采用2台150 t的龙门吊进行提梁和架设,如图5.86所示。

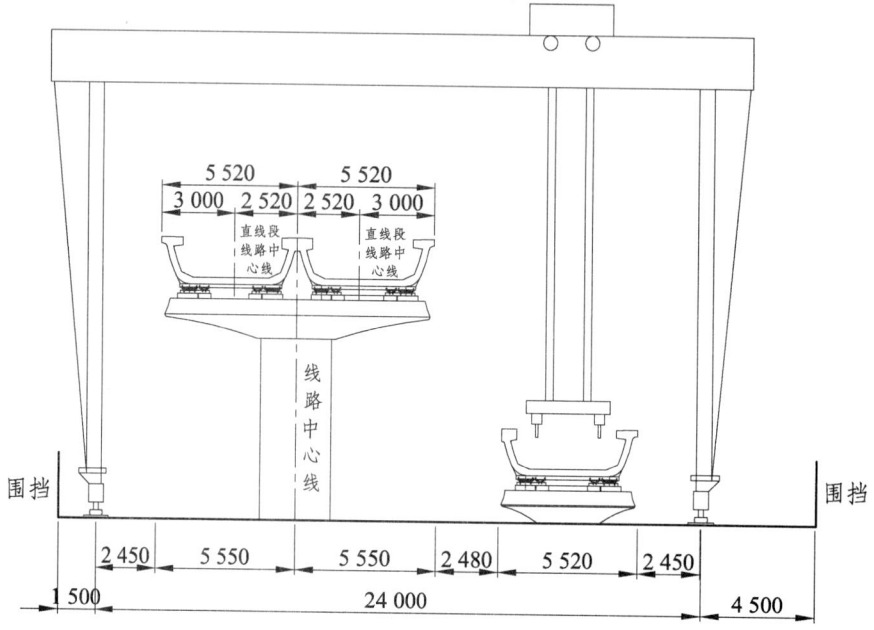

图 5.86 龙门吊架梁示意（单位：mm）

（1）吊装前准备要求。

① 起重吊装作业人员必须经过专业培训，特种作业人员必须考核合格，持证上岗。起重指挥由安全技术培训合格的专职人员担任，无指挥或信号不清时严禁起吊。

② 龙门吊使用前必须经检查确认符合要求及进行试吊后，方可使用。

③ 吊装作业前，对龙门吊的制动器、吊钩、钢丝绳和安全装置进行检查，吊杆要定期进行探伤检查，发现性能不正常时，必须在操作前排除，并应清除龙门吊工作范围内和走行限界内的障碍物。

④ 检查所吊装的 U 形梁的规格、外形尺寸、单片重量、数量等参数，核对合格证等相关技术资料。

⑤ 梁体起吊前应检查吊具连接是否可靠，调整各个吊杆，使其受力均匀后方可起吊。

（2）吊装步骤。

① 安装吊架并调整吊架的水平高度，挂入吊钩，调整钢丝绳位置。

② 缓慢提升吊钩，使钢丝绳逐步收紧。

③ 在确认梁体与运输车之间约束全部解除后，由指挥员发出起吊指令，双机缓缓起吊，

直到 U 形梁底部离开地面约 1.5 m 左右，停止提升。

④ 待梁身稳定后，完成支座、防落梁装置安装，拧紧螺栓后再次缓慢提升吊钩。

⑤ 待梁底提升至距地面 5 m 以上时，运梁车可驶离现场，提升至高于桥墩顶面 1 m 时（或距离已架设 U 形梁顶部 50 cm），两部天车同时横移，直到到达设计梁位。

⑥ 根据测量控制线及支座位置微调龙门吊扒杆方向和角度，使 U 形梁准确定位。定位的同时，必须由专人在梁底观察平台上对支座螺栓位置进行观察。

⑦ 吊车缓慢松钩，使梁底支座上锚栓顺利插入预留支座锚栓孔，此过程中必须加强观测人员与指挥人员的信息沟通，切忌盲目松钩使螺栓受冲撞后变形受损。

⑧ 吊装到位后，松下吊钩，并卸除钢丝绳。

⑨ U 形梁就位：每片 U 形梁配备 4 个 150 t 临时千斤顶，临时千斤顶顶升梁体，然后通过千斤顶调整梁体的位置和标高，各千斤顶反力不超过 5%。

⑩ 调整到位后支座、防落梁锚栓预留孔进行灌浆作业，达到强度后移走临时千斤顶，完成一跨的安装。

（3）吊装注意事项。

① 2 台龙门吊同时起吊 U 形梁时，应统一指挥，同步起落和横移，使 2 台龙门吊各自分担的起重量不超过其容许的负荷能力。

② 起吊梁体时，应在底板底面吊装孔处垫以钢垫板，垫板应与梁底板底密贴。升降系统提升 U 形梁应缓慢、匀速进行。梁体起吊 100~150 mm 后，龙门吊应停车制动，检查吊杆螺栓是否紧固，起升制动是否可靠，确认良好后方可继续作业。

③ 吊装作业中，当 U 形梁吊起、走行、横移、接近人员、重物落下时，必须鸣铃示警。U 形梁上严禁站人。

④ 卸下 U 形梁，并停止作业时，应将吊钩升至规定高度，大、小车停到规定位置，并锚碇运行机构。制动器要保持在工作状态，操纵杆放在空挡。关闭所有操作按钮并切断电源，锁住所有操作室及电控柜，并关门上锁。停止走行时应采取双向制动措施，并拉好缆风绳，安放夹轨器、止轮器。

⑤ 龙门吊起重作业突然断电时，应将所有的控制器手柄扳回零位；在重新工作前，应检查龙门吊是否正常。

⑥ 对龙门吊进行维护保养时，应切断主电源，加锁并挂上标志牌。

6 预制悬拼短线法 U 形连续梁预制施工技术

6.1 预制 U 形节段梁概况

以（37.5+60+37.5）m 预制悬拼连续 U 形梁为例：预制悬拼连续 U 形梁分节原则按照中墩两侧节段对称布置，0#节段采用支架现浇，预制悬臂标准节段分别为 3 m、3.5 m，对称分布至中跨合龙；边跨段 7.25 m（由 4.75 m 和 2.5 m 两个节段组成）采用支架法进行拼装，最后通过 0.2 m 的合龙段与悬拼段连成整体。具体节段划分如表 6.1 所示。

表 6.1　预制悬拼梁节段划分统计表

预制悬拼梁	节段设置
（37.5+60+37.5）m	(4.75 m+2.5 m+3.5 m×5+3 m×2+12.4 m+3 m×2+3.5 m×5+0.2 m×3+0.1 m)×2

桥梁中支点截面中心线处梁高 5.19 m，边腹板比中腹板高 0.2 m；跨中及边跨直线段截面中心线处梁高 2.29 m，边腹板比中腹板高 0.2 m；边支点处截面中心线处梁高 1.98 m，边腹板比中腹板高 0.02 m。梁底下缘按 1.5 次抛物线变化。边支座中心线至梁端 0.7 m，梁缝中心线至梁端 0.10 m。边支座横桥向中心距 4.0 m，中支座横桥向中心距 3.4 m。梁体沿线路中心线布置，相应的梁体轮廓尺寸均为沿线路中心线的展开尺寸。具体各相关截面尺寸如图 6.1～图 6.3 所示。

一联（37.5+60+37.5）m 悬拼梁除去 0#块共有 32 个节段，具体各节段信息如表 6.2 所示。

预制悬拼连续梁施工过程中预应力张拉原则为吊装一节段张拉一节段，最后进行整体张拉。主梁纵向预应力采用公称直径为 15.2 mm 钢绞线，抗拉强度标准值为 1 860 MPa，弹性模量为 195 000 MPa。

除去 0#块与 1#块、边跨部分湿接，各节段间的胶结材料采用无溶剂型桥梁专用环氧树脂胶黏剂，胶黏剂根据现场施工常年温度变化、使用环境等情况，通过试验选用胶黏剂，胶黏剂进场后应进行力学性能及作业性能的抽检，其各项性能应满足结构设计与节段拼装施工的要求。环氧树脂胶黏剂各项指标参照 FIP（国际预应力协会）的要求进行材料检验，如表 6.3 所示。

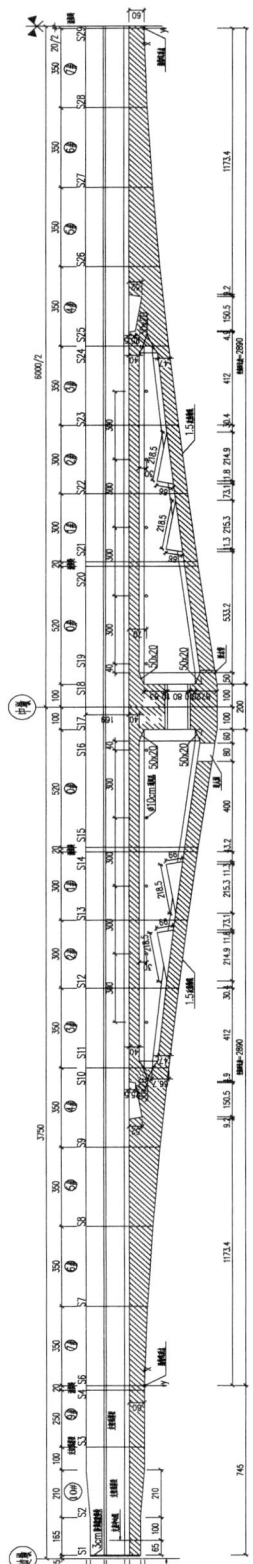

图 6.1 (37.5+60+37.5) m 悬拼梁纵断面图(单位:cm)

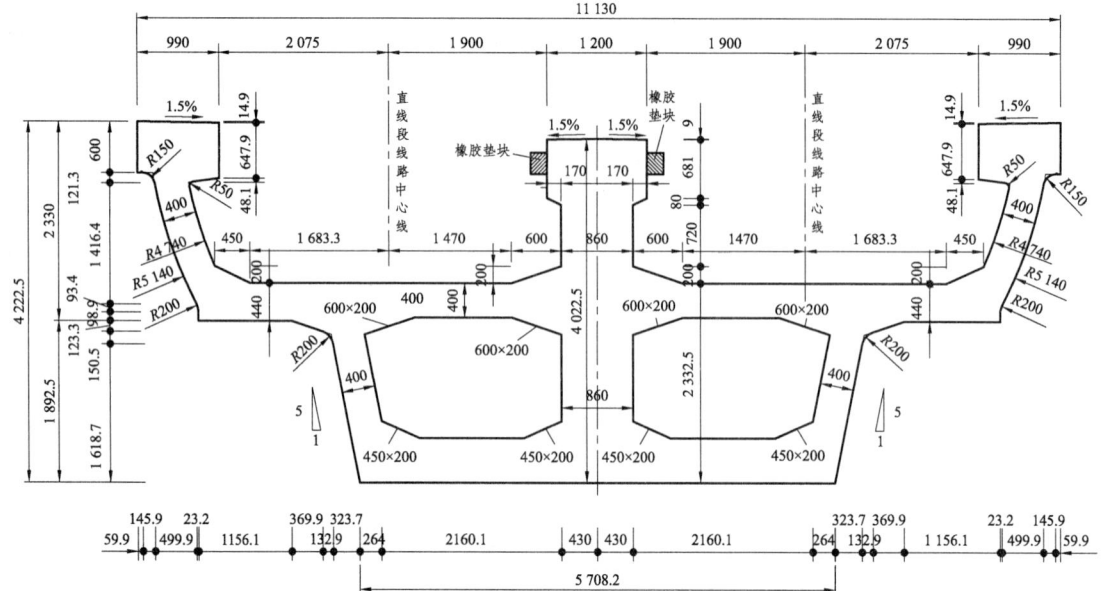

图 6.2 悬拼梁跨中横断面图（单位：mm）

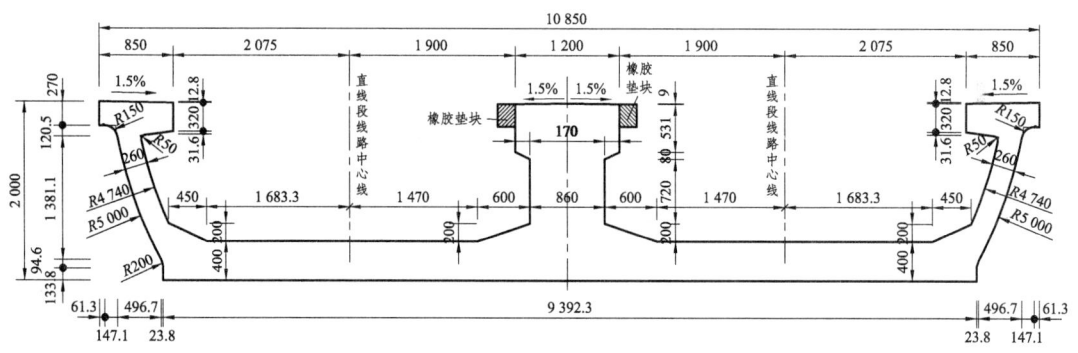

图 6.3 边跨悬拼段横断面图（单位：mm）

表 6.2 悬拼梁各节段信息统计表

梁段编号	0#	湿接缝	1#	2#	3#	4#	5#	6#	7#	湿接缝	9#	10#
梁高/m	4.664~5.39	4.616~4.644	4.223~4.616	3.856~4.223	3.468~3.856	3.125~3.468	2.836~3.125	2.612~2.836	2.490~2.612	2.49	2.49	2.0~2.49
梁段长度/m	12.4	0.2	3.0	3.0	3.5	3.5	3.5	3.5	3.5	0.2	2.5	4.75
梁段体积/m³	196.58	2.97	43.46	41.44	46.01	51.26	44.49	38.86	35.04	1.92	24.04	39.14
梁段质量/t	511.1	7.7	113.0	107.7	119.6	133.3	115.7	101.0	91.1	5.0	62.5	101.8

表 6.3 节段拼装桥梁胶黏剂各项指标的基本要求

项目		设计性能指标	检测方法
物理性能	可施胶时间	≥20 min	按 FIP 做试验
	可黏接时间	≥60 min	按 FIP 做试验
	触变指数	≥4.0	GB 50550
	吸水率	≤0.5%	GB/T 1034
	水中溶解率	≤0.1%	GB/T 1034
	热变形温度	50 ℃	GB/T 1634.2
黏结能力	抗压强度/MPa	7 天≥75	GB/T 2567
	抗拉弯强度/MPa	开裂全部发生在混凝土内	按 FIP 做试验

预制悬拼连续梁预埋件包含接触网预埋件、声屏障预埋件、槽式预埋件、强电支架预埋件、弱电支架预埋件、支座、抗拉拔防落梁、疏散平台栏杆预埋件、梁端排水管、应急泄水管等。

6.2 预制 U 形节段梁总体施工方案

6.2.1 施工工艺流程

根据节段梁的结构形式及成桥线形特点，节段梁采用短线匹配法进行预制。即在预制梁场设置 5 个台座（其中 4 个标准台座、1 个调节台座），各个台座同时作业，所有梁段均在预制台座上浇筑。浇筑时，除每跨梁段预制起始梁段采用一端固定端模，一端活动端模进行浇筑外，其余梁段则采用一端为固定端模，另一端为已浇的前一梁段做匹配梁进行浇筑，确保相邻梁段匹配接缝的拼接精度，当新浇梁段初步养生、拆模后，匹配梁段即运走存放，而把新浇梁段转移到该位置上作为新的匹配梁段，完成下一梁段的预制，并依此循环完成整跨梁段的预制。

节段梁预制选用短线匹配法，以每两条相邻湿接缝间的所有梁段为一个预制循环单元。节段预制工艺流程详见图 6.4 所示。

6.2.2 节段梁预制总体操作程序

预制节段梁段施工总体操作程序如下（以一跨为例）：
（1）立模、测量调整定位模板、吊装钢筋骨架、浇筑起始梁段。
（2）拆除起始梁段模板（侧模、内模及移动端模），将起始梁段编号后运至存梁区存放。

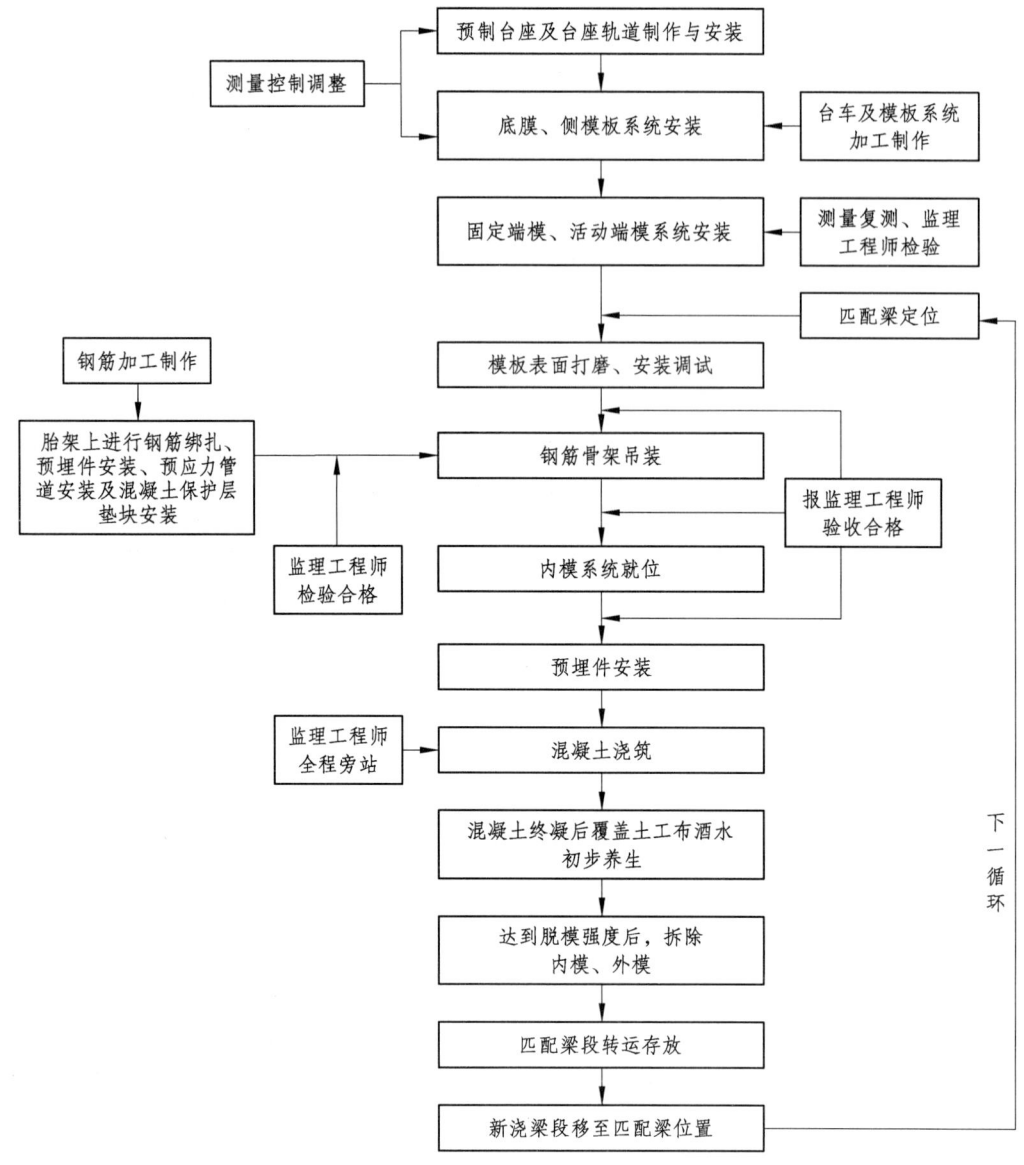

图 6.4　短线法 U 形节段梁预制施工流程

（3）立模、测量调整定位模板、吊装钢筋骨架、浇筑下一梁段（以下称 Y_1 梁段）。

（4）拆除 Y_1 梁段模板（侧模、内模及移动端模），将 Y_1 梁段移出作为匹配梁，立模、吊装钢筋骨架、浇筑下一梁段（以下简称 Y_2 梁段）混凝土。

（5）拆除 Y_2 梁段模板，将 Y_2 梁段与 Y_1 梁段分离，Y_1 编号后运走存放。

（6）将 Y_2 梁段调整至匹配梁段位置。

（7）立模、测量调整定位模板、吊装钢筋骨架、浇筑下一梁段 Y3 混凝土。

（8）拆除 Y_3 梁段模板，将 Y_3 梁段与 Y_2 梁段分离，Y_2 梁段编号后运走存放。

（9）按以上步骤完成该跨的预制。

按照上述程序进行所有跨的 U 形梁的预制工作。

6.2.3 标准梁段的预制顺序

标准梁段预制的程序（一个循环）如表 6.4 所示。

表 6.4 标准梁段预制顺序

步骤	图例	说明
A		节段 B 混凝土浇筑完成，对其进行养护
B		拆除节段 B 外侧模，将匹配梁段 A 与节段 B 分开，移走内膜
C		将梁段 B 与固定端模分开，并移开一定的距离，同时，将梁段 A 吊走存放
D		用吊机将节段 A 的底部调整平台及底模吊到固定端模处，撑起并调整底脚
E		将节段 B 移至匹配梁段位置，并精确调整其平面位置及高程；安装并定位待浇节段（节段 C）的外侧模；将各模板相互固定
F		将节段 C 的钢筋骨架吊入钢模，对其进行定位
G		移进内膜，将其与节段 B 内面及固定端模之间固定
H		浇筑节段 C 混凝土

6.3 预制 U 形节段梁预制施工工艺

6.3.1 模板工程

模板要与预制台座相匹配,节段梁预制共计投入 2 套模板系统进行施工,模板均为钢模板。为了方便操作,模板系统均配置液压千斤顶与顶伸螺杆装置。所用钢模板均由具有相应资质的专业厂家进行设计、制造。模板系统包括底模、侧模、固定模和内模,其总体结构形式如图 6.5 和图 6.6 所示。

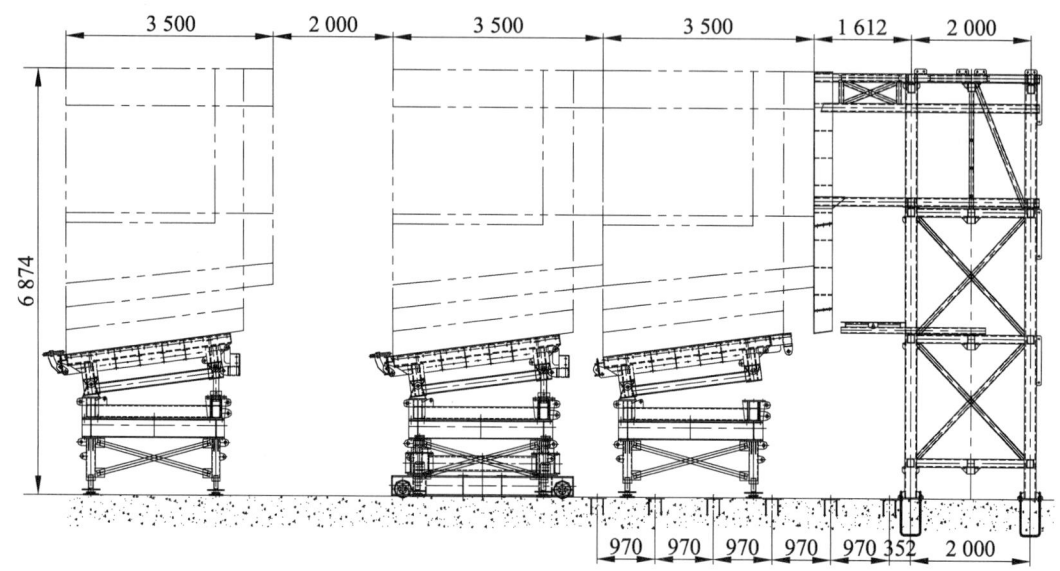

图 6.5 液压模板总体结构纵断面图(mm)

图 6.6 液压模板现场

模板的安装顺序为:底模安装、侧模安装、吊入钢筋骨架、内模安装。由于固定端模的位置是固定的,每次模板安装时,测量校核其平面位置、水平度及垂直度即可。墩顶块和每跨起始梁段预制时,两端均需端模(固定端模和移动端模),其他梁段的端模为固定端模和匹配梁段的端面。

模板安装必须牢固可靠，接缝严密，不得漏浆。模板与混凝土的接触面必须清理干净并涂刷脱模剂。模板脱模剂应选用优质脱模剂。浇筑混凝土前，模板内的积水和杂物应清理干净。

1. 节段梁端模

待浇梁段的端模包括固定端模和匹配梁段的匹配面（每跨起始梁段除外），1#块起始段为固定端模。

1）固定端模

固定端模由厚度为 12 mm 钢板做面板，如图 6.7 所示，加劲后与固定在地面的端模桁架连接。

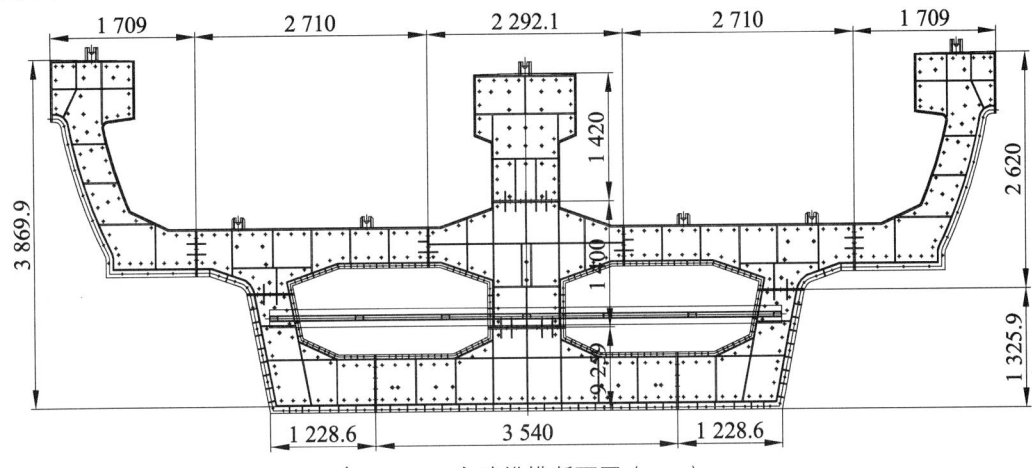

图 6.7　固定端模横断面图（mm）

固定端模上设有剪力键，由于预制梁段所处位置不同，剪力键数量也会出现差异。因此对需要更换的部分剪力键设计为螺栓固定，便于拆卸。其余部分则采用焊接固定。当剪力键与预应力管道位置冲突时，可适当调整剪力键位置或取消剪力键，如图 6.8 所示。

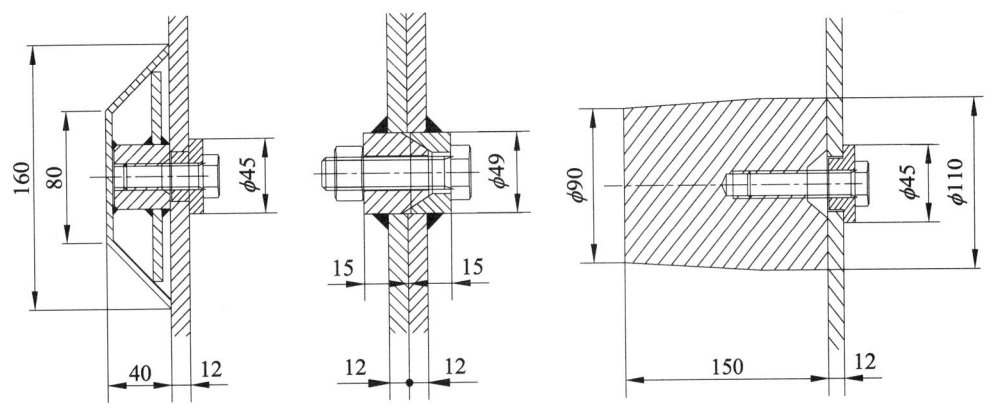

图 6.8　剪力键、法兰、波纹管与端模相连断面图（mm）

在整个模板系统中，固定端模的精度要求最高，安装固定端模时必须注意以下几点：

（1）端模模面与待浇梁段中轴线垂直，且在竖向保持垂直。

（2）端模上翼缘要进行标高检测，确保其水平度。

（3）端模支撑必须牢固，模板自身具有足够的刚度。

中线控制：在固定端模上顶面及内腔的下底面各设一个轴线控制点，测量时，要求该两个控制点与两测量塔之间的测量基线重合。

垂直度控制：测量上、下两个中线控制点至测量基点（测量仪器架设点）的水平距离，并调整使其距离相等，确保竖向中轴线垂直（水平距离相等）。测量对称设置在固定端模翼缘板两侧的标高兼平面位置控制点至测量基点的距离并调整使其相等，确保固定端模与待浇梁段中轴线成90°（水平距离相等）。

水平度控制：测量对称设置在固定端模翼缘板两侧的2个标高兼平面位置控制点的相对标高，控制固定端模顶面水平度。

2）匹配梁段的定位

匹配梁段定位是短线匹配梁施工中的重要一环，定位过程中需确定模板是否产生沉降，测量过程中测量塔确定固定端模中心位置，根据其位置确定其他模板相对位置，浇筑前后对固定端模中心位置坐标进行对比，看是否发生沉降。匹配梁的定位步骤如下：

（1）测量人员根据新浇梁段测量的数据以及新浇梁段与匹配梁段相互位置关系，通过专业程序计算出下一梁段预制时新浇梁段作为匹配梁段所应处的位置。

（2）测量人员提供匹配梁段匹配面与固定端模的位置距离。

（3）现场施工技术人员根据测量人员提供的数据，对匹配梁段实行初步定位。

（4）测量人员观测匹配梁段，指挥人员操作底模台车上的油压千斤顶进行纵向、横向及水平标高精确定位。

（5）定位后旋下底模上的四个螺旋撑脚，并使其受力，卸落底模台车千斤顶，完成受力支点的转换。

（6）复测匹配梁段控制点坐标，并输入数据至监控程序，精度达到要求并通过误差校核则合龙侧模；如达不到要求，则顶升千斤顶重新定位。

2. 节段梁底模及台车

底模面板采用12 mm厚钢板，纵向、横向设加劲肋。每个预制台座配备三套底模（分别用于匹配梁段、待浇梁段及养护节段），它们之间相互换位，移出时采用底模台车，移进时采用龙门吊。底模台车安装有竖向、横向各4台液压千斤顶，可用于底模和匹配梁段的三维位置调整，具体样式如图6.9所示。

图6.9 底模及台车

根据底模横桥向宽度方向设置 4.9 m 长的标准节段，其余宽度方向设置不同尺寸的调节块用以调节底板宽度，如图 6.10~图 6.13。

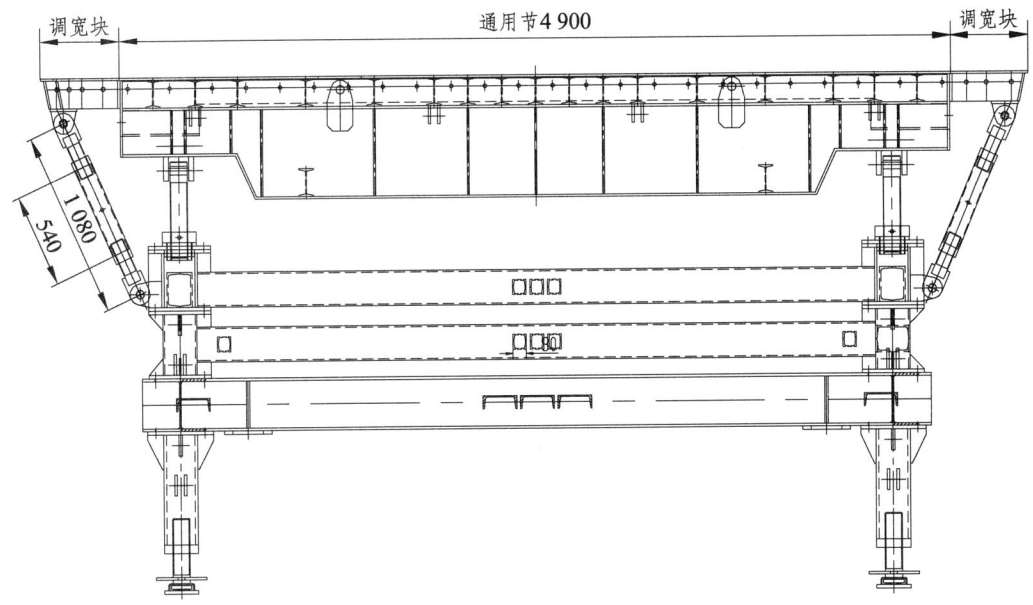

图 6.10 底模横断面图（单位：mm）

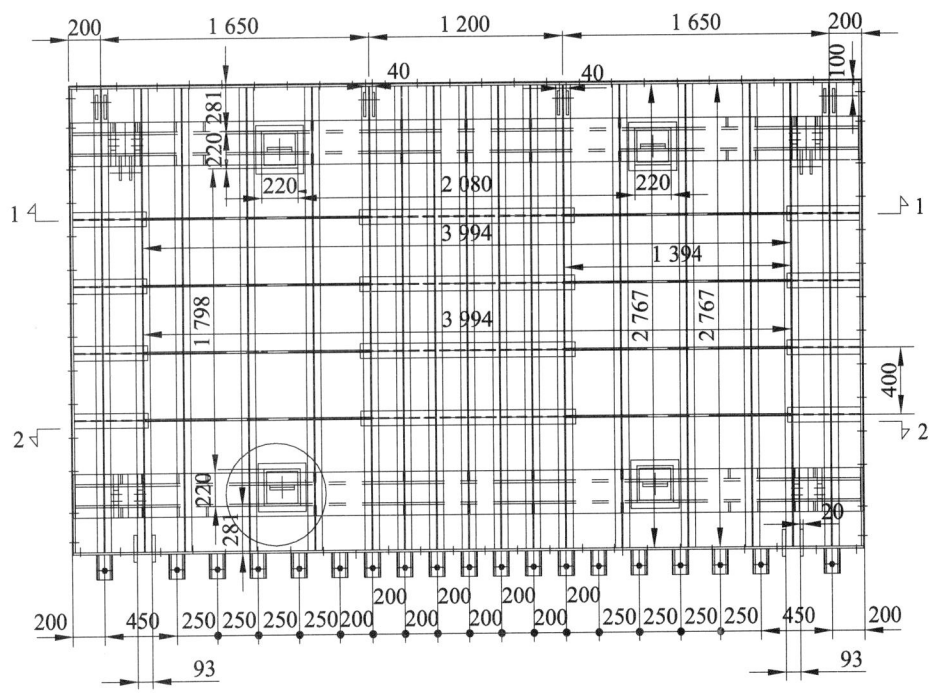

图 6.11 标准节段平面图（单位：mm）

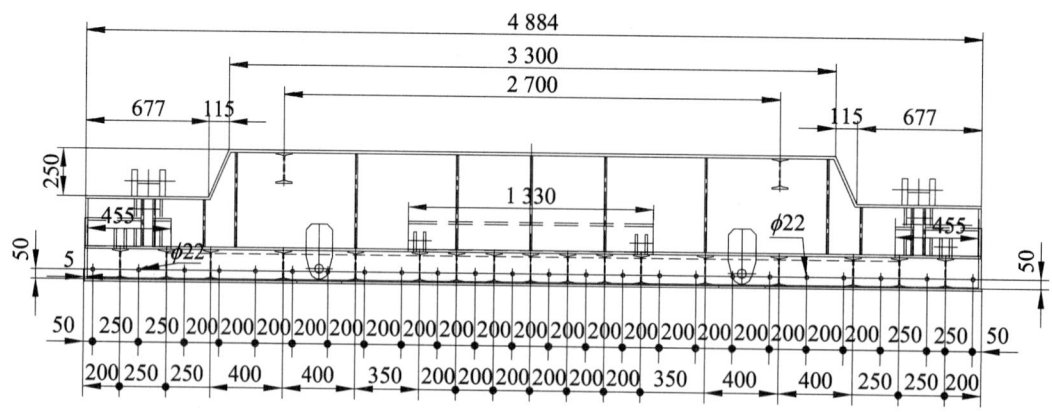

图 6.12 标准块侧立面图（单位：mm）

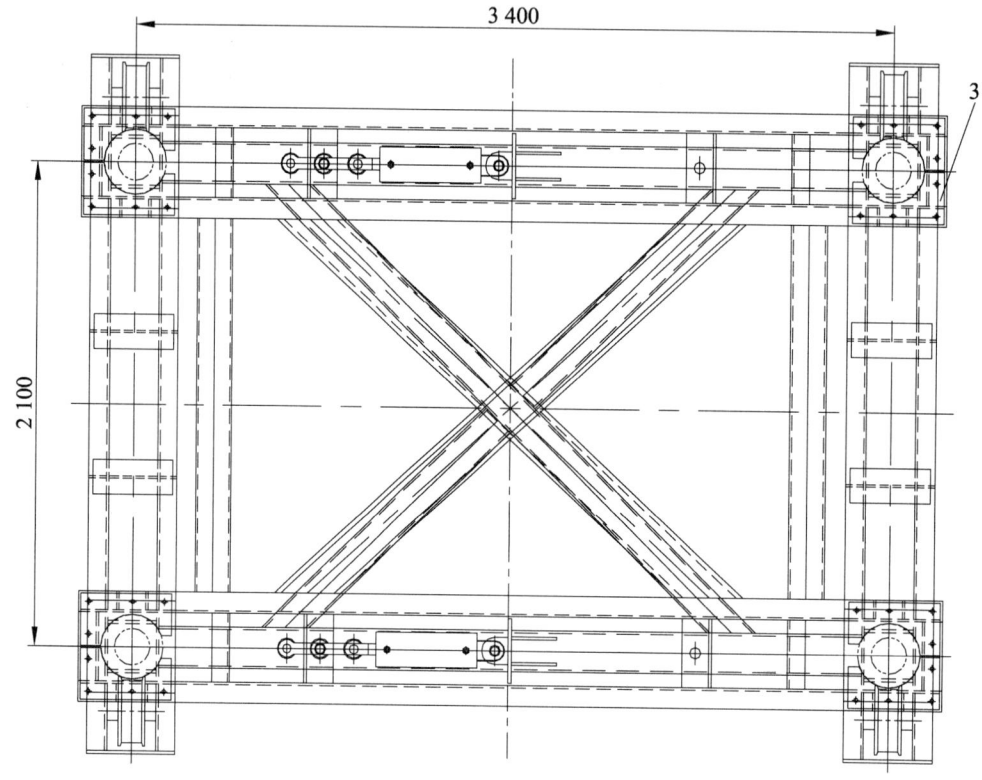

图 6.13 底模小车桁架平面图（单位：mm）

3. 节段梁侧模

侧模采用 8 mm 厚的优质钢板，配纵向、横向肋，通过钢结构支架进行支撑，支架上设螺旋调节系统，可进行水平和竖向调整。侧模构造如图 6.14～图 6.16 所示。

侧模通过支架支撑上的螺旋调节装置进行移动及调位，调位完成后，顶口和底部通过对拉杆对拉。侧模支架栓接在台座基础的预埋件上。

侧模在安装过程中需注意以下几点：

（1）侧模就位后通过精轧螺纹钢筋与预制台座台座板可靠连接。

（2）侧模与底圆弧段与直线段相接处的加工精度一定要确保，以保证该处过渡平顺，接缝严密。

（3）侧模与固定端模及匹配梁间的拼缝要严密，与匹配梁接缝间应设置止浆装置。

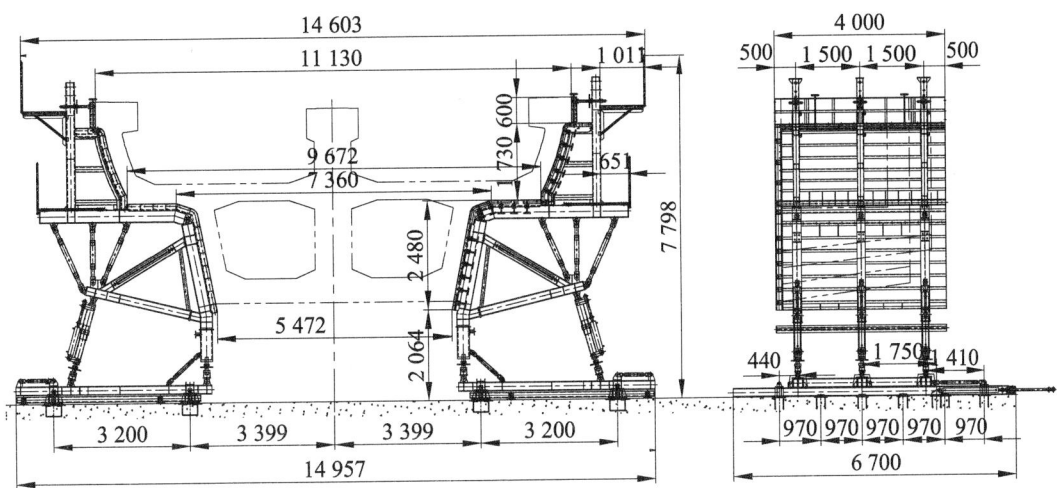

图6.14 侧模正立面图、侧立面图（单位：mm）

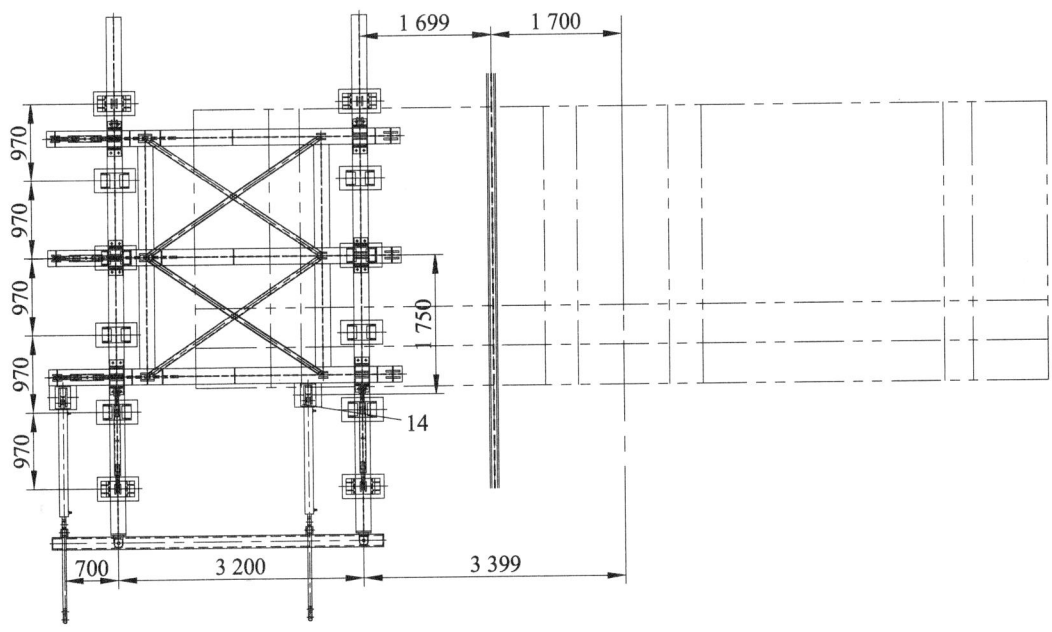

图6.15 侧模平面图（单位：mm）

图 6.16 侧模

4. 节段梁内模

标准内模系统由厚度 6 mm 钢板制成，设加劲肋，如图 6.17～图 6.19 所示。为了适应各梁段内腔尺寸的变化及方便装拆操作，内模设计成小块的组合模板，组合模板分为标准块和异型块，根据各梁段预制需要进行组合。内模主要由顶板底模、腹板内侧模及角模组成，各模板之间采用螺栓连接，由可调撑杆支撑。整个内模系统固定在滑梁上，可由液压系统完成竖直方向伸缩及横向开启、闭合，并通过专用台车移动，利用卷扬机牵引。

在端模、底模及侧模调校到位后，用 20 t 龙门吊吊入钢筋骨架并定位。利用内模台车将内模移入钢筋骨架内腔（利用卷扬机牵引），用安装在滑梁上的液压系统将内模展开形成箱梁预制内模，再调节可调撑杆支撑、固定内模。

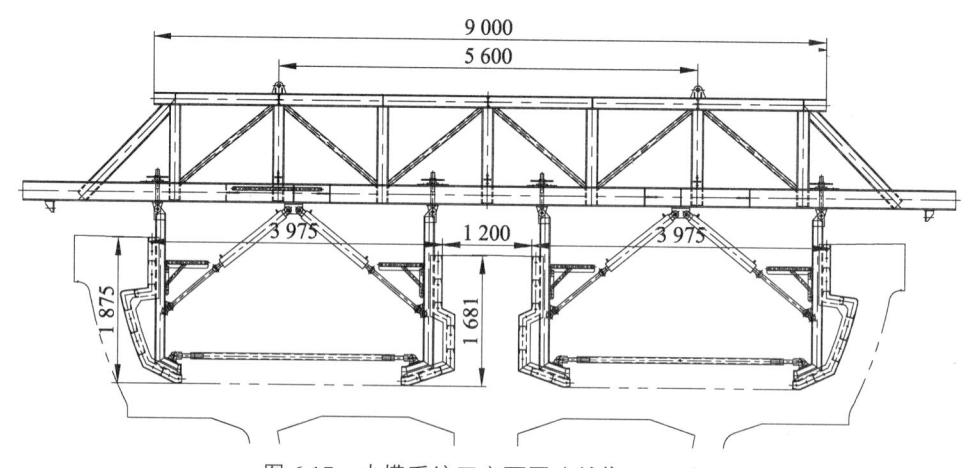

图 6.17 内模系统正立面图（单位：mm）

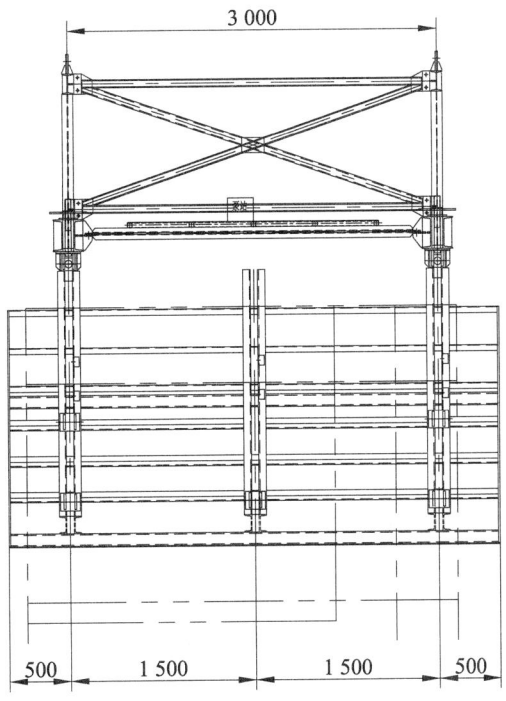

图 6.18 内模系统侧立面图（单位：mm）

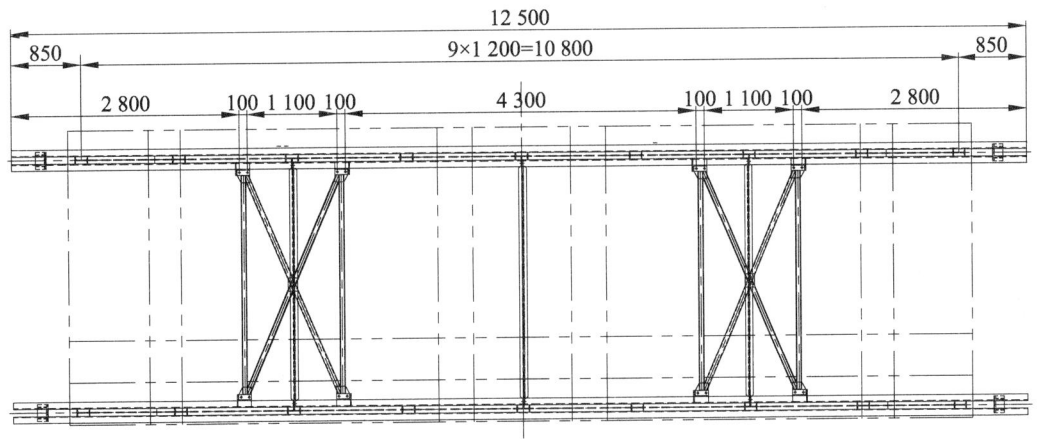

图 6.19 内模系统平面图（单位：mm）

6.3.2 钢筋工程

U 形节段梁钢筋工程的主要工作内容有：钢筋骨架绑扎、预应力管道安装及定位、预埋件安装及定位、混凝土垫块安装。

（1）为了加快施工进度，形成流水施工，避免钢筋绑扎时对已安装模板的污染，梁段钢筋采取先绑扎成型，再整体吊装入模的施工工艺。钢筋绑扎在固定的钢筋绑扎台座上完成，钢筋绑扎时，在台座上定点放样绑扎，钢筋骨架的几何尺寸、钢筋型号、数量、规格、等级、间距及搭接长度和钢筋接头位置的布置均要满足设计及规范要求，如图 6.20～图 6.22 所示。

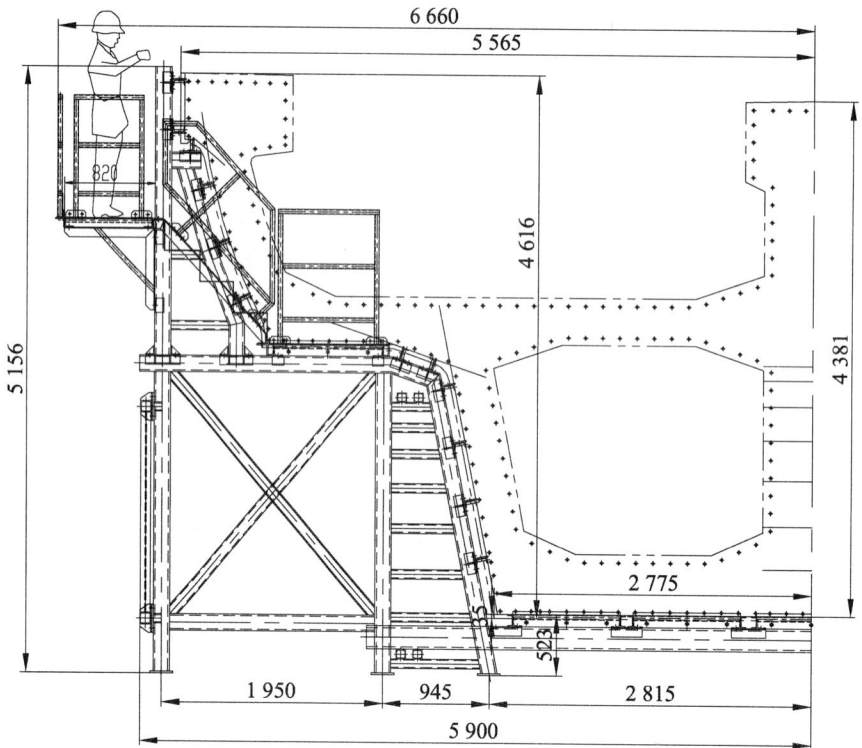

图 6.20 钢筋绑扎台座横断面图(单位:mm)

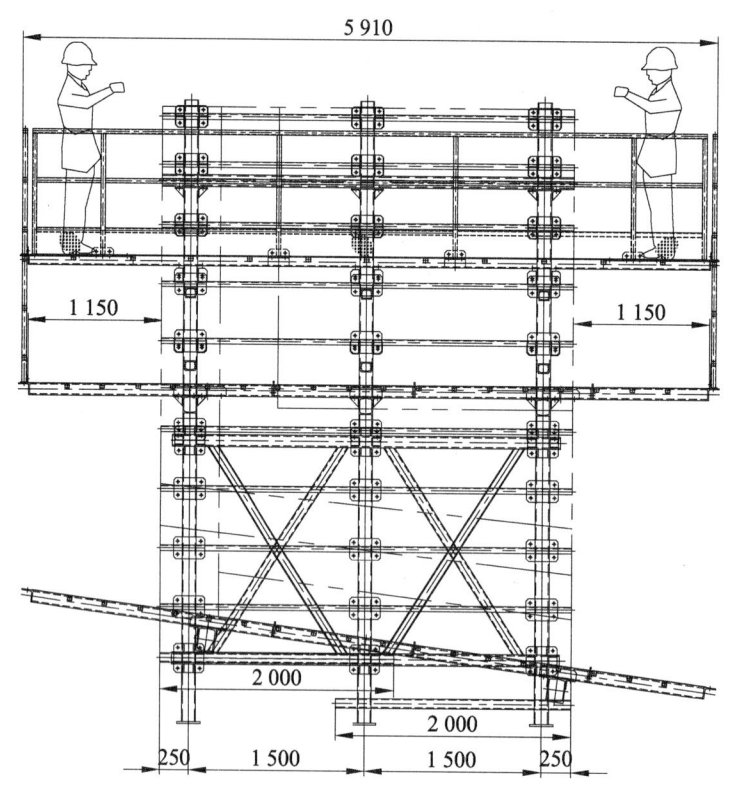

图 6.21 钢筋绑扎台座侧立面图(单位:mm)

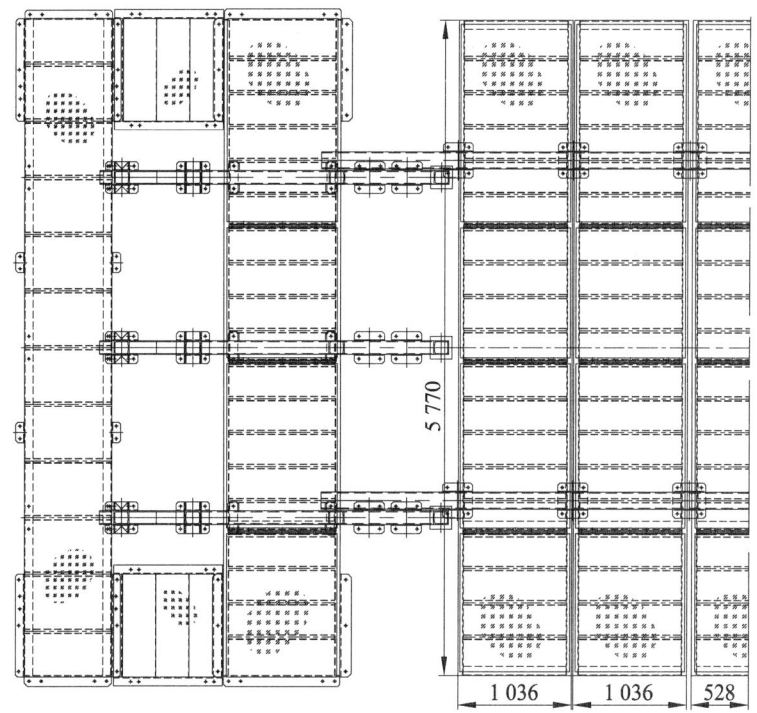

图 6.22 钢筋绑扎台座平面图（单位：mm）

（2）钢筋骨架绑扎时，须对预埋管道及预埋件位置进行放样，以及时调整钢筋位置避免互相冲突。

（3）钢筋在加工区完成除锈、调直、剪切、焊接、弯曲加工后按规格和图纸编号分类存放。梁段钢筋应整体绑扎，先进行底板及腹板的钢筋绑扎，然后进行顶板钢筋的绑扎。U 形梁钢筋绑扎如图 6.23 所示。联系筋应钩住腹板、底板对应位置所有的钢筋，采用梅花形布置，且间距不大于 40 cm。普通钢筋位置与吊孔预埋件冲突时可截断并增设标准弯钩；与预应力钢绞线、预埋件、管道等相抵触时，可适当调整普通钢筋位置，如果钢筋弯钩互相干扰，可施工成 45°或者 135°弯钩。

图 6.23 U 形梁钢筋在台座上绑扎

（4）梁段钢筋保护层最外层保护厚度不得小于 35 mm，钢筋连接采用焊接，且绑扎钢筋的尾端不应伸入保护层。所有梁段预留孔均应增设环状钢筋，施工中为确保顶板、底板、腹板钢筋位置准确，应根据实际情况加强架立钢筋的设置。当采用垫块控制保护层厚度时，垫块应采用与梁体同等寿命的材料，且保证梁体的耐久性。绑扎好的钢筋骨架应有足够的刚度和稳定性，为使钢筋位置在浇注混凝土时不致变动，可增加绑扎结点或加撑筋。已绑好的钢筋上不得践踏或放置重物。成品钢筋笼经检验尺寸及钢筋间距等合格后通过专用扁担梁，由 20 t 龙门吊吊运至模板内部，入模前，在底板钢筋骨架部位应加好垫块以确保钢筋保护层厚度。预制 U 形节段梁钢筋吊装入模如图 6.24、图 6.25 所示。

图 6.24　预制 U 形节段梁钢筋吊装入模

图 6.25　预制 U 形节段梁钢筋入模成型

6.3.3　预埋件施工

节段梁预制过程中涉及的预埋件主要有通风孔、泄水孔、检修人孔、栏杆预埋钢板及锚固钢筋、声屏障预埋件、接触网预埋件、疏散平台预埋件、强弱电滑槽预埋件、强电支架预埋件、承轨台预埋钢筋、挡板预埋钢筋、挡水台预埋钢筋、防雷接地、杂散电流防护措施、中腹板橡胶块、管道支座预埋钢板、吊装孔、预应力波纹管孔道等。

节段梁预制施工过程中绑扎钢筋完毕并预留相关位置,待验收合格后方可进行混凝土浇筑,验收不合格严禁浇筑混凝土。

6.3.4 混凝土施工

混凝土浇筑通过 20 t 龙门提升料斗供料,分层对称灌注,每层层厚不大于 30 cm,采用 B50 振捣棒(振捣范围 250 mm)进行振捣。布料先从两侧腹板对称进行,浇注过程中注意加强倒角、交界面以及钢筋密集部位的振捣;然后将底板尚有空隙的部分补齐并及时抹平;最后浇注顶板混凝土。为达到混凝土外观质量要求,在侧模和底模上浇注过程中应加强振捣,侧模位置加附着式振捣器,以保证出模梁段表面光滑平整。混凝土灌注过程中,应避免振捣器碰撞预应力波纹管和预埋件等,应检查模板、管道、锚垫板和支座预埋件,保证管道位置准确。混凝土浇注到设计标高后必须及时进行收浆抹面。初凝前进行二次收浆并做压光处理。

1. 底板浇筑

底板浇筑时以插入式振捣器振捣为主。在底板与腹板交接处的钢筋密集区,在底板两端各加装 2 台附着式振捣器辅助振捣。

底板浇筑时采取中央往两侧浇注。浇注腹板时,适当降低混凝土坍落度 1~2 cm,但应保证设计要求的混凝土坍落度,以防止混凝土向底板上翻。

2. 腹板浇筑

腹板采用两边对称下料。振捣以插入式振捣器振捣为主,在腹板底部可借助附着式振动器辅助振捣。对于有底板锚固块的梁段,需特别注意底板锚固块内混凝土的振捣,确保该位置混凝土密实。节段梁在边腹板位置处设置附着式振捣器,距离底板 60 cm、160 cm 以及翼缘板中间位置处设置三排,距离梁端 50 cm,单排设置三个,单个节段梁设置 18 个附着式振捣器,具体布置位置如图 6.26 所示。

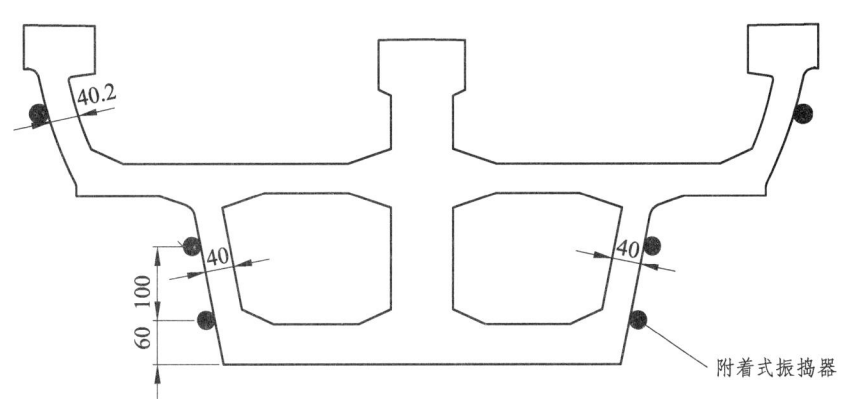

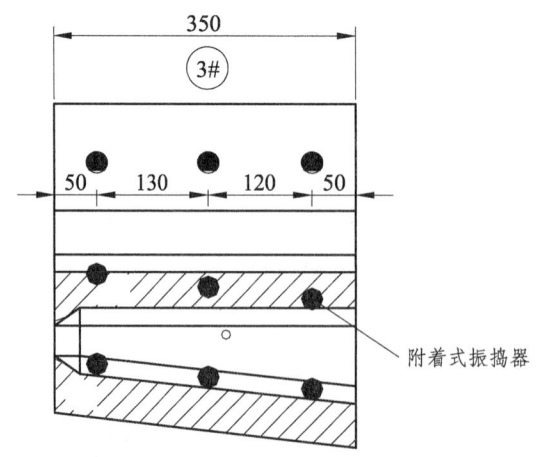

图 6.26 节段梁附着式振捣器布置（cm）

3. 顶板浇筑

顶板混凝土由中间向两侧连续浇筑，采用插入式振捣器振捣。

混凝土浇筑时两侧均匀布料，严格控制分层厚度在 30 cm 以内，振捣时严格按"快插慢拔"的技术要领操作，并注意观察混凝土表面气泡排出情况，掌握好振捣时间，确保混凝土密实。

在混凝土浇筑过程中，严禁振捣棒直接碰撞波纹管、预埋管、预埋件，防止预留预埋管件变位。同时注意布料时严格控制下料速度，防止混凝土对预留预埋管件造成过大的冲击。

4. 特殊季节或气候条件下施工

雨季施工时主要是加强原材料含水量监测，根据实测含水量调整材料用量。注意收听天气预报，尽量避免在大雨天气条件下浇筑混凝土。

根据大型机械设备使用安全规定，当遇大风情况时起重机械停止作业。

5. 预应力管道保护措施

预应力波纹管在安装过程及安装完成后，在其附近进行焊接作业时应用石棉板隔离，以保护波纹管不被烧坏；在混凝土浇筑前，振捣人员应预先熟悉波纹管和钢筋骨架的情况，选择合适振捣器，严禁振捣棒触碰波纹管。

6.3.5 混凝土养护

混凝土施工完毕后进行覆盖土工布养生，养护时间不少于 14 天，按照相关专业标准的规定和施工技术的要求及时采取有效的养护措施，并应符合下列规定：

（1）混凝土养护期间，混凝土内部最高温度不宜超过 60 ℃，按照设计要求混凝土内部温度与表面温度之差、表面温度与环境温度之差控制在 20 ℃ 以下，养护用水温度与混凝土表面温度之差不得大于 15 ℃。

（2）当环境温度低于 5 ℃ 时禁止洒水。冬季施工浇筑混凝土时要采取保温养护措施。

养护方法要适应施工季节的变化，按如下方法进行：一般情况下采用洒水养护，使混凝土表面的潮湿状态保持在14天以上。混凝土浇注完毕终凝后开始洒水养护，在箱梁顶板及底板上覆盖土工布，并使土工布保持潮湿，模板未拆除前向模板表面洒水降温。箱梁梁段吊入修整区后，如果养护时间还不足14天，则需要对其继续洒水养护。

6.3.6 节段梁模板拆除

梁体混凝土经养护达到其设计要求后，开始拆除模板。模板拆除顺序为：内模拆除→外侧模拆除→匹配梁段移开→新浇梁段移到匹配梁位置。

利用内模系统的液压设备收缩内模，用卷扬机牵引内模台车将内模系统移出。松开侧模顶口及底口的对拉螺杆以及侧模与预制台座间的精轧螺纹锚固钢筋，调节侧模桁架支撑上的螺旋调节装置使侧模同时产生水平和竖向位移将侧模与混凝土分离。

松开匹配段底模与新浇段底模之间的螺栓，利用底模系统上的液压千斤顶将匹配段支撑住，再松开底模上的 4 根顶伸螺杆使其悬空，匹配梁的重量由千斤顶承受，然后利用卷扬机牵引将匹配梁段与新浇梁段的分离。

将匹配梁段吊开后，再将底模台车移至新浇梁段下，按移出匹配梁同样的方式将新浇梁段移到匹配梁位置作为下一梁段预制的匹配梁。

模板组件（可拆卸部分）拆除后，须立即将其清理干净并涂刷液压油，然后吊运至模板堆场内分类整齐堆放，减小模板堆放期间的变形。

6.3.7 已成梁段工程

1. 已成梁段出模

混凝土养生完毕强度达到设计要求的强度后，拆除模板间的连接，然后脱开外模外侧撑脚丝杠使外模张开下落到滑道之上。模板拆除顺序为端模—内模—侧模。并对已成梁段进行质量检查，检查的主要内容如下：

（1）预应力孔道位置及畅通情况，锚垫板型号及表面水泥浆清理情况。
（2）预埋件规格、型号、位置及表面清理、防腐处理情况。
（3）梁段混凝土缺陷修复情况。
（4）匹配面隔离剂及杂物清理情况。
（5）箱室内垃圾、箱梁外表面污染清理情况。

2. 已成梁段转运

当匹配梁段完成匹配任务后，即可转运至存梁区先进行整修。匹配梁段转运时，先利用布置在底模上的千斤顶将其与新浇梁段分离，再利用运行小车通过牵引系统将其牵引至合适的位置，利用 260 t 轮胎式提梁机起吊吊运至存梁区修整，如图 6.27 所示。

图 6.27 预制 U 形节段梁移梁

3. 已成梁段存放

存梁区，节段梁在底板下坡度通过放置硬木垫梁进行调节。梁段吊运应切实保证码放的稳妥可靠。已成梁段在存梁区由人工在梁段显眼位置标明墩号、块件编号、拼装方向以及生产日期。梁段转运起吊采用专用吊具，各梁段的吊点位置严格按设计的要求布置。预制 U 形节段梁存放如图 6.28 所示。

图 6.28 预制 U 形节段梁存梁

6.3.8 预制线型控制

U 形梁梁段预制线型控制主要集中体现在 U 形梁模板精度控制和匹配梁段定位两个环节上。

1. 模板精度控制

（1）固定端模。

模板精度控制主要体现在对固定端模的精度控制上。

固定端模模面须保持竖向垂直并与预制单元中线成 90°，端模上缘须保持水平。端模标高应以靠近腹板处的两测量控制点进行检查。水平误差和与中线的垂直度误差必须控制在 2 mm 之内。

固定端模上总共设 4 个控制点：2 个轴线控制点、2 个水平标高兼平面位置控制点。2 个轴线控制点位于固定端模板的顶面和内腔底面正中，通过仪器观察两点是否与基线重合以及两点到基点的水平距离是否相等，可以控制固定端模竖向垂直度并使其中线居中，通过对对称设置在腹板位置处的两个水平标高点兼平面位置控制点到基点的距离以及相对标高的测量，可控制固定端模整个模面与待浇梁段的中轴线垂直并使其顶面水平，如图 6.29 所示。

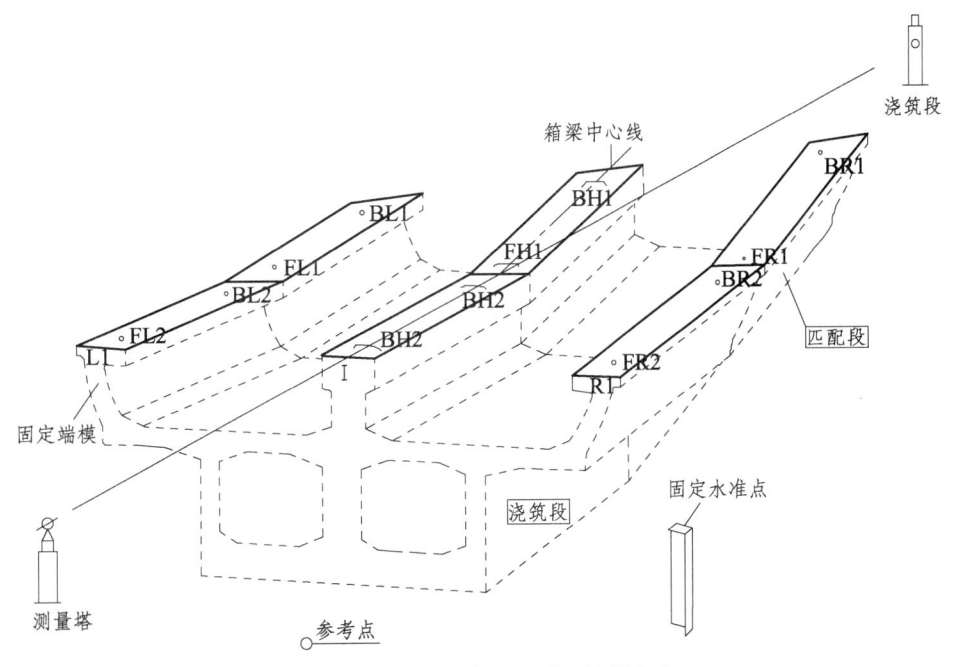

图 6.29　预制 U 形节段梁测量控制点布置

每次梁段浇筑完成后，在下一梁段浇筑前，均需对固定端模精度进行校核。一般情况下，固定端模是不需移动的，但如果过程中经过测量发现固定端模出现达不到精度要求时，则必须调校合格后方能进行下一道工序施工。

（2）底模：对于等高箱梁，底模须水平安置并与固定端模下缘良好闭合。底模中线必须在水平及竖向与固定端模模面成 90°。

（3）外侧模：要检查外侧模和固定端模闭合是否良好。

2. 匹配梁段定位

匹配梁段的定位主要通过 6 个控制测点来实现的。其沿梁段中心线的两个测点用来控制平面位置，而沿腹板设置的四个测点用以控制标高。所有的控制预埋件都在匹配梁段作为浇筑梁段时且混凝土凝结前安放在梁段顶板上。它们由镀锌十字头螺栓和 U 形圆钢组成。这些预埋件必须设置在所规定的位置。

（1）匹配梁段初步定位。

匹配梁段的初步定位主要是通过卷扬机和底模台车来完成的。定位时，启动卷扬机，通过设置于地牛上的导向滑车和设置于底模台座端面上的动滑车牵引底模台车做纵向较长距离的移动,使梁段行至待处的大致位置。此时梁段的平面位置主要是通过钢卷尺丈量匹配梁匹配端至固定端模的距离来实现的。

(2)匹配梁段精确定位。匹配梁段的精确定位主要是通过测量仪器观察梁段顶面上的6个控制点,并通过底模台车上的8个油压千斤顶进行调整来实现的。8个油压千斤顶主要是精确调整梁段标高和轴线偏角。整个调整过程由专人统一指挥,每一步调整操作均要求缓慢、细致。

在梁段精确定位后,测量员对梁段的控制点进行两组独立的测量,并取平均值。测量数据按专业软件中的表格填写,测量数据经监理工程师检查复核后,将测量数据的平均值输入到专业软件程序中,电脑自动算出匹配梁段(新浇梁段)的位置。

计算新浇梁段作为匹配梁段时的位置,需测量(新浇梁段混凝土凝固后移动前测量)的数据包括:

① 固定端模和U形圆钢之间的X方向距离。
② 固定端模和镀锌十字头螺栓之间的X方向距离。
③ 端模中线和预制单元中线之间的Y方向距离(须保持0)。
④ 端模中线和U形圆钢之间的Y方向距离。
⑤ 端模中线和镀锌十字头螺栓之间的Y方向距离。
⑥ 测量控制点标高。
⑦ 测量镀锌十字头螺栓标高。
⑧ 新浇梁段左右边长度。

在这些数据输入程序后,程序自动对梁段所达到的精度进行验证判断,如能达到要求,程序则显示通过,对超出精度要求的,程序则要求重新调整定位,对符合精度要求,但偏差值较大的,程序则会以红色数字警示,以使在下个梁段时进行更正调整。

6.4 预制U形节段梁悬拼施工工艺

6.4.1 预制悬拼梁0#块施工支架设计

(37.5+60+37.5)m 预制悬拼连续梁 0#块设计长度为 12.4 m,梁体设计体积为 196.58 m³,梁段质量为 511.1 t。为保证 0#节段混凝土的整体性和良好的外观质量,采用在承台上搭设少支点支架体系,利用支架一次浇筑成型的方法施工。少支点支架体系:自下往上依次为钢管混凝土柱、槽钢、工字钢、钢排架、木模的组合。具体支架设计如图 6.30 ~ 图 6.33 所示。

6.4.2 预制悬拼梁0#块支架搭设流程

预制悬拼梁 0#块支架搭设流程如图 6.34 所示。

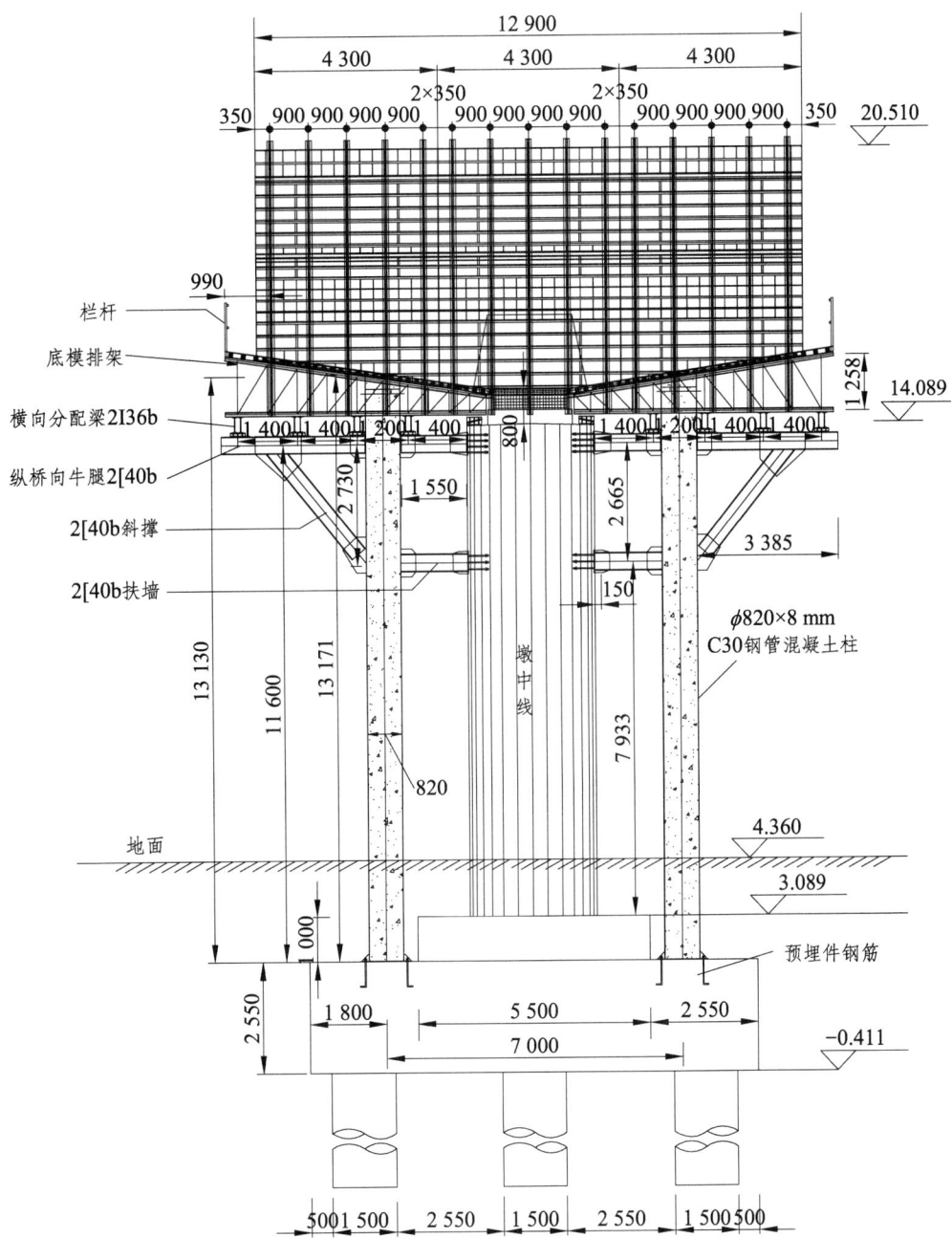

图 6.30 预制悬拼梁 0# 块少支点支架纵断面图（单位：mm）

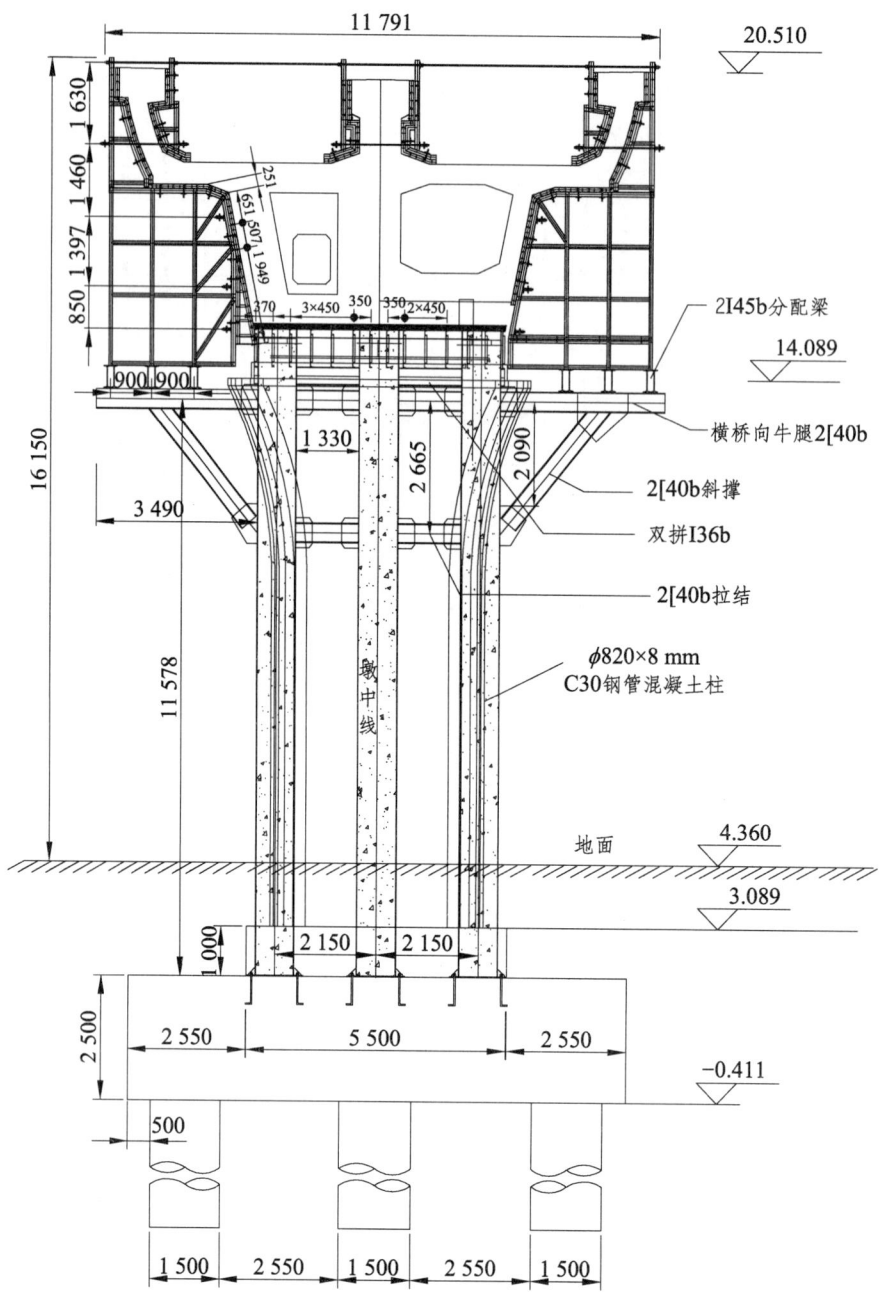

图 6.31 预制悬拼梁 0#块少支点支架横断面图（单位：mm）

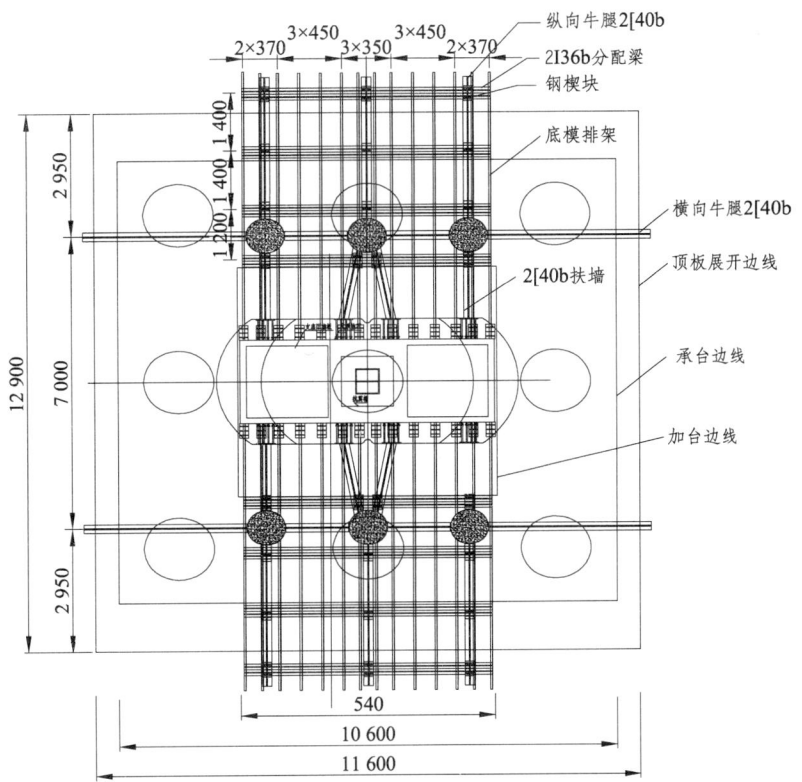

图 6.32 预制悬拼梁 0#底板支架展开图（单位：mm）

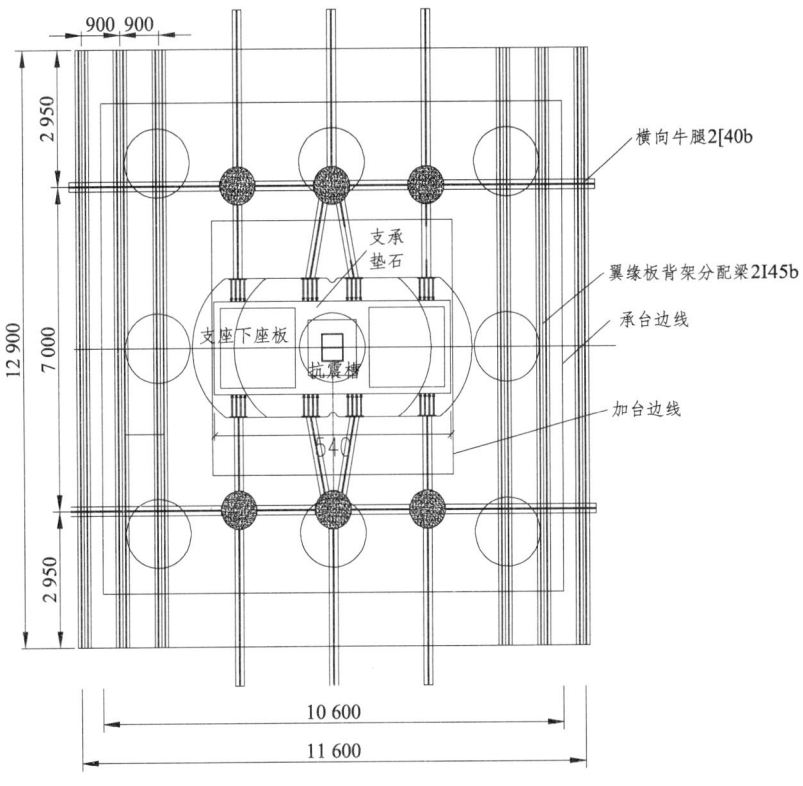

图 6.33 预制悬拼梁 0#块顶板支架展开图（单位：mm）

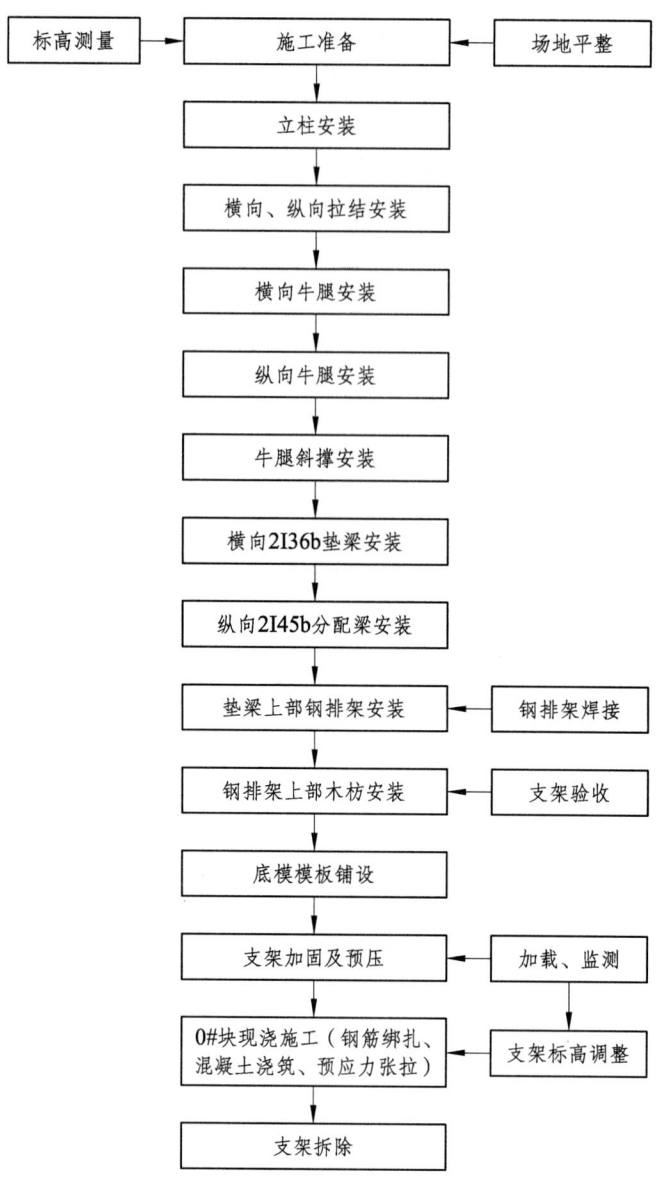

图 6.34 预制悬拼梁 0#块支架搭设流程

6.4.3 预制悬拼梁 0#块支架体系施工

1. 钢管柱施工

墩身大小里程侧各安装 3 个 ϕ820 mm×8 mm 钢管柱，共计 6 个钢管柱，均位于承台之上，钢管柱横桥向间距为 2.15 m，纵桥向间距为 7 m。根据设计要求灌注 C30 混凝土，钢管混凝土柱均延伸至箱梁底部，钢管柱顶部设置 16 mm 厚钢板与箱梁底模平齐，(37.5+60+37.5) m 连续梁钢管柱高度为 13.171 m。

钢管混凝土柱底端与 1 200 mm×1 200 mm×16 mm 钢板焊接，钢管柱与钢板增加 4 块

16 mm 厚加劲板相连。钢板与承台通过预留锚固钢筋相连，单块钢板设置 4 根 $\phi 25$ mm 的钢筋，预埋钢筋长度为 70 cm，其中埋深 50 cm，弯钩长度 10 cm，外露 10 cm，单个钢板预留 4 个螺栓孔，螺栓孔距板中心间距为 53 cm，上部拧 2 个螺帽或套筒紧固。具体相关大样图如图 6.35～图 6.38 所示。

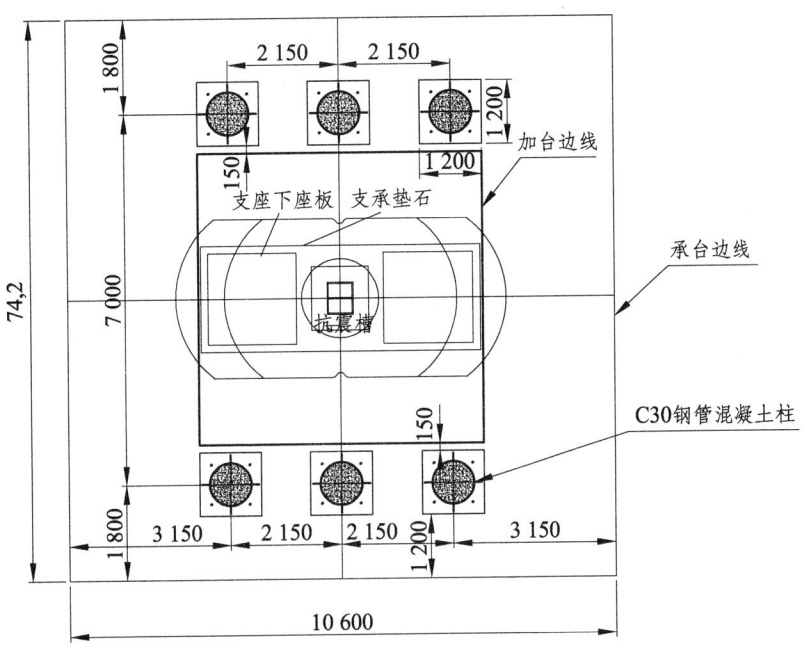

图 6.35 钢管混凝土柱平面图（单位：mm）

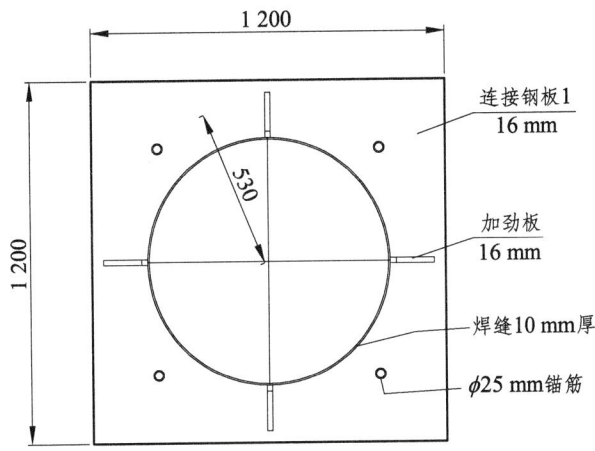

图 6.36 柱底连接平面图（单位：mm）

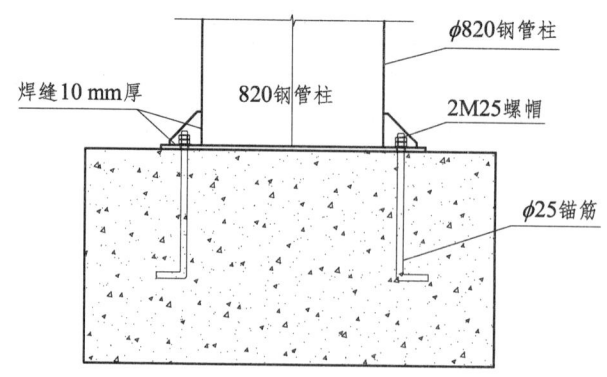

图 6.37 钢管柱底连接断面图(单位:mm)

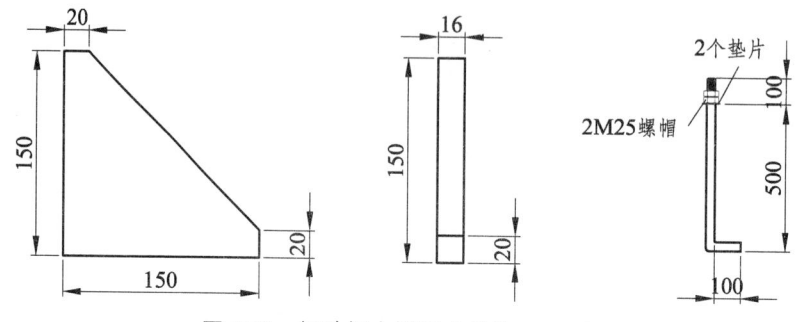

图 6.38 加劲板大样图(单位:mm)

若钢管柱长度不够时需接长处理,接长处理方式如下:

(1)钢管柱上下接长时采用 1 200 mm×1 200 mm×16 mm 厚钢板进行连接,连接时均采用焊接,将钢管柱满焊一圈,焊缝高度 10 mm;钢板与钢管柱焊接后上下分别加焊 4 块 16 mm 厚加劲板,加劲板与钢管柱焊缝高度 10 mm。具体连接方式如图 6.39、图 6.40 所示。

(2)钢管柱上下接长时采用 4 块 450 mm×150 mm×16 mm 厚连接板进行连接,上下钢管柱连接时先满焊一圈,焊缝高度 10 mm,上下钢管柱焊接完毕后焊接 4 块连接板,连接板与钢管柱之间均满焊,焊缝高度 10 mm。具体连接方式如图 6.41~图 6.43 所示。

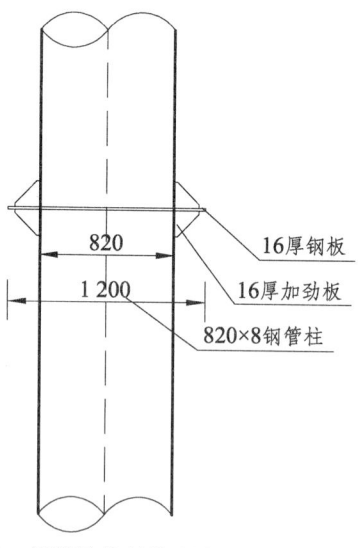

图 6.39 钢管柱接长处理立面图(单位:mm)

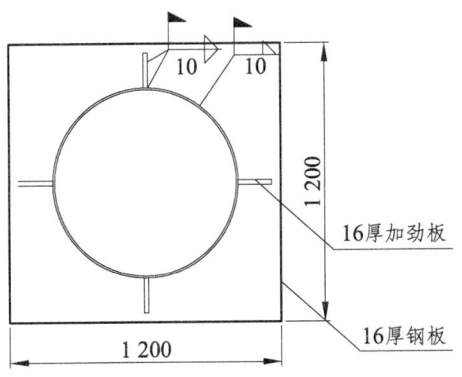

图 6.40 钢管连接平面图（单位：mm）

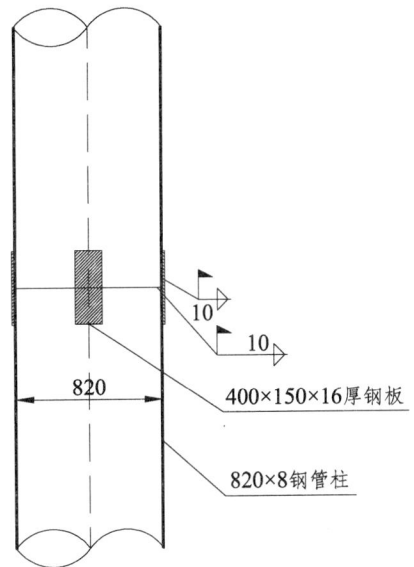

图 6.41 钢管柱连接立面图（单位：mm）

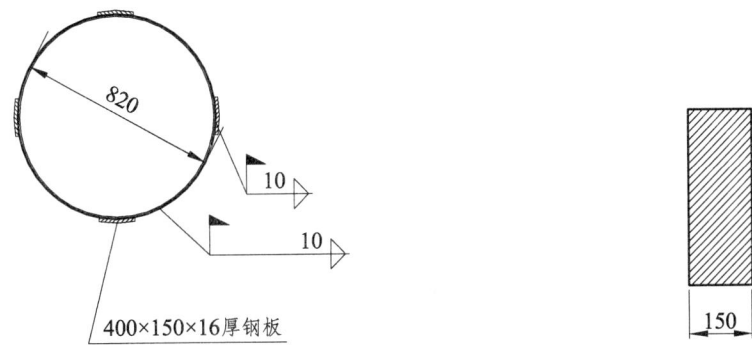

图 6.42 钢管柱连接平面图（单位：mm）　　图 6.43 连接板大样图（单位：mm）

为方便施工完毕后拆卸钢管柱，在钢管混凝土柱顶端（斜边较低段）以下 30 cm 设置楔形段，楔形段与钢管柱通过 1 020 mm×1 020 mm×20 mm 厚钢板相连，中间加 4 块 16 mm 厚钢板加劲，上下钢管柱之间通过 20 mm 厚钢板填充，具体楔形段布置、加劲板及内部钢板填充距离大样图如图 6.44～图 6.46 所示。

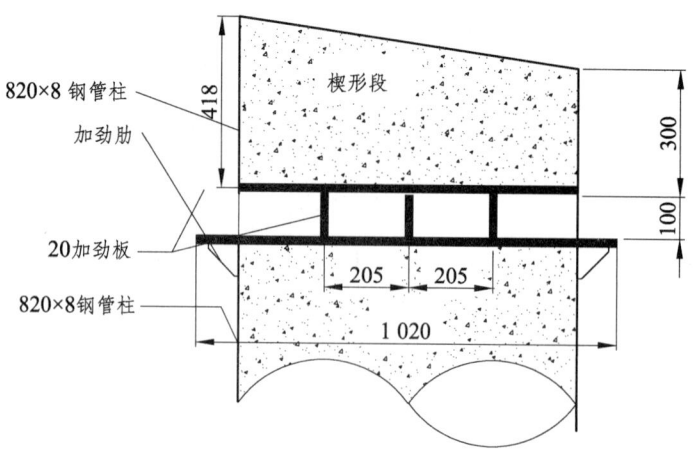

图 6.44 楔形块与钢管柱连接立面图（单位：mm）

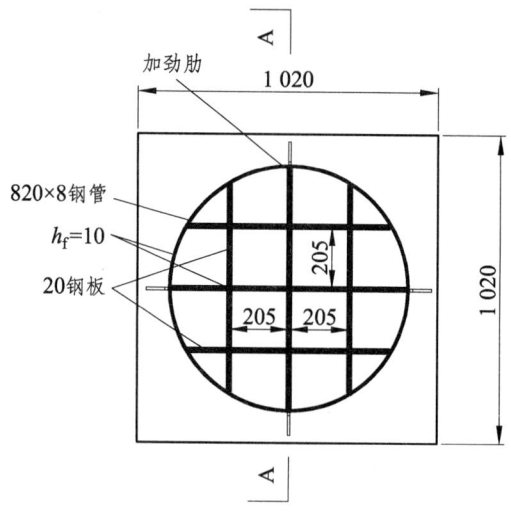

图 6.45 楔形段与钢管柱连接平面图（单位：mm）

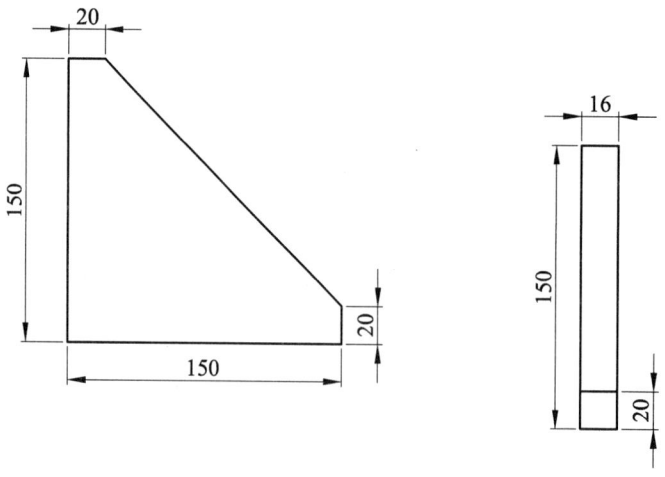

图 6.46 楔形段加劲肋大样图（单位：mm）

2. 牛腿及斜撑施工

距离钢管混凝土柱底 11.60 m 位置处设置 2I40b 纵向牛腿，纵向牛腿长度为 3.37 m，钢管柱与牛腿通过 16 mm 厚连接板 8 焊接连接，焊缝厚度为 10 mm，焊缝 2-1 长度 500 mm，焊缝 2-2 长度 300 mm+300 mm+400 mm=1 000 mm，双侧焊。纵向牛腿下部 2.665 m 处设置 2I40b 斜撑，斜撑长度为 2.87 m，斜撑与钢管柱通过 16 mm 厚连接板 3 相连，钢板与槽钢之间满焊，焊缝厚度为 10 mm。焊缝 4-2 长度为 800 mm，双侧焊；焊缝 4-1 长度为 320 mm+320 mm+400 mm=1 040 mm，双侧焊。钢管柱与连接板相连处设置加劲角钢，增加强度。斜撑与纵向牛腿之间通过连接板 2 相连，连接板 2 距离外侧 1.35 m，焊缝 3-1 长度为 300 mm+400 mm+664 mm=1 364 mm，所有焊缝高度均为 10 mm，双侧焊。具体纵向牛腿及斜撑与钢管柱连接如图 6.47～图 6.49 所示。

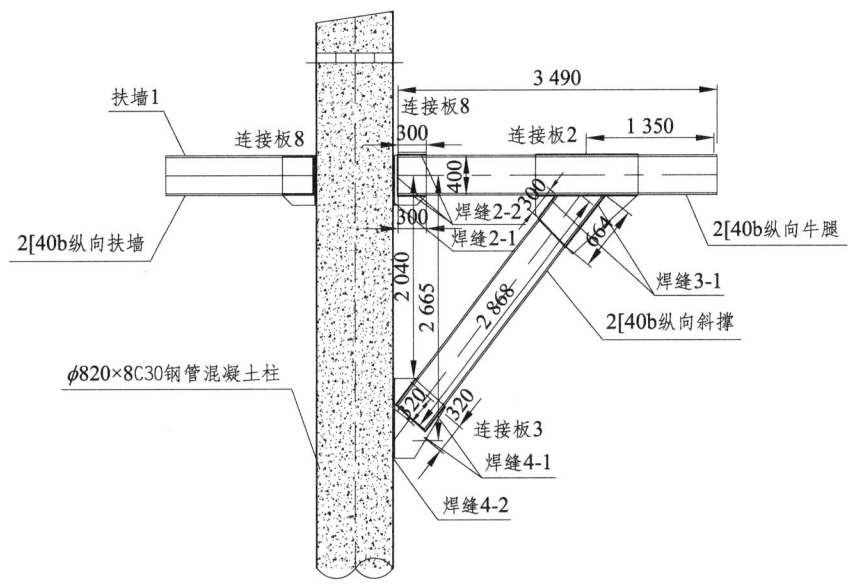

图 6.47 纵向牛腿及斜撑立面图（单位：mm）

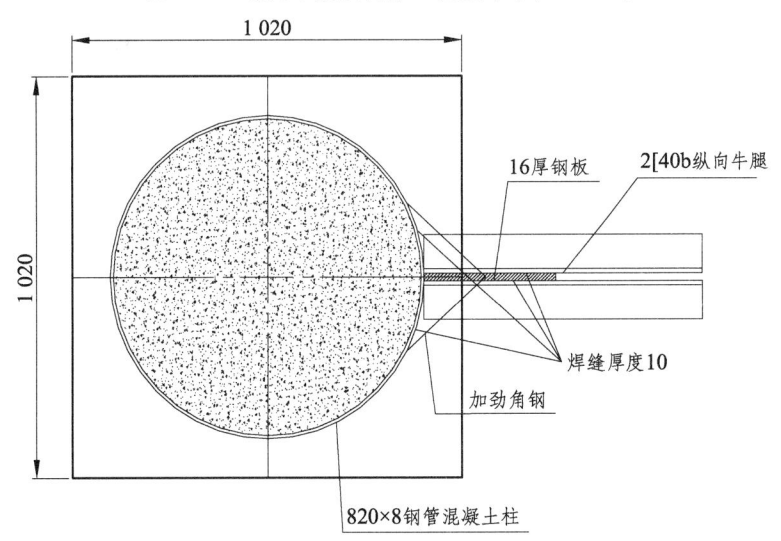

图 6.48 纵向牛腿与钢管混凝土柱连接平面图（单位：mm）

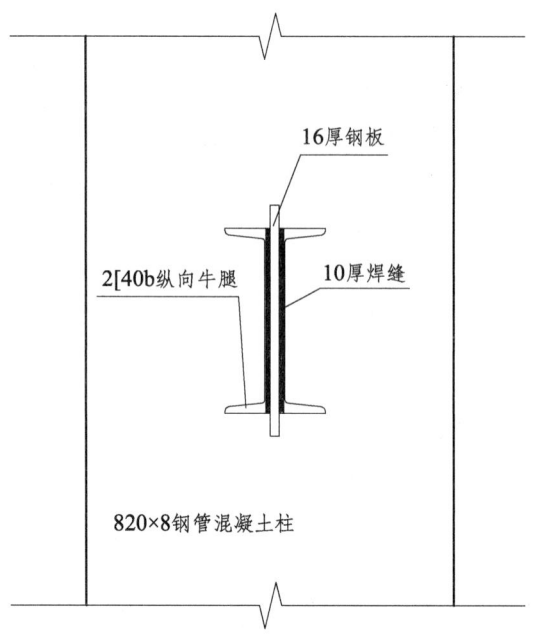

图 6.49 纵向牛腿与钢管混凝土柱连接立面图（单位：mm）

槽钢与钢管柱之间连接板、加劲角钢均采用 16 mm 厚钢板，具体大样如图 6.50 所示。

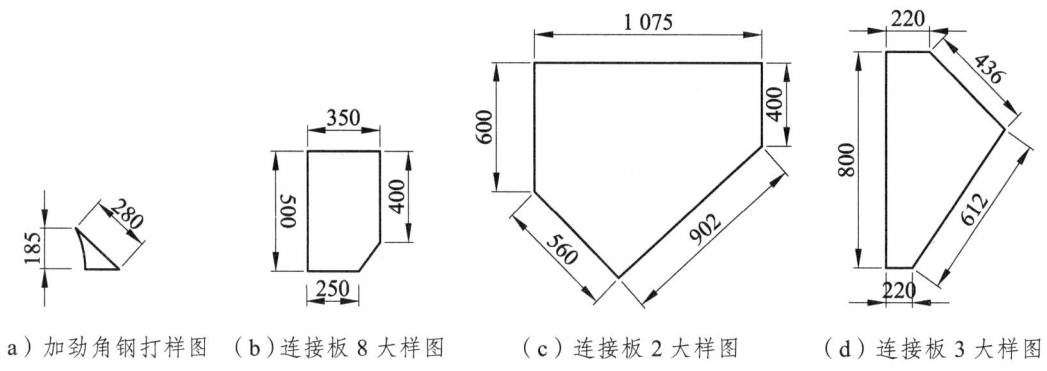

（a）加劲角钢打样图　（b）连接板 8 大样图　（c）连接板 2 大样图　（d）连接板 3 大样图

图 6.50 连接板及加劲角钢大样图（单位：mm）

距离钢管混凝土柱底 11.58 m 位置处设置 2I40b 横向牛腿，横向牛腿长度为 3.49 m，钢管柱与牛腿通过 16 mm 厚连接板 4 焊接连接，焊缝厚度为 10 mm，长度 600 mm，满焊。纵向牛腿下部 2.665 m 处设置 2I40b 斜撑，斜撑长度为 2.95 m，斜撑与钢管柱通过 16 mm 厚连接板 3 相连，钢板与槽钢之间满焊，焊缝厚度均为 10 mm，焊缝 6-6 长度为 800 mm，双侧焊；焊缝 6-7 长度为 300 mm+300 mm+400 mm=1 000 mm，双侧焊。斜撑与横向牛腿之间通过连接板 2 相连，连接板距离横向牛腿外侧 1.32 m，焊缝 6-5 长度为 272 mm+400 mm+642 mm=1 314 mm，焊缝高度 10 mm，双侧满焊。钢管柱与连接板相连处设置加劲角钢，增加强度。具体纵向牛腿及斜撑与钢管柱连接如图 6.51～图 6.53 所示。

槽钢与钢管柱之间连接板、加劲角钢均采用 20 mm 厚钢板，加劲角钢及连接板 3 与纵向牛腿处相同，其他连接板具体大样如图 6.54 所示。

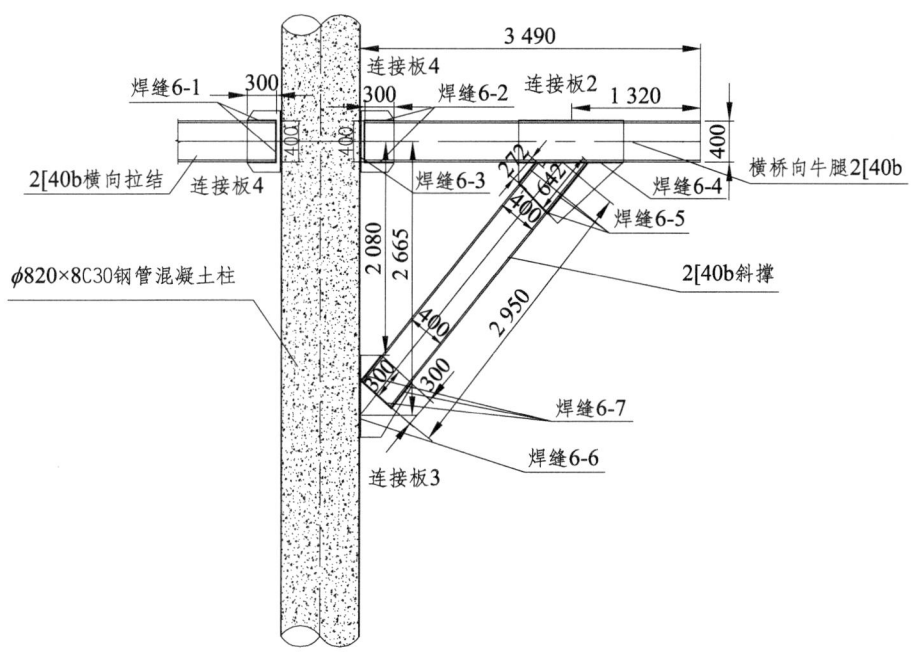

图 6.51 横向牛腿与斜撑立面图（单位：mm）

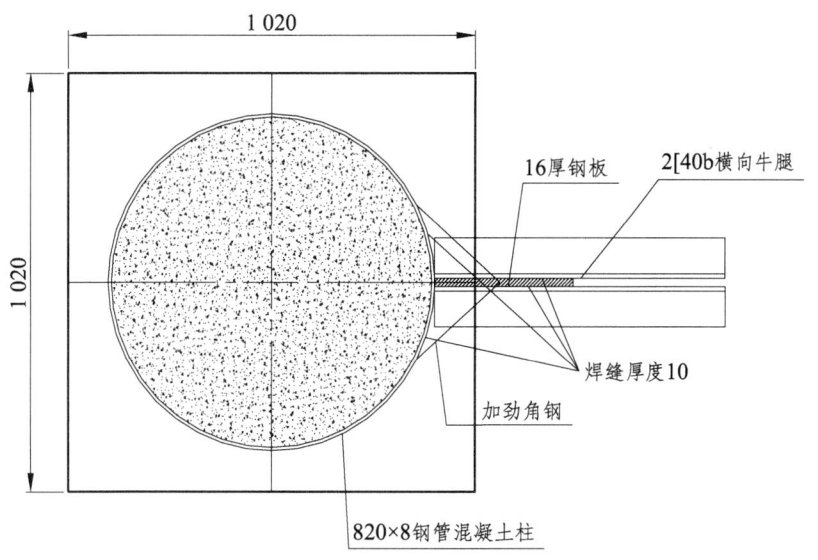

图 6.52 横向牛腿与钢管柱连接平面图（单位：mm）

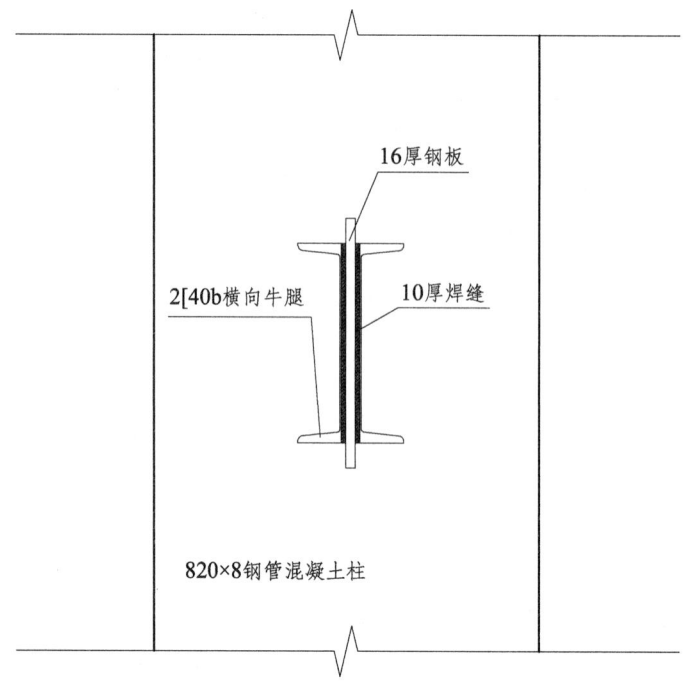

图 6.53 横向牛腿与钢管柱连接正立面图（单位：mm）

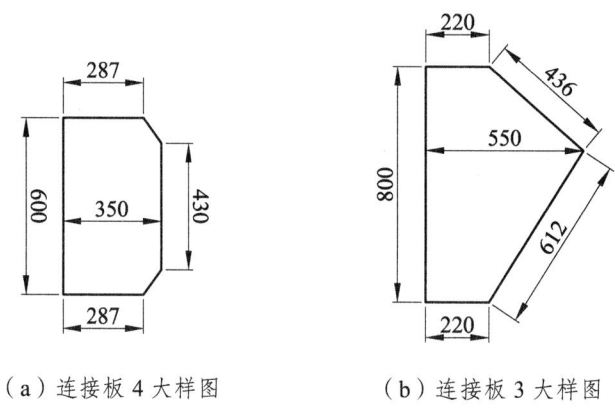

（a）连接板 4 大样图　　（b）连接板 3 大样图

图 6.54 连接板大样图（单位：mm）

横桥向 2I40b 牛腿上部与 I45b 纵向分配梁连接，二者通过 16 mm 厚限位板相连，焊缝控制 8 mm 厚，具体连接布置如图 6.55、图 6.56 所示。

3. 扶墙及拉结施工

与纵向牛腿相同位置处设置第一道纵向扶墙，墩顶第一道扶墙下部 2.665 m 位置处设置第二道扶墙，扶墙均采用 2I40b，其中外侧 4 根钢管混凝土柱扶墙垂直于墩柱，长度为 1.59 m。中间两根钢管混凝土柱扶墙为避开滴水槽位于滴水槽中线外侧 0.5 m 设置，单根长度为 1.667 m。具体平面位置如图 6.57、图 6.58 所示。

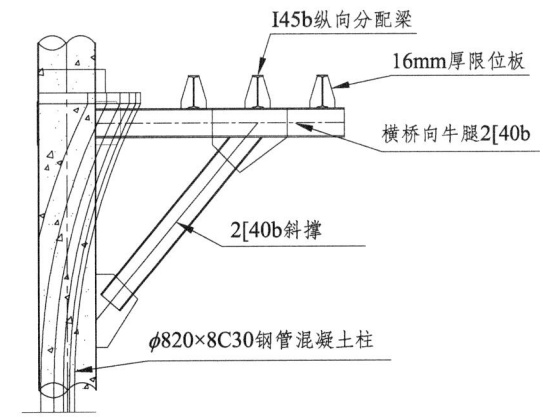

图 6.55 纵向分配梁与横向牛腿连接立面图

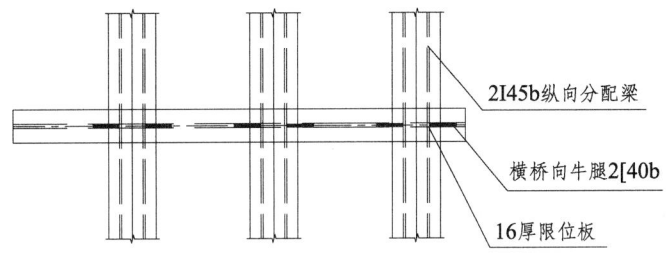

图 6.56 纵向分配梁与横向牛腿连接平面图

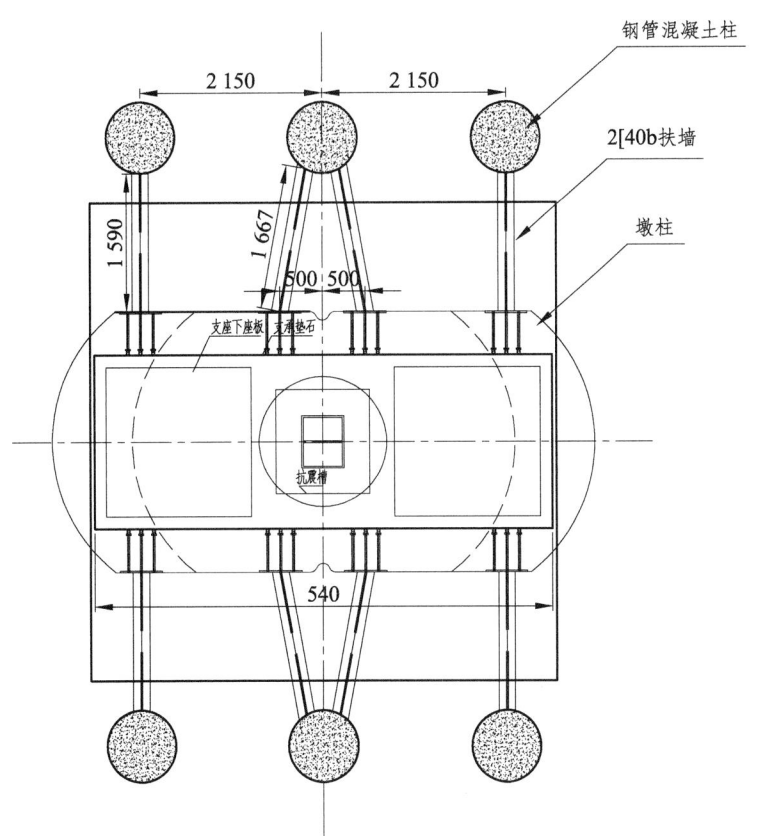

图 6.57 扶墙平面布置图（单位：mm）

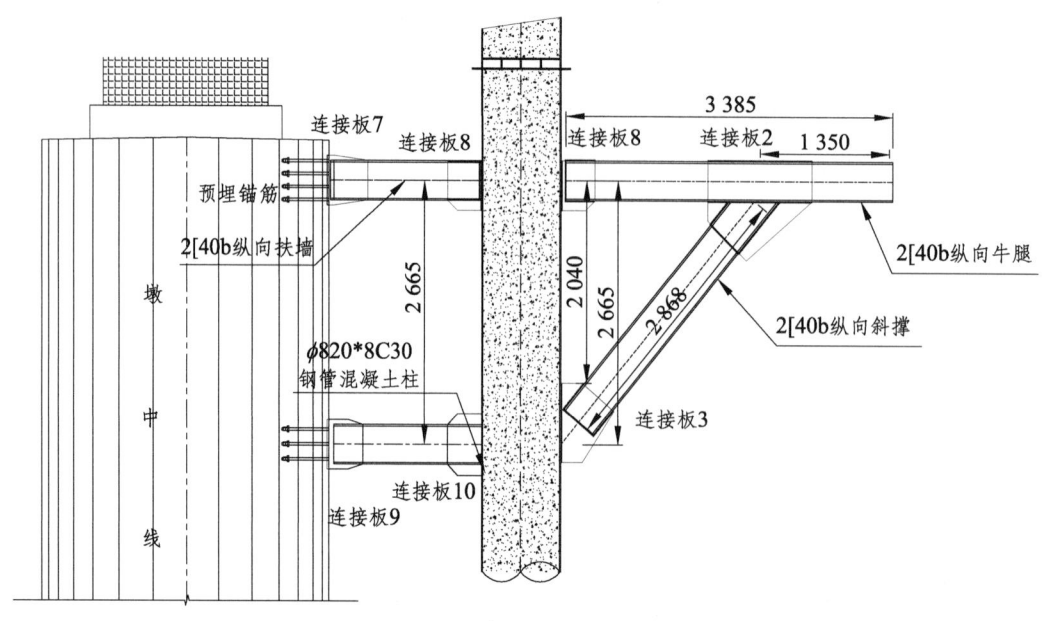

图 6.58 扶墙立面图（单位：mm）

扶墙与钢管柱、扶墙与墩身预埋钢板相连均采用焊接，焊缝厚度为 10 mm，满焊。各连接件及加劲角钢均采用 16 mm 厚的钢板，具体各连接板的尺寸如图 6.59 所示。

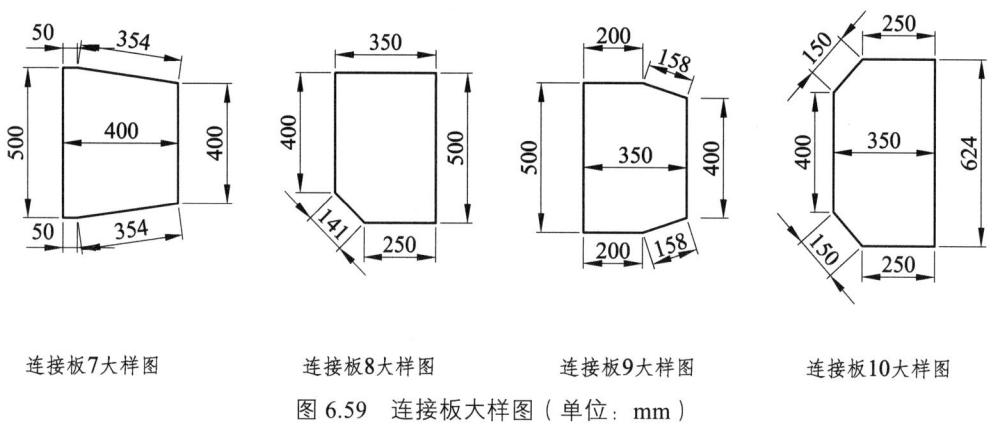

连接板7大样图　　　连接板8大样图　　　连接板9大样图　　　连接板10大样图

图 6.59 连接板大样图（单位：mm）

扶墙在墩柱施工过程中需预埋锚固钢筋及钢板，其中墩顶第一道扶墙需预埋 16 根 ⌀25 mm HRB400 钢筋，预埋钢板尺寸为 400 mm×500 mm×20 mm。锚固钢板尺寸为第二道扶墙需预埋 6 根 ⌀25 mmHRB400 钢筋，预埋钢板尺寸为 500 mm×400 mm×20 mm，锚固钢筋长度均为 0.5 m。预埋锚筋端部均设置 2 个 M25 螺帽或设置弯钩，预埋钢筋与钢板连接采用穿孔塞焊，具体扶墙及预留钢板、钢筋尺寸如图 6.60 ~ 图 6.66 所示。

横桥向 3 根钢管柱之间通过 2I40b 进行拉结，第一道拉结设置在横桥向牛腿位置处，长度为 1.33 m。第二道拉结设置在第一道拉结下部 2.665 m，长度同样为 1.33 m。钢管混凝土柱与 2I40b 拉结通过连接板 4 相连，连接板尺寸同上。连接板与槽钢之间连接、连接板与钢管混凝土柱之间连接均采用焊接，焊缝厚度均为 10 mm。具体连接方式及各部分大样图如图 6.67 ~ 图 6.69 所示。

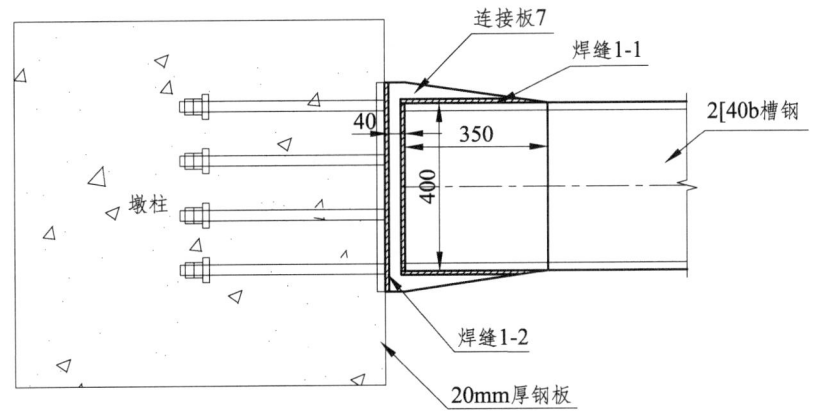

图 6.60　墩顶第一道扶墙预埋钢筋及钢板立面图（单位：mm）

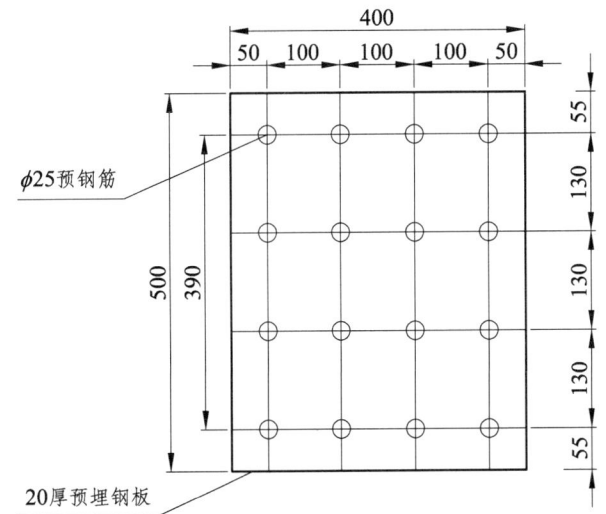

图 6.61　墩顶第一道扶墙预埋钢筋及钢板平面图（单位：mm）

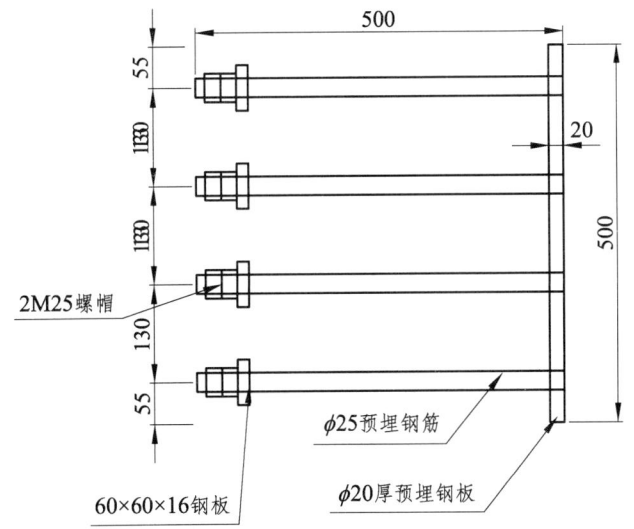

图 6.62　墩顶第一道扶墙与预埋钢板相连立面图（单位：mm）

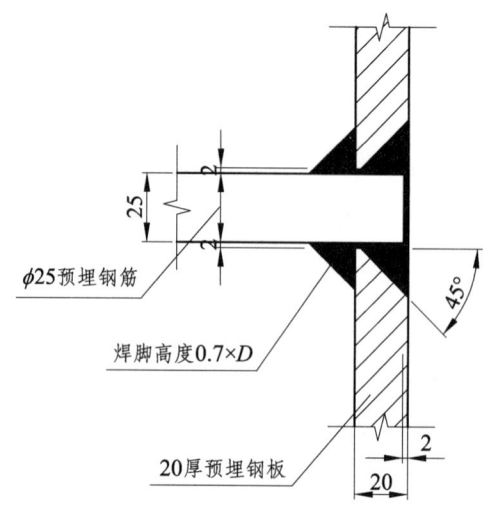

图 6.63 穿孔塞焊大样图（单位：mm）

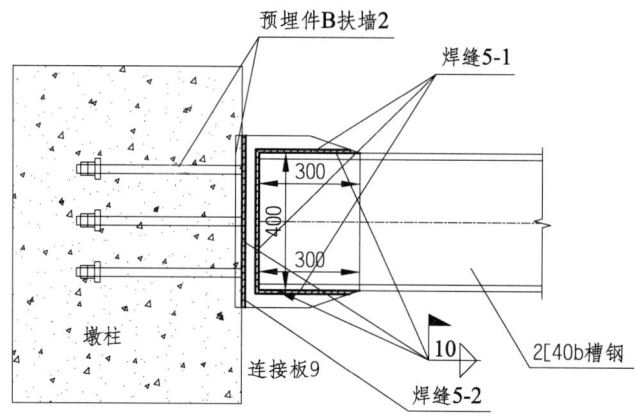

图 6.64 墩身第二道扶墙侧立面图（单位：mm）

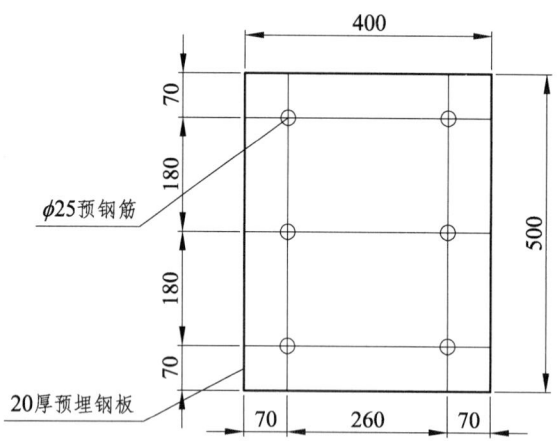

图 6.65 墩身第二道扶墙预埋锚筋平面图（单位：mm）

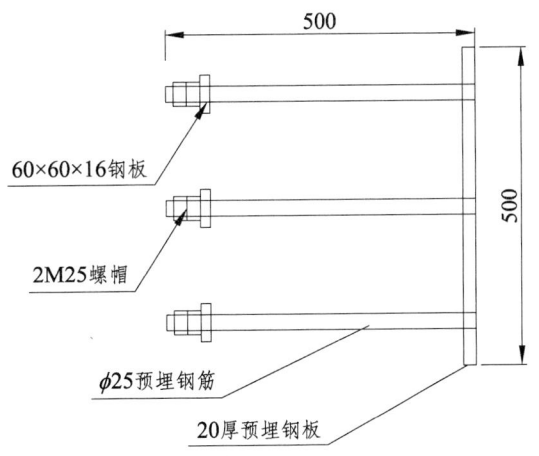

图 6.66 墩身第二道扶墙预埋锚筋立面图（单位：mm）

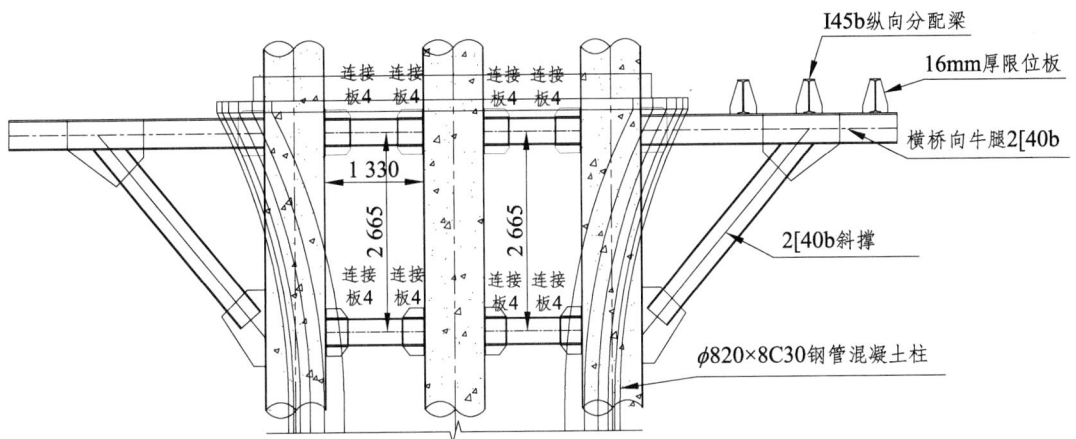

图 6.67 横桥向钢管混凝土柱拉结立面图（单位：mm）

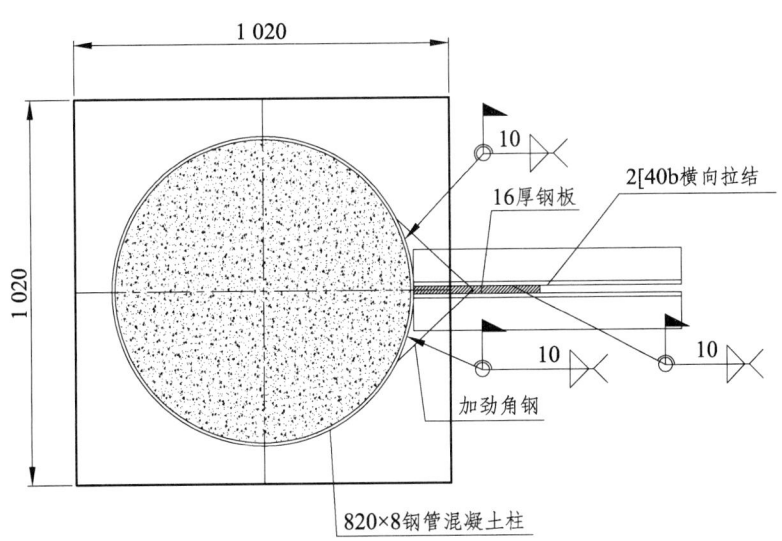

图 6.68 横桥向钢管混凝土柱拉结平面图（单位：mm）

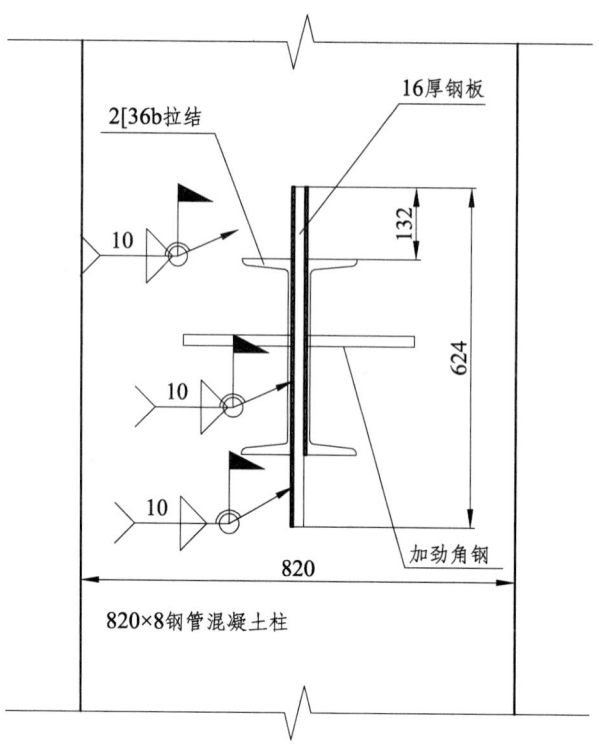

图 6.69 横桥向钢管混凝土柱拉结正立面图（单位：mm）

4. 横向 2I36b 分配梁施工

纵向 2I40b 牛腿上部为 2I36b 工字钢，2I36b 工字钢间距分别为 1.4 m、1.4 m、1.2 m，单根长度为 5.3 m，单侧共设置 4 道横向分配梁。具体 2I36b 工字钢分配梁布置如图 6.70、图 6.71 所示。

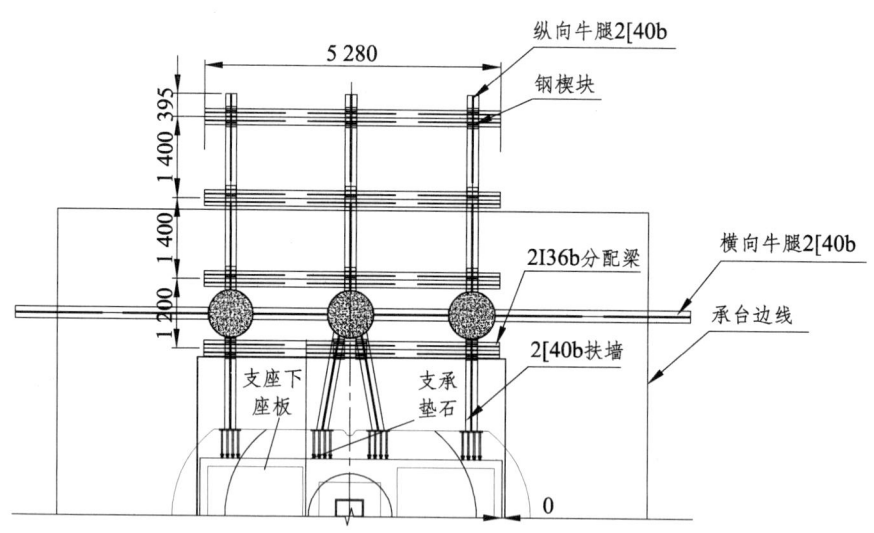

图 6.70 0#块横向 2I36b 分配梁平面布置图（单位：mm）

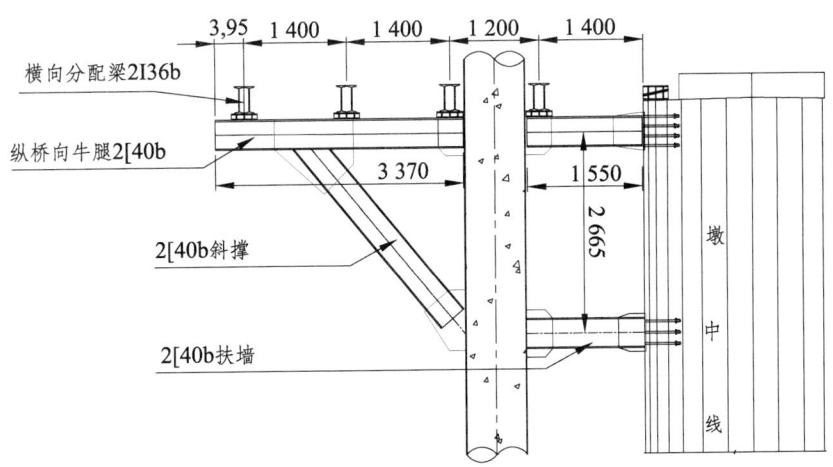

图 6.71 0#块横向 2I36b 分配梁立面图（单位：mm）

2I36b 工字钢与纵向 2I40b 牛腿之间的高度差通过钢垫块及钢楔块进行调节，以确保 0#块模板能够顺利安装，具体钢垫块及钢楔块的大样图如图 6.72 ~ 图 6.79 所示。

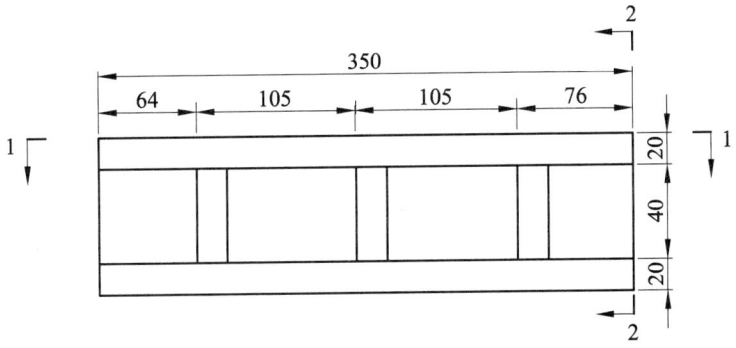

图 6.72 钢垫块大样图（单位：mm）

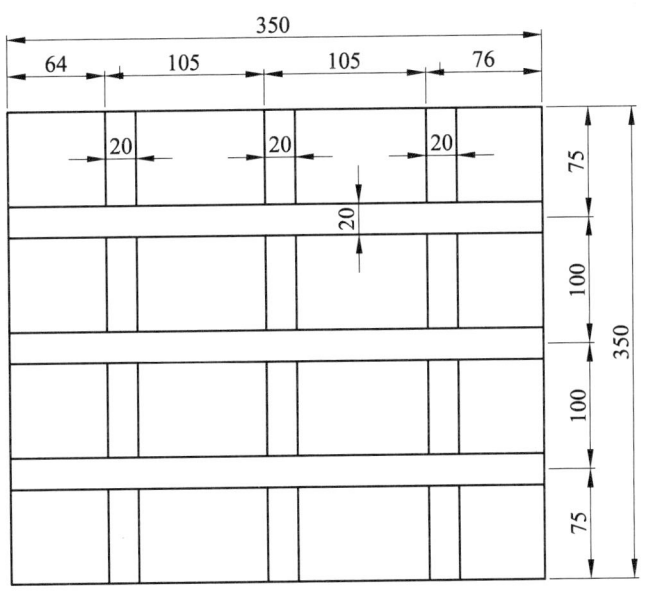

图 6.73 钢垫块 1—1 断面图（单位：mm）

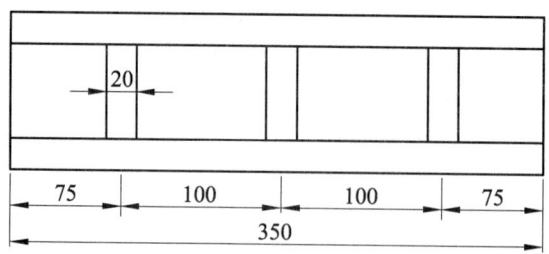

图 6.74 钢垫块 2—2 断面图（单位：mm）

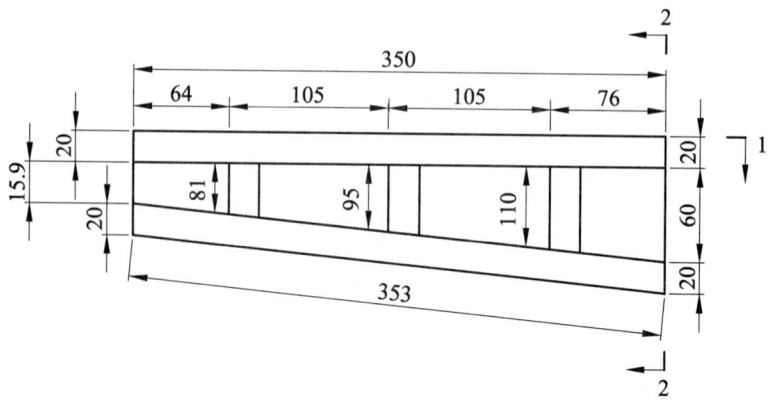

图 6.75 钢楔块大样图（单位：mm）

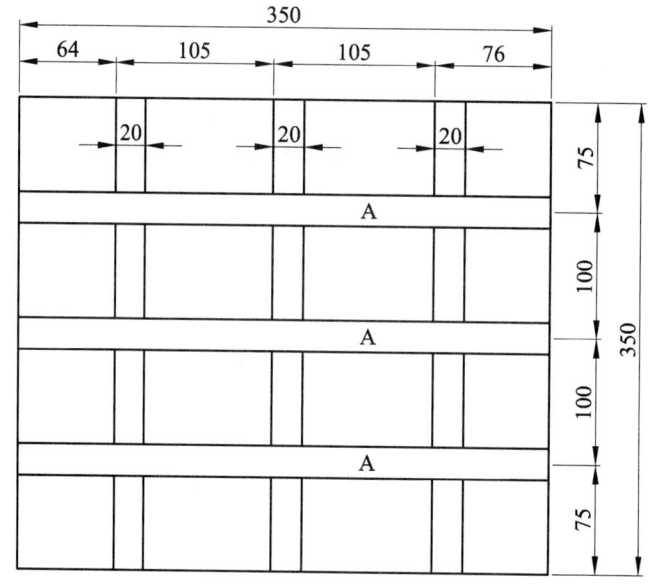

图 6.76 1—1 断面图（单位：mm）

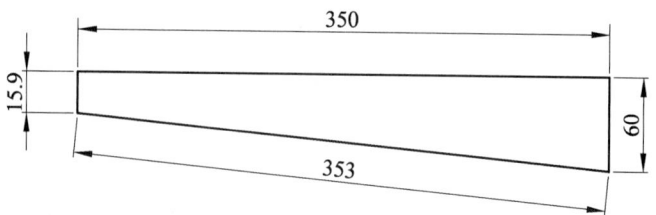

图 6.77 A 钢板大样图（单位：mm）

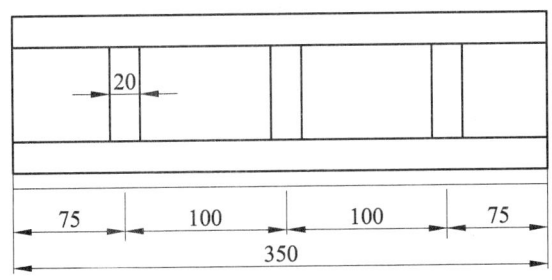

图 6.78 2—2 断面图（单位：mm）

图 6.79 预制悬拼梁 0#块支架

5. 钢排架施工

横向 2I36b 工字钢上部为钢排架，钢排架布置间距为 350~450 mm 不等，单个排架长度为 6.4 m，在钢管混凝土柱处断开，排架在墩顶 0#块根部用钢楔块调节与墩顶高差，纵桥向单侧 0#块布置 14 道钢排架。钢排架由 I10 槽钢现场焊接而成，焊缝厚度均为 10 mm，满焊。钢排架之间设置 4 道 I10 横向连接与各立杆均满焊，确保钢排架的整体性，具体钢排架布置及大样图如图 6.80~图 6.83 所示。

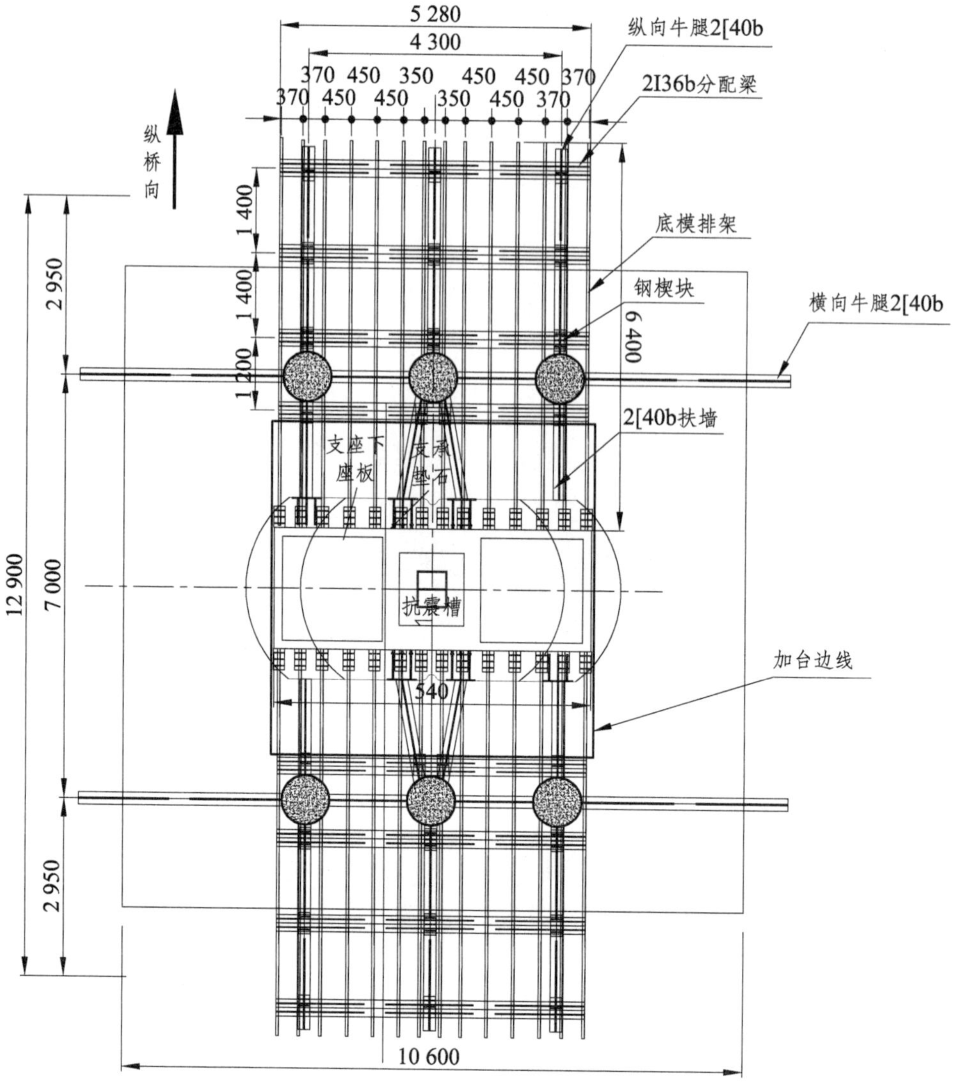

图 6.80 纵桥向 1/2 0#块底模钢排架平面布置图（单位：mm）

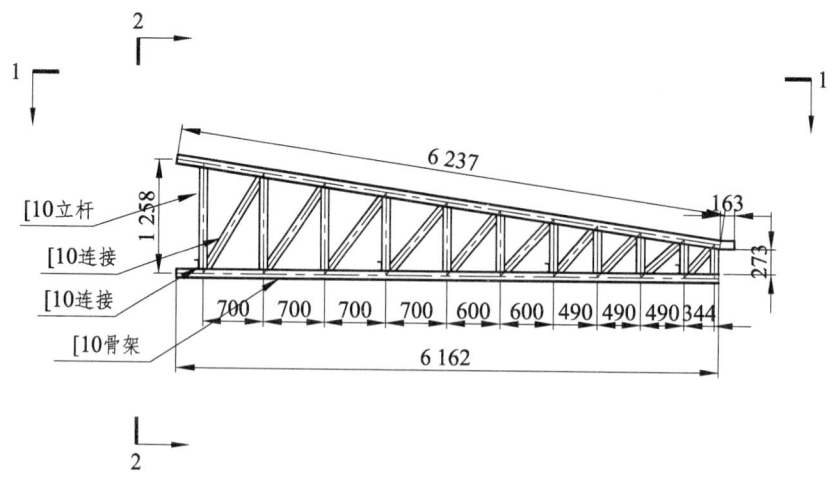

图 6.81 钢排架侧立面图（单位：mm）

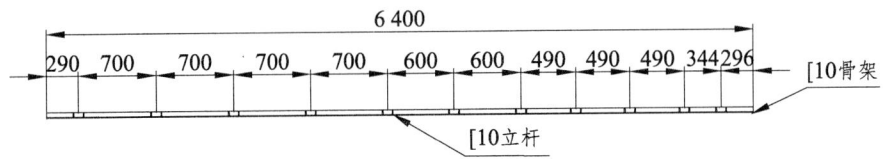

图 6.82 钢排架 1—1 断面图（单位：mm）

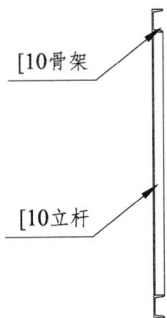

图 6.83 钢排架 2—2 断面图（单位：mm）

钢排架与下部横向分配梁之间的连接采用 16 mm 厚限位板，具体布置样式如图 6.84～图 6.86 所示。

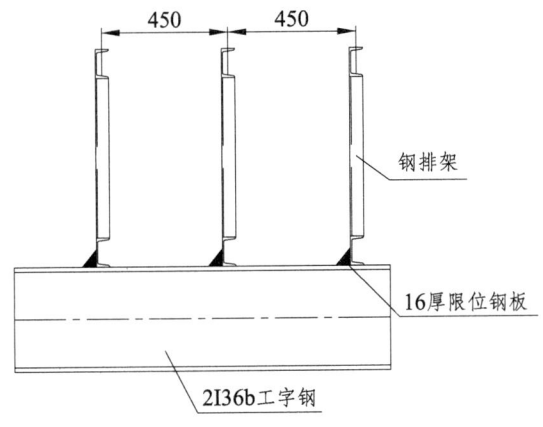

图 6.84 钢排架与横向分配梁之间连接立面图（单位：mm）

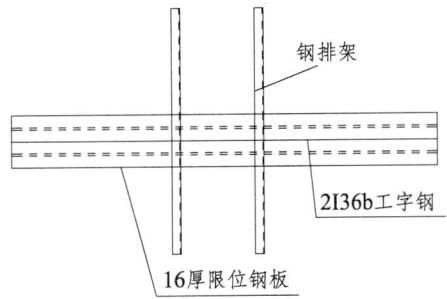

图 6.85 钢排架与横向分配梁之间连接平面图

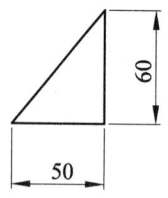

图 6.86　厚 16 mm 的限位板大样图（单位：mm）

6. 纵向 2I45b 分配梁施工

横向 2[40b 牛腿上部为 2I45b 纵向分配梁，根据 0# 块外侧模板背架间距布置，单侧设置 3 道 2I45b 分配梁，间距均为 900 mm，纵向分配梁与横向牛腿之间的高差通过钢板调节，纵向分配梁与横向牛腿之间设置 2 道 16 mm 厚限位钢板，具体布置如图 6.87、图 6.88 所示。

7. 底模及背楞施工

钢排架上部为 10 cm×10 cm 木枋，木枋布置间距为 10 cm，木枋上部为 18 mm 厚竹胶板模板。

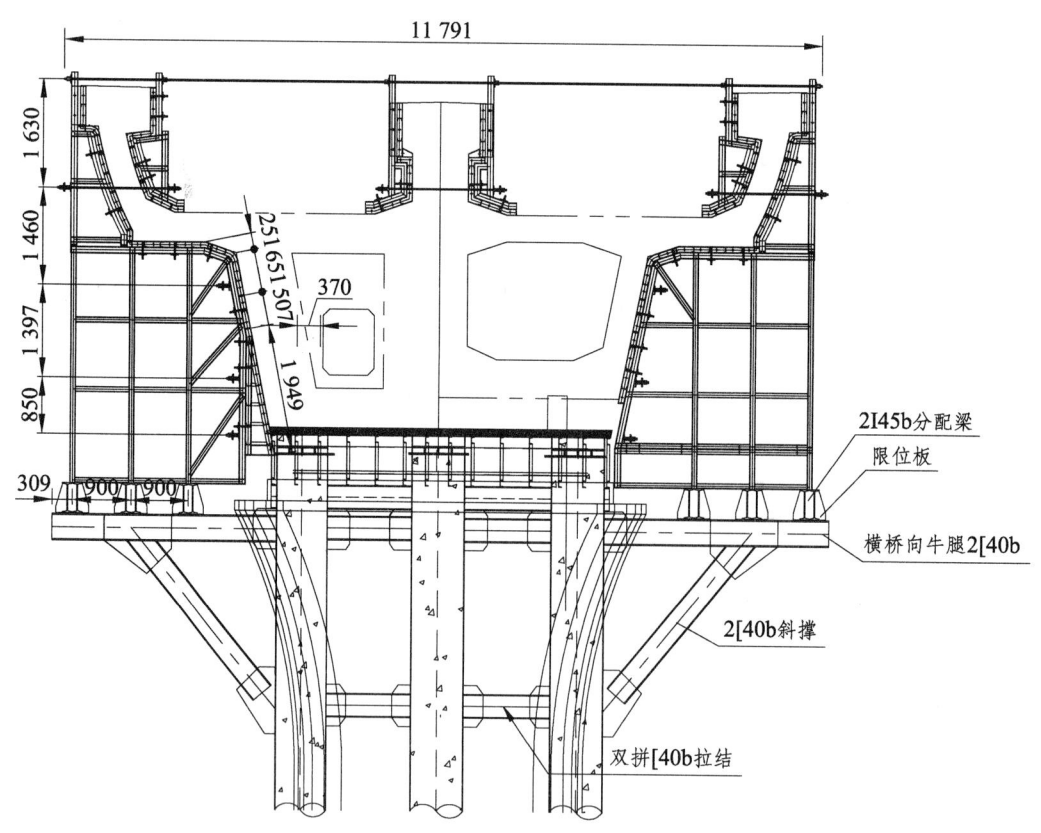

图 6.87　纵向 2I45b 分配梁立面布置图（单位：mm）

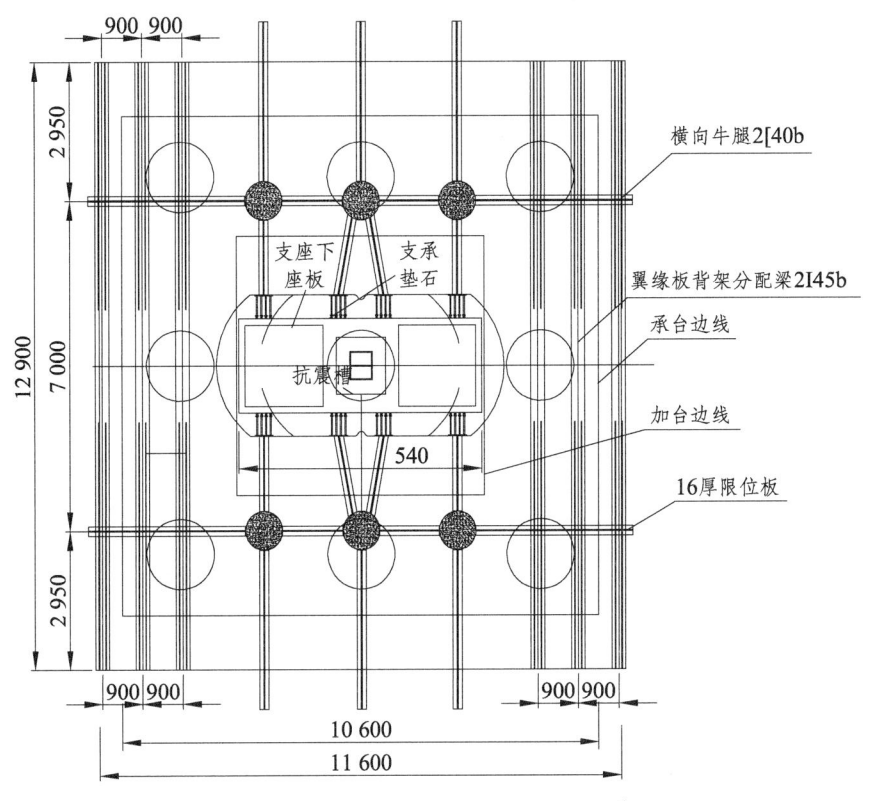

图 6.88 纵向 2I45b 分配梁平面布置图（单位：mm）

8. 上下爬梯施工

模板支撑架上下爬梯设置在墩柱侧边，为保证稳定性，采用 48 mm 钢管拉结固定。爬梯采用盘扣式脚手架搭设，爬梯横距 0.9 m+0.9 m，纵距 0.9 m+1.5 m+0.9 m，每层楼梯高度 2 m。爬梯设置在横桥向 2I40b 牛腿外侧 100 mm 处，均靠近中央大道西侧围挡处，平面尺寸为 1.8 m×3.3 m（轴线尺寸），高度与墩顶模板顶端平齐，共设置 4 道拉结。施工作业人员可通过上下爬梯至墩顶，再由垂直爬梯进入到腔室顶板区域施工，具体拉结位置如图 6.89～图 6.91 所示。

9. 临边防护

0#块施工阶段的邻边防护采用定型化网片式护栏，护栏防护板长度 1.9 m，高 1.2 m，采用 30 mm×30 mm 方钢与钢板网加工成型，两侧各用钢板焊接 2 个预留孔用于与防护立杆固定，钢板网钢丝直径不小于 2 mm，网孔边长不大于 20 mm，防护板底下 25 cm 设置踢脚板，梯脚板采用薄铁皮制作，并涂刷黄黑相间油漆，采用铆钉安装于防护板上。

防护立杆采用 $\phi 48.3×3.0$ mm，立杆中心间距为 2.0 m，防护立杆长 1.5 m。防护立杆与防护网片两侧均通过预留孔用铁丝绑扎固定横桥向防护立杆采用 $\phi 48.3$ mm×3.0 mm 钢管，立杆中心间距为 0.9 m，防护立杆长 1.5 m。防护立杆与防护网片两侧均通过预留孔用铁丝绑扎固定。行走平台为 10 mm 厚花纹钢板，花纹钢板点焊在钢排架上，防护立杆焊接在花纹钢板上。具体布置如图 6.92 所示。

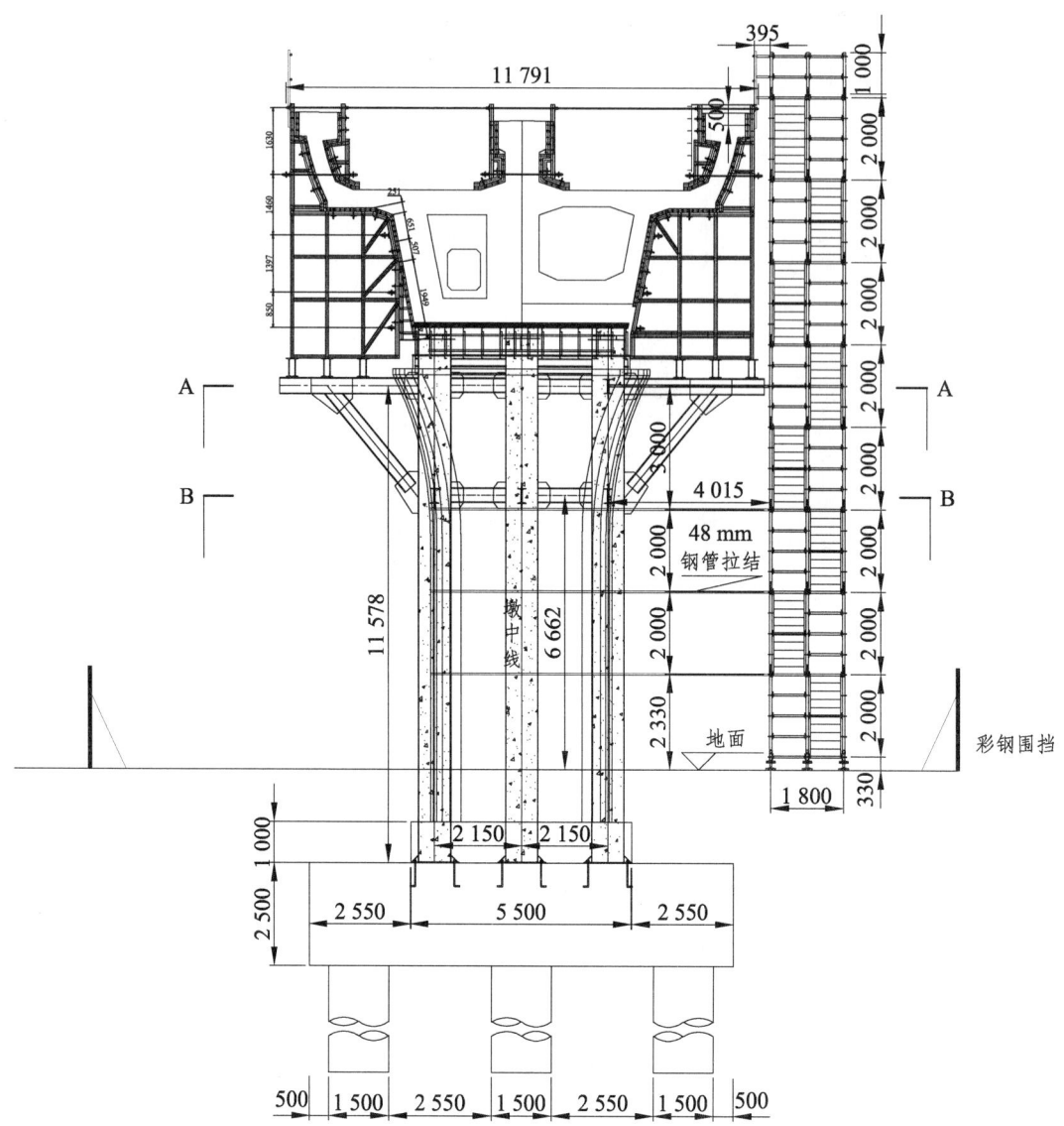

图 6.89 爬梯位置及拉结立面图（单位：mm）

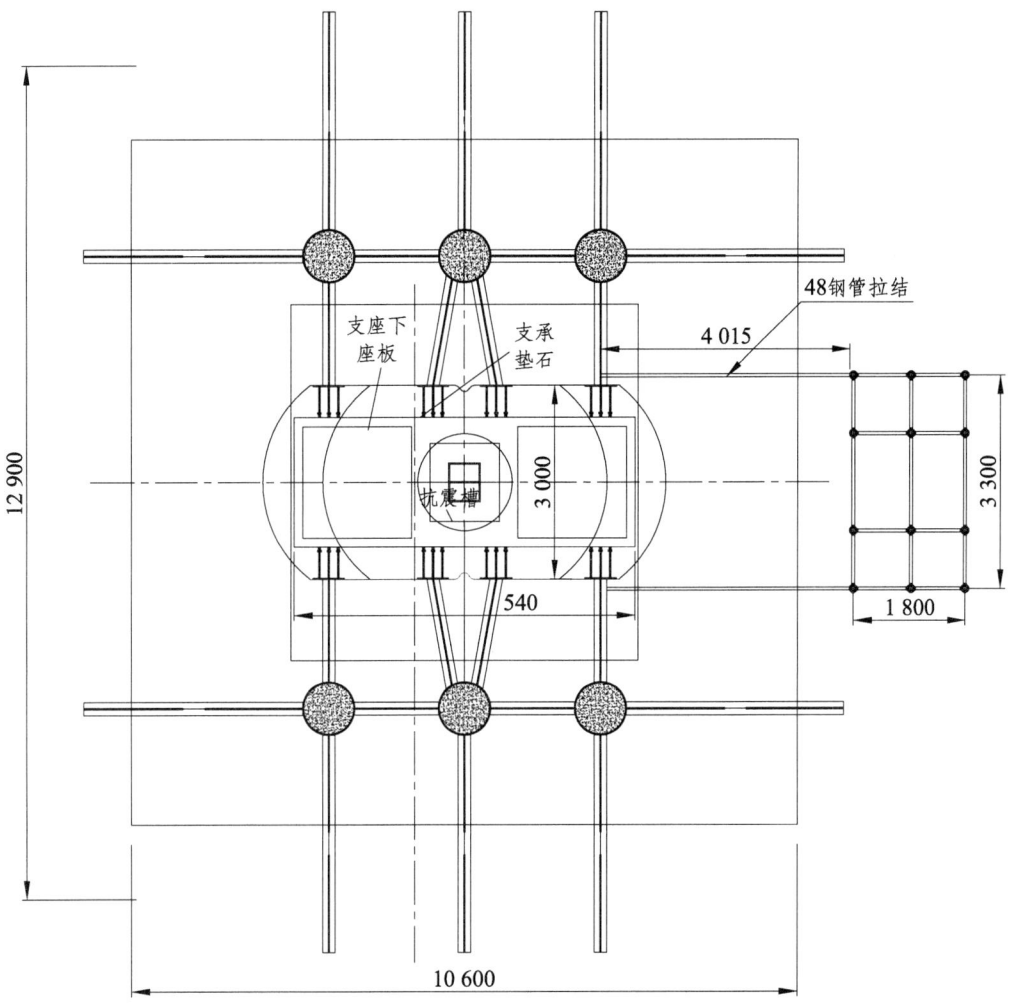

图 6.90 爬梯拉结 A—A 平面图（单位：mm）

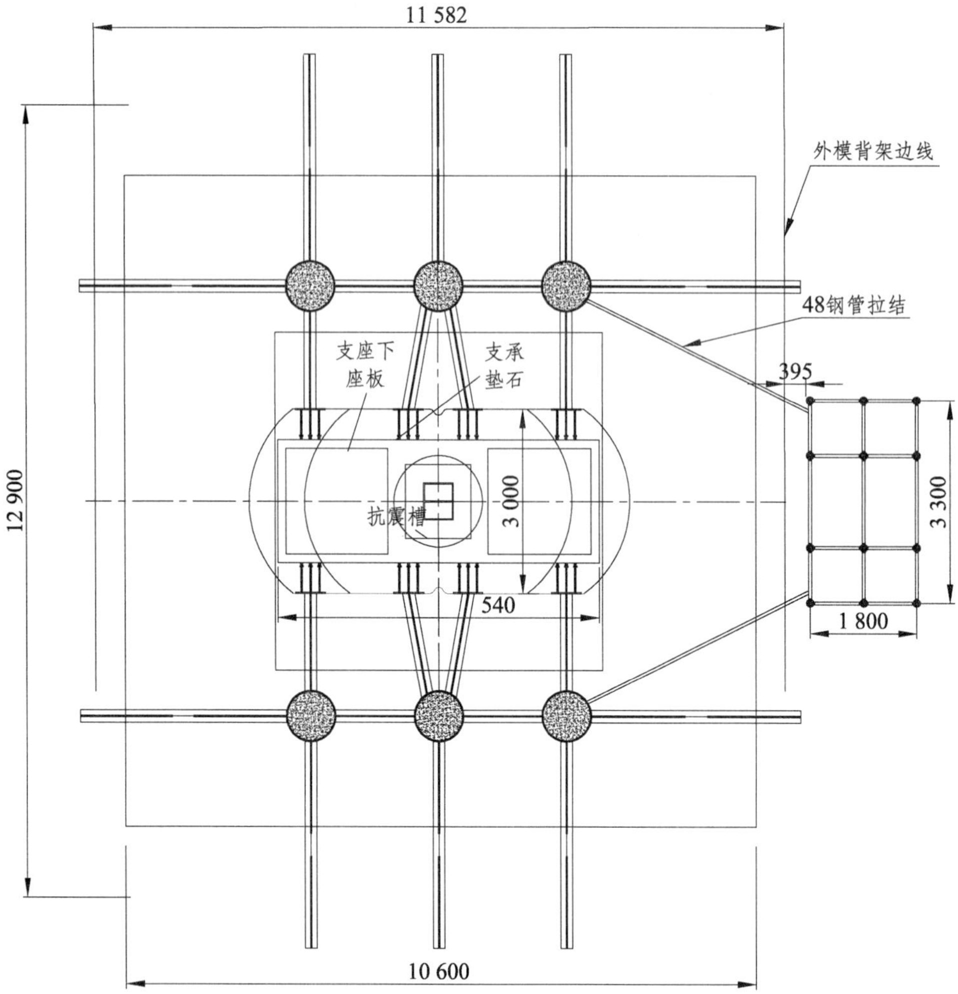

图6.91 爬梯拉结 B—B 平面图（单位：mm）

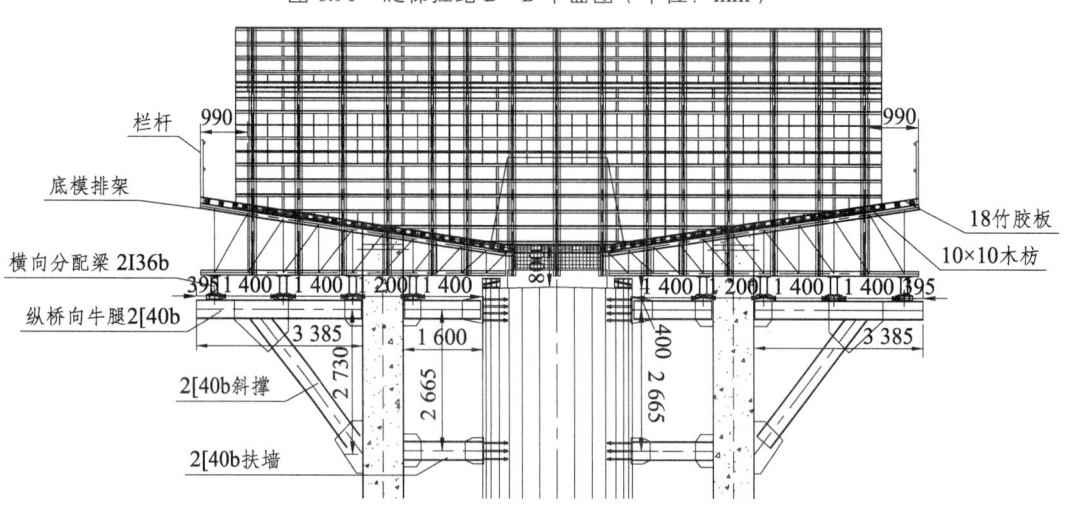

图6.92 临边防护立面图（单位：mm）

翼缘板处设置顺桥向防护栏杆，防护栏杆采用 48 mm 钢管，防护栏杆高度为 1 500 mm，其中在模板背架外侧焊接 ϕ60 mm 的钢管，钢管长度 30 cm，底部用 10 mm 厚钢板封堵，防护栏杆立杆插入背架外侧钢管内。立杆间距与侧模背架间距相同，水平杆设置三道，间距为 60 cm，并在底部设置踢脚板。具体如图 6.93 所示。

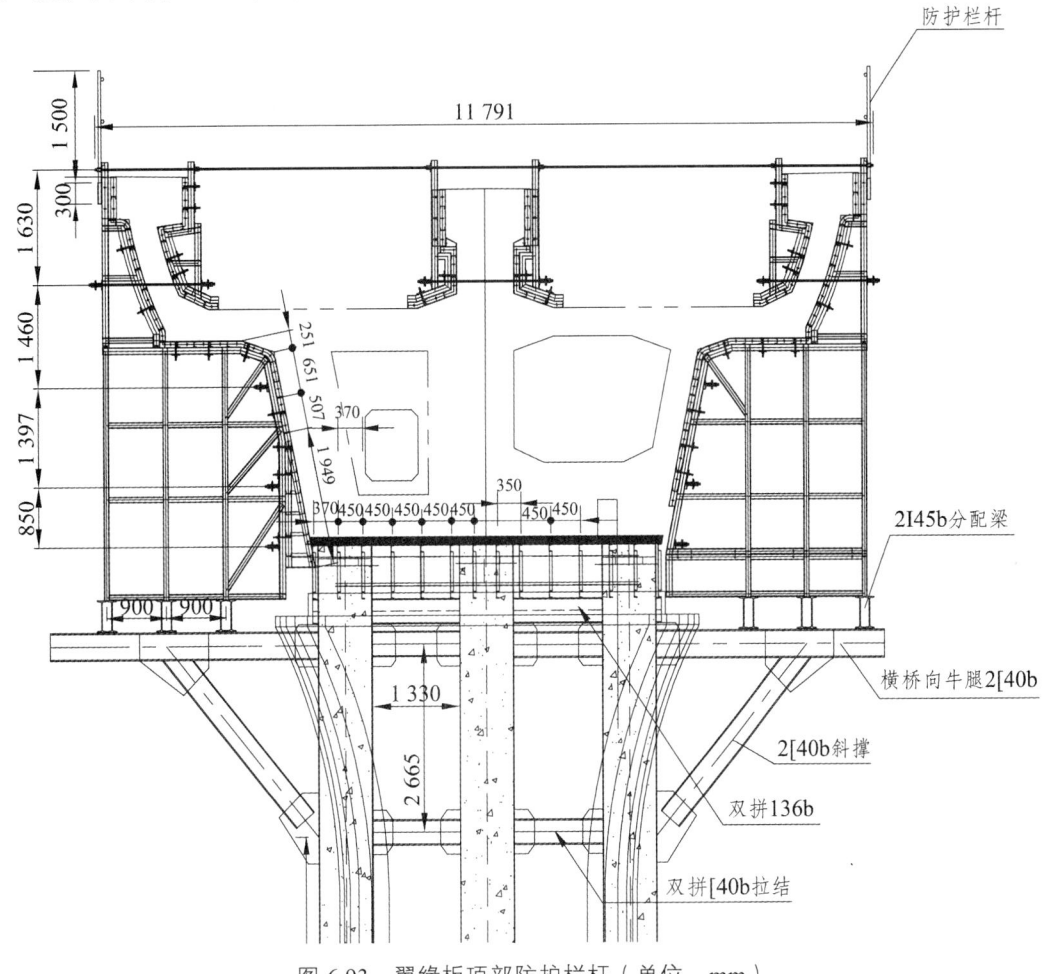

图 6.93 翼缘板顶部防护栏杆（单位：mm）

10. 临时固结施工

为保证梁体结构在悬臂施工中的整体稳定性，抵抗各种不平衡因素，需要在墩顶设置临时固结。

承台施工时要埋设锚固钢筋，主跨 60 m 的连续梁锚固钢筋距离承台中心线外侧 4.5 m 处，单侧设置 14 根 PSB930 MPa ϕ32 mm 的精轧螺纹钢；主跨 50 m 的连续梁锚固钢筋距离承台中心线外侧 3.3 m 处，单侧设置 12 根 PSB930 MPa ϕ32 mm 的精轧螺纹钢，底部端头距离承台底部 0.5 m，端头设置锚板及螺帽。在 0#块施工时，腔室位置处穿过箱梁底板，施工过程中需预埋精轧螺纹钢筋预留孔洞（ϕ50PVC 套管），中腹板位置处穿过腹板至梁顶，待 0#块混凝土达到一定强度后，精轧螺纹钢筋需采用连接器接长到箱梁顶部进行张拉锚固，需超出箱梁顶部 200 mm。精轧螺纹钢筋下料时采用无齿电锯切割，严禁乙炔氧气火焰切割，下料长度误差不得超过 10 mm。具体临时固结钢筋布置如图 6.94～图 6.96 所示。

6.4.4 预制悬拼梁 0#块支架检查及验收

支架搭设完成后，项目部组织进行自查自检，合格后报监理工程师（项目总监理工程师及专业监理工程师）验收。具体验收内容如下：

（1）检查支架细部结构是否严格按照方案施工，纵梁和分配梁完成要检查是否连接稳固，钢板焊接是否合格，尤其需检查槽钢与钢管柱之间焊接过程中焊缝长度及焊缝厚度，发现不合格应立即整改。

（2）观察上下爬梯整体或局部的垂直偏差，尤其观察四角是否偏斜，下沉。如发现有异样者，应立即组织人员进行加固。

（3）钢排架横向是否通过 I10 连接成整体，若无连接，立即整改。

（4）加劲板是否按照设计要求进行满焊，若无满焊，立即整改。

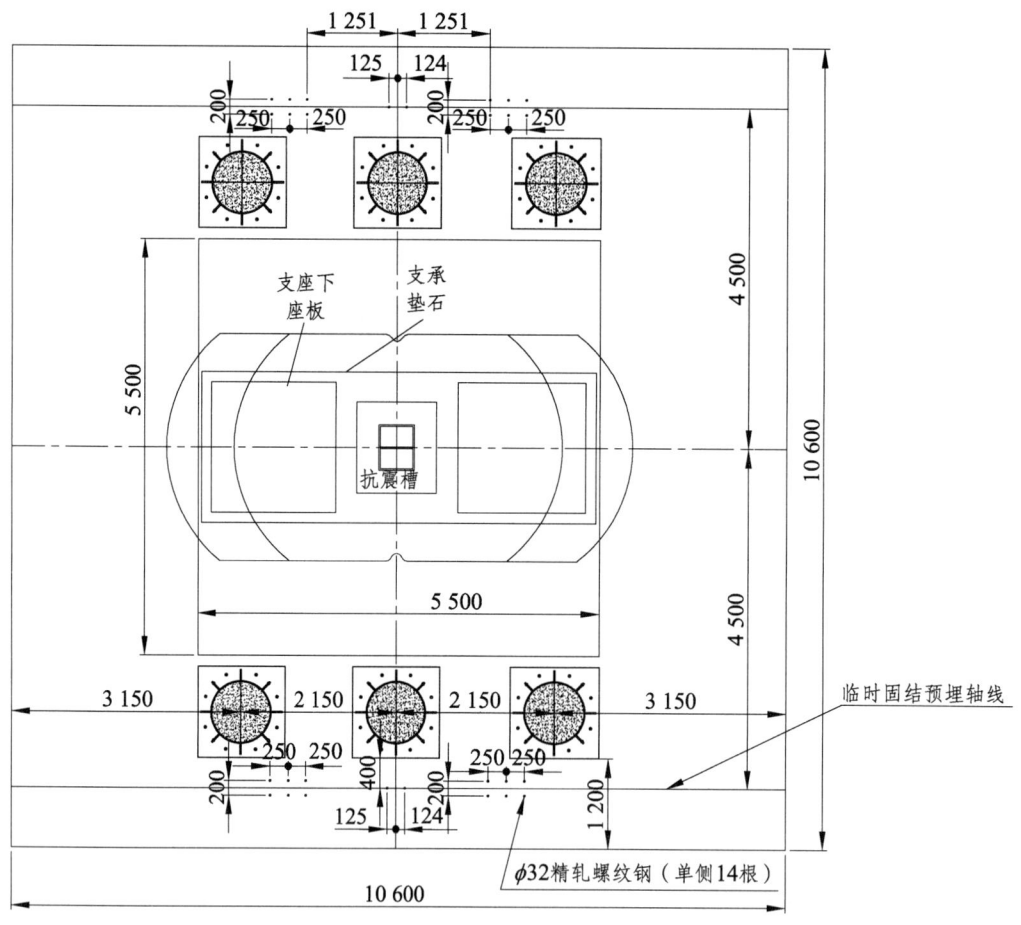

图 6.94 主跨 60 m 连续梁 0#块临时固结平面布置图（单位：mm）

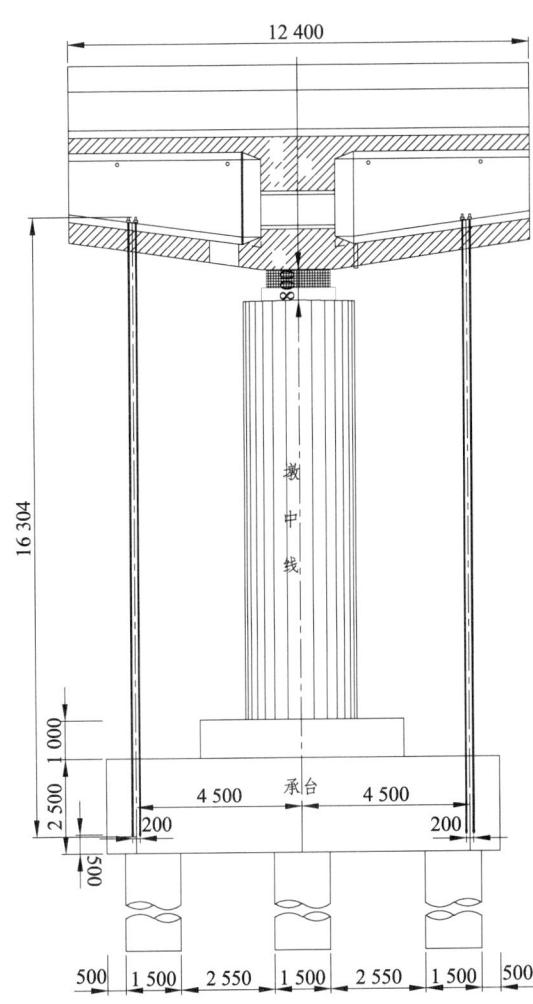 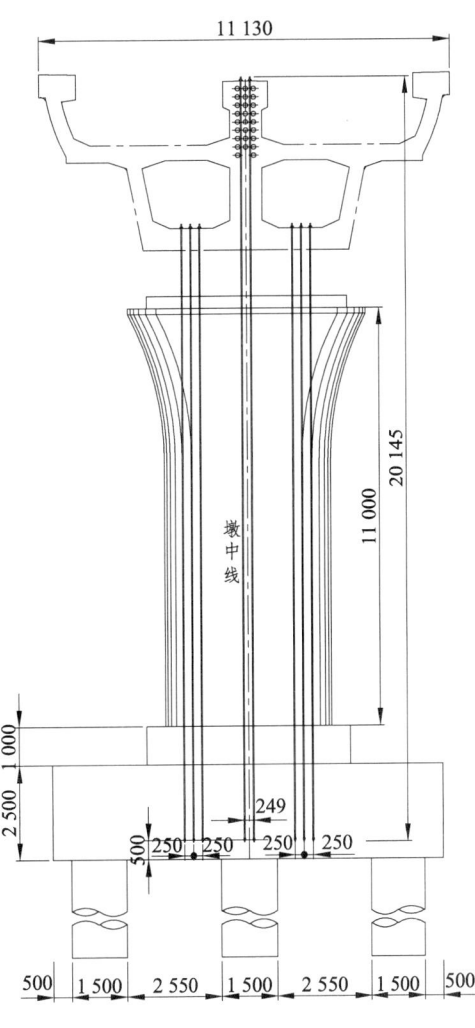

图 6.95　主跨 60 m 连续梁 0# 块临时固结纵桥向立面图（单位：mm）　　图 6.96　主跨 60 m 连续梁 0# 块临时固结横桥向立面图（单位：mm）

6.4.5　预制悬拼梁 0# 块支架预压

1. 预压目的

支架验收合格后需进行预压，支架预压检查支架及地基的强度及稳定性，确保施工质量及安全。减少和消除地基的沉降变形及支架的非弹性变形的影响，根据掌握的弹性变形资料进行 0# 块底模铺设并设置预拱度，有利于桥面线形控制。

预压分阶段进行加载，并且进行每次加载的沉降量测量，利用最后一次观测的数据和预压前观测数据对比得出支架的沉降量。分阶段卸载时再对各点进行测量，得出支架卸载后的弹性回缩量。两次测量值比较，得出弹性变形值。

2. 预压前准备

支架搭设完成后，对支架平面位置、顶面高程及预拱度等进行全面复核，并对支架安装的牢固、整体及安全性进行全面检查、验收，检查支架搭设、安装、受力的整体性、均匀性，保证支架的整体强度和刚度，确保支架在施工过程中的安全可靠，具体检查项目及内容为：

（1）支架预压前后应对各构件连接牢固程度进行检查，支架搭设是否按要求的平面尺寸，各杆件尺寸及间距是否达到要求。

（2）支架基础是否坚实、平稳、牢固，支架底座是否与基础联接密贴，保证支架及各杆件受力的整体均匀性。

（3）支架顶纵、横梁及模板之间是否密贴并连接为整体。

（4）支架周围隔离、警戒措施是否齐备，施工专用上下通道及安全、防落网是否设置完全，保证施工安全无事故。

（5）支架周围、上下通道及支架顶照明设备是否齐全、完善、规范，要确保夜间施工安全。

（6）现场施工人员是否已接受安全教育并通过考核。

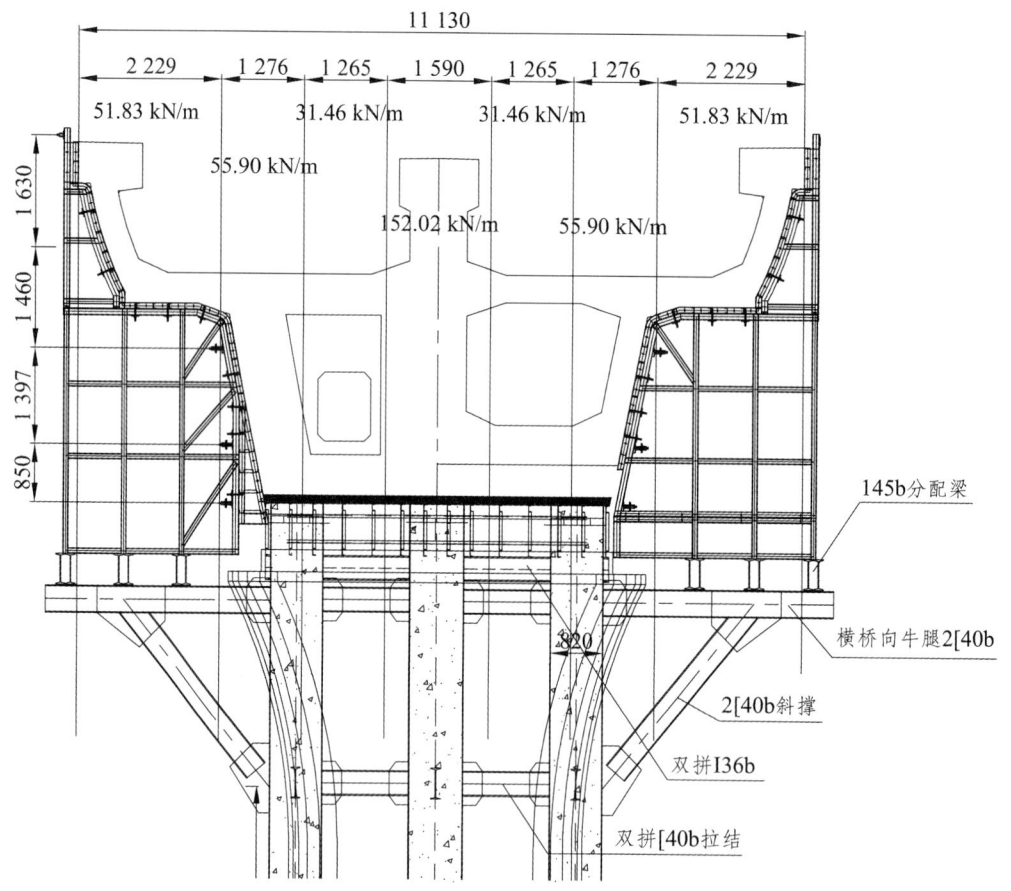

图 6.97 预压断面荷载面积分布图（单位：mm）

3. 支架预压

根据《铁路混凝土梁支架法现浇施工技术规程》(TB 10110—2011)规定,支架预压荷载不应小于支架所承受最大施工荷载的110%,本案例中模板安装完成后带模预压,支架所承受的荷载主要为混凝土及内模自重。0#块混凝土除墩身正上方外单侧悬臂4.7 m,共计9.4 m,采用12 m长钢筋进行预压。

本工程中0#块支架预压采用钢筋与砂袋配合预压,单捆钢筋长度12 m,高度0.4 m,重量3 t。预压过程中取最大截面(最不利工况)进行预压加载,加载分三级进行: 0%→60%→100%→110%,预压荷载分布与支架施工荷载分布一致,加载重量偏差控制在统计荷载±5%以内,加载过程中如果发生异常情况立即停止加载,查明原因并采取措施。加载顺序由根部往端部、中间往两边对称加载。

1)预压荷载计算

钢模板只需预压内模及混凝土荷载即可,内模线荷载为2.43 kN/m,混凝土容重取26 kN/m³,根据各部分面积计算各部分线荷载:

(1)A区域荷载计算。

$$混凝土荷载=1.90×26=49.4(kN/m)$$

$$内模线荷载=2.43(kN/m)$$

则 $\qquad$ A区域总荷载=49.4+2.43=51.83(kN/m)

(2)B区域荷载计算。

$$混凝土荷载=2.15×26=55.90(kN/m)$$

(3)C区域荷载计算。

$$混凝土荷载=1.21×26=31.46(kN/m)$$

(4)D区域荷载计算。

$$混凝土荷载=5.66×26=147.16(kN/m)$$

$$内模线荷载=2.43×2=4.86(kN/m)$$

则 $\qquad$ D区域总荷载=4.86+147.16=152.02(kN/m)

根据0#块结构特点B、C、D区域采用下部先用砂袋找平,上部用钢筋预压的方法,其中单捆钢筋长度12 m,高度0.2 m,质量3 t。具体的荷载分布如图6.98所示。A、D区域用钢筋堆载过程中需先用I12.6工字钢焊接钢筋存放架,防止钢筋堆载过高产生侧向滑移。

2)测点布置通过堆载预压消除支架整体的非弹性变形,确定立模标高,故仅将沉降观测点设置在底模板上。单侧悬臂梁外侧在首个断面及最外侧断面处共2个断面设置观测点,每个断面布置5个测点,单侧共10个测点,两侧悬臂梁共设置20个观测点。具体观测点布置如图6.99所示。

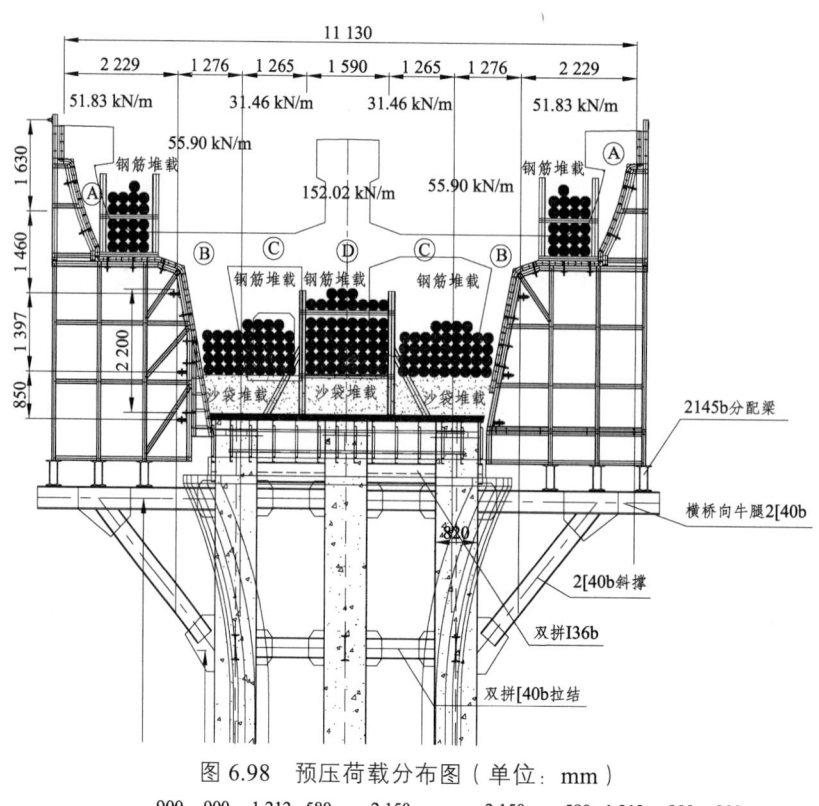

图 6.98 预压荷载分布图（单位：mm）

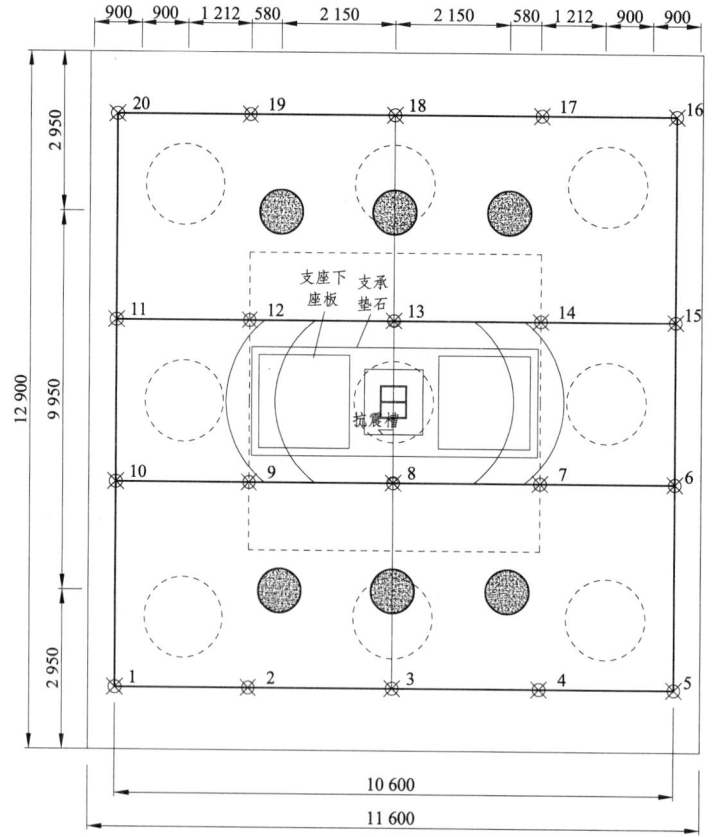

图 6.99 沉降观测点平面布置图（单位：cm）

3）荷载加载

预压观测分成五个阶段：预压加载前—60%总荷载—100%总荷载—110%总荷载—卸载后。

预压荷载分三次加载，第一次加载至预压荷载值的 60%，第二次加载至预压荷载值的 100%，第三次加载至预压荷载值的 110%，三级加载如表 6.5 所示。

表 6.5 三级加载表

加载次数	加载区域		
	A 区域 t/m	B、C 区域 t/m	D 区域 t/m
第一次 60%	3.11	5.24	9.12
第二次 100%	5.18	8.74	15.20
第三次 110%	5.70	9.61	16.72

预压加载采用横向加载，即从结构中心线向两侧进行对称布载。

4. 沉降观测

支架预压监测采用二等水准测量要求作业。加载前监测点标高读数一次；每级加载 1 h 后监测点标高读数一次，以后每间隔 6 h 监测点标高读数一次，当相邻两次监测位移平均值不大于 2 mm 时，方可进行下一级加载。

5. 预压卸载

支架预压全部荷载施加完成后，应间隔 6 h 监测记录各监测点的位移量；当连续 12 h 监测位移平均之差不大于 2 mm 时，方可卸除预压荷载。卸载应均匀进行，严禁一次性卸载整个断面的荷载，卸载从两端往中间，从两侧向中间分层进行。卸载 6 h 后，不得进行施工作业，对所有监测点进行标高测量。

6. 沉降观测注意事项

沉降观测工作采用百分表读数和精密水准测量方法进行，观测过程中，各项偏差控制及内业数据处理须注意以下个问题：

（1）每次观测所用的仪器及水准尺固定，观测人员固定，观测路线固定，观测环境和条件基本相同。

（2）观测时间及环境：一般应在早晨太阳高照前（即清晨七、八点左右）结束，不允许在高温、强光和大风等情况下进行观测。要勤观测、勤记录，及时反馈。

（3）测量时，水准尺气泡要稳定居中，扶尺员应快速稳定地竖直标尺，提高观测效率。

7. 观测数据整理

（1）加载稳定 12 h 后，测量布设观测点的标高 $H_{载后}$，与初始值 $H_{前}$ 相减，得出加载后最终沉降值 $\Delta H_{沉}$（总沉降值）。

（2）完全卸载 6h 后，测量观测点的标高 $H_{终}$，卸载后最终回弹值 $\Delta H_{弹}=H_{载后}-H_{终}$。

(3)计算模板标高调整值ΔH,即为加载后最终沉降值$\Delta H_{沉}$+施工时考虑的预拱值$\Delta H_{预拱}$。
(4)根据沉降观测记录,计算出支架弹性变形及非弹性变形值。

总沉降量=满载稳定后最终读数$H_{载后}$-加载前的初始读数$H_{前}$
非弹性变形量=加载前的初始读数$H_{前}$-卸载稳定后的终读数$H_{终}$
弹性变形量=总变形量-非弹性变形量。

根据以上数据,调整0#块底模高度,其他标高以0#块底模标高为基准控制。

8. 支架预压控制要点

(1)预压前认真按设计图纸及标准验收支架。
(2)认真检查砂袋是否有刮破,发现问题应及时处理。
(3)砂袋高度是否达到标高要求,砂袋袋上口悬挂是否过紧,在保障高度的情况下适当地放松,防止砂袋拉裂。
(4)测量点的标记必须牢固不滑移。
(5)测量前认真校验水准仪,测量时前后视距尽量相等,每次测量最好在同一位置架设仪器,一个测站测完。
(6)均匀加载。
(7)两侧对称加载。

6.4.6 预制悬拼梁0#块模板工程

预制悬拼梁0#块模板主要由侧模、顶模、内模、底模及端模构成,除底模采用18 mm厚竹胶板外,其余均采用钢模板。侧模及顶模尺寸如图6.100所示。

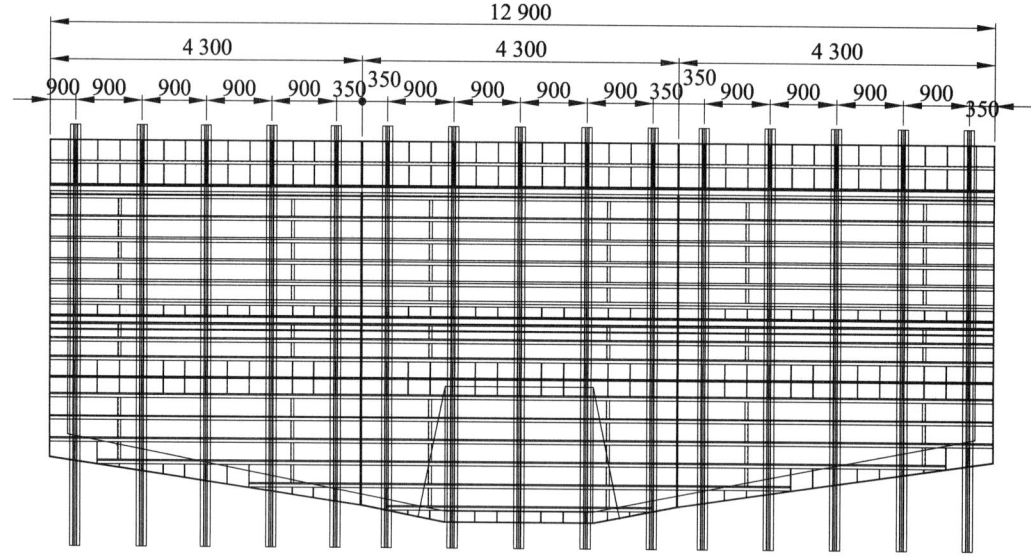

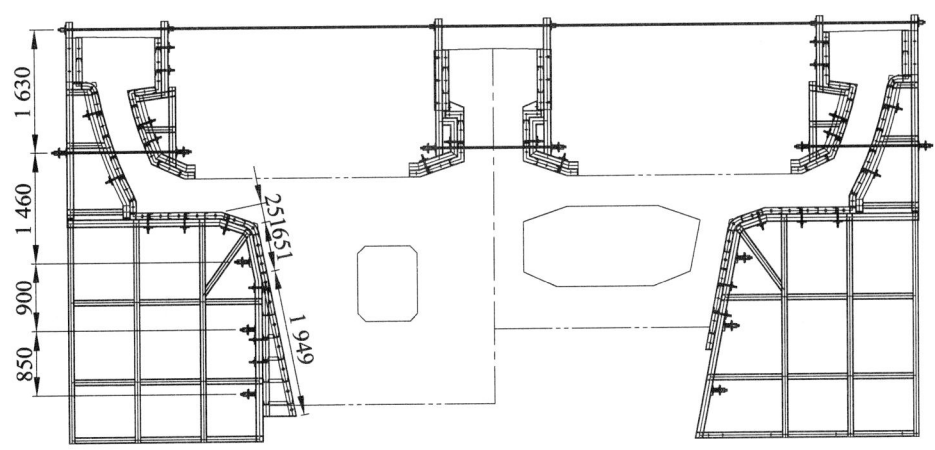

图 6.100 预制悬拼梁 0#块侧模及顶模尺寸（单位：mm）

1. 侧模

侧模主要由面板、横边框、竖边框及横肋、竖肋、加劲肋构成，其中面板为 6 mm 厚钢板，边框均为 10 mm 厚钢板，横肋与竖肋采用 I8 槽钢，加劲肋采用 6 mm 厚钢板，竖边框间距为 900 mm，横肋间距为 300 mm。

侧模下部为外模支架，其中支架竖杆采用 I10 槽钢，水平杆采用 I8 槽钢，内竖板采用 10 mm 厚钢板，连接板采用 14 mm 厚钢板。侧模顶部及底部采用 φ25 mm 的精轧螺纹钢进行横向拉结。具体侧模如图 6.101 ~ 图 6.106 所示。

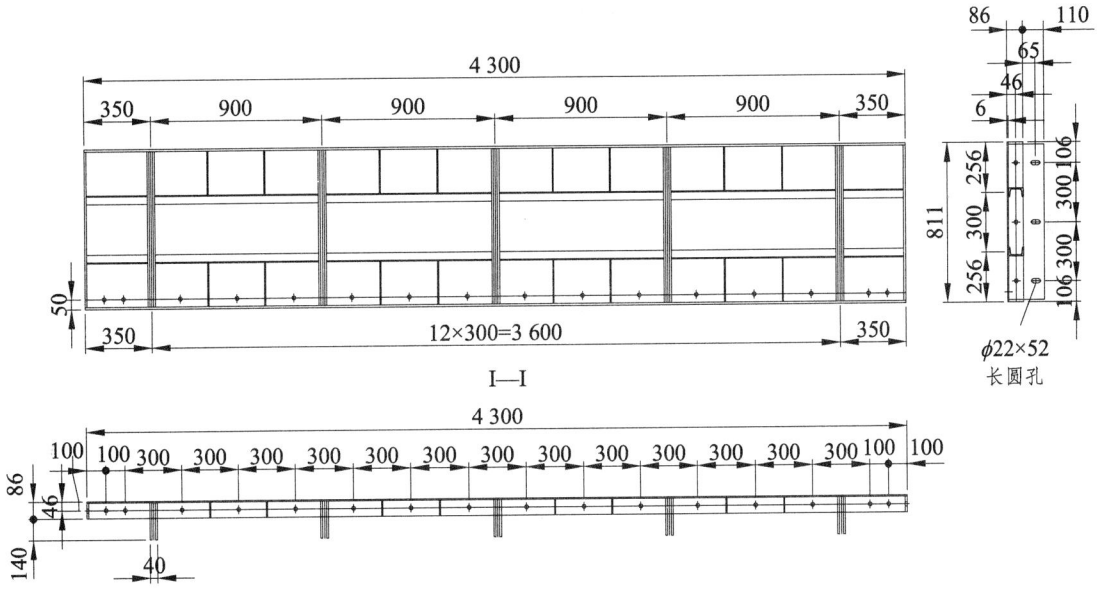

图 6.101 侧模标准模 1 尺寸（单位：mm）

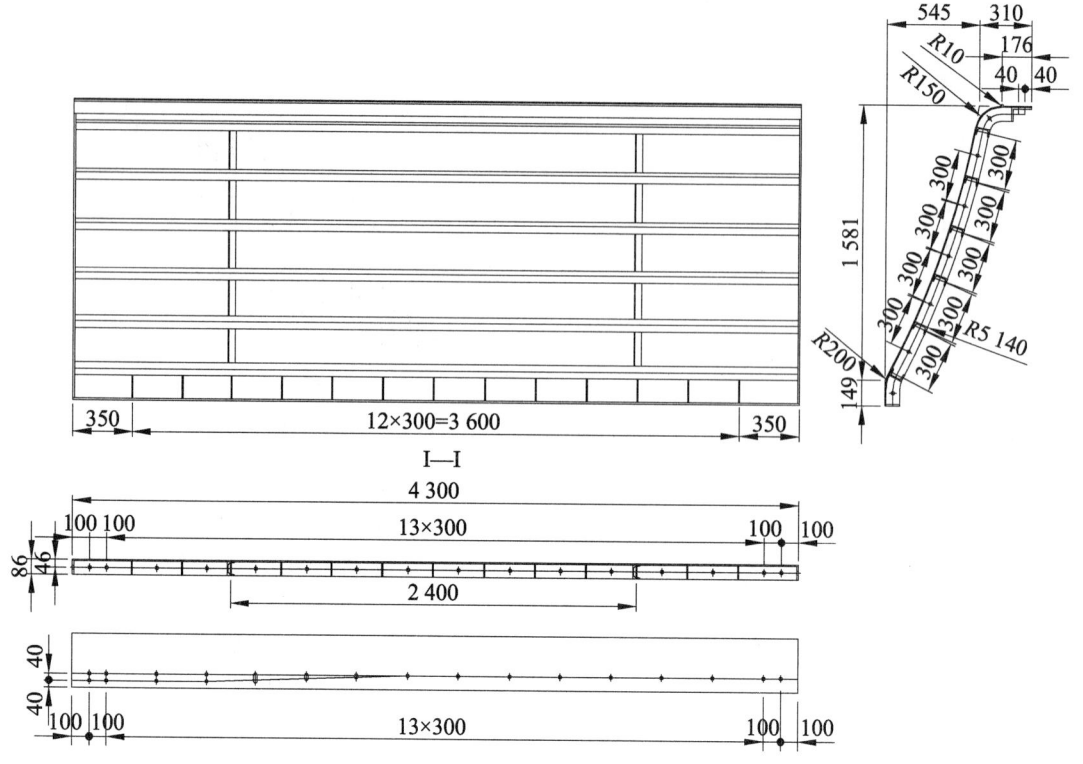

图 6.102　侧模标准模 2 尺寸（单位：mm）

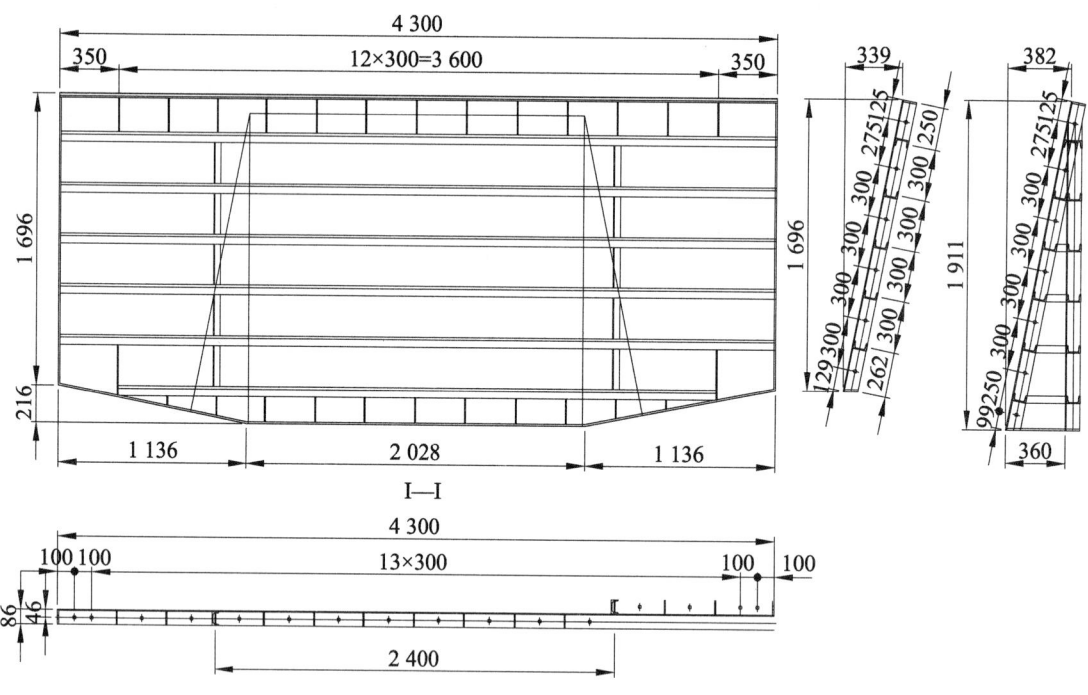

图 6.103　侧模 OHD 模板尺寸（单位：mm）

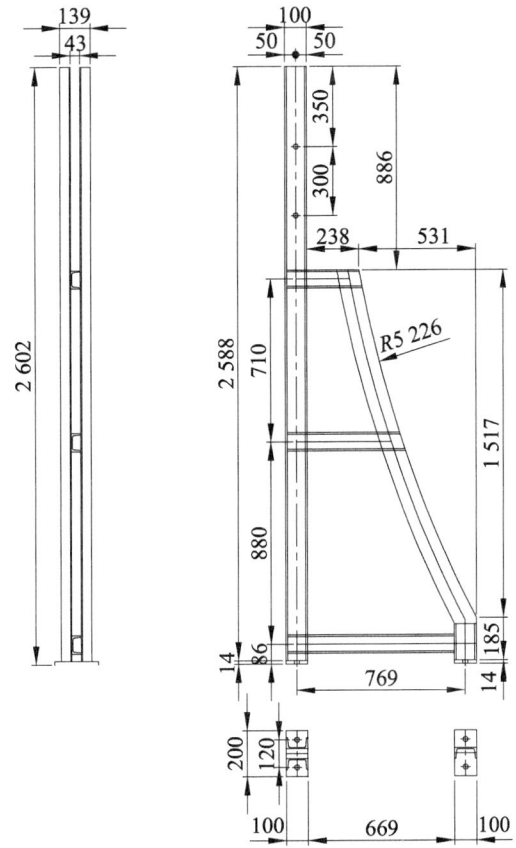

图 6.104 侧模支架 1 尺寸（单位：mm）

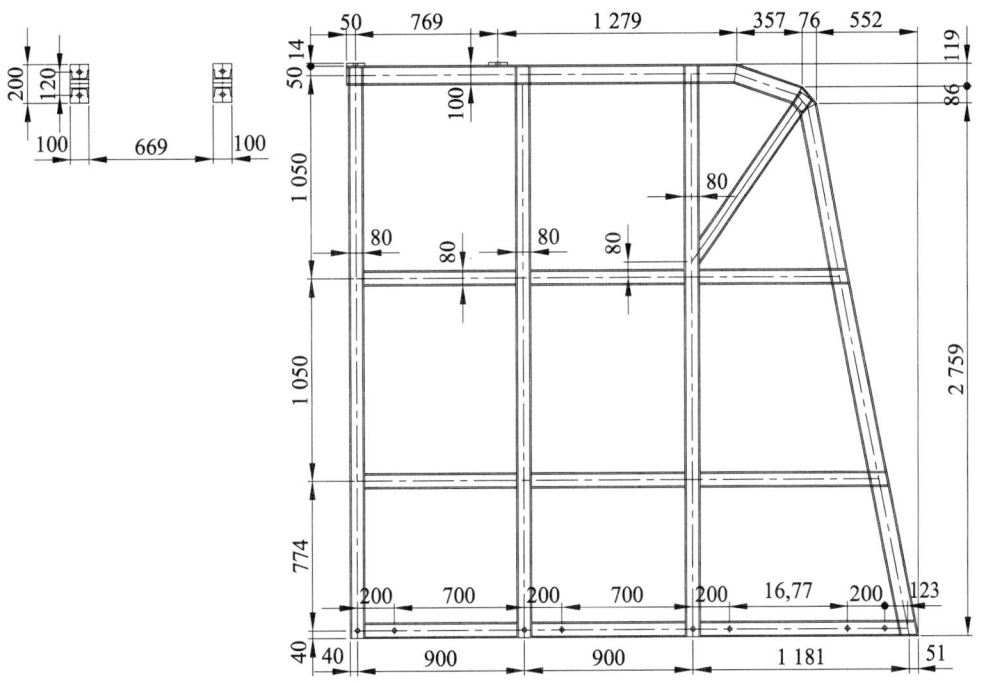

图 6.105 侧模支架 2 尺寸（单位：mm）

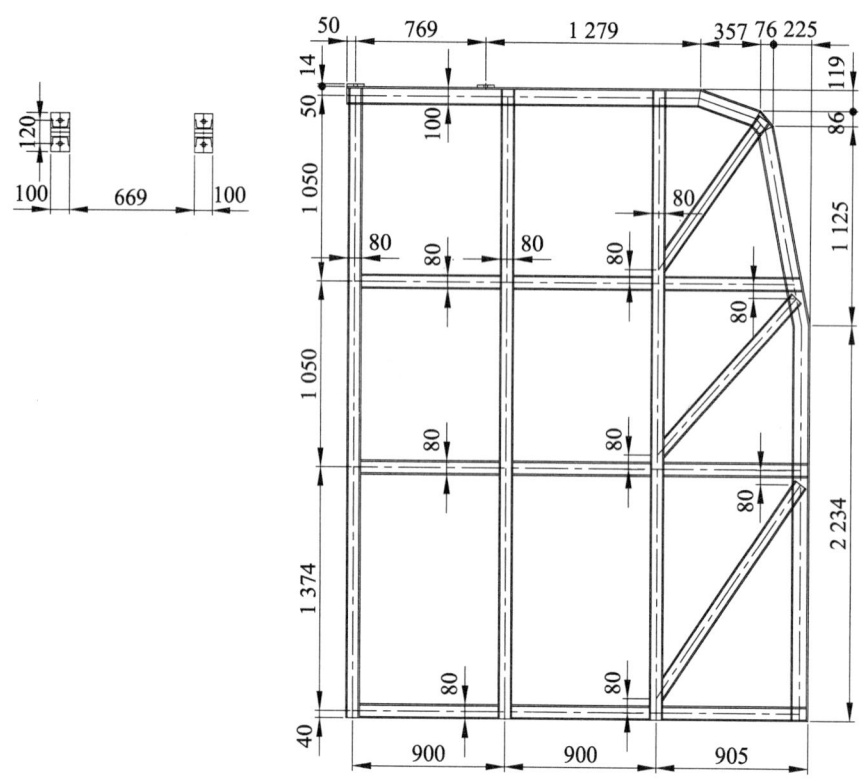

图 6.106 侧模支架 3 尺寸（单位：mm）

2. 顶模

顶模由面板、横边框、竖边框及横肋、纵肋、加劲肋和顶模支架组成。其中面板为 6 mm 厚钢板，横边框与竖边框为 10 mm 厚钢板，加劲肋为 6 mm 厚钢板，横竖肋均为 I8 槽钢。顶模支架由 I10 槽钢及 I8 槽钢的竖杆及水平杆组成。具体顶模图纸如图 6.107~图 6.110 所示。

3. 内模

预制悬拼梁 0#块内模由钢模板及钢支架组成。其中钢模板由 5 mm 厚钢面板及 5 mm 厚横边框、竖边框及加劲肋构成。钢支架由 70 mm×50 mm×3 mm 方管、ϕ48.3 mm×3.6 mm 钢管及 10 mm 厚的边框组成。具体内模图纸如图 6.111、图 6.112 所示。

4. 底模

底模板采用 18 mm 厚竹胶板。

5. 端模

端模采用 12 mm 厚钢面板及 12 mm 厚加劲板及相关盒子（预应力张拉位置处）组成，具体样式如图 6.113 所示。

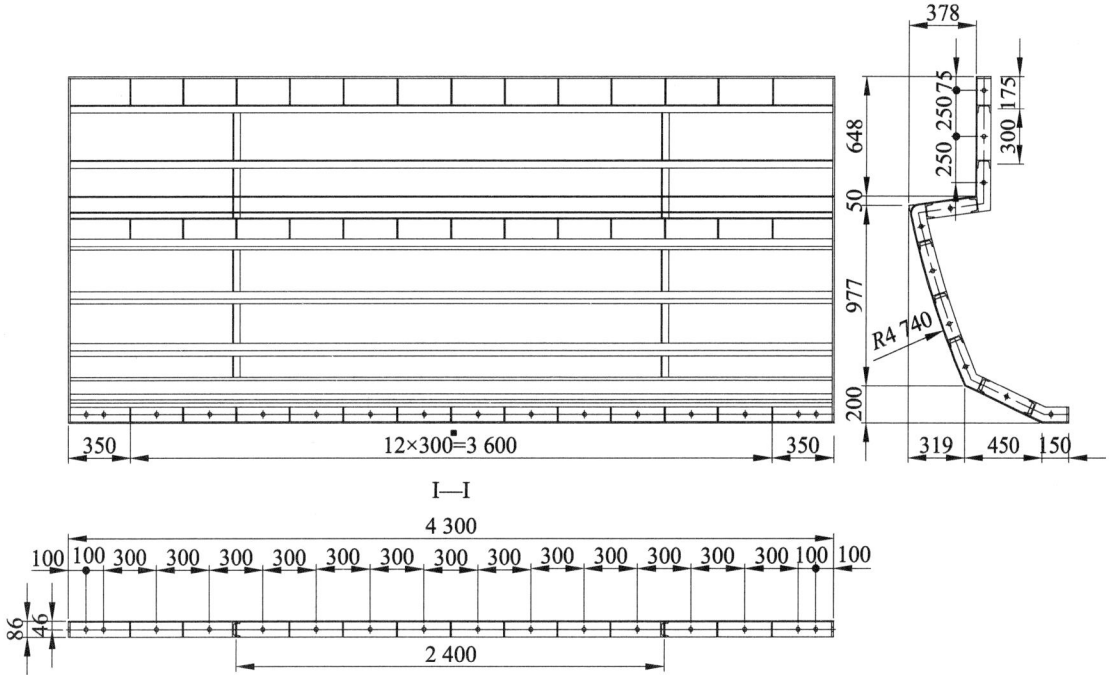

图 6.107　顶模 1 尺寸（单位：mm）

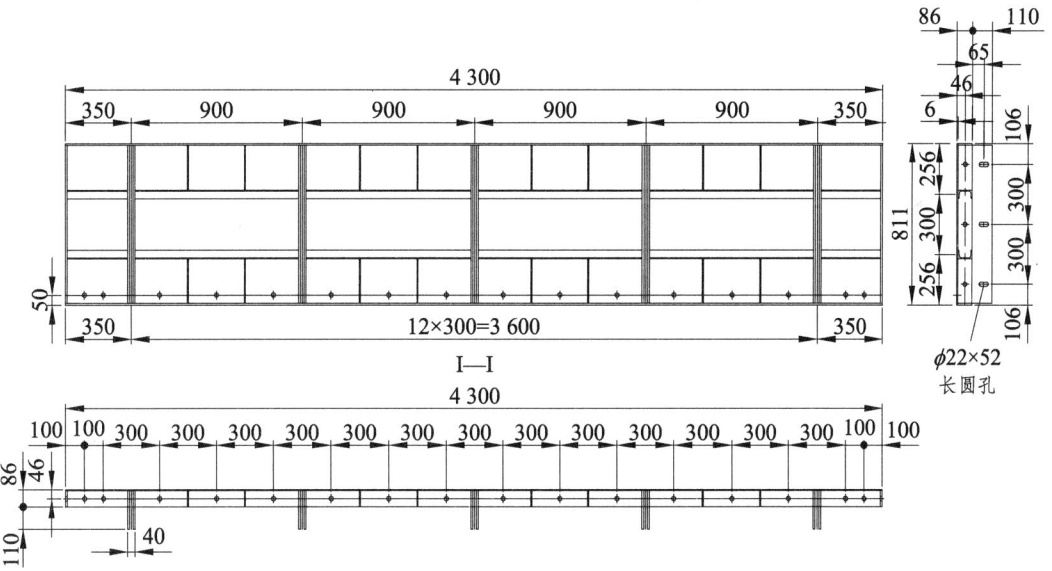

图 6.108　顶模 2 尺寸（单位：mm）

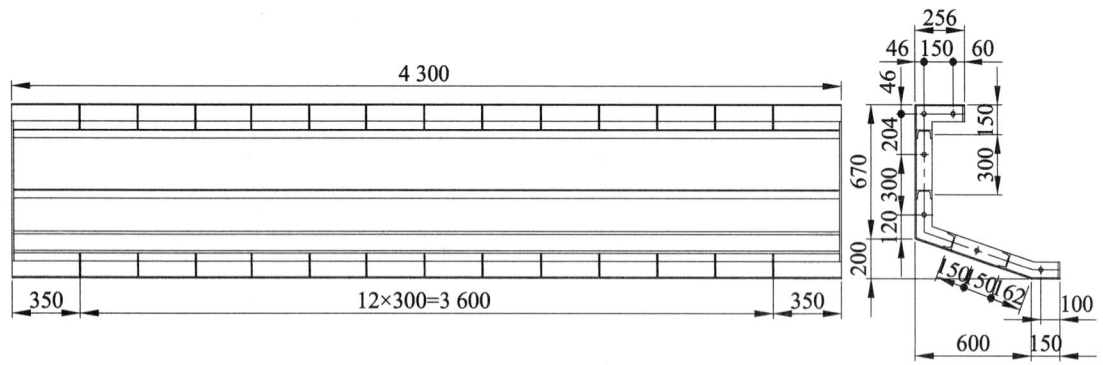

图 6.109 顶模 3 尺寸（单位：mm）

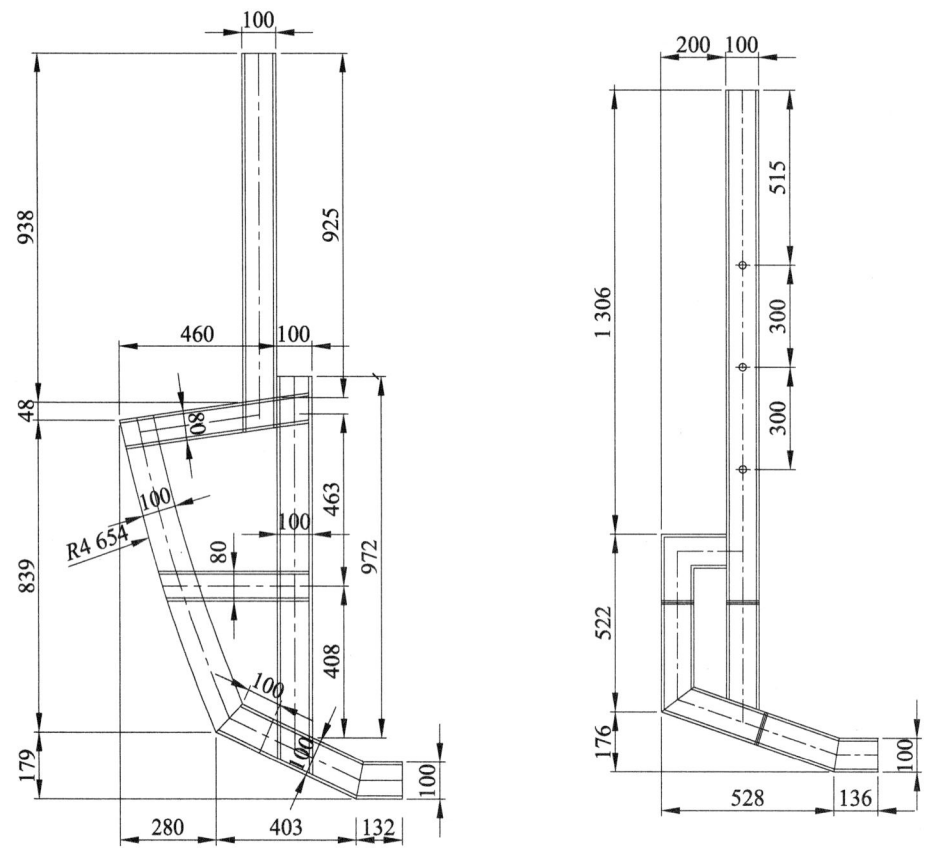

图 6.110 顶模支架 A、B 横断面（单位：mm）

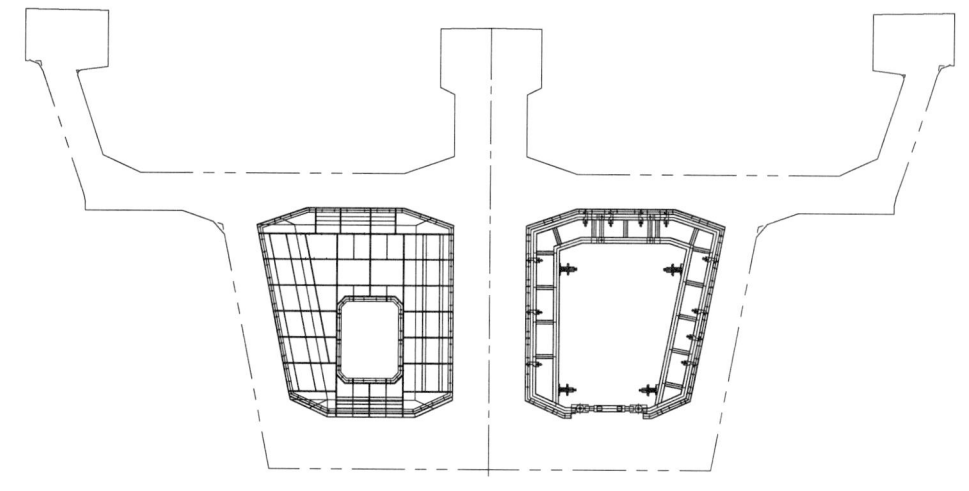

图 6.111 内模横断面图（单位：mm）

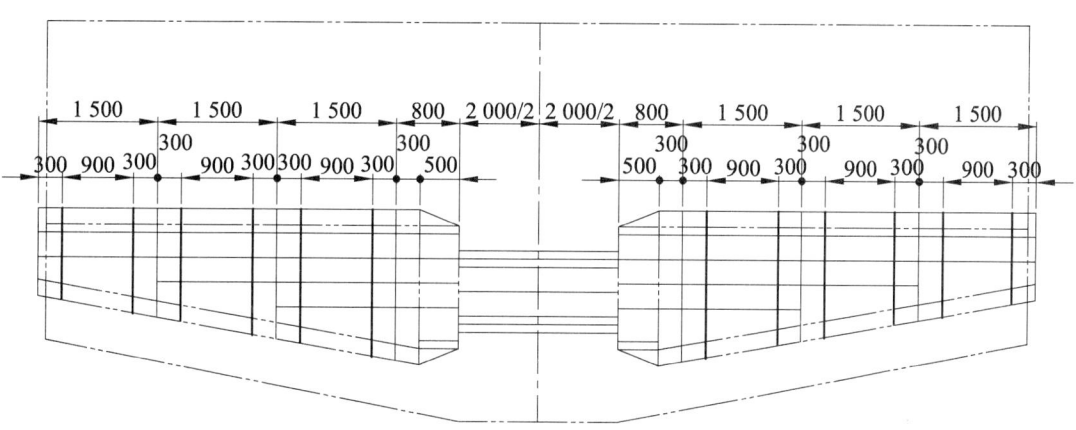

图 6.112 内模纵断面图（单位：mm）

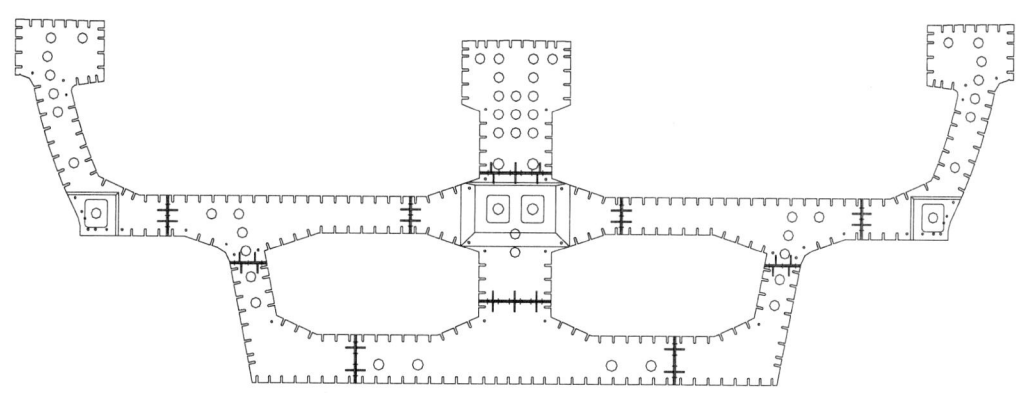

图 6.113 端模横断面图

图 6.114 0#块模板安装

6.4.7 预制悬拼梁 0#块混凝土工程

为保证 0#块梁段的施工质量，减少施工接缝，整体 0#块梁段一次灌筑成型。0#块模板安装如图 6.114 所示。为达到设计要求，应采取以下措施：

（1）混凝土由拌和站集中拌和、混凝土输送车运送到位。灌注的混凝土必须在最早灌注的混凝土初凝前全部灌注完。

（2）混凝土浇筑顺序为：底板、腹板、顶板。混凝土浇筑过程中严禁堆载其他杂物。总体浇筑顺序遵循：横桥向两侧对称进行，先浇筑中腹板，后对称浇筑边腹板；纵桥向由墩顶向两端对称浇筑。混凝土在底板的灌注分层厚度为 30 cm，腹板浇筑厚度为 50 cm，顶板浇筑不分层。混凝土捣固采用 $\phi 50$ 和 $\phi 30$ 插入式振捣器。钢筋密集处用小振捣器，钢筋稀疏处用大振捣棒。振捣棒距离模板 5～10 cm。震动棒移动距离不得超过振动棒作用半径的 1.5 倍。具体分块如图 6.115 所示。

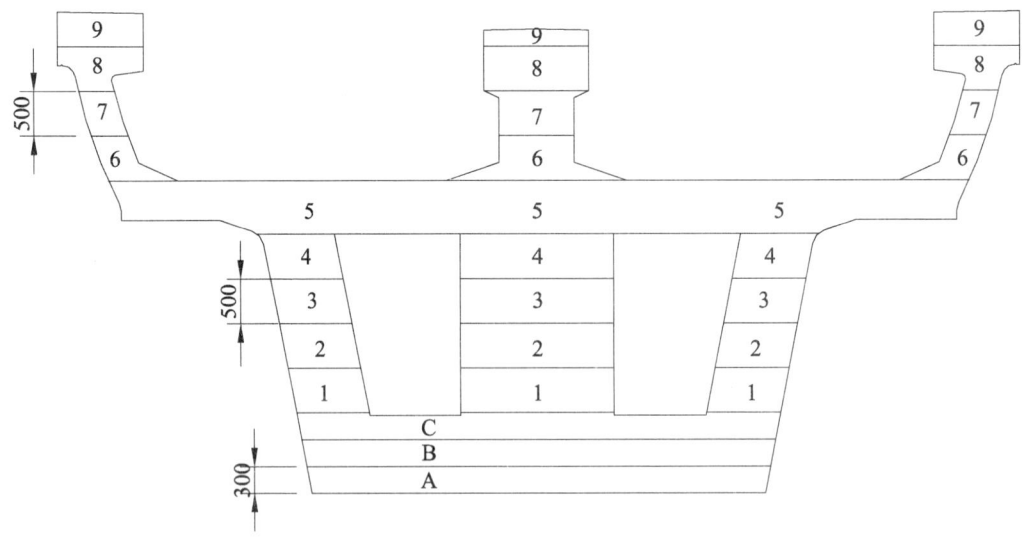

图 6.115 混凝土浇筑顺序分层图（单位：mm）

（3）对振捣人员要认真划分施工区域，明确责任，以防漏捣。振捣时要先选好点，尽量布点均匀,并保证波纹管不受损伤,齿块等钢筋密集处要加强振捣。为便于观察振捣效果,必要时使用电或安全电灯等照明工具。浇筑混凝土前,仔细检查模板的尺寸和牢固程度。在灌注过程中设专人加固模板,以防漏浆和跑模。混凝土灌注前先将木屑、松散混凝土等杂物用水或高压风冲洗。木模板要用水泡胀,防止其干燥吸水。灌注底腹板混凝土前,对钢筋顶面要用布或麻袋覆盖,以防松散混凝土黏附其土。混凝土倒入后,试验人员要检查混凝土的坍落度、和易性,如有不当之处要通知拌和站及时调整。在顶板混凝土浇注完成后,用插入式振捣器对顶腹板接缝处进行充分的二次振捣,确保连接处密实、可靠。

(4)混凝土灌注时应设专职指挥员,负责混凝土分配、坍落度调整、混凝土振捣和模板检查等事宜,以确保混凝土灌注按计划有序进行。0#块混凝土浇筑及振捣如图6.116所示。

图6.116 混凝土浇筑现场

(5)混凝土灌注结束后,要加强对梁段包括箱梁内侧和外侧的撒水养护。0#块浇注的混凝土体积大、水化热大,因此要特别注意箱内混凝土的养生。不同的季节采取不同的养护措施:夏季覆盖麻袋或海绵后撒水养护;冬季除给搅拌用水加热以保证混凝土的入模温度外,还需采取给梁段覆盖保温材料、封闭梁段阻止通风对流、适当延长拆模时间等措施,以做好混凝土的保温养护工作。0#块混凝土养护如图6.117所示。

图6.117 混凝土保温养护

6.4.8 预制悬拼梁 0# 块支架拆除

1. 拆除顺序

（1）预应力体系张拉完成灌浆结束后，完成受力体系转换且灌浆材料达到拆模强度时，即可拆除支架、模板。

（2）拆除采用人工拆除，机械运输的方法。拆除顺序遵守自上而下的原则，即后搭设的先拆除，先搭设的后拆除的原则。拆除时先拆除悬臂部分，再从跨中向两端对称拆除，防止因突然受力引起裂纹等。拆除时应慢慢卸载，决不可骤然放松，以防冲击过大。

（3）拆除 0# 块支架时，先用小锤敲松钢排架横向分配梁下部钢垫块及钢楔块，按照从上到下的顺序依次拆卸底模、木枋、钢排架等。拆除 0# 块钢管混凝土柱时，使用气割将钢管混凝土柱上部调节段内钢板割开，使上部调节段与箱梁底部脱离。

（4）拆除边跨现拼段支架时，先用气割将 2I56b 垫梁腹板割断，依次将纵向分配梁及平联、钢管柱等拆除。

2. 拆除安全保证措施

（1）支架经现场负责人确认不再需要时，拆除前的准备工作已完成后方可拆除。

（2）架子拆除时，周围设围栏或竖立警戒标志，地面设有专人监护，严禁非作业人员入内。

（3）拆除施工作业人员，必须戴安全帽、系安全带、穿防滑鞋。

（4）支架拆除严禁上下同时进行拆除作业。

（5）拆除时要统一指挥，上下呼应，动作协调，当解开与另一人有关的结扣时，应先通知对方，以防坠落。

（6）拆除时如附近有外电线路，要采取隔离措施，严禁架杆碰触电线。

（7）拆除的材料应用绳索拴住，利用吊车下运，严禁抛掷，运至地面的材料应按指定地点，随拆随运，分类堆放。

（8）待支架拆除完毕后，对施工场地进行清理，对建筑垃圾全部清除干净。

（9）仔细检查吊运设备包括钢缆绳是否安全可靠，吊运设备固定可靠。

（10）拆除所需的施工机械设备安装后必须按规定进行验收，合格后方可使用，做好验收记录，验收人员履行签字手续。

6.4.9 悬拼吊机安装施工

本工程预制 U 形梁节段悬拼设备采用 TJ160 型悬拼吊机进行吊装，该吊机由机架结构、走行系统、卷扬机、起重天车、锚固系统、旋转吊钩组、吊具分配梁等组成。悬拼吊机结构总图如图 6.118 所示。

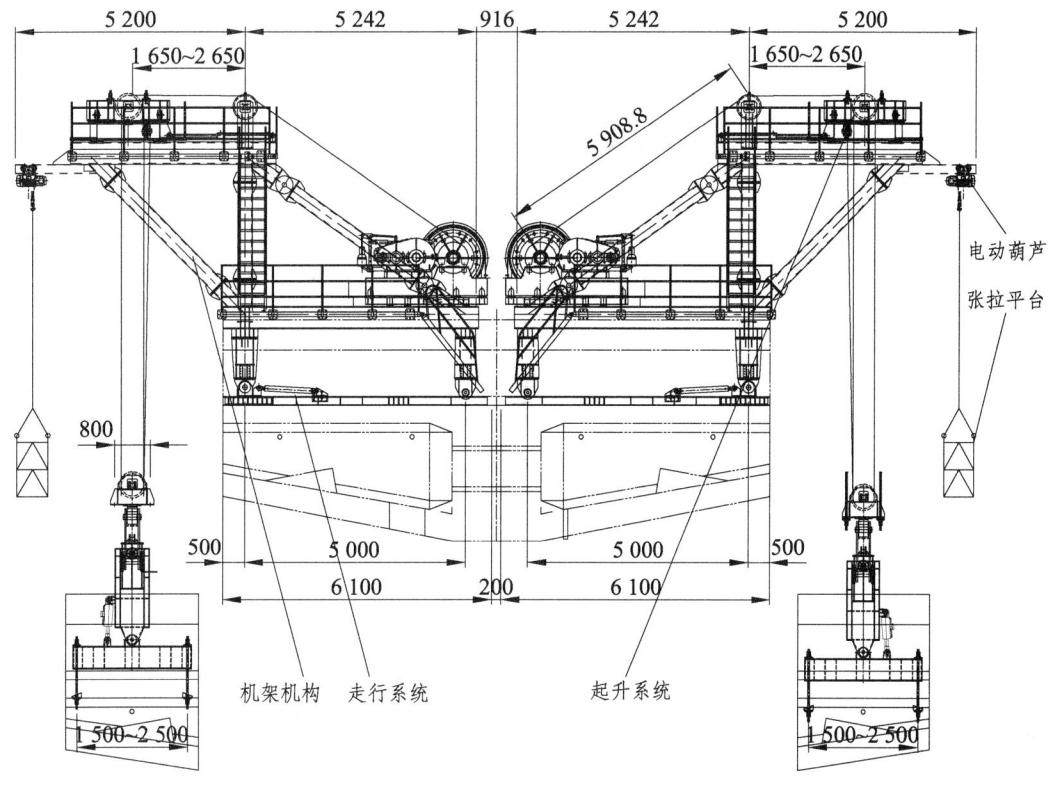

图 6.118 TJ160 型悬拼吊机结构总图（单位：mm）

1. 悬拼吊机安装

采用 25 t 汽车吊将行走系统轨道及支座吊装至桥面定位，在地面将机架结构拼装成整体，利用 120 t 汽车吊将机架结构整体吊装至桥面，与行走系统支座连接，安装后锚杆使机架与梁固结，再将卷扬机、天车系统安装到机架上。利用 25 t 汽车吊在地面将吊具系统及旋转吊钩组拼成整体，待电气系统调试完成后，穿绕钢丝绳。具体安装工艺流程如图 6.119 所示。

2. 走行系统安装

（1）在墩顶 0# 块现浇段安装轨道。走行轨道为自制轨道梁，分前后两段，在 0# 块上只安装第一节段轨道梁（长度 6.1 m），第二节段轨道梁（长度 3.2 m）待 1# 节段梁安装完成后再进行铺装。轨道对称布置在桥梁中心线两侧，间距 5.3 m，横向偏差不大于 5 mm，轨道前后高度差不大于 5 mm。

（2）在地面将滑靴及连接座拼成整体，整体吊装至桥面定位安装，前滑靴距梁端 0.5 m，前、后滑靴间距 5 m，偏差均不大于 2 mm，定位完成后应加装临时支撑固定，防止连接座转动。

（3）安装行走油缸及行走油缸座，如图 6.120 所示。

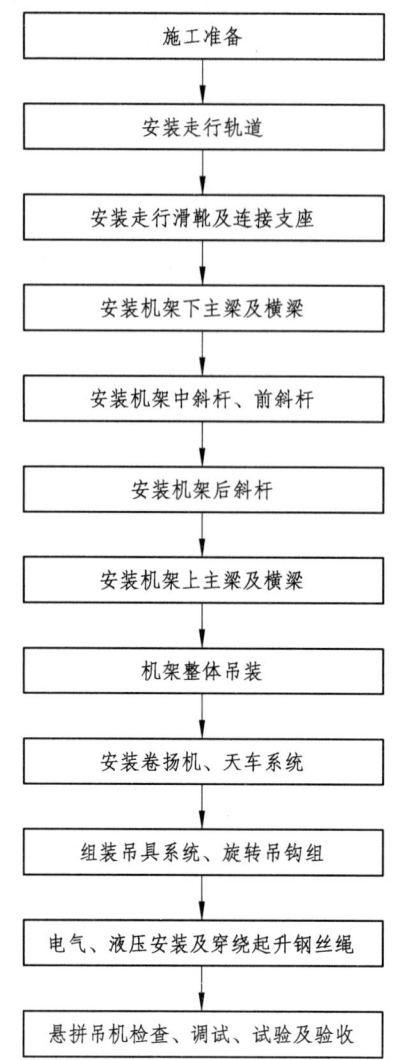

图 6.119 悬拼吊机安装施工流程

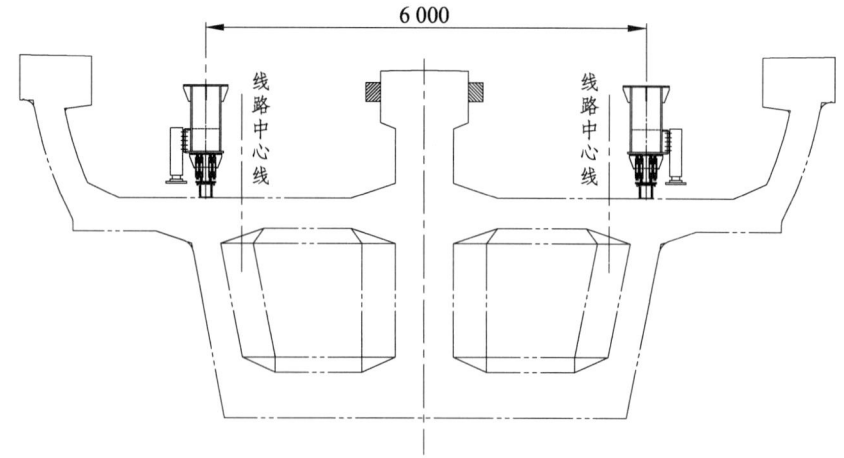

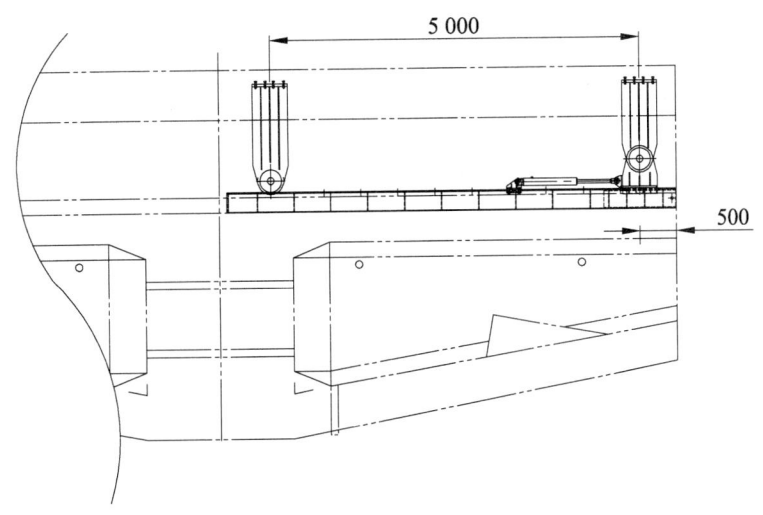

图 6.120 走行系统安装示意（单位：mm）

3. 机架安装

（1）将单侧下主梁摆放好，安装中间下横梁1、下横梁2及卷扬机平台，安装前在横梁下设置临时支撑点，再安装另一侧下主梁，形成一个整体平面框架。

（2）安装立柱1、立柱2，安装拉杆1、拉杆2，如图6.121所示。

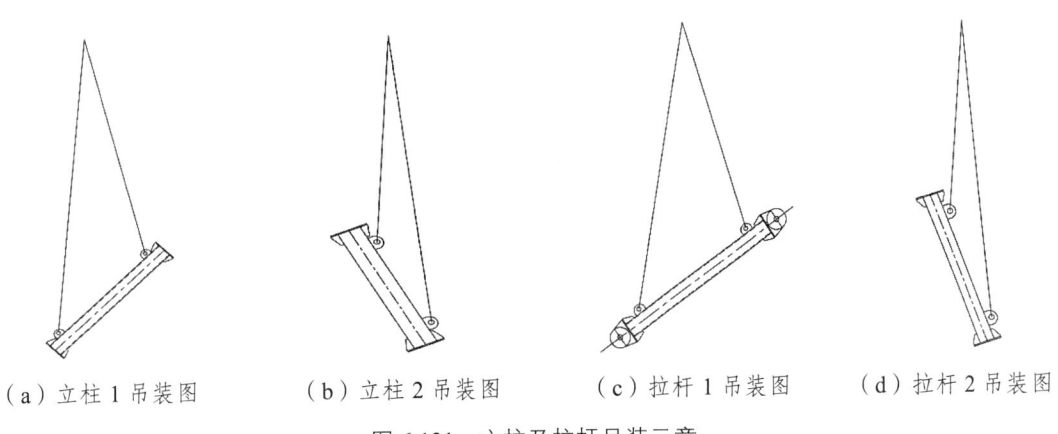

（a）立柱1吊装图　　（b）立柱2吊装图　　（c）拉杆1吊装图　　（d）拉杆2吊装图

图 6.121 立柱及拉杆吊装示意

（3）安装上主梁、上横梁整体构件，汽车吊吊装该构件与立柱、拉杆法兰对位后，插入冲钉定位，安装连接螺栓但暂不拧紧，吊机暂不松钩，另一台汽车吊起吊后斜杆与下主梁、上主梁连接耳板销孔对位，穿好销轴后，再拧紧上主梁与立柱、拉杆的连接螺栓，机架结构形成整体，吊机方可松钩，如图6.122所示。

（4）利用120 t汽车吊将机架结构整体提升至桥面与走行系统连接座连接，安装后锚固系统，吊机方可松钩，如图6.123～图6.125所示。

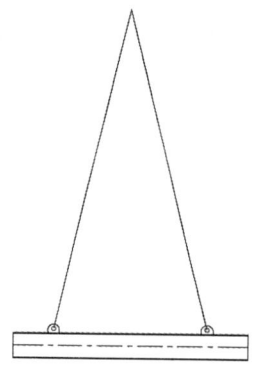
（a）上主梁吊装图

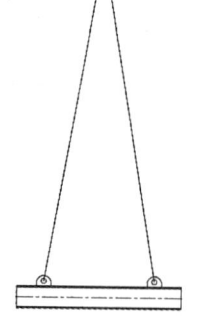
（b）上横梁吊装图

图 6.122　上主梁及上横梁吊装示意

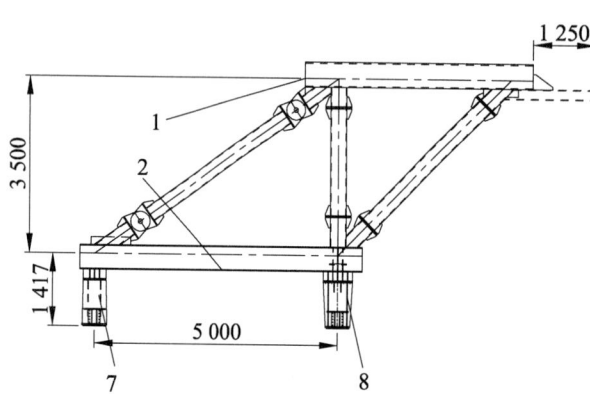

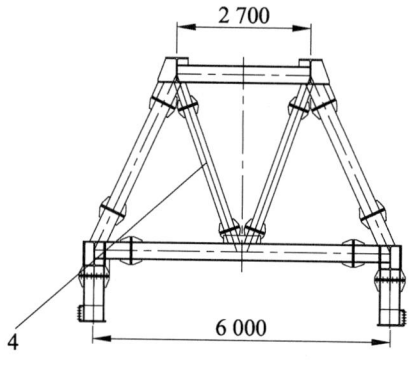

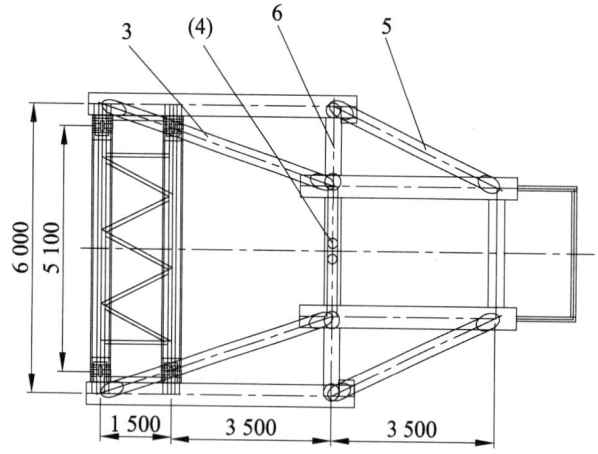

1—上框架，2—下框架1，3—拉杆1，4—拉杆2，5—立柱1，6—立柱2，7—支撑1，8—支撑2。

图 6.123　机架安装示意（一）

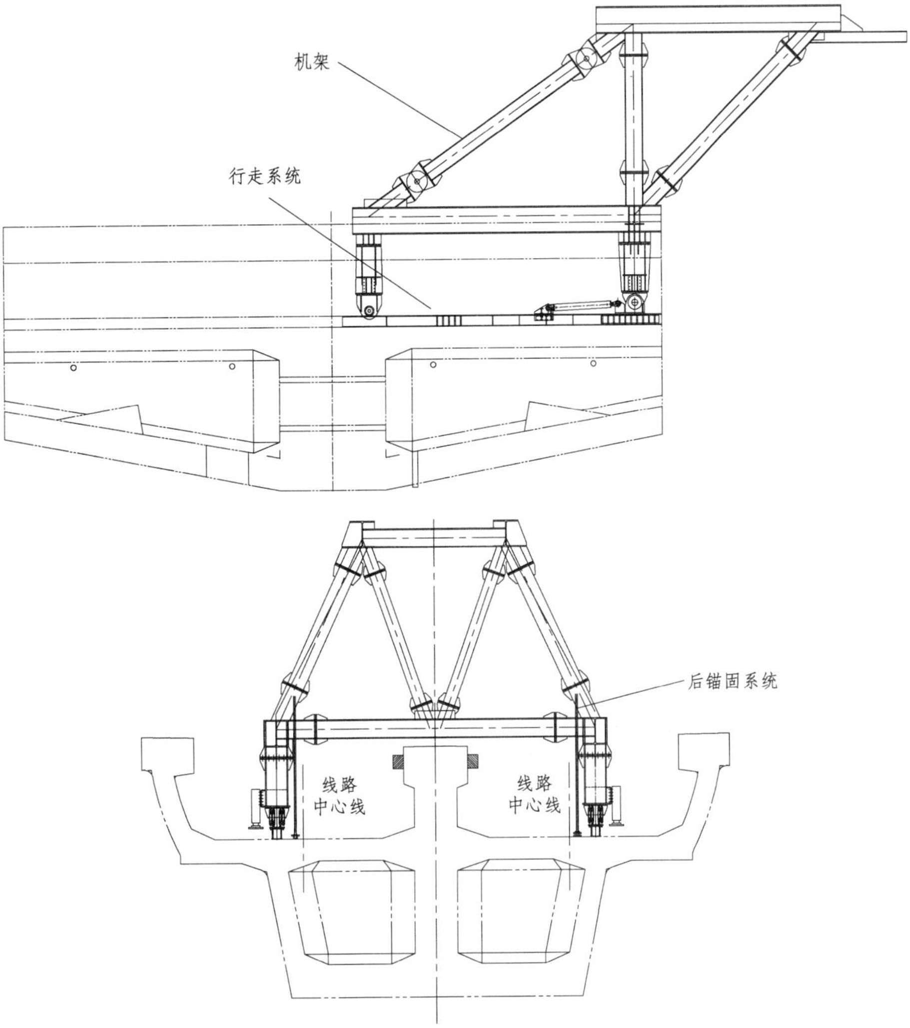

图 6.124 机架安装示意（二）

图 6.125 机架整体吊装

4. 卷扬机天车系统安装

（1）先安装卷扬机，卷扬机吊装安装完成后再安装天车。

（2）天车系统分为下部横梁系统和上部定滑轮组两部分，单件结构质量小于 1.8 t，整体结构质量小于 3.5 t，可利用 25 t 汽车吊分开吊装，也可利用起重量大的吊机整体吊装。

（3）安装纵移油缸及油缸支座，如图 6.126 所示。

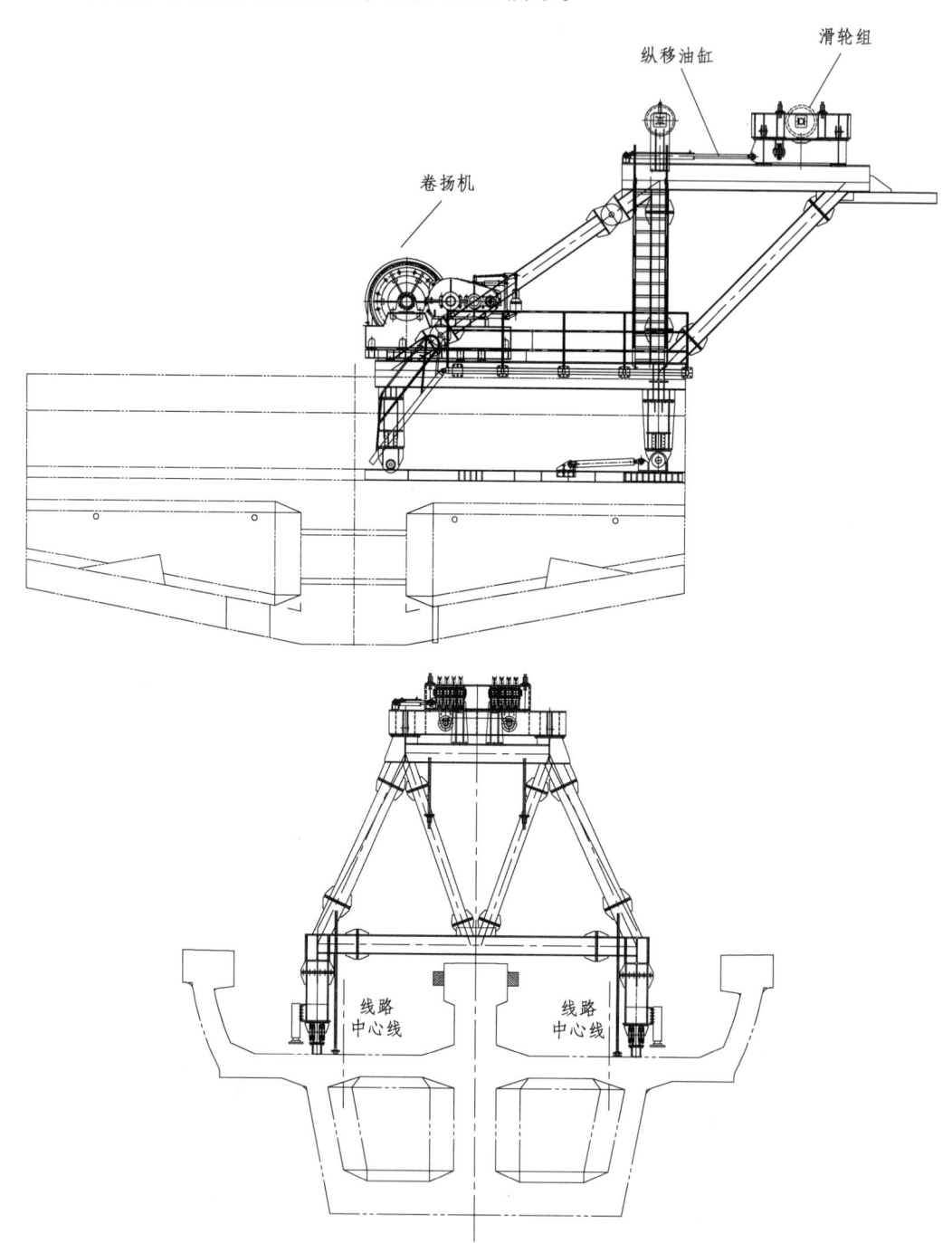

图 6.126 卷扬机及天车系统安装示意

5. 电气系统、液压系统安装

1）电气系统的安装

（1）配电箱、控制箱、电缆等电气装置必须摆放整齐有序，电气柜要有足够的抗风性能。

（2）电缆捆扎整齐，布置在不易人手触摸和脚踩的地方，可焊接钢管做布线通道。

（3）电源接头用绝缘胶布包扎良好，接头不能放在潮湿地上，不得使用破皮、老化电缆线。

2）液压系统的安装

（1）液压管路摆放有序，布置雅观，用管夹固定在箱梁的两侧，避开容易碰撞的部位布置。

（2）管路接头和液压油缸密封性能好，不漏油。

（3）油缸方向不得装反。

（4）定位安装泵站平台及泵站，泵站要满足防雨、防过热的要求。

6. 钢丝绳的穿绕

（1）起升系统钢丝绳的穿绕，必须按照绕绳示意图（图6.127）进行，走绳位置不得弄混，钢丝绳不得混用。

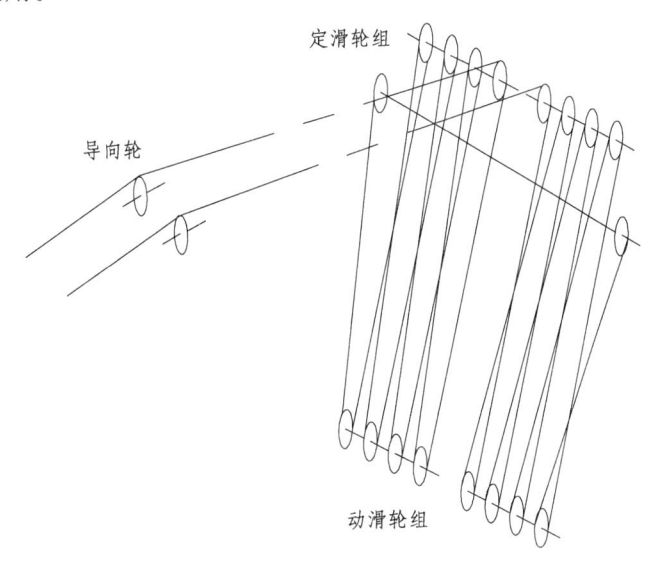

图 6.127　起升钢丝绳穿绕示意

（2）起升系统钢丝绳死头固定在天车系统上，安装时必须牢固可靠。

注意：① 钢丝绳穿绕前，需检查有无断丝、磨损、变形等缺陷，满足使用要求的才能安装（钢丝绳均为新购钢丝绳）；② 由于钢丝绳绳径较大，不易穿绕，可在绳端头接 $\phi 16$ 左右的钢丝绳做引绳，待穿绕完成后解除；③ 卷扬机在收放钢丝绳时，卷筒钢丝绳预留不得少于3圈。

7. 吊具分配梁安装

（1）旋转吊钩组在钢丝绳穿绕时安装。

（2）将 C 型框架 1 与横向分配梁组装好，置于吊钩下方。

（3）通过控制卷扬机升降旋转吊钩组，使旋转吊钩组与 C 型框架销孔对位，插入销轴连接。

（4）控制卷扬机将横向分配梁提升一定高度，将 C 型框架 2、拉板及纵向分配梁组装好，置于吊钩下方，吊钩下降，精确对位使横向分配梁与拉耳连接。旋转吊钩组、吊具分配梁安装如图 6.128 所示。

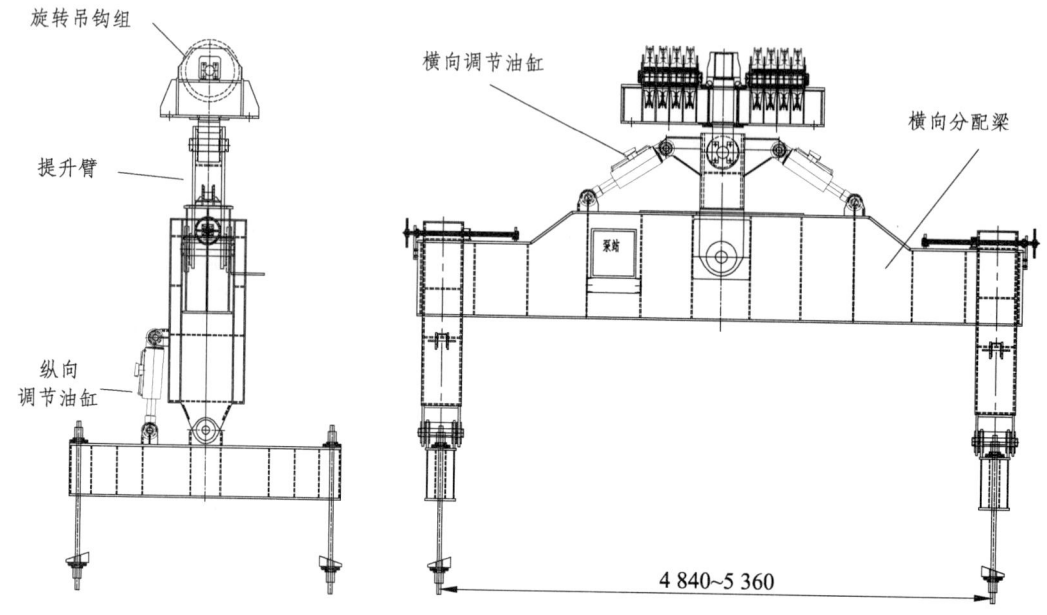

图 6.128　旋转吊钩组、吊具分配梁安装示意图

（5）安全装置安装。

① 安装重量传感器。

② 安装风速传感器。

8. 安装检查要求

（1）对所有安装螺栓、销轴等连接件进行检查，确保连接牢固可靠。

（2）对定滑轮、动滑轮、转向滑轮轴注足润滑脂。

（3）检查各安全装置是否正常，如行程限位开关，高、低速制动器，后锚固装置，等。

（4）对照电气原理图，检查电气系统的接线是否正确，各接头是否有松动。

（5）对照液压原理图，检查液压管路连接是否正确，各连接处是否有松动。

（6）检查卷扬机的润滑油面是否够高度，向各油箱、油泵注入液压油。

（7）检查悬拼吊机的定位是否准确，锚固连接是否可靠。

（8）通电，检查各指示灯是否正常闪亮。

（9）依次点动各个电动机，检查电动机旋向是否正确，如有不同，应换相改正。

（10）启动液压站电机，进行各油缸的空载动作试验。检查液压系统是否正常，不正常的均应采取措施排除。

（11）点动测试制动器是否正常，高度限位器是否正常，电器系统的保护、显示是否正常，不正常的均应采取措施排除。

（12）自检合格后，报请主管部门进行设备的检验取证。

9. 悬拼吊机转场

预制U形节段梁拼装完成后，悬拼吊机转场时，使用120 t汽车吊将悬拼吊机天车和机架分别吊装转运。

6.4.10 预制U形梁节段悬拼施工

1. 总体施工工艺介绍

预制U形节段梁悬臂拼装施工主要包括：悬拼吊机的前移校正、节段梁拼接、拼接缝施工以及预应力施工等。采用三跨一联的连续梁，主要梁段组成为：中墩0#块、悬拼节段梁、0#与1#块湿接缝、边跨湿接缝、中跨湿接缝、边跨支架现拼段。施工过程中以0#块为基准段，在其上安装TJ160型悬拼吊机作为预制节段梁的起重设备，起重节段梁，完成节段梁之间拼接缝施工及预应力施工等工作。

预制U形节段梁安装采用悬臂拼装施工，根据设计分段长度、梁段重量、外形尺寸、断面形状及各种施工荷载，确定采用TJ160型吊机。根据现场施工及工期进度计划，三跨一联的连续梁配置2组（4套悬拼吊机）进行施工。施工前悬拼吊机设备要进行必要的荷载试验，节段拼装连续梁的施工总体步骤如下：

（1）待墩身完成浇筑后，搭设墩顶0#块现浇支架，完成墩顶0#块浇筑施工。

（2）墩顶0#块浇筑完毕后，拆除墩顶相关支架，完成体系转换，使墩顶0#块支撑在钢管混凝土柱上，张拉临时墩锚固钢筋；利用汽车吊安装悬拼吊机，并进行检查、载荷试验，如图6.129所示。

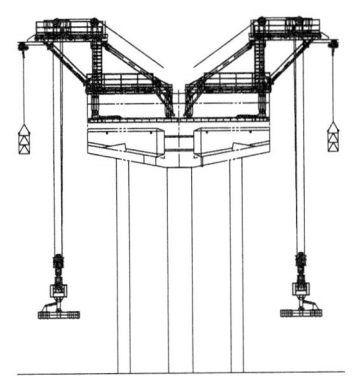 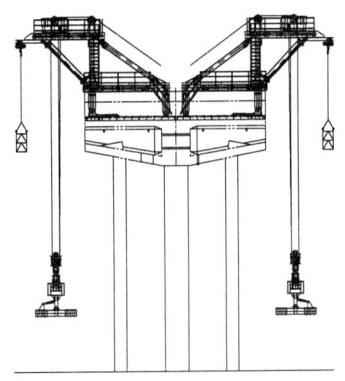

图6.129 悬拼吊机安装

（3）1#悬拼节段通过运梁车运输至桥下，通过两侧悬拼吊机对称起吊，然后起重天车纵移到位，如图6.130所示；1#节段与0#块现浇节段之间采用垫块抄垫，利用劲性骨架连接，安装模板，施工湿接缝钢筋及预应力管道等；浇筑湿接缝混凝土，待强度达到要求后，进行正式预应力的张拉，并在24 h内进行真空管道压浆，如图6.131所示。

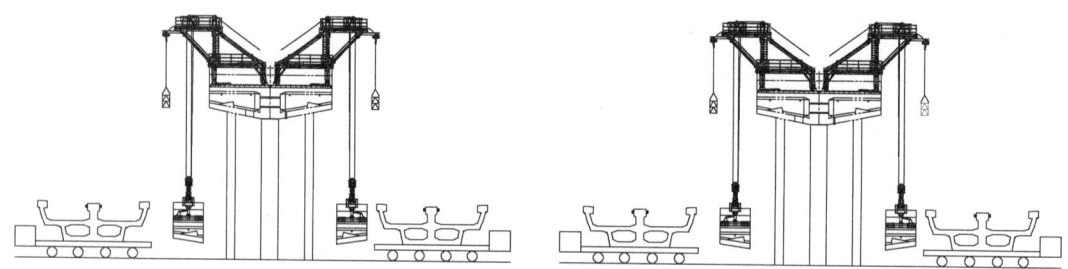

图 6.130 预制 U 形梁 1#节段吊装示意

图 6.131 预制 U 形梁 1#节段吊装实体图

（4）悬拼吊机铺设轨道至下一节段前端头附近，天车退回至桥面吊最末位置，将全部锚固连接器拆除，解除吊机锚固，启动走行机构顶推装置，利用走行机构油缸的伸缩功能，两端油缸同步顶出 500 mm，解除油缸反力座销轴，油缸缩回 500 mm，安装油缸反力座销轴，重复步骤以步进的方式吊机移动至下一节段指定位置，连接锚固连接器进行桥面吊锚固，开始架设下一预制节段梁，对称起吊，纵移到位后进行节段预拼对位。节段梁预拼完成后，脱开梁体向外平移 0.6 m，预留出涂胶作业空隙，张拉临时预应力；待黏结剂固化后张拉体内正式预应力束，并在 24 h 内进行真空管道压浆，两侧起重天车同步松钩。黏结剂涂抹及预应力张拉如图 6.132 所示。

图 6.132 黏结剂涂抹及预应力张拉

悬拼吊机移动至下一节段起吊前对吊机进行验收，验收主要内容有：① 后锚精轧螺纹钢锚固位置，即：吊装孔位置，箱室节段梁横向间距 4 984 mm，实心节段梁横向间距 5 100 mm，均距离梁端 500 mm；② 检查后锚点是否为 4 根 ϕ40 mm PSB930 精轧螺纹钢；③ 锚固点下方是否有垫板及 2 个螺帽；④ 检查后锚点外露丝杆长度是否大于 3 丝；⑤ 验收完毕后形成验收记录。

（5）重复悬拼吊机走行、预制节段梁悬拼架设步骤架设剩余节段梁至合龙口，利用汽车吊拆除边跨悬拼吊机，拆除过程中保持原位对称拆除（汽车吊辅助），如图 6.133 所示。

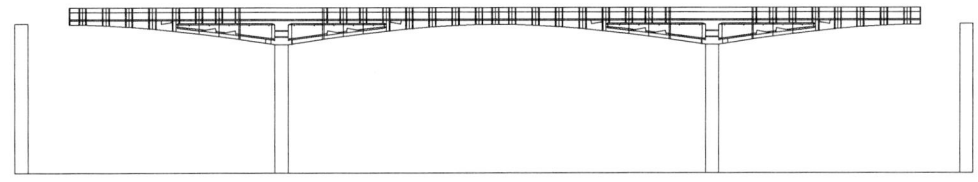

图 6.133 悬拼吊机拆除示意

（6）搭设边跨现拼段拼装支架（可在标准节段吊装过程中穿插进行）；利用汽车吊或履带吊吊装边跨支架现拼段，进行标高位置调整。边跨现拼段采用钢管柱支架施工，如图 6.134 所示。

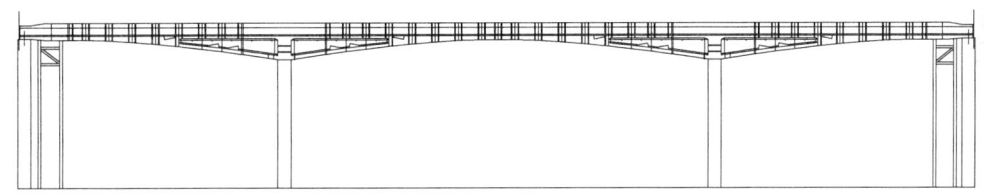

图 6.134 边跨现拼段施工示意

（7）利用汽车吊或履带吊吊装边跨过渡段至拼装支架上，按预拼、涂胶、张拉临时预应力、张拉体内正式预应力束的施工工艺进行边跨支架现拼段与边跨现拼段过渡节段之间的胶结作业。

（8）安装中跨合龙口吊架，安装模板，进行合龙口钢筋、预应力管道的施工；临时锁定合龙口 U 形梁，再进行中跨合龙段混凝土施工。待混凝土强度达到要求后再进行正式预应力张拉，并在预应力张拉完成之后 24 h 内进行预应力管道真空压浆；完成边跨直线段支架卸载，解除全桥临时预应力钢筋。

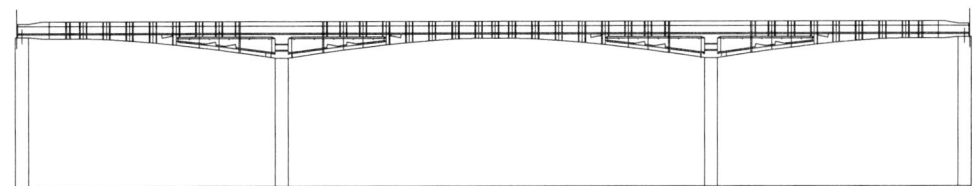

图 6.135 合龙后桥型示意

2. 施工工艺流程

预制 U 形节段梁悬臂拼装施工流程如图 6.136 所示。

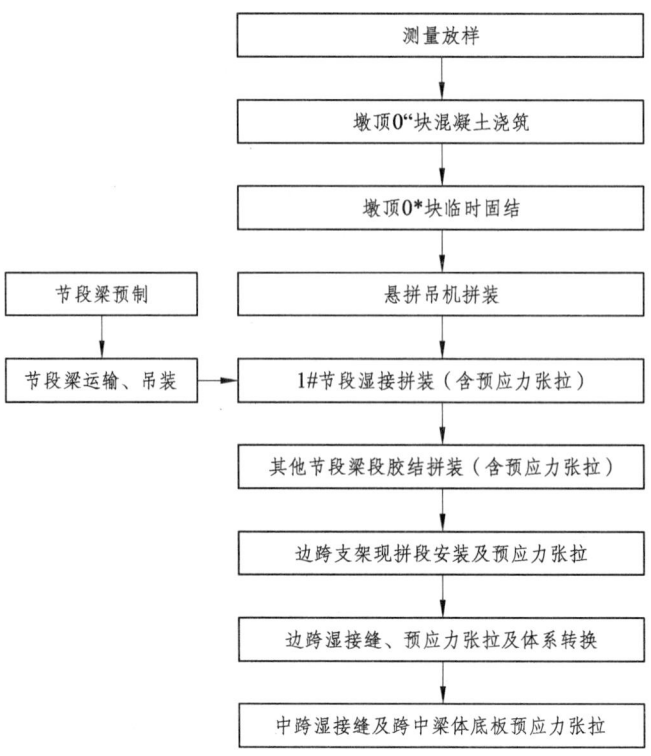

图 6.136　预制 U 形节段梁悬臂拼装施工流程

3. 节段梁装车及运输

1）节段梁装车

（1）提梁机应由专人开车，司机应经过专业培训，熟悉提梁机的结构特点和操作方法，并经考试合格后发放合格证书，才允许开车。

（2）司机工作时，只能听从地面专人员指挥（并且只能有 1 人指挥），但是无论什么人发出停车信号时均应停车，查明情况再开车。

（3）每日每次开车前，必须检查所有机械和电气设备是否良好，操作系统是否灵活，并按规定对设备进行保养和润滑。

（4）每班第一次吊运物品以使吊运接近额定负荷的物品时，司机均应先将重物起重至不超过 0.5 m 高度，然后下降到接近地面时制动；禁止超负荷使用。

（5）提梁机吊运物品时，应鸣铃让人躲开或绕开，禁止从人头顶通过，开车前必须发出开车警告信号。禁止倾斜吊运物品，禁止人随物品一起升降。

（6）不允许长时间吊重于空中停留，提梁机吊装重物时，司机和地面指挥人员不得离开。

（7）交接班时，两个班的司机应共同检查全机的机械设备和电气设备情况，并填写"司机日表"。

（8）提梁机工作完毕后，开到指定地点，将所有手柄均转到零位，切断电源。提梁机检查时应切断电源，且挂"有人检修"的牌子，以免误开车造成重大事故。

（9）突然断电时，要将主电路开关切断，将所有控制器手柄转至零位。

（10）禁止在六级以上风力下工作。

2）节段梁运输

预制节段梁采用 180 t 运梁车运输，运梁过程中节段梁翼缘顶宽度方向与运梁车的长度方向保持一致，节段梁的长度方向与运梁车的宽度方向保持一致。节段梁下部用方木等可靠措施加以支垫固定，以保证梁段安放平稳（节段梁吊运如图 6.137 所示）。运梁前在交管部门办理大件运输手续，批准架梁后方可运梁。运输过程中应注意如下事项：

图 6.137　提梁机吊梁至运梁车

（1）节段梁的垫点和装卸车时的吊点，不论上车运输或卸车堆放，都应按设计要求进行。挂车及桥梁悬挂警示标志，白天悬挂三角红旗，夜间安装 LED 警示灯并派专车沿途进行开道和押运。

（2）运输道路必须平整坚实，并有足够的路面宽度和转弯半径。运梁车在正常行驶途中，严禁左右晃动方向，紧急制动，空挡滑行，在制动前应余留制动距离，驾驶时确保平稳。

（3）运梁车在专门配备的指挥人员指挥下驶出制梁场时，应控制车速在 3 km/h 内；运梁车在整体驶入正式公路前，应停车整体检查；确认无问题后，在专门配备的指挥人员指挥下开始行驶，直行速度控制在 5 km/h 内；路口转向时，控制车速在 3 km/h 内；节段梁在运输时要固定牢靠。

（4）注意运输沿途上空有无障碍物，若不能满足车辆顺利通过，应及时采取措施。在转道路口，要注意道路上的来往车辆，以免发生安全事故。

（5）根据吊装顺序，先吊先运，保证配套供应。运梁车进入施工现场，项目要配合监理工程进行运输质量验收，如图 6.138 所示。

图 6.138　预制 U 形节段梁运输至吊装现场

4. 节段梁架设施工准备工作

1）悬拼设备准备工作

（1）在 TJ160 型悬拼设备进场之前，必须对设备专用动滑轮组、大扁担梁、过度梁、吊杆、螺母、销轴、钢丝绳等部件检算无误，必须设计使用要求。

（2）在预制节段梁吊装以前，必须检查确保 TJ160 型悬拼起重机后锚固已锚固在桥上，天车及吊具各个动作运行正常，检查节段梁孔道、结合面是否符合要求。

2）悬拼吊机空载及重载试验

在悬拼起重吊机在正式起吊之前，必须进行空载和重载试验；空载和重载试验合格后，并经过监理工程师验收合格后方可正式吊装。表 6.6 列出了具体检验项目、检验内容及要求。

（1）空载试验目的：

① 检测桥面吊空载时的性能参数。

② 检查各机构工作是否完好正常。

③ 通过各种参数测定，检查动力、液压系统与整机性能匹配情况。

④ 检查液压系统工作有无渗漏、振动，温升是否正常。

⑤ 检查各仪表显示是否正确，工作指示是否正常。

⑥ 检查桥面吊起重安全装置是否可靠，紧急停机系统是否灵敏。

⑦ 检查各轮组承载是否均衡。

⑧ 检查各部位连接是否可靠。

（2）重载试验目的：

① 检查桥面吊主要钢结构的强度、刚度是否达到设计要求。

② 检查液压系统工作是否平稳，有无渗漏、振动，温升是否正常。

③ 检查各工作系统参数是否符合合同规定。

④ 检查各部件连接是否可靠。

⑤ 检查桥面吊制动装置是否可靠，紧急停机系统是否灵敏。

⑥ 检查吊重平衡系统是否灵敏，各吊点误差是否在技术要求内。

⑦ 检查各轮组承载力是否均衡。

⑧ 检查劳动力组织、指挥方法、联络方式是否适应桥面吊作业。

表 6.6　TJ160 型悬拼吊机空载及重载试验

序号	类别	检查项目	检查内容及要求	检查结果
1	试运转前检查	液压系统、变速箱、各润滑点及运动机构	所加注润滑油的性能规格和数量符合随机文件的规定	
		制动器、起重量限制器、液压安全溢流装置、超欠电压保护、过流保护装置	按随机技术文件的要求进行调整和整定	
		限位装置、电气系统、联锁装置和紧急断电装置	灵敏、正确、可靠	
		电动机运转方向、操纵手柄、按钮、控制器的操作指示方向	与机构的运动、动作实际方向要求相一致	

续表

序号	类别	检查项目	检查内容及要求	检查结果
1	试运转前检查	钢丝绳的固定及其在取物装置、滑轮组和卷筒上的缠绕	正确、可靠	
		起重天车的缓冲、车挡	安装正确,动作灵敏,安全可靠	
2	空载试验(分别进行各挡位下的起升和下降,小车运行和取物装置的动作试验,次数不应少于3次)	各机构、电气控制系统及取物装置	在规定的工作范围内,能正常动作	
		操作手柄、操作按钮、主令控制器	与各机构的动作一致	
		限位器、安全装置、联锁装置	执行动作灵敏、可靠	
		起升机构	起升机构动作动前有报警声或铃声	
			起重天车行走至轨道端部极限位置时,端部报警和限位准确、可靠	
			起升和取物装置上升至终点和极限位置时,其减速终点开关和极限开关的动作灵敏、准确、可靠,及时报警断电	
			小车运行至极限位置,其终点低速保护、极限报警和限位准确、可靠	
3	额定载荷试验	操作手柄、操作按钮、主令控制器	与各机构的动作一致	
		电气系统联锁、互锁装置和馈电装置	灵敏、正确、可靠	
		限位装置、安全装置	执行动作灵敏、可靠	
		液压系统、各机构运转情况、变速箱、各润滑点及运动机构润滑	液压系统工作正常无渗漏,各机构运转正常;变速箱、各润滑点及运动机构润滑正常	
		主结构	将小车开至主梁跨中处,起升额定起重量的负荷离地面200 mm,待起重机及负荷静止后,测出其下挠值,挠度不大于 $S/700$。试验后检查起重机无裂纹、连接松动、构件损坏等影响起重机性能和安全的缺陷	

续表

序号	类别	检查项目	检查内容及要求	检查结果
4	静载试验（1.25倍载荷）	主结构	将小车停在起重机主梁跨中处，无冲击的起升起重量的1.25倍的载荷（现场吊装1#节段）距地面100~200 mm处，悬吊停留10 min后，无失稳现象	
			卸载后提梁机金属结构无裂纹、焊缝开裂、油漆起皱、连接松动和影响起重性能与安全的损伤，主梁无永久变形	
			小车卸荷后开到跨端处，检测提梁机的上拱度，上拱度不小于$0.7S/1\,000$	
5	动载试验（1.1倍载荷）	运转情况	各机构的动载试运转在全程上进行；试验负荷为起重量的1.1倍（现场吊装1#节段），累计启动及运行时间不少于1 h。各机构的动作灵敏、平稳、可靠，安全保护、联锁装置和限位开关的动作灵敏、准确、可靠	
		制动器制动性能	试验中，制动器制动有效、可靠，空中启动时未出现反向动作与下滑现象	
		机构及部件	卸载后，起重机的机构、结构无损坏、永久变形、连接松动、焊缝开裂和油漆起皱，液压系统和密封处无渗漏	

5. 节段梁架设施工

1）节段吊装总体概述

（1）各节段吊点设置。

带有箱室的节段梁吊点横向距离中腹板轴线2 492 mm，实心段节段梁吊点横向距离中腹板轴线2 500 mm，纵向距离梁端均为500 mm，具体如图6.139~图6.141所示。

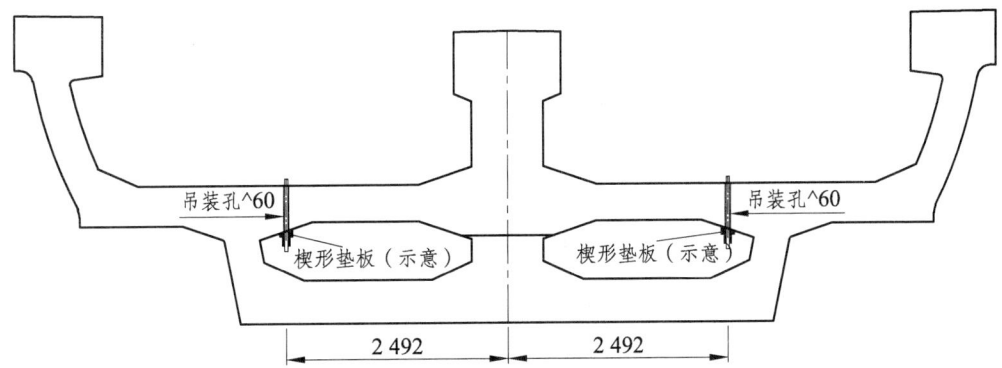

图 6.139 带有箱室的节段梁吊点横向距离（单位：mm）

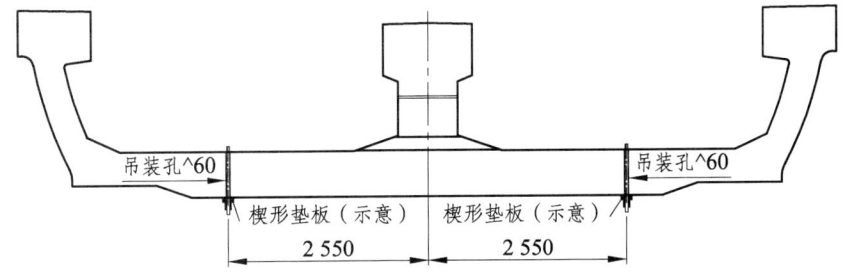

图 6.140 实心段节段梁吊点横向距离（单位：mm）

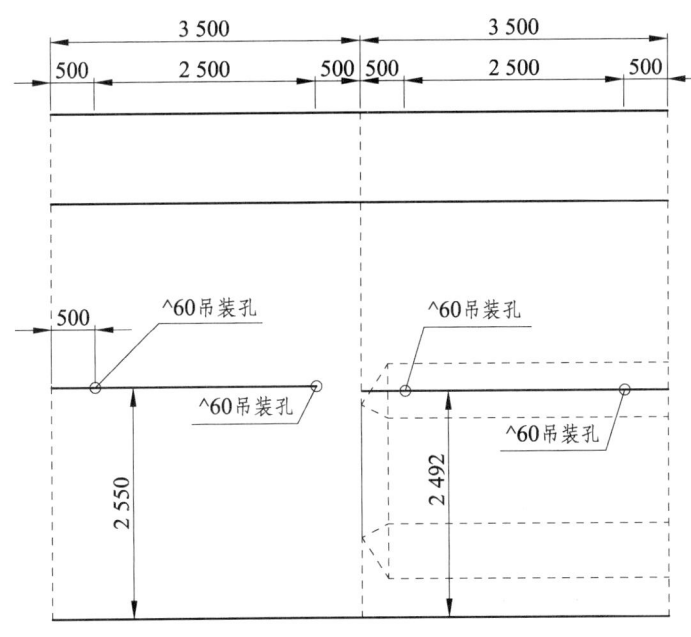

图 6.141 吊装孔纵向距离平面图（单位：mm）

（2）悬拼吊机吊装节段梁。

悬拼吊机支腿位置设置在吊装孔处，由卷扬机带动钢丝绳通过吊装扁担将节段梁从地面吊起，前部设置由电动葫芦控制方向的张拉平台，具体悬拼吊机在梁顶站位及节段梁吊装位置如图 6.142、图 6.143 所示。

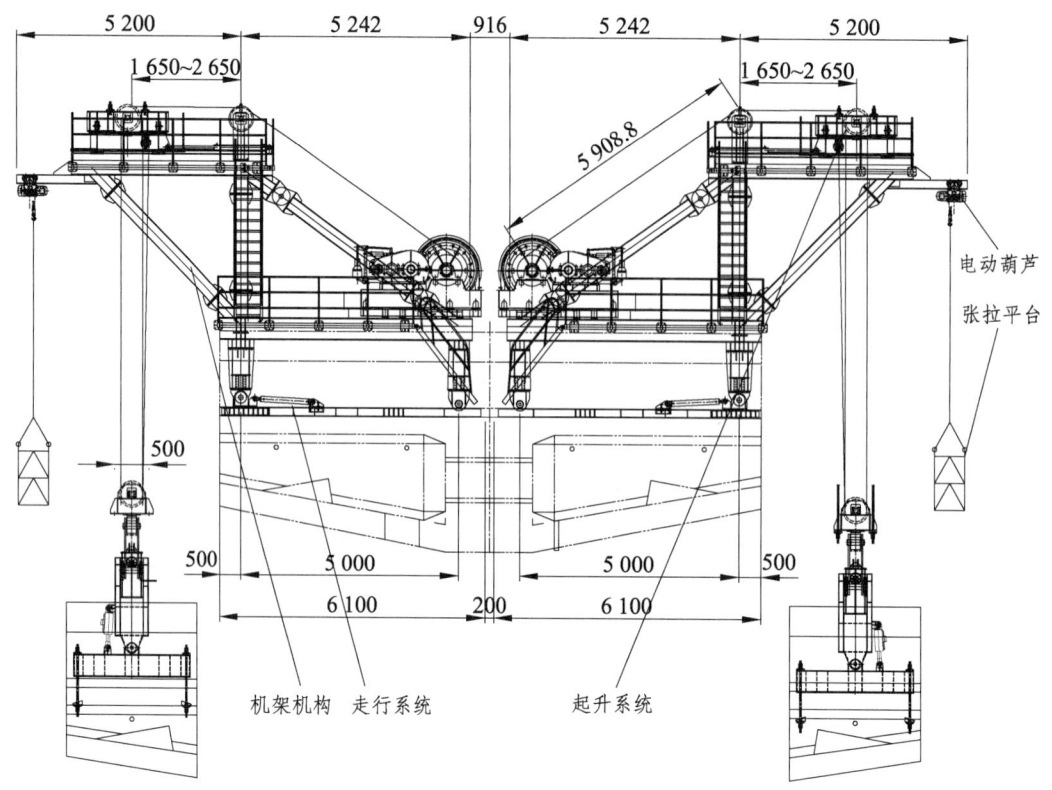

图 6.142　节段梁吊装悬拼吊机梁顶站位纵断面图（单位：mm）

2）1#节段梁架设

（1）1#节段梁经两台起重天车起吊至与已拼装梁段相同高度后停止，缓慢调整天车纵移油缸，使 1#节段梁与 0#段之间的间距调整到 20 cm。等梁段稳定后，通过吊具的三向调整功能对起吊梁段的位置调整。

（2）安装天车及吊具分配梁之间的辅助吊杆，节段梁左右方向每侧 2 根吊杆上端由横梁相连，并在横梁与天车之间设置 1 个 60 t 液压千斤顶。通过辅助吊杆上的千斤顶对节段梁标高及左右高度偏差进行微调，使节段梁精确对位。

（3）节段梁拼装过程中的调整措施：

① 通过起重小车的纵向移动调整节段梁的纵向位置。
② 通过起重小车上的卷扬机调整节段梁的高度。
③ 通过起重小车上的横向水平千斤顶微调节段梁的横向位置。
④ 通过吊具上的千斤顶调整节段梁的纵向倾角。
⑤ 通过吊具上的千斤顶调整节段梁的横向倾角。
⑥ 通过辅助吊杆千斤顶精确调整节段梁高度及横向倾角。

（4）劲性骨架安装。

节段梁悬臂拼装过程中，首节预制梁与墩顶现浇 0#块采用 20 cm 湿接缝连接。在施工时其主要方法为：先采用悬拼吊机对称吊装 1#节段，纵向移动到位后，安装固定好钢楔块，通过天车上三向调节装置调节 1#节段的空间位置，焊接已经预留好的劲性骨架对梁段进行锁定，如图 6.144 和图 6.145 所示。

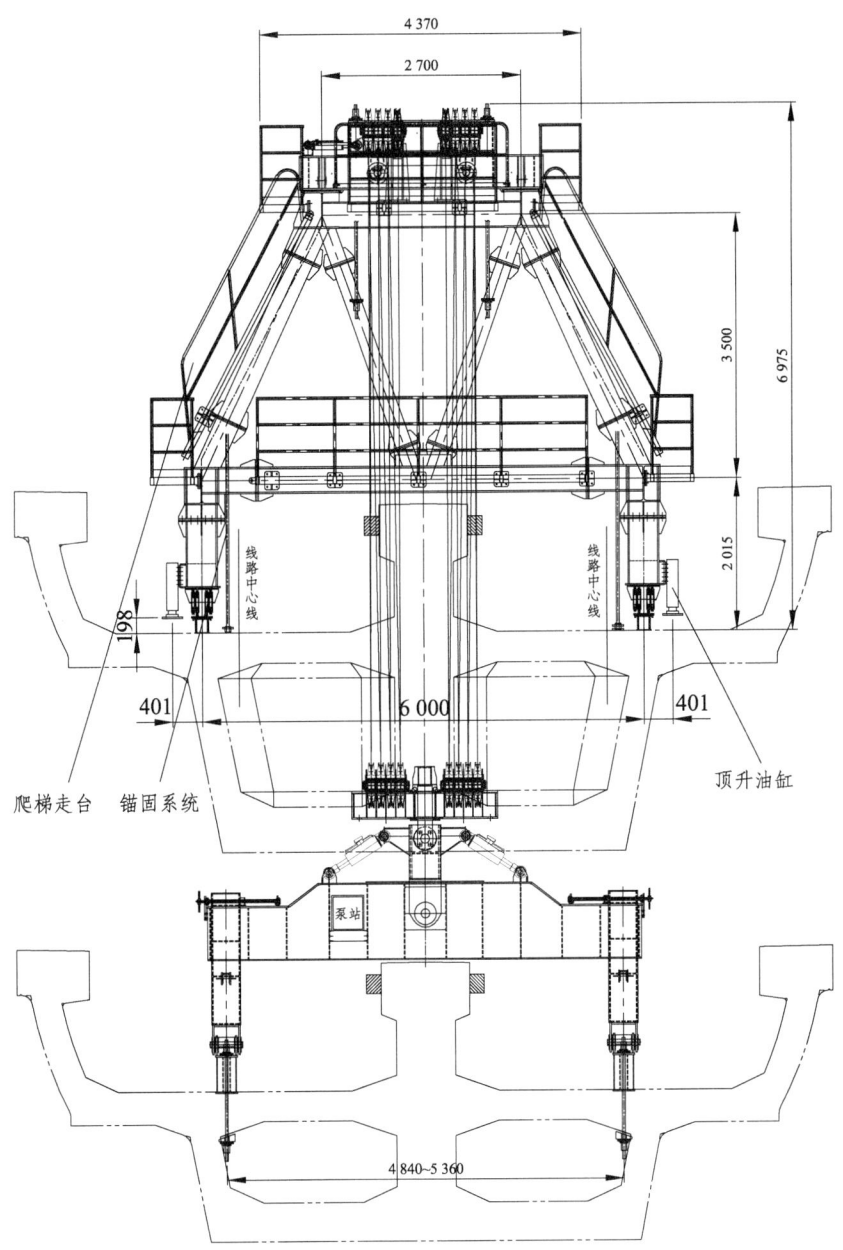

图 6.143 节段梁吊装悬拼吊机梁顶站位横断面图（单位：mm）

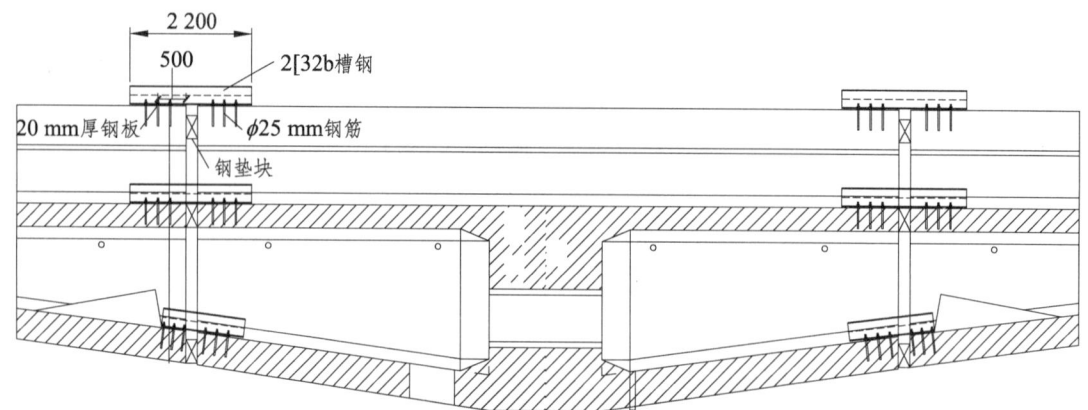

图 6.144 预制 U 形梁 1#节段与 0#块湿接缝锁定立面图（单位：mm）

图 6.145 预制 U 形梁 1#节段与 0#块湿接模板安装

0#块与 1#节段共设置 6 道劲性骨架，单道劲性骨架需在 0#块与 1#块施工过程中预埋 6 根 $\phi25$ mm 长度 0.45 m 的钢筋，其中埋入混凝土内尺寸为 0.35 m，外露 0.1 m。钢筋上部为 20 mm 厚钢板，钢板尺寸为 0.5 m×0.5 m，距离梁端 0.5 m，钢板与钢筋通过 2 个 M25 螺帽相连。钢板上以 2I32b 槽钢作为劲性骨架刚性支撑，其中翼缘板与箱室顶板上部刚性支撑长度为 2.2 m，下部箱室结构内刚性支撑长度为 1.5 m。双拼槽钢与钢板双侧焊接，焊缝高度满足 10 mm，单侧设置 5 道加劲板，具体劲性骨架布置如图 6.146~图 6.148 所示。

3）其他节段架设施工

为保证两节段拼接面能够正确匹配，减少黏结剂涂抹后节段位置调节时间，在涂抹黏结剂前进行预抹拼装。

（1）梁段经 2 台起重天车起吊至与已拼装梁段相同高度后停止，缓慢将天车向已拼梁段靠拢，在快靠拢时，用木楔在两梁段接缝间临时塞垫，防止梁段撞伤。等梁段稳定后，通过吊具的三向调整功能对起吊梁段的位置调整，使其与已拼梁段端面匹配。

（2）取出垫木，缓慢驱动天车将起吊梁段与已拼梁段拼接，到位后观察上、下接缝是否严密，有无错台，试拼装时，调整待拼节段标高，节段拼接面靠拢，保证节段拼接面完全匹配。

（3）安装天车及吊具分配梁之间的辅助吊杆，节段梁左右方向每侧 2 根吊杆上端由横梁相连，并在横梁与天车之间设置 1 个 60 t 液压千斤顶。通过辅助吊杆上的千斤顶对节段梁标高及左右高度偏差进行微调，使节段梁精确对位

（4）预拼时匹配面完全吻合后，测量同时检查节段梁节段标高、轴线等，确定是否需要采取垫环氧垫片等措施调整其安装位置。检查预应力孔道接头对位情况，消除或降低存在的偏差至符合要求。

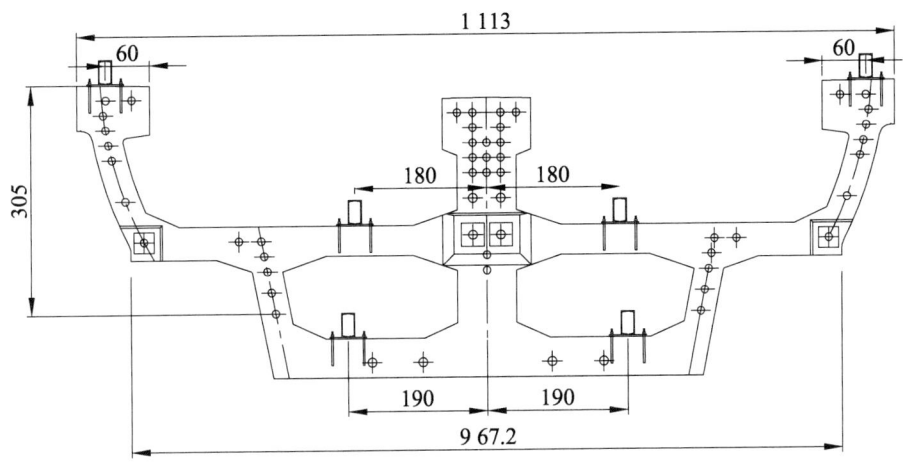

(a) 0#块劲性骨架预埋横断面图

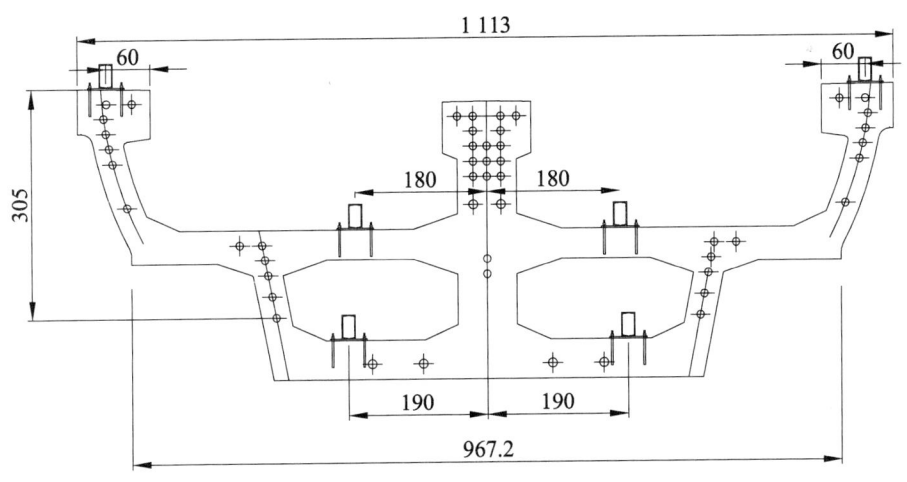

(b) 1#块劲性骨架预埋横断面图

图 6.146　劲性骨架布置立面图（单位：cm）

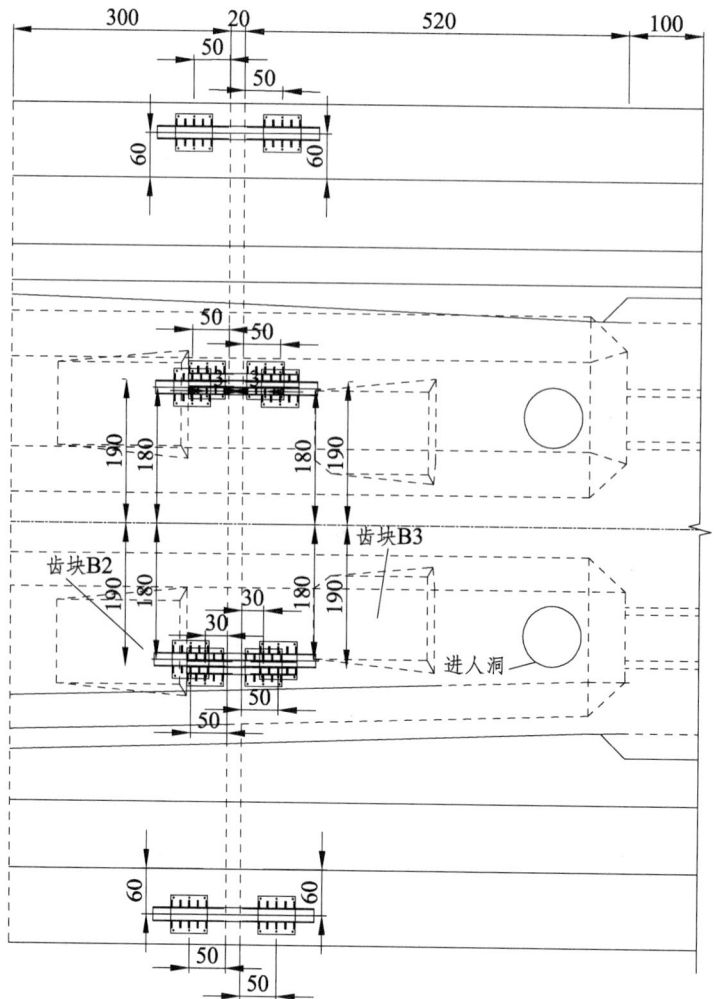

图 6.147 劲性骨架布置平面图(单位:cm)

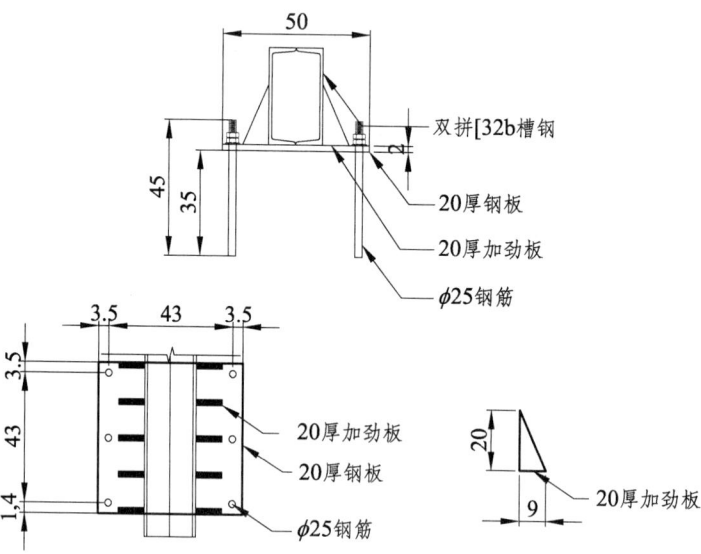

图 6.148 劲性骨架大样图(单位:cm)

（5）节段梁拼装过程中的调整措施：

① 通过起重小车的纵向移动调整节段梁的纵向位置。

② 通过起重小车上的卷扬机调整节段梁的高度。

③ 通过起重小车上的横向水平千斤顶微调节段梁的横向位置。

④ 通过吊具上的千斤顶调整节段梁的纵向倾角。

⑤ 通过吊具上的千斤顶调整节段梁的横向倾角。

⑥ 通过辅助吊杆千斤顶精确调整节段梁高度及横向倾角。

（6）调整过程中注意以下事项：

① 预拼时如发现有剪力键与剪力槽不吻合时，用磨光机或电镐清除多余混凝土。

② 预拼时根据上下顶板剪力键公母槽对应的位置可以确定梁体的横向位置。

③ 根据斜腹板剪力键的公母槽对应的位置可以确定梁体的高程位置，因为天车吊着梁段时中腹板会下挠，所以忽略中腹板剪力键的高程偏差。

④ 位置预拼好后，用记号笔在梁体内划线做好标记，脱开梁体进行涂胶。

（7）环氧胶（黏结剂）涂抹。

节段梁预拼完成后，应脱开梁体向外平移0.2 m，留出涂胶作业空隙。

① 涂胶前，梁段匹配面必须清理干净，确保无灰尘、无浮浆、无固化剂、无油污或其他不利于黏结的污染物。混凝土表面可以干燥或微微潮湿，如有水、霜或冰时不得进行涂胶作业。

② 梁段匹配面两端均需涂抹胶体，由作业人员带手套用手涂抹，涂胶要均匀饱满，保证涂抹厚度3 mm。涂胶完成后，用铲子抹平，距离涂胶边1~2 cm处，增加涂胶厚度，胶体厚度在4~5 mm，以张拉后可使胶体明显均匀挤压出拼缝没空洞为准。涂胶作业应该控制在20分钟内完成。

③ 涂胶前，在预应力孔口粘贴5~10 mm厚海棉垫圈。预应力孔道垫圈周围1 cm范围不需要涂胶，附近胶体厚度在3~5 mm，防止胶体进入孔道内影响穿索。

④ 根据测量数据判定是否需抄垫环氧垫片。比如轴线需要从高边往低边调整，则将3块环氧垫片分别垫在高边斜腹板上的上、中、下3处，同时此斜腹板涂胶厚度控制在7~8 mm（以5 mm环氧垫片为例）；如高程需要向上调整，则将3块环氧垫片分别垫在节段梁底板左、中、右3处；同时此底板涂胶厚度控制在7~8 mm（以5 mm环氧垫片为例）；严禁同时调整轴线和高程偏差。

⑤ 涂胶完成后，平移梁体向已拼装梁段靠拢，利用桥面吊吊具上的调位系统精调梁体就位至预拼时的标记线位置，使匹配面密贴，准备张拉临时预应力。

⑥ 涂胶时取2组时间，与梁体胶拼面同条件养护。

（8）临时预应力张拉。

① 为保证节段梁匹配面有足够的固结力（接触面压力达到0.3 MPa以上），在节段梁精确对位后，立即张拉临时预应力。临时预应力结构在节段梁预制过程中需预埋$\phi 25$ mm钢筋，单个截面设置6道临时预应力张拉体系，具体布置如图6.149、图6.150。

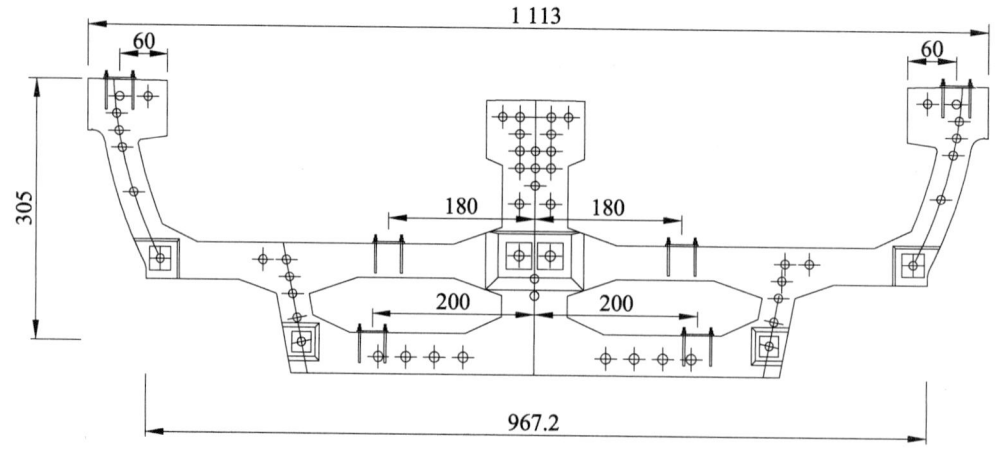

图 6.149 带有箱室临时预应力预埋钢筋位置（单位：cm）

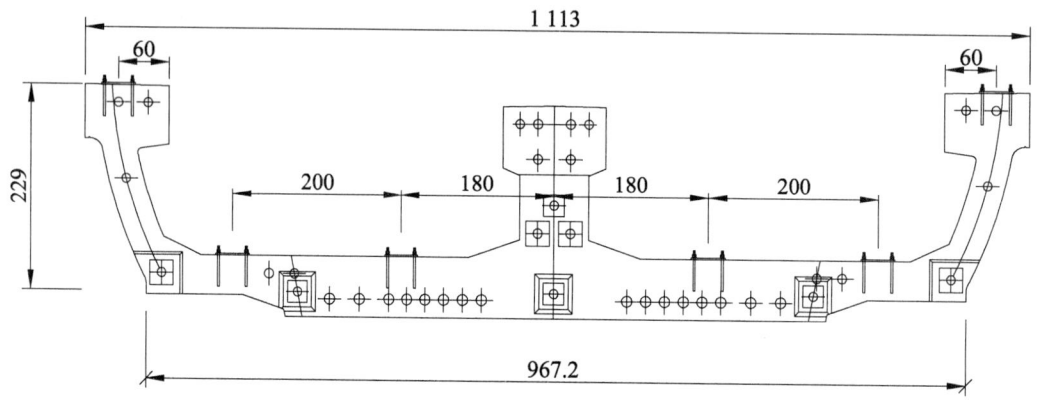

图 6.150 实心段临时预应力预埋钢筋位置（单位：cm）

② 单个预埋位置设置 6 根 $\phi 25$ mm 钢筋，单根钢筋长 45 cm，其中预埋节段梁内 35 cm，外露 10 cm。张拉临时预应力过程中先用 20 mm 厚钢板（平面尺寸为 40 cm×40 cm）与钢筋连接，上部拧 2 个螺帽。底板上部为 20 mm 厚钢板（平面尺寸为 25 cm×30 cm），中间冲孔便于 $\phi 32$ mm 精轧螺纹钢穿过，两个钢板之间焊接，焊缝厚度控制为 10 mm。立板背后设置 4 道 20 mm 厚三角加劲板，具体临时预应力张拉座如图 6.151、图 6.152 所示。

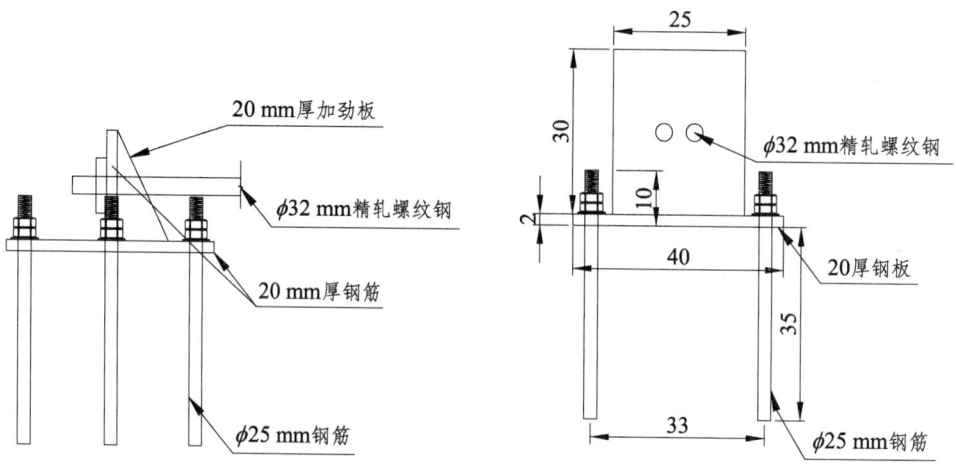

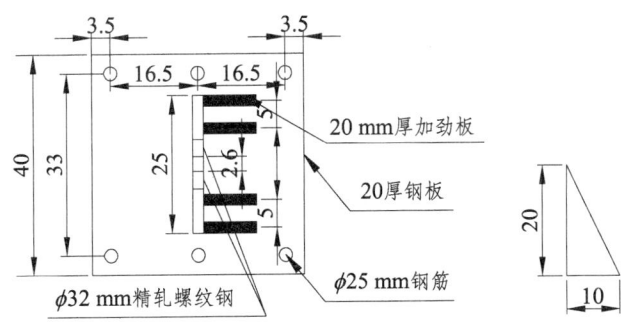

图 6.151 临时预应力张拉座大样图（单位：cm）

③ 单根钢筋张拉力为 40 t，预应力张拉采用 4 台 60 t 穿心顶，按照左右对称、上下同时由内向外的顺序进行。

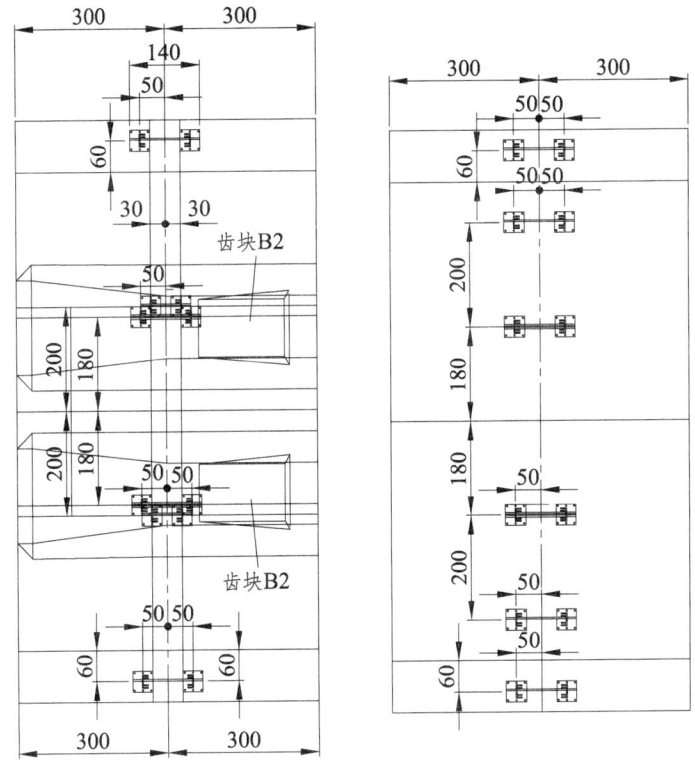

图 6.152 临时预应力平面布置

④ 施工注意事项：

A. 线形及高程不需要调整的状态下，可根据左右对称、上下同时由内向外的顺序进行张拉。

B. 线形及高程需要调整的状态下，可根据先张拉垫块处后张拉无垫块处的顺序进行张拉。

C. 张拉时精轧螺纹必须保持水平，严禁精轧螺纹处于斜拉状态。

D. 张拉完毕后，必须检查精轧螺纹是否处于松弛状态，否则立即进行补拉。

E. 张拉完毕，若拼缝处未挤出胶体，要及时用抹刀进行修补。

F. 张拉前不要清理挤压出来的胶，张拉完毕松掉吊具后，再用抹刀清理桥面及箱室内多余的胶体。

G. 临时预应力张拉应该控制在 20 分钟之内完成。

H. 在完成临时预应力张拉后 3~4 h，起重天车可以松钩，松钩时应做到两侧节段梁同步进行。

（9）正式预应力张拉。

待黏结剂固化后张拉体内正式预应力束：纵向预应力束采用两端张拉，先顶板预束后底板束，节段梁高低边预应力束同时、同步对称张拉；横向预应力采用单顶单端张拉，滞后于纵向束。节段梁在完成永久预应力张拉后 24 h 内应进行预应力管道真空压浆。

（10）封锚施工。

正式预应力张拉并灌浆结束后，安装锚口位置模板，浇筑混凝土。锚口模板固定时使用膨胀螺栓将模板与梁体固定。浇筑完成待混凝土强度达到一定强度后拆除模板，对浇筑口位置的混凝土进行整平处理。

重复悬拼吊机走行、架设其余节段梁至合龙口。

4）节段梁架设注意事项

（1）悬臂拼装前需将梁、墩临时锚固，在墩顶两侧设置临时支承，待全部块件安装完毕后，再撤除临时锚固及支承。

（2）悬拼吊机悬拼安装前，应按施工荷载进行强度、刚度、稳定性的验算，使安全系数满足规范要求，施工注意事项如下：

① 块件起吊安装前，应对悬拼吊机进行全面的安全技术检查，并分别进行起吊试验。

② 悬拼吊机吊重应符合设计要求，注意吊机的定位和锚固，经检查符合要求后再进行起吊拼装。

③ 桥墩两侧块件应对称起吊，以保证桥墩两侧平衡受力。

④ 墩侧相邻的 $1^\#$ 节段提升到设计标高初步定位后，应立即测量，调整 $1^\#$ 节段的纵轴线，使之与梁顶纵轴线的延长线重合，使其横轴线与梁顶节段横轴线平行且间距符合设计要求。检查 $0^\#$ 块与 $1^\#$ 节段孔道接头情况，调整并制作接缝间孔道接头后，方可调整 $1^\#$ 节段牢靠固定，其他各节段连接时，同样按此方法进行调整位置。

⑤ 在施工前由测量组绘制梁段安装挠度变化曲线，悬臂拼装过程中随时观测桥梁轴线安装挠度曲线的变化情况，并与设计值相比较，遇到有较大偏差时及时处理，以便控制节段的安装高程。

（3）悬拼吊机吊梁注意事项：

① 起重吊装作业人员必须经过专业培训，特种作业人员必须考核合格，持证上岗。起重指挥由安全技术培训合格的专职人员担任，无指挥或信号不清时严禁起吊。

② 吊装作业前，应对起重机的制动器、吊具、钢丝绳和安全装置等部分机械全面检查，确认符合要求并进行试吊后方可使用。吊杆应定期进行探伤检查，发现性能不正常时，应在操作前排除，并应清除起重机工作范围内和走行限界内的障碍物。

③ 检查所吊装的 U 形梁的规格、外形尺寸、单片重量、数量等参数，核对合格证等相关技术资料。

④ 梁体起吊前应检查吊具连接是否可靠，调整各个吊杆，使其受力均匀后方可起吊。

⑤ 禁止利用限位开关作为正常操作下的停电，只有在操纵设备发生意外或司机操作疏忽时才让它作用。起重机在每次运转时，必须先发出警告信号。

⑥ 当风力大于 10 m/s 时，应禁止起重机工作。
⑦ 各电气设备可靠接地。
⑧ 长期悬重停机时，应插上卷扬机止动销。
⑨ 夜间操作应有充足照明。

6. 悬臂拼装测量监控

1）悬臂拼装测量监控总体概述

节段梁悬臂拼装过程中，拼装控制测点与其在预制时所用的几何控制测点相同，具体如图 6.153 所示。

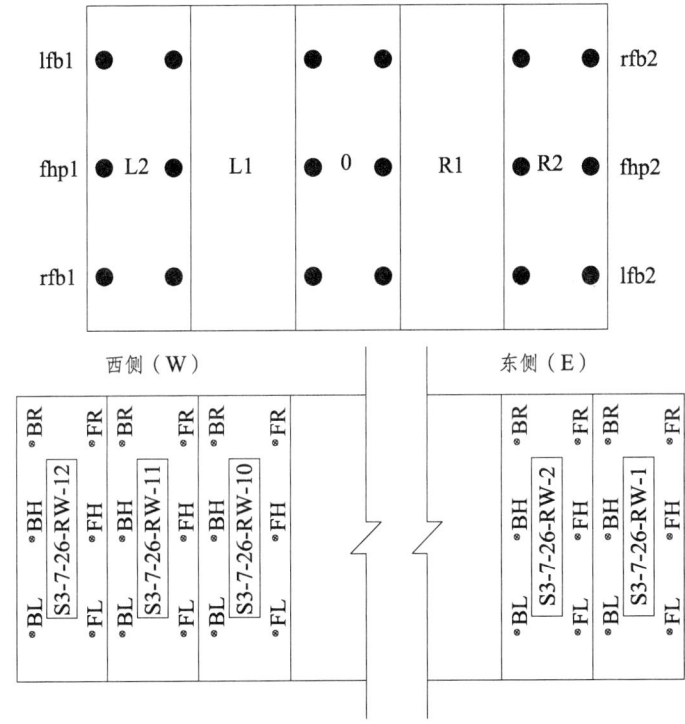

说明：lfb1、rfb1、lfb2、rfb2 用于控制梁段的立面位置，fhp1、fhp2 用于控制梁段的平面位置。

图 6.153 节段梁拼装控制点示意

当 U 形梁在梁场预制完毕时，计算获得按总体坐标系统的几何数据。此竣工数据将与以下的因素一并考虑并得出预制节段梁拼装时按总体坐标系统阶段式的目标几何数据，具体流程如图 6.154。

（1）墩柱结构及基础预抬值（墩身结构及基础的弹性压缩的预拱值应在形成永久支座的垫石时考虑进去）。

（2）墩柱结构及基础按施工阶段的变形值。

（3）上部桥梁结构的变形值。

（4）由于墩顶块浇筑误差或温度变化所致的墩顶两端截面实际高程。

以上的总体坐标目标几何数据库将由监控单位以图纸的形式给施工部门，对整个桥梁的拼装过程进行几何监控。

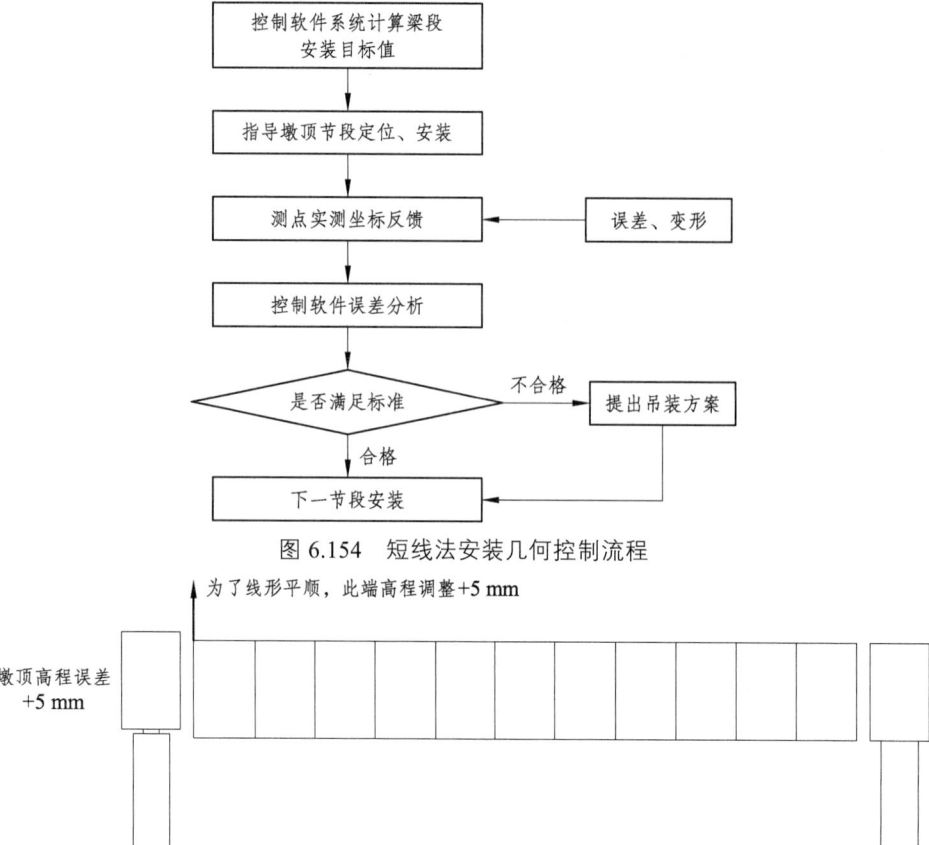

图 6.154　短线法安装几何控制流程

图 6.155　根据墩顶误差进行下节段调整示意

2）主梁节段理论数据库

六点坐标即是测量控制点坐标，是指在短线法梁段预制过程中，预制场根据线路的设计参数（桥梁的平、竖曲线及理论预拱度设置）确定整体坐标系，在待安装节段顶面预埋轴线控制点和标高控制点；根据梁段的控制点理论坐标值，在施工过程中，需要根据实际反馈测试结果，进行调整。

3）节段梁安装验收标准

预制 U 形节段梁在预制过程中必须具有足够的精度，在安装时，拼装起来就可以满足设计的线形要求，具体要求见表 6.7、表 6.8。

表 6.7　墩顶 0# 块施工允许误差

项目	允许偏差/mm	
	控制标准	验收标准
立面标高	±3	±5
中心线偏位	±3	±5
横向坡度	±0.001（Radians）	±0.001（Radians）
纵向坡度	±0.003（Radians）	±0.003（Radians）

表 6.8 首块吊装验收标准

项目	允许偏差/mm	
	控制标准	验收标准
立面标高	±1	±3
中心线偏位	±2	±5
横向坡度	±0.001（Radians）	±0.001（Radians）
纵向坡度	±0.003（Radians）	±0.003（Radians）

在预制 U 形梁拼装过程中，针对各节段梁的几何控制测点，采用表 6.9 中允许误差与验收标准。

表 6.9 节段梁拼装验收标准

序号	项目	控制、验收标准/mm
1	立面标高	±10
2	中心线偏位	±10
3	纵向长度	±10
4	横向坡度	±0.001（Radians）
5	纵向坡度	±0.003（Radians）
6	拼缝错台	5

4）调整措施

（1）实施调整措施的基本条件。

当拼装阶段时的梁段的几何误差同时发生以下两种情况时，相应的误差纠正措施将会在随后的梁段拼装过程中加以实施：

① 梁段的几何误差超过表 6.7 ~ 表 6.9 中的允许误差范围。

② 对成型桥梁在已发生误差的情况下，监控单位将依据桥梁的变形特征进行计算，预测出架设至合龙段处的误差值，而该预测误差值超过表 6.6 ~ 表 6.8 中的允许误差范围。

（2）拼装线形调整方法。

① 调整安装线形。

在墩顶块空间位置偏离理论位置的情况下，整体调整安装线形，使主梁平顺。这也要求，从墩顶块安装到跨中节段期间如有温度发生较大变化或者浇筑精度不够等情况，应重新采集墩顶块坐标，并提交给监控单位。

② 加垫环氧树脂垫片。

A. 如安装时高程控制点误差超出允许范围，则采取在梁端上缘或下缘垫环氧垫片的方法进行调整，如图 6.156 所示。

B. 如安装时平面控制点误差超出允许范围，则采取在梁段左侧或右侧垫环氧垫片的方法进行调整，如图 6.156 所示。

具体的误差纠偏方法是：通过对上部结构变形特征评估与计算以及监控单位工程师的判断，在梁段间的某些部位设 2 ~ 3 mm 的楔形垫片调整；楔形垫片的材质可采用环氧树脂垫片，这些环氧树脂垫片也可层层相叠以形成更厚的楔形垫片。

下面以立面调整为例，计算调整的高度，如图 6.156 所示。由于垫块很薄，所以

$$\frac{b}{H} = \frac{h}{L}$$

得到 $\qquad h = bL/H$

式中：b——垫块厚度；

$\qquad H$——梁段高度；

$\qquad L$——梁段长度；

$\qquad h$——该梁段可调高度。

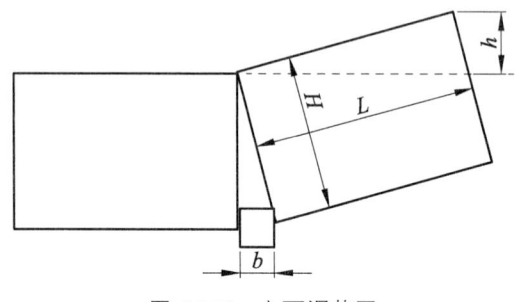

图 6.156　立面调整图

平面调整仿照立面调整，只是将上两式中梁段高度替换为梁段宽度即可。

分别计算出不同厚度的垫块在平面和立面可以调整的误差，就可以适当地调整误差，以尽量保证安装的精确性。实施过程中，还应对环氧树脂垫片的布置方案及工作状态进行认真核定，以确保结构安全。

6.4.11　悬拼吊机拆除施工

1. 拆除施工流程

在预制 U 形悬拼连续梁最后一块悬拼节段吊装完成，预应力张拉完毕封锚后即可进行悬拼吊机的拆除；悬拼吊机拆除要对称同时拆除。悬拼吊机拆除工艺流程如图 6.157 所示。

2. 钢丝绳的拆除

（1）钢丝绳拆除前，先将吊钩及吊具系统下放至桥面，使钢丝绳不受力。

（2）松开起重天车上的钢丝绳死头，将钢丝绳缓慢卷到卷扬机的卷筒上。

（3）拆除钢丝绳时，吊钩及吊具分配梁的拆除工作可同时进行。钢丝绳拆除时，需检查钢丝绳有无断丝、磨损、变形等缺陷。

3. 液压系统的拆除

（1）拆除前必须核实该系统压力为 0 或已泄压。

（2）拆除系统油管，管内残余油倒至准备好的容器，管口进行防尘包扎。

（3）拆除系统液压站、油缸。

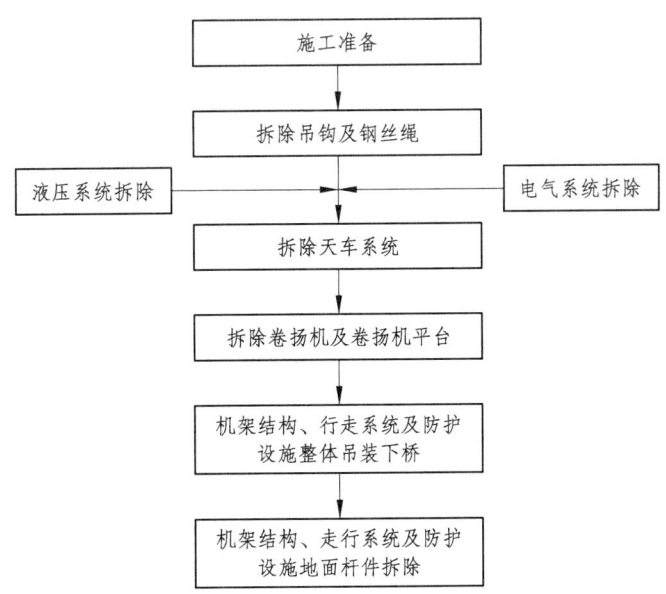

图 6.157 悬拼吊机拆除施工流程

4. 电气系统的拆除

（1）拆除前必须核实悬拼吊机处于断电状态。
（2）首先拆除悬拼吊机的电源电缆，必须捆扎整齐，做好编号标记。
（3）拆除各机构及控制电路、电气柜、照明等接电电线。
（4）拆除电气柜、安全装置、风速仪、照明器材等外部电气设施。

5. 天车系统的拆除

利用120 t汽车吊将天车整体起吊，起吊时必须保证天车的平稳，防止定滑轮组轮箱倾翻。

6. 卷扬机的拆除

利用120 t汽车吊拆除卷扬机及卷扬机平台。

7. 机架结构及走行系统及走道平台系统的拆除

（1）先松掉锚固系统的锚固螺母并拔出精轧螺纹钢。
（2）用120 t汽车吊将机架结构、走行系统（轨道除外）及走道平台系统整体吊起，缓慢吊至地面。
（3）将轨道从桥面吊装至地面。
（4）用120 t汽车吊在地面进行各个杆件的拆除工作。地面拆除时从上往下拆除，并根据需要做临时支撑。

8. 拆除场地吊车站位

预制节段拼装连续梁桥合龙段完成前，悬拼吊机需整体下桥进行拆除工作。其中汽车吊采用120 t，下桥过程同转场一致。桥面吊下桥吊车站位如图6.158、图6.159所示。

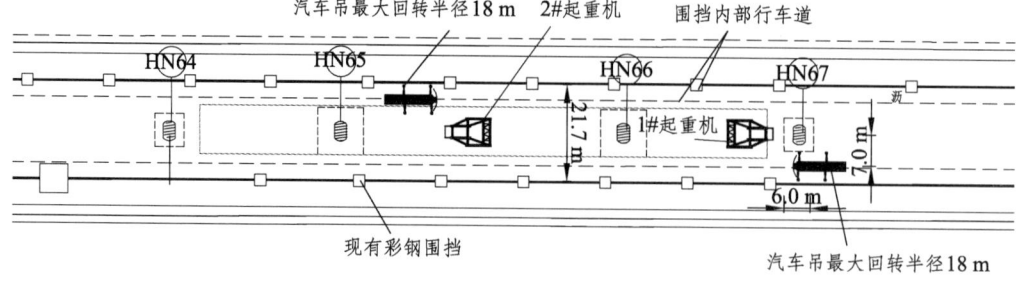

图 6.158　悬拼吊机下桥拆卸吊车站位平面示意

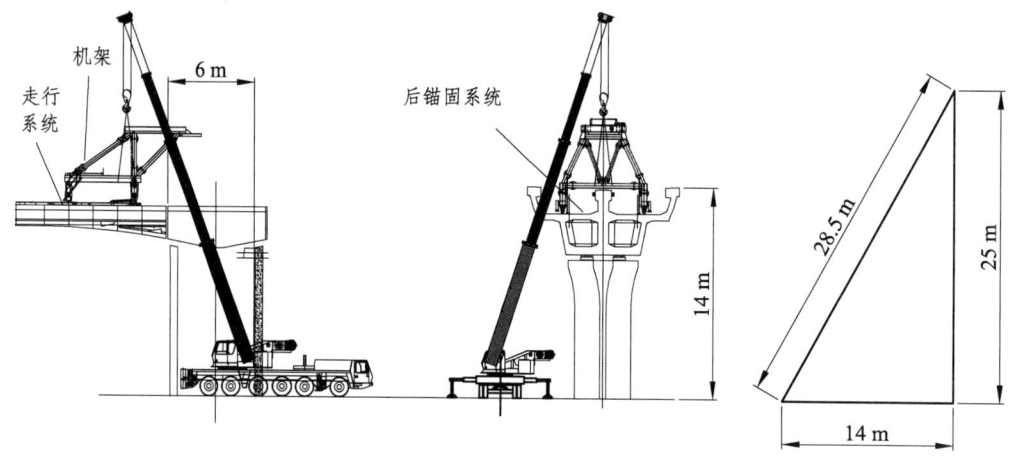

图 6.159　桥面吊下桥拆卸吊车站位立面示意

9. 拆除注意事项

（1）拆除过程各杆件不得相互碰撞，不得损伤。

（2）易损伤件（滑轮、液压油管等）及小杆件不得随意挤压堆放。

（3）所有杆件做好标记，所有螺栓需归类保存。

（4）液压设备及杆件的润滑部位需进行防尘处理。

（5）对照发运清单，对不需细拆的杆件要保留完整，例如旋转吊钩组等。

（6）拆除顺序可根据现场实际情况调整，部分拆除步骤可同步进行。

（7）拆除过程中所使用的精轧螺纹钢两端的螺栓，严格按照使用说明书要求在每段设置两个，露出长度不小于 40 mm，有电焊动火作业影响精轧螺纹钢时应采取保护措施。

6.4.12　预制悬拼 U 形梁边跨合拢段施工

1. 总体施工概述

边跨现拼段预制 U 形梁架设采用少支点支架法进行施工，边跨最大梁段质量为

101.8 t，拟采用 500 t 汽车吊（幅度 15.5 m）或 260 t 履带吊（幅度 10 m）进行吊装。支架基础采用钢管桩，钢管桩顶设分配梁，为调整节段标高及位置，分配梁上布置垫块及千斤顶，如图 6.160～图 6.162 所示。

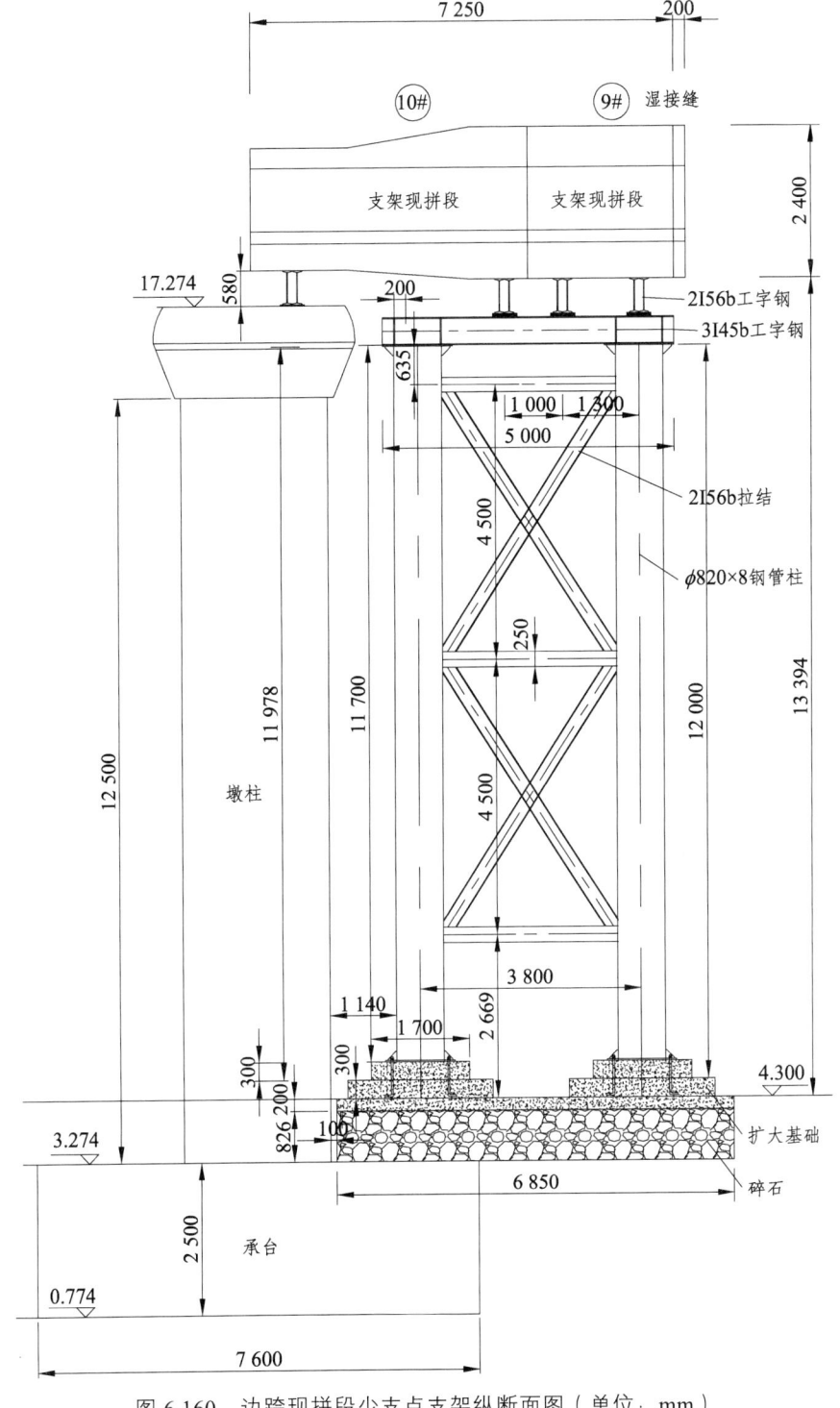

图 6.160　边跨现拼段少支点支架纵断面图（单位：mm）

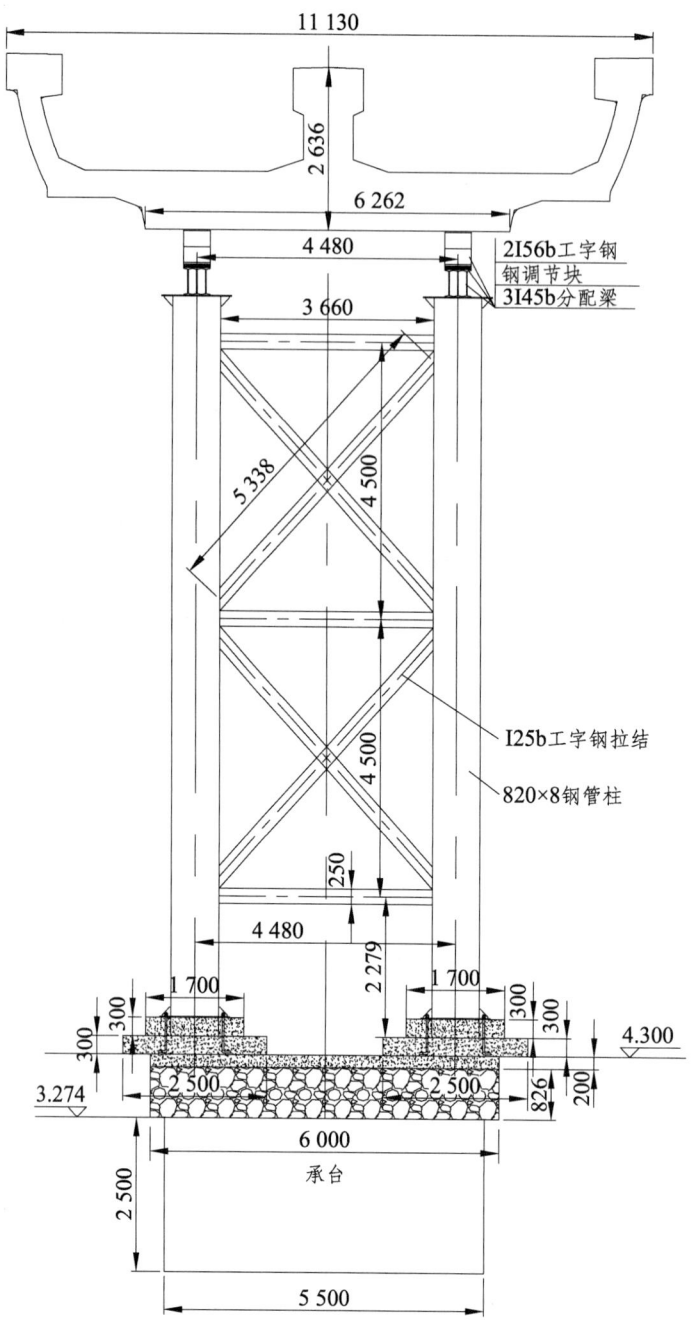

图 6.161 边跨现拼段少支点支架横断面图（单位：mm）

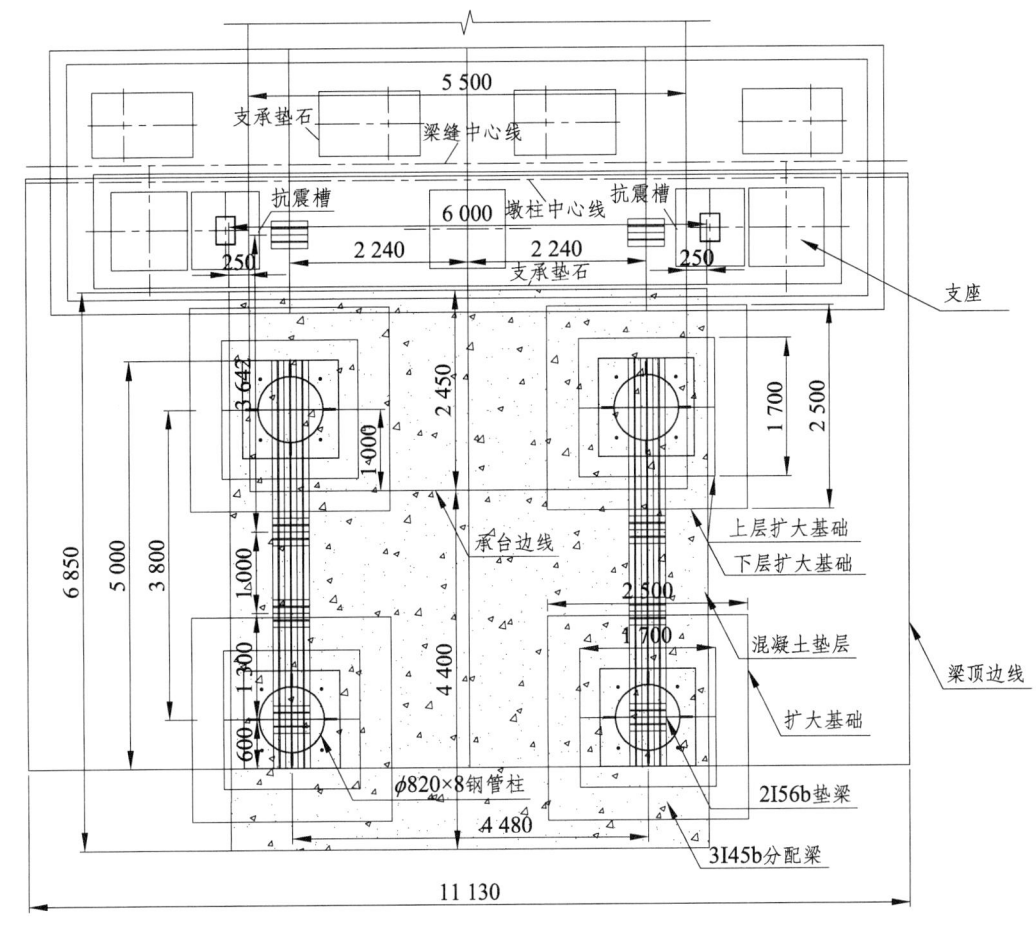

图 6.162　边跨少支点支架平面布置图（单位：mm）

施工顺序为支架现拼调节段→边跨现拼过渡段。在标准节段梁架设完成后，搭设钢管支架利用履带吊或者汽车吊吊装支架现拼调节段至拼装支架上，并进行标高、位置等的调整。按预拼、涂胶、张拉临时预应力、张拉体内正式预应力束的施工工艺进行边跨过渡节段与边跨现拼直线节段之间的胶拼作业，胶拼工艺同预制节段。

2. 地基处理

对支架位于承台范围之外的原状土要进行地基处理，压实度不小于 90%，且地基承载力不小于 200 kPa，然后再浇筑 20 cm 厚的 C20 混凝土与地面平齐，混凝土强度达到标准强度的 85% 后方可放置混凝土基座（2.5 m×2.5 m×0.3 m+1.7 m×1.7 m×0.3 m），搭设支架。

3. 边跨支架体系施工

（1）钢管柱施工。

边跨现拼段少支点支架设置 4 根 ϕ820 mm×8 mm 钢管柱，钢管柱横向间距为 4.48 m，纵向间距为 3.8 m，钢管柱长度均为 11.7 m。钢管柱位于 2 层混凝土基座之上，混凝土基座尺寸为 2.5 m×2.5 m×0.3 m+1.7 m×1.7 m×0.3 m，具体断面图如图 6.163、图 6.164 所示。

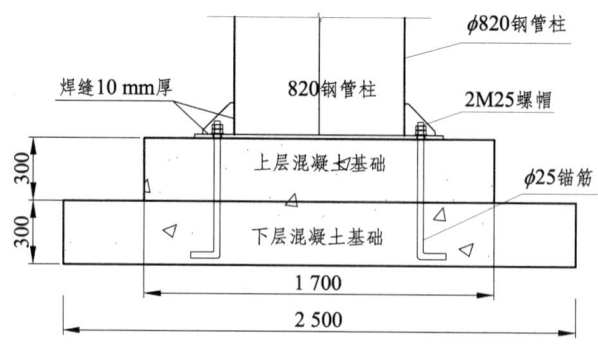

图 6.163 钢管柱与混凝土基座连接断面图（单位：mm）

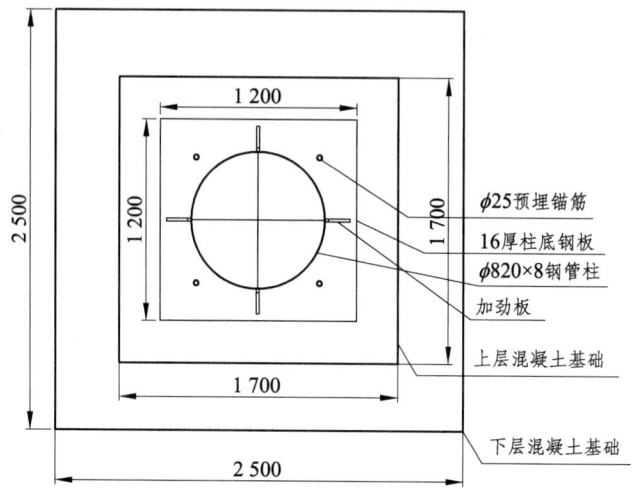

图 6.164 钢管柱与混凝土基座相连平面图（单位：mm）

混凝土基座采用 C20 混凝土浇筑，基座保护层厚度 4 cm，混凝土强度为 C20，预埋螺栓采用 $\phi 25$ mm 的一级钢制作，每个基座设置 8 个预埋钢筋（预埋位置与 0# 块钢管混凝土柱位置一致），每个基座预埋 2 根 $\phi 10$ mm 圆钢作为吊筋。基座按照构造要求进行配筋，基座底部、上部布置钢筋网片，上层采用 17 根，12 间距 160 mm 的钢筋网片，下层采用 17 根 $\phi 12$ mm 间距 160 mm 的钢筋网片。具体混凝土基座的配筋图如图 6.165 所示。

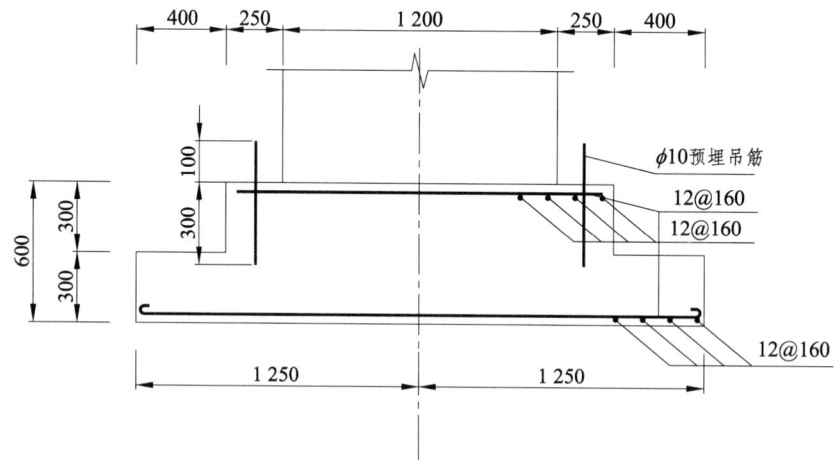

图 6.165 混凝土基座配筋（单位：mm）

基座预埋钢管柱预埋锚筋、加劲板位置及锚筋长度、钢管柱接长处理方式均与 0#块支架设置一样。

钢管柱顶部采用 1 200 mm×1 200 mm×16 mm 钢板作为上封板，上封板和钢管柱通过加劲板焊接相连，加劲板尺寸同柱底加劲板，上封板尺寸如图 6.166 所示。

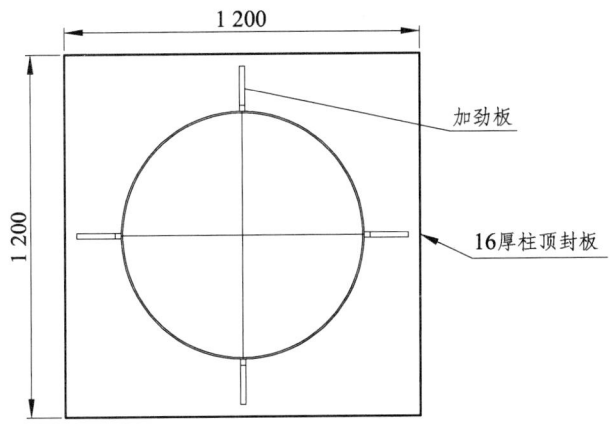

图 6.166 柱顶上封板平面图（单位：mm）

（2）钢管柱间平联施工。

钢管柱之间采用 I25b 工字钢进行拉结，纵桥向及横桥向设置均设置 3 道拉结，距离地面 2.67 m 设置第一道拉结，第一道拉结之上每隔 4.5 m 设置一道拉结，拉结之间通过 I25b 工字钢连接作为平联，拉结及平联位置焊接均满焊，焊缝厚度满足 10 mm。单根纵向拉结 I25b 工字钢长度为 2.98 m，单个横向拉结 I25b 工字钢长度为 3.66 m。墩柱侧支点可临时采用千斤顶调节高度满足支座安装所需的空间。具体布置如图 6.167 所示。

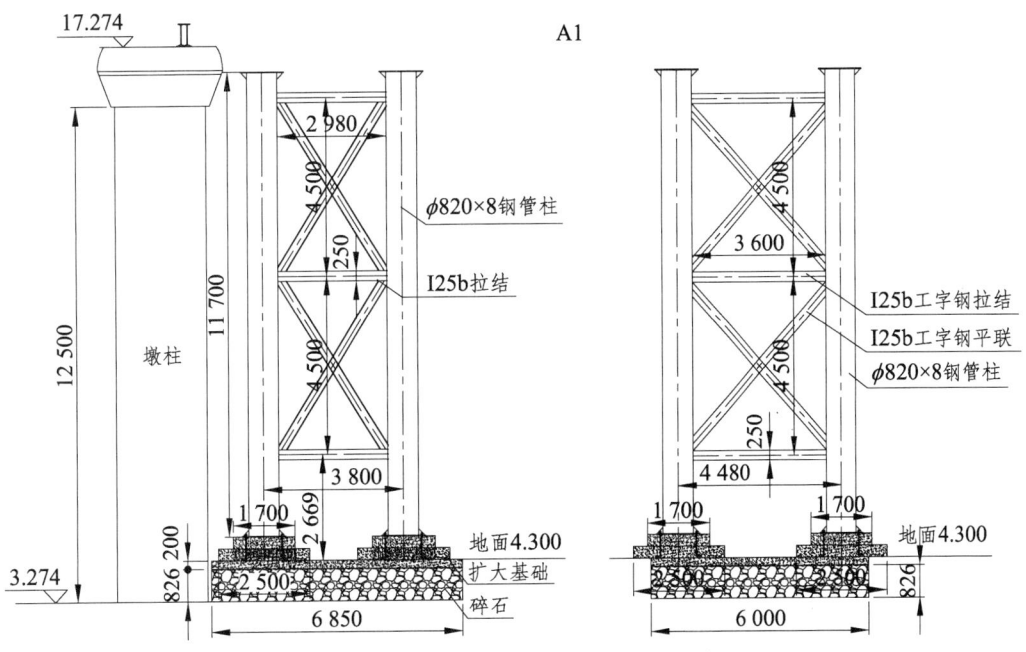

图 6.167 纵向拉结、横向拉结立面图（单位：mm）

（3）3I45b 分配梁施工。

钢管柱顶部为 3I45b 分配梁顺桥向布置，长度为 5.0 m，其中靠近节段拼装侧分配梁与湿接缝段平齐。分配梁在钢管柱顶部设置加固板（16 mm 厚），具体分配梁及加劲板布置如图 6.168~图 6.170 所示。

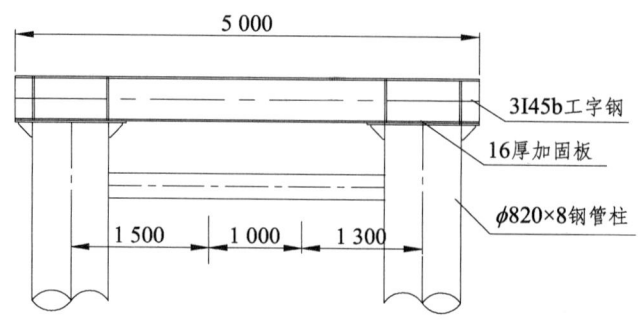

图 6.168　3I45b 纵向分配梁侧立面图（单位：mm）

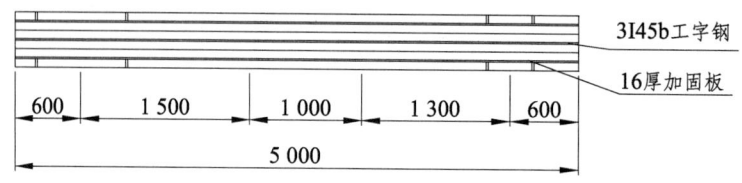

图 6.169　3I35b 纵向分配梁平面图（单位：mm）

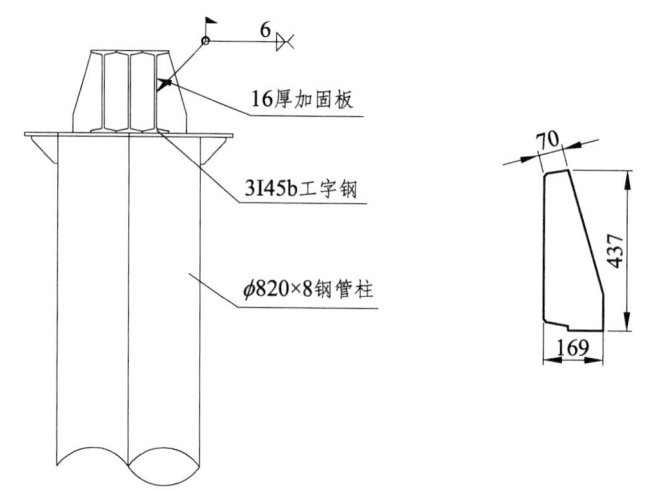

图 6.170　柱顶加固钢板处正立面图及加固钢板大样（单位：mm）

（4）2I56b 垫梁施工。

3I45b 纵向分配梁上部为 2I56b 垫梁，位于现拼梁段底端，垫梁与梁底高差通过钢板进行调节，单根 3I45b 分配梁上部设置 3 道 2I56b 垫梁，纵向间距（距远离墩柱侧分配梁）分别为 1.3 m、1.3 m、1.0 m。2I56 垫梁与下部 3I45b 分配梁全部满焊固定，焊缝满足 1 cm。单个垫梁平面尺寸为 456×336 mm，垫梁与纵向分配梁高差通过钢板调节，具体 2I56b 垫梁布置如图 6.171~图 6.173 所示。

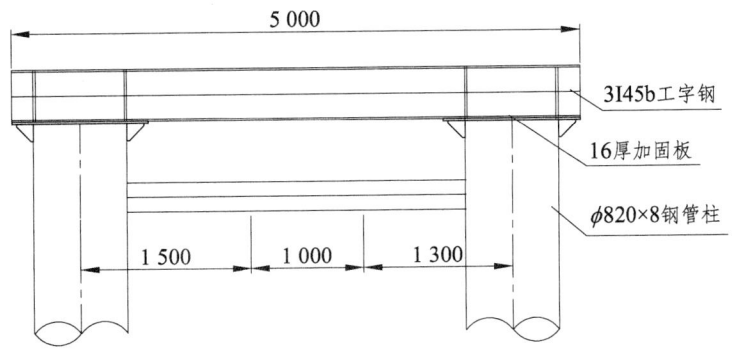

图 6.171　2I56b 垫梁纵桥向立面图（单位：mm）

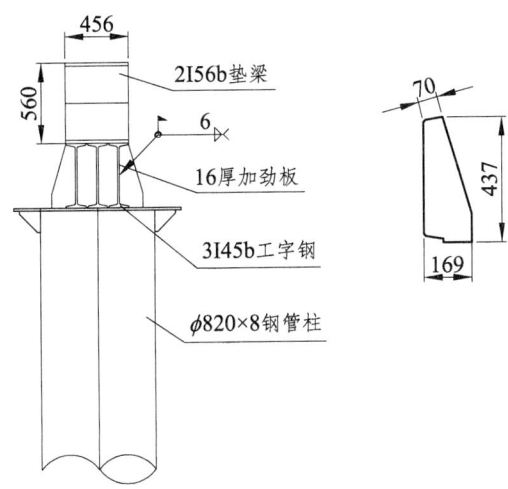

图 6.172　2I56b 垫梁正立面图（单位：mm）

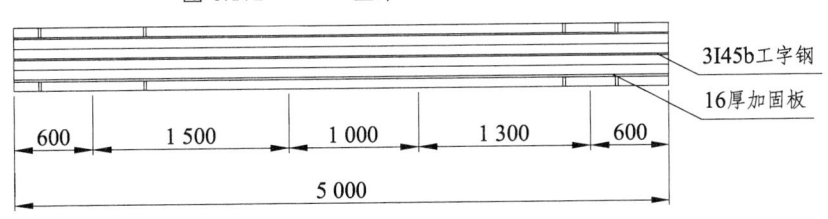

图 6.173　2I56b 垫梁平面布置图（单位：mm）

2I56b 工字钢与 3I45b 工字钢之间通过限位钢板连接，具体限位钢板布置如图 6.174～图 6.176 所示。

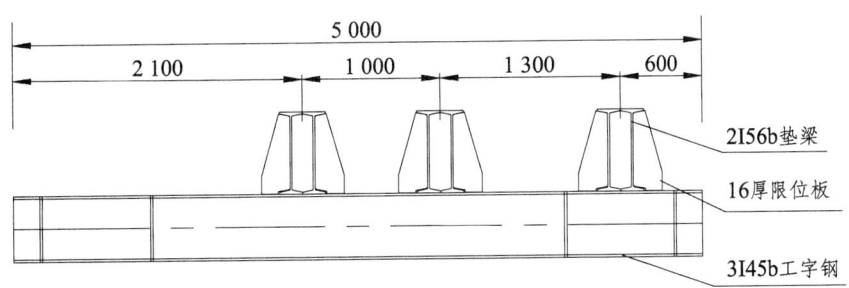

图 6.174　2I56b 与 3I45b 工字钢连接立面图（单位：mm）

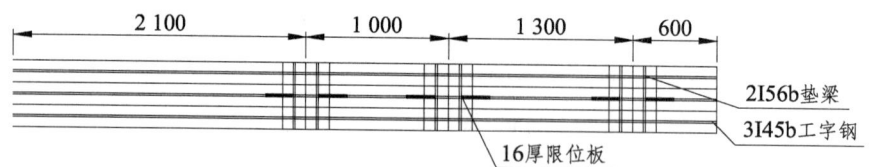

图 6.175 2I56b 与 3I45b 工字钢连接平面图（单位：mm）

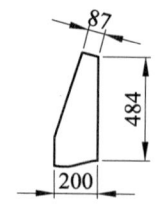

图 6.176 限位钢板

（5）三向调节千斤顶装置。

三向调节千斤顶放置于支架横梁上（三向调节千斤顶如图 6.177 所示），主要由侧面油缸、上底座、下底座、中底座和主升油缸组成，用于节段梁的精调定位。四台三向千斤顶，一端的两台千斤顶并联，另一端的两台千斤顶串联，从而实现梁的四点支承、三点平衡。主升油缸用于顶升 U 形梁，侧面油缸为水平移动油缸，分为 X 向水平移动和 Y 向水平移动。上、中、下底座是结构支撑，采用高强度钢板焊接而成，在结构支撑底面设有移动滑道，降低了重物在移动过程中的摩擦阻力。

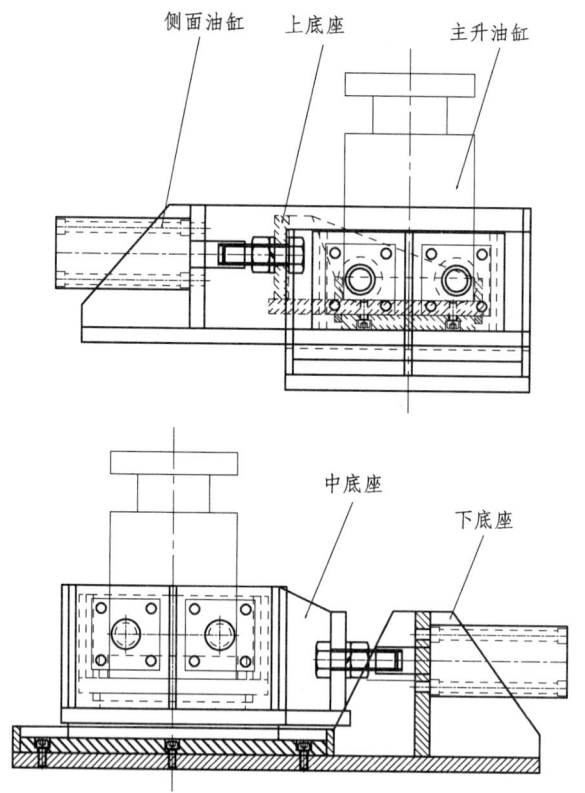

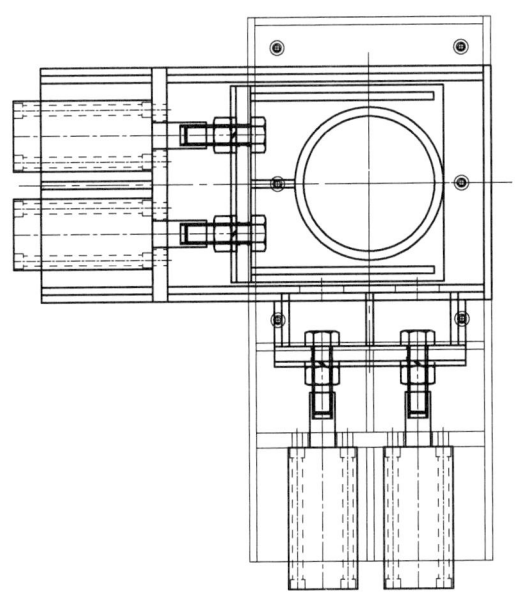

图 6.177 三向调节千斤顶

4. 边跨现拼段吊装施工

（1）汽车吊吊装流程如图 6.178 所示。

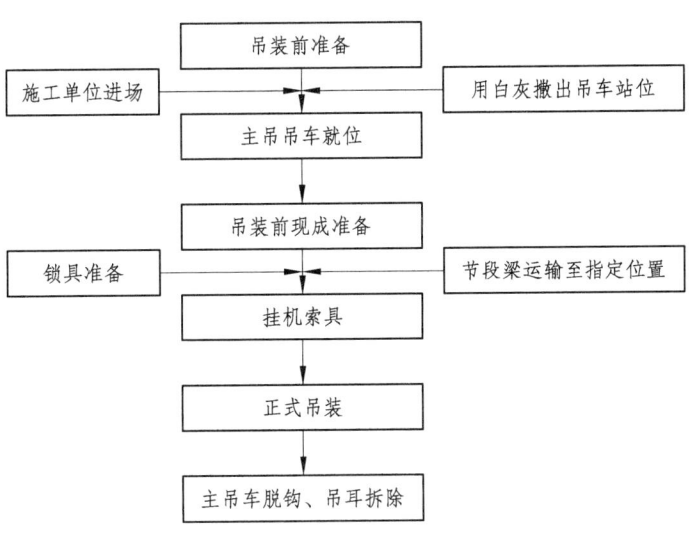

图 6.178 汽车吊吊装现拼段流程

（2）吊装准备：

① 施工前必须认真熟悉施工方案及技术资料，认真做好施工技术、物资、机具、人员及施工环境的准备工作，确定吊装作业位置，确定汽车吊进场道路，并对作业区域的地面进行清理、平整，设置好安全防护措施。

② U 形梁吊装前先进行支座中心放样，划出 U 形梁安装纵横中心线。再完成盖梁垫石浇筑、支座安装，具备吊装条件。

③ 汽车吊组车完成后，检查所有吊具、索具和施工机具，完成车辆的调度和检查工作。边跨梁采用吊架钢棒插入节段梁底板预留吊装孔的方法进行梁体的吊装，每端设 2 个吊点（全梁共 4 个吊点），如图 6.179 所示。

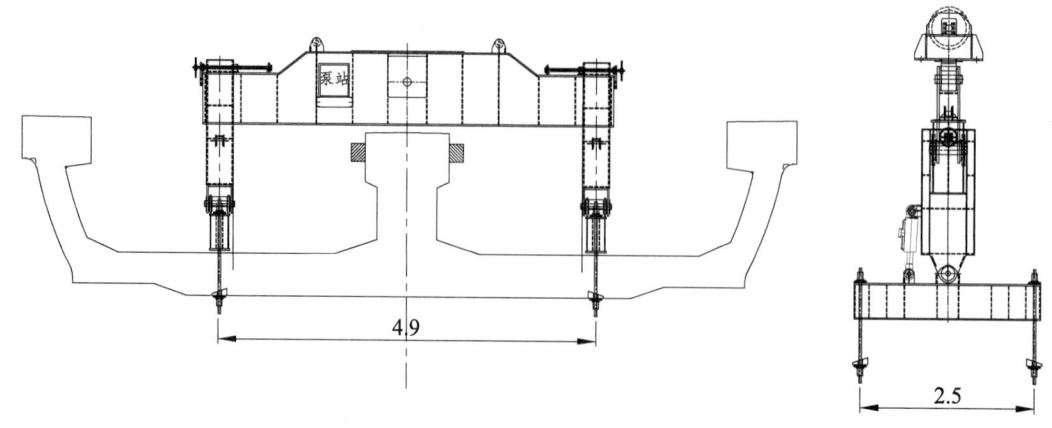

图 6.179　吊具结构断面图（单位：m）

④ 检查所吊装的 U 形梁的规格、外形尺寸、单片重量、数量等参数，核对合格证等相关技术资料。

⑤ 将 U 形梁吊装作业区域内的场地路基夯实平整，在此基础上垫 10 cm 碎石并夯实（也可铺设路基箱），吊车站位的地面应铺设路基钢板，吊车站位及支腿处的地基承载力必须满足吊装所需的地基承载力。吊机工作范围内高空不得有障碍物，清理吊装场地周围的物件，保证工作区视线良好，如图 6.180、图 6.181 所示。

⑥ 作业区域及运输线路范围内，不允许有车辆通行或其他妨碍施工的行为发生。

（3）吊装注意事项：

① 施工现场已平整，运输道路畅通无障碍。

② 吊车站位处地基经过设计核算并处理完成，吊机空载站位在地基上和负载后，必须做好地基沉降观测工作。

③ 设备基础已施工完，并与安装正式交接合格。

④ 吊装组织机构健全，人员到位。

⑤ 吊装前吊装技术交底已完成，吊装指挥人员和吊车司机对吊装方案已充分理解。

⑥ 试吊及所有机索具布置检查完好，并符合方案要求。

⑦ 吊装区域应用安全警戒绳隔离出警戒区域，和吊装无关的人员严禁进入。吊装天气应符合要求。

⑧ 悬拼吊机的锚固和预制梁段的吊装均用精轧螺纹钢，使用精轧螺纹钢筋时施加的力应与精轧螺钢筋钢轴心一致，避免偏心，精轧螺纹钢筋易破断，同时精轧螺纹钢不允许带电操作。

5. 边跨合龙段施工

1）边跨合龙施工流程

边跨合龙口为 20 cm 宽的湿接缝，严格控制合龙块左、右梁段的拼装误差，确保节段高差在可控范围内,杜绝高差过大现象,并严禁采用强制合龙措施。边跨合龙施工步骤为:制作吊架后,拆除临时支座,解除支座锁定,设置劲性骨架,支模,绑扎钢筋,安装预应力管道,然后选择时间浇筑混凝土,混凝土养护到设计强度要求,最后张拉预应力束、压浆封锚。具体施工流程如图6.182所示。

2)合龙口锁定

边跨合龙段合龙口锁定采用6道劲性骨架进行临时锁定,其中翼缘板处2道,底板4道。每道劲性骨架由双拼I32a槽钢组成,单根考虑2.2 m设置。劲性骨架均采用预埋钢筋与钢板形式,具体做法与首个节段湿接缝处劲性骨架预埋做法相同。边跨合龙段湿接缝劲性骨架布置如图6.183、图6.184所示。

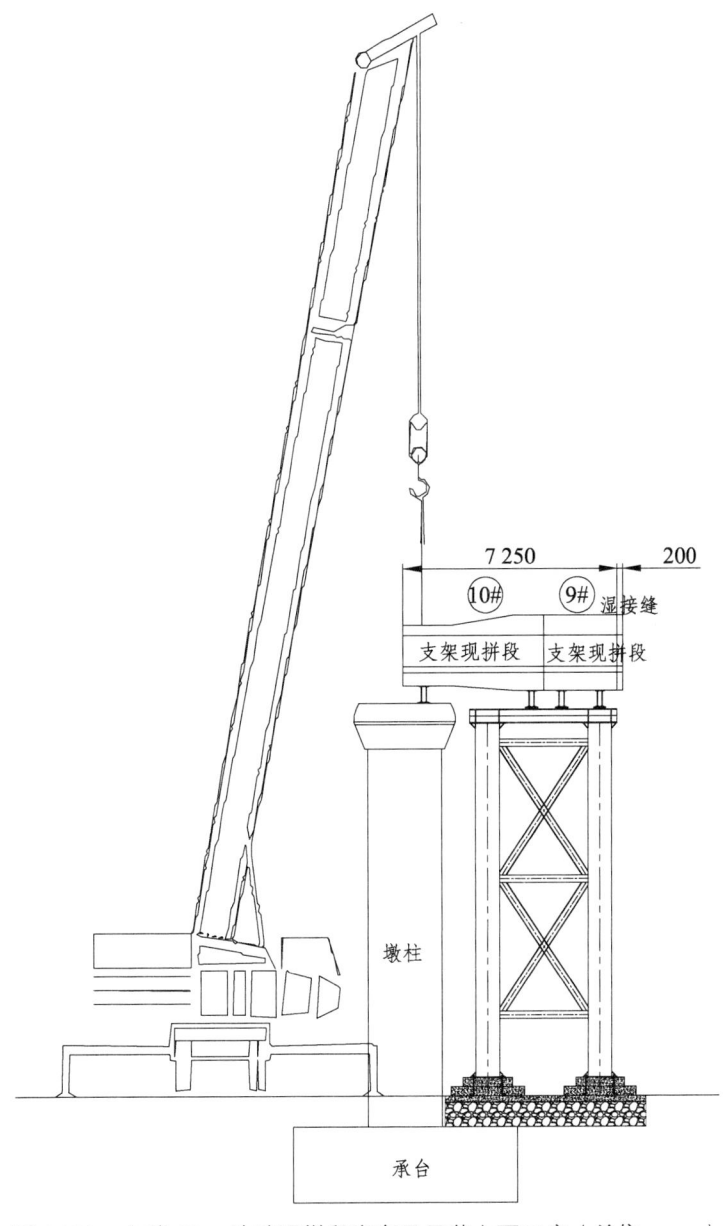

图6.180 主跨60 m边跨现拼段汽车吊吊装立面示意(单位:mm)

图 6.181 边跨现拼段吊装现场

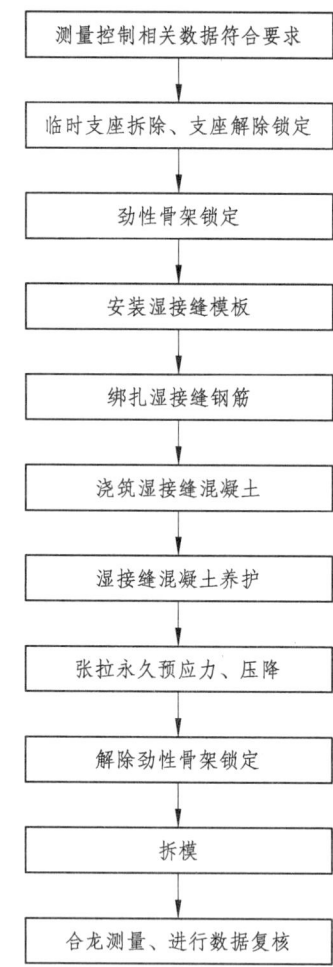

图 6.182 边跨合龙施工工艺流程

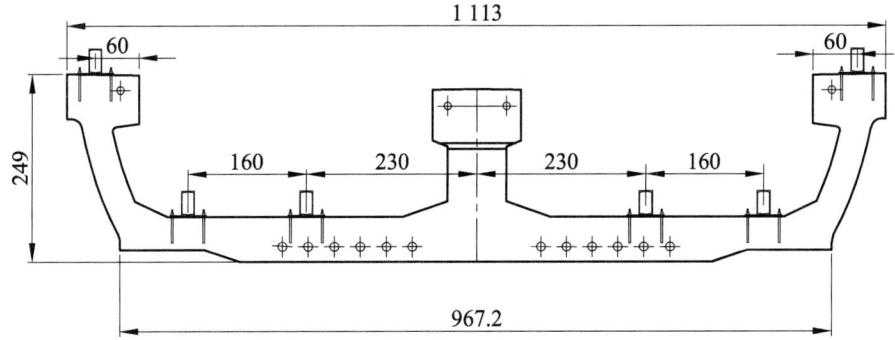

图 6.183 边跨合龙段合龙口锁定立面图（单位：cm）

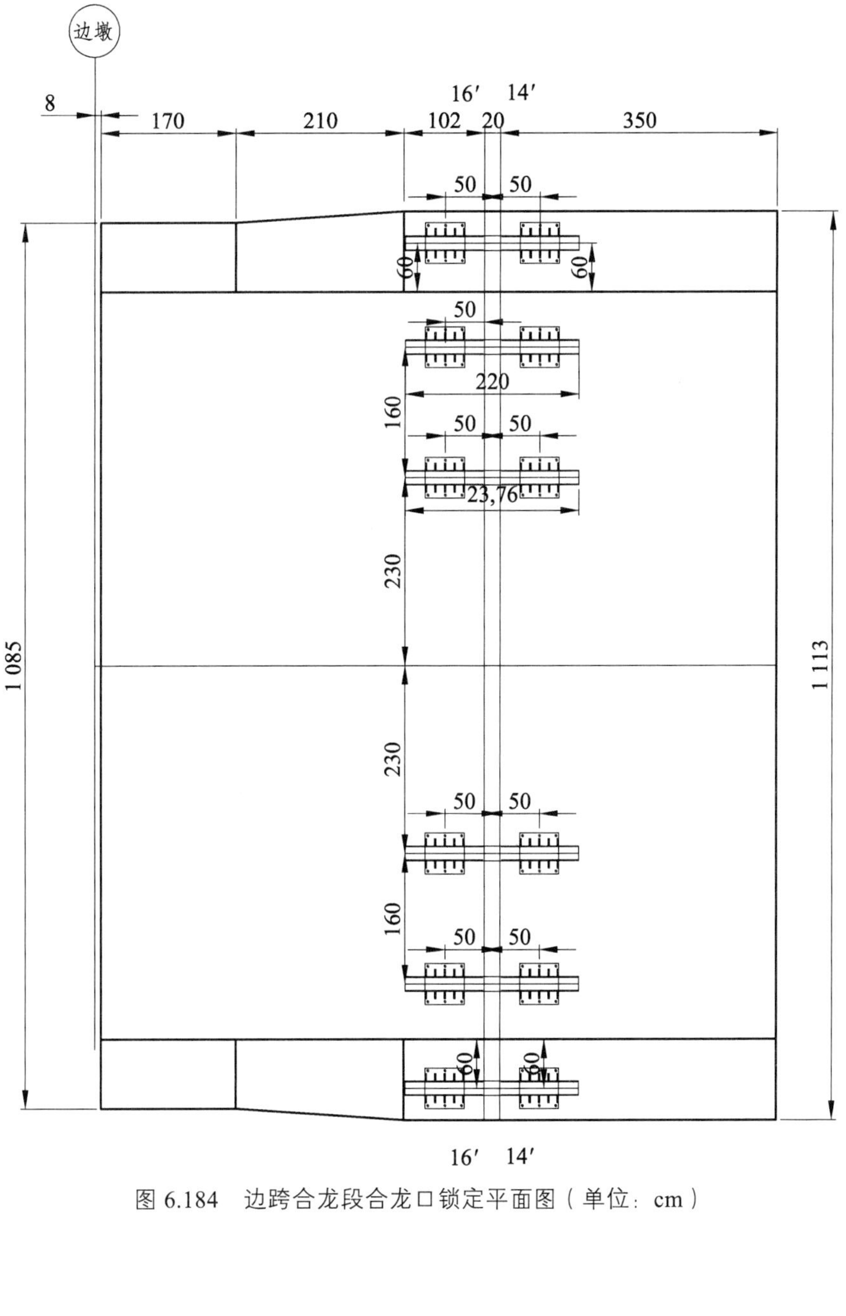

图 6.184 边跨合龙段合龙口锁定平面图（单位：cm）

3）合龙口施工

合龙段模板采用钢模板，采用吊模施工工艺，均采用 25 mm 精轧螺纹钢对拉。底模下设置 2I12.6b 分配梁，分配梁下设置 2 道纵梁，纵梁长度 1.6 m，在吊装孔位置用 25 mm 精轧螺纹钢对拉至底板位置。侧模设置两道对拉，底模设置四道对拉，中腹板位置处设置两道对拉。施工过程中采用 PVC 套管包裹精轧螺纹钢，合龙口的具体施工工艺与首个节段和 0#块之间的湿接缝施工工艺相同，此处不再赘述。待混凝土浇筑完毕后再对 PVC 管进行灌注。具体对拉杆布置如图 6.185、图 6.186 所示。

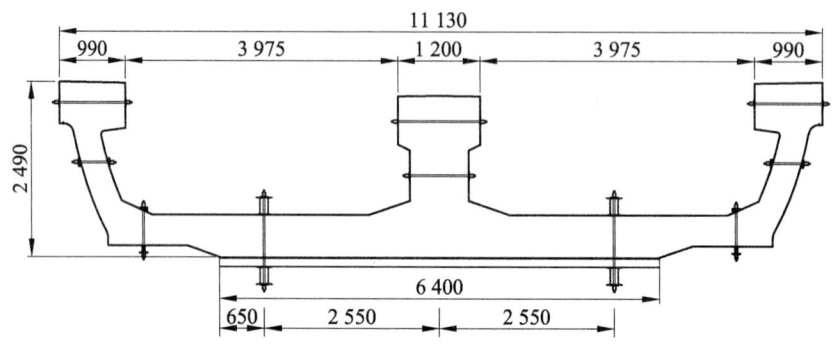

图 6.185　合龙口模板横断面图（单位：mm）

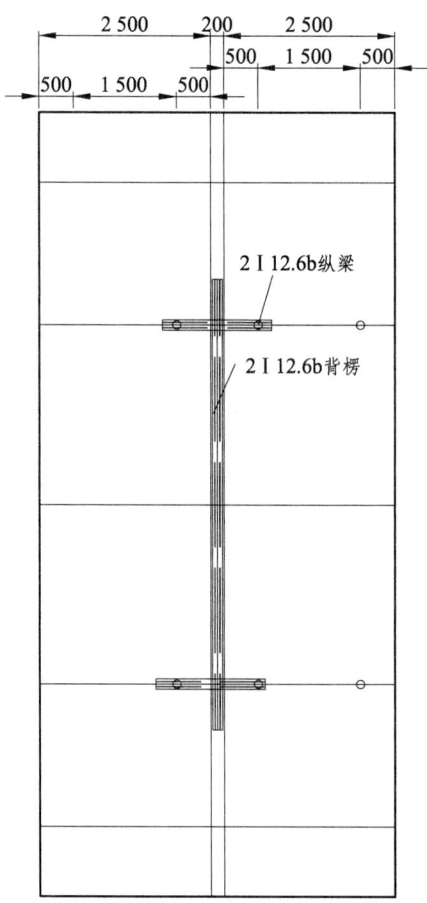

图 6.186　合龙口吊模背楞及纵梁平面图（单位：mm）

6.4.13 预制悬拼 U 形梁中跨合龙段施工

中跨合龙口为 20 cm 宽的湿接缝，严格控制合龙块左右梁段的拼装误差，确保节段高差在可控范围内，杜绝高差过大现象，并严禁采用强制合龙措施。中跨合龙施工步骤为：制作吊架后，临时支座拆除、支座解除锁定，设置劲性骨架，支模，绑扎钢筋，安放预应力管道，然后选择时间浇筑混凝土，混凝土养护到设计强度要求，最后张拉预应力束、压浆封锚。具体施工流程与边跨合龙段施工流程相同。

合龙段浇筑选择一天中气温最低的时间进行浇筑。

7 整体原位现浇 U 形连续梁施工技术

7.1 整体原位现浇 U 形连续梁工程概况

本工程以 27.315 m+40 m+27.315 m 现浇连续梁为例进行描述。

7.1.1 桥梁上构概况

现浇双线连续 U 形梁为后张法预应力混凝土结构。跨中梁高 1.84 m，中支点梁高 3.4 m，梁端 1.17 m 范围内加高至 1.94 m，梁顶宽 10.85 m，内 3.825 m+3.825 m。断面采用 U 形，边腹板曲线，中腹板直线，腹板厚度为 400 mm，底板厚度为 300 mm，梁端加厚段底板厚 400 mm。为了便于排水，每条线路底板向中间设 2.0‰ 的横坡；在平坡地段 U 形梁通过保护层设置 3‰ 纵坡，线路纵坡<3‰时应加大防水保护层厚度形成不小于 3‰ 的纵坡。

梁体采用 C55 混凝土，预应力钢筋采用 1 860 Mpa 的公称直径为 15.2 mm 的钢绞线。预应力设计纵向采用后张预应力体系，在运营荷载下不允许开裂，锚具采用群锚体系，预应力采用真空压浆工艺。梁顶及底板横向按普通钢筋混凝土构件计算。

27.315 m+40 m+27.315 m 现浇双线连续 U 形梁各断面如图 7.1～图 7.6 所示。

7.1.2 整体原位现浇 U 形连续梁支架体系概况

根据现场是施工环境因素，本案例现浇 U 形梁采用少支点支架体系。

少支点支架体系：少支点支架体系下部为钢管柱、工字钢、贝雷梁的组合，上部为盘扣式满堂支架，如图 7.7 和图 7.8 所示。

支架体系最大高度约为 12 m，架体最大跨度为 40 m。支架体系下部由 ϕ820 mm×8 mm 钢管桩、贝雷架和工字钢等组成。钢管纵向最大间距 13.5 m，横向间距 3.2 m；贝雷梁作为承重主梁，支撑点设置在钢管顶部的垫梁上；盘扣架布置在贝雷梁上方的分配梁上。

支架体系上部盘扣式支撑架的立杆直径为 ϕ60 mm，壁厚 3.2 mm，材质为 Q345A；横杆材质为 Q235B，管径为 ϕ48 mm，管壁厚为 2.5 mm；斜杆材质为 Q195，管径为 ϕ48 mm，管壁厚 2.5 mm。

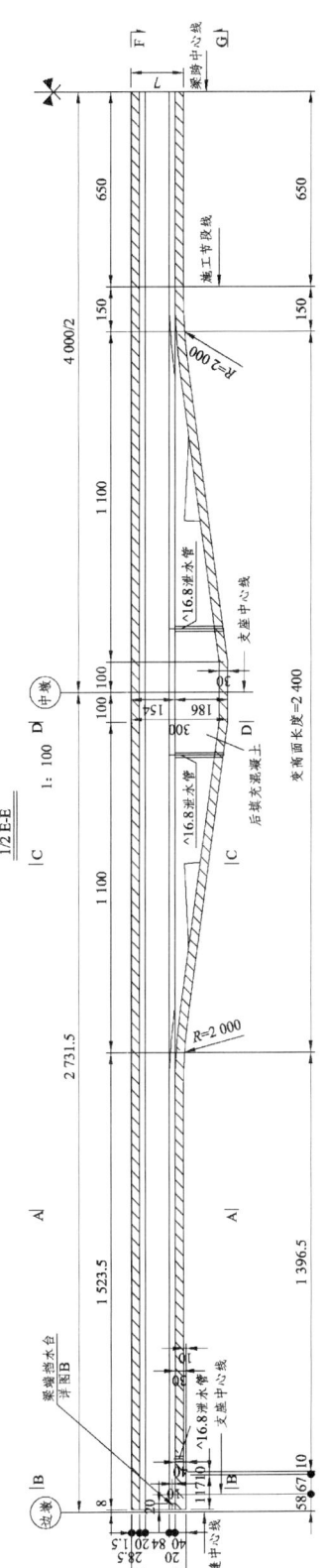

图 7.1 纵断面图(半)(单位:cm)

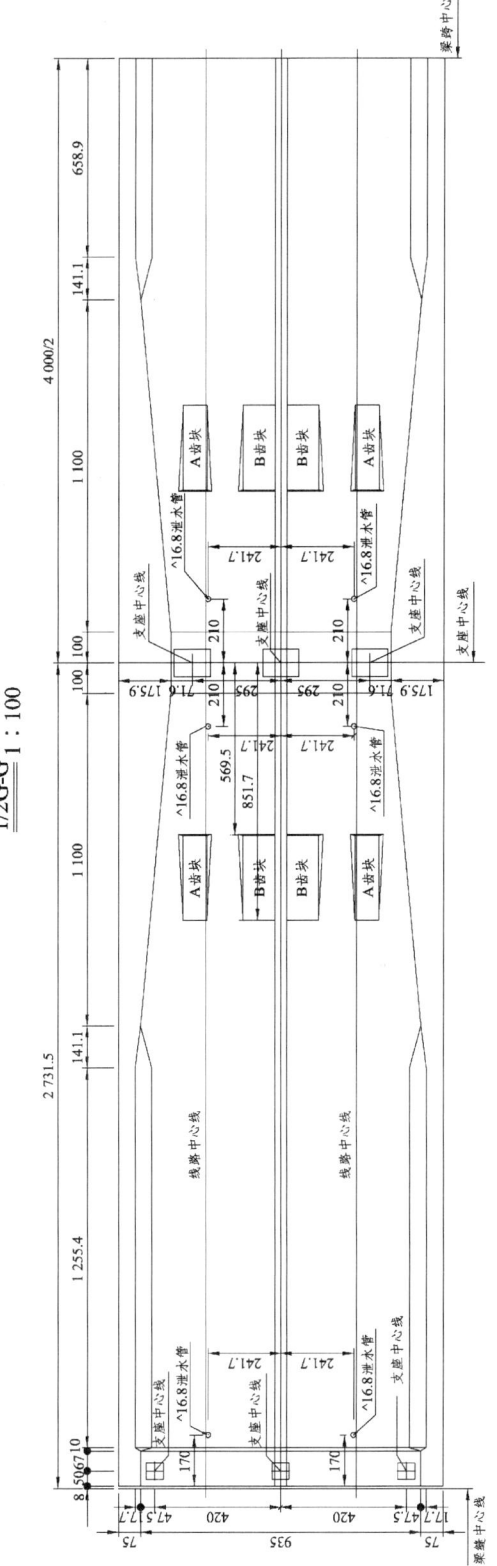

图 7.2 梁体平面布置(单位:cm)

235

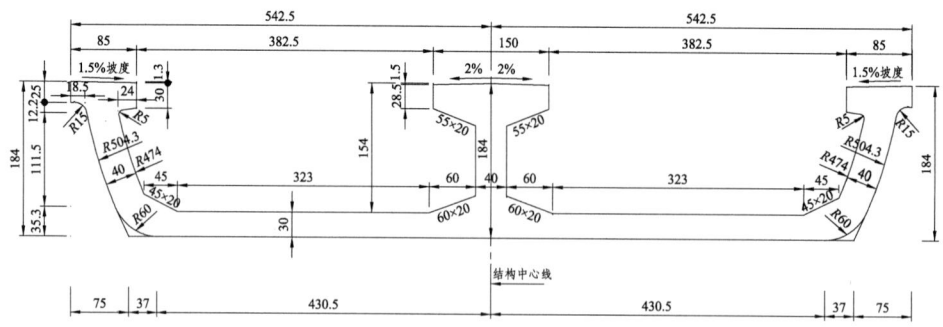

图 7.3 A—A 横断面（单位：cm）

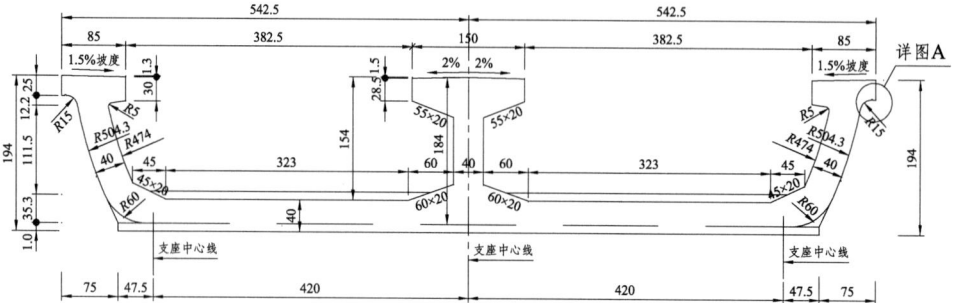

图 7.4 B—B 横断面（单位：cm）

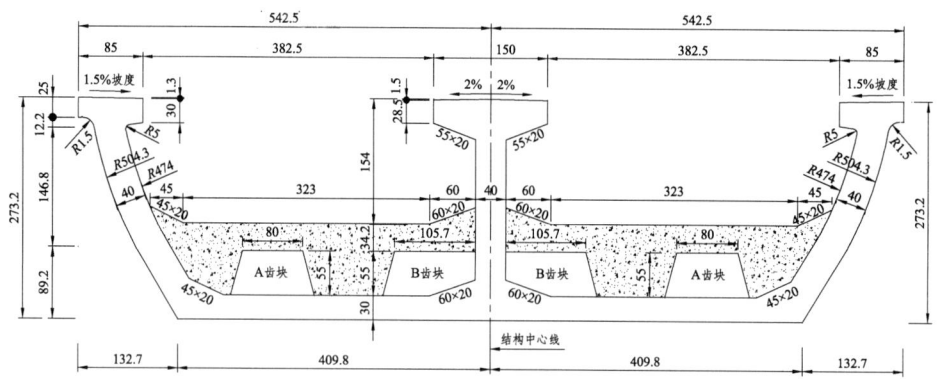

图 7.5 C—C 横断面（单位：cm）

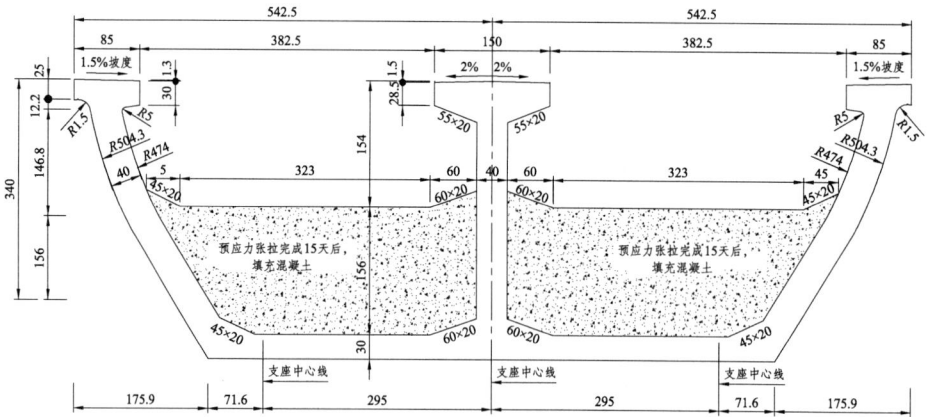

图 7.6 D—D 断横面（单位：cm）

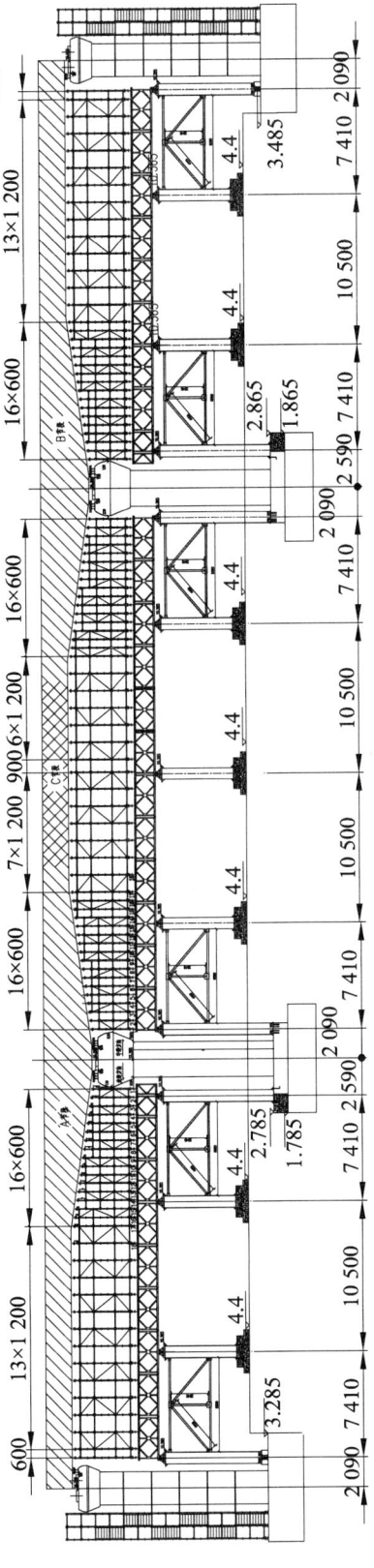

图 7.7 少支点支架纵断面(单位: mm)

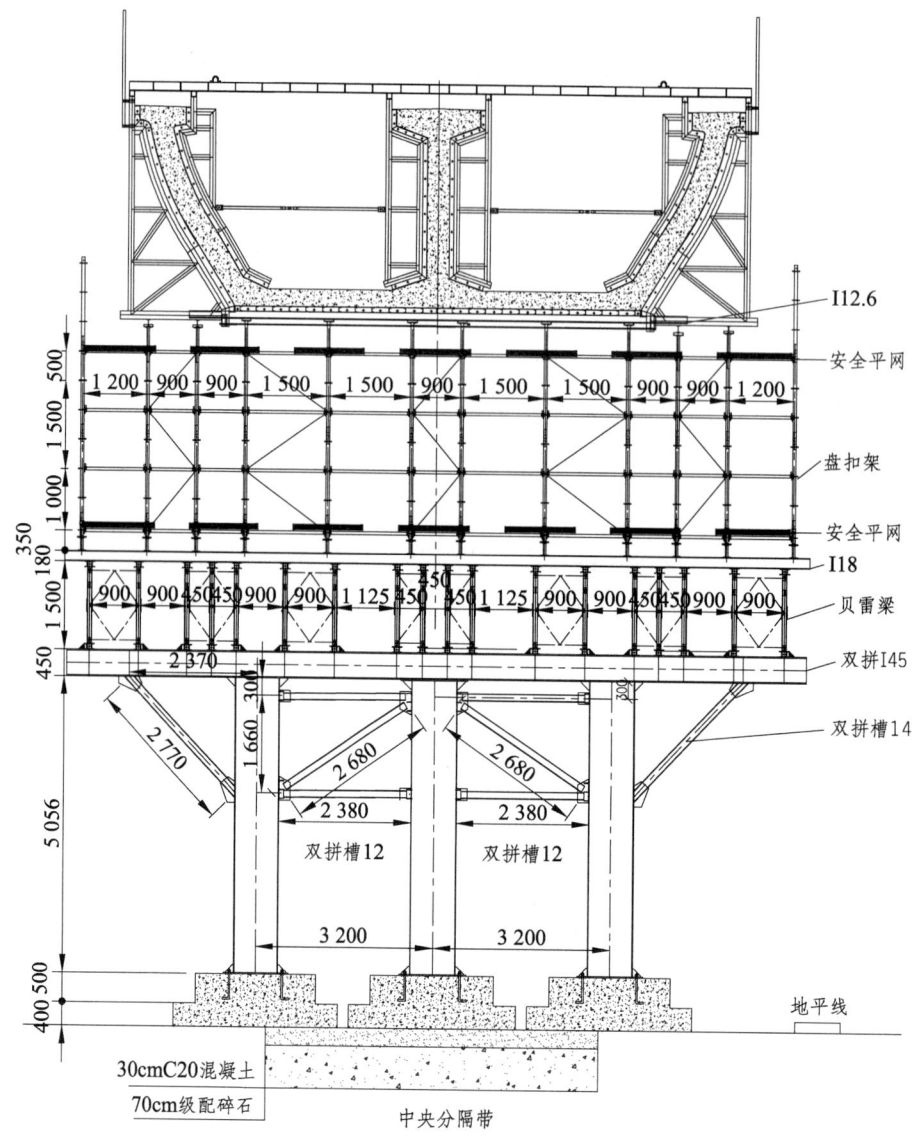

图 7.8 少支点支架横断面（单位：mm）

盘扣架的搭设形式为矩阵式桁架支撑结构，每个矩阵式桁架支撑结构有 4 根立杆、横杆、竖向斜杆组成单元桁架，每个单元桁架之间采用横杆连接。水平斜杆采用普通钢管进行连接，作为水平剪刀撑，每隔 4~6 步距一道。

7.2 整体原位现浇 U 形连续梁支架体系施工

7.2.1 施工工艺流程

现浇 U 形梁整体施工工艺流程如图 7.9 所示，其中的少支点支架施工工艺流程如图 7.10 所示。

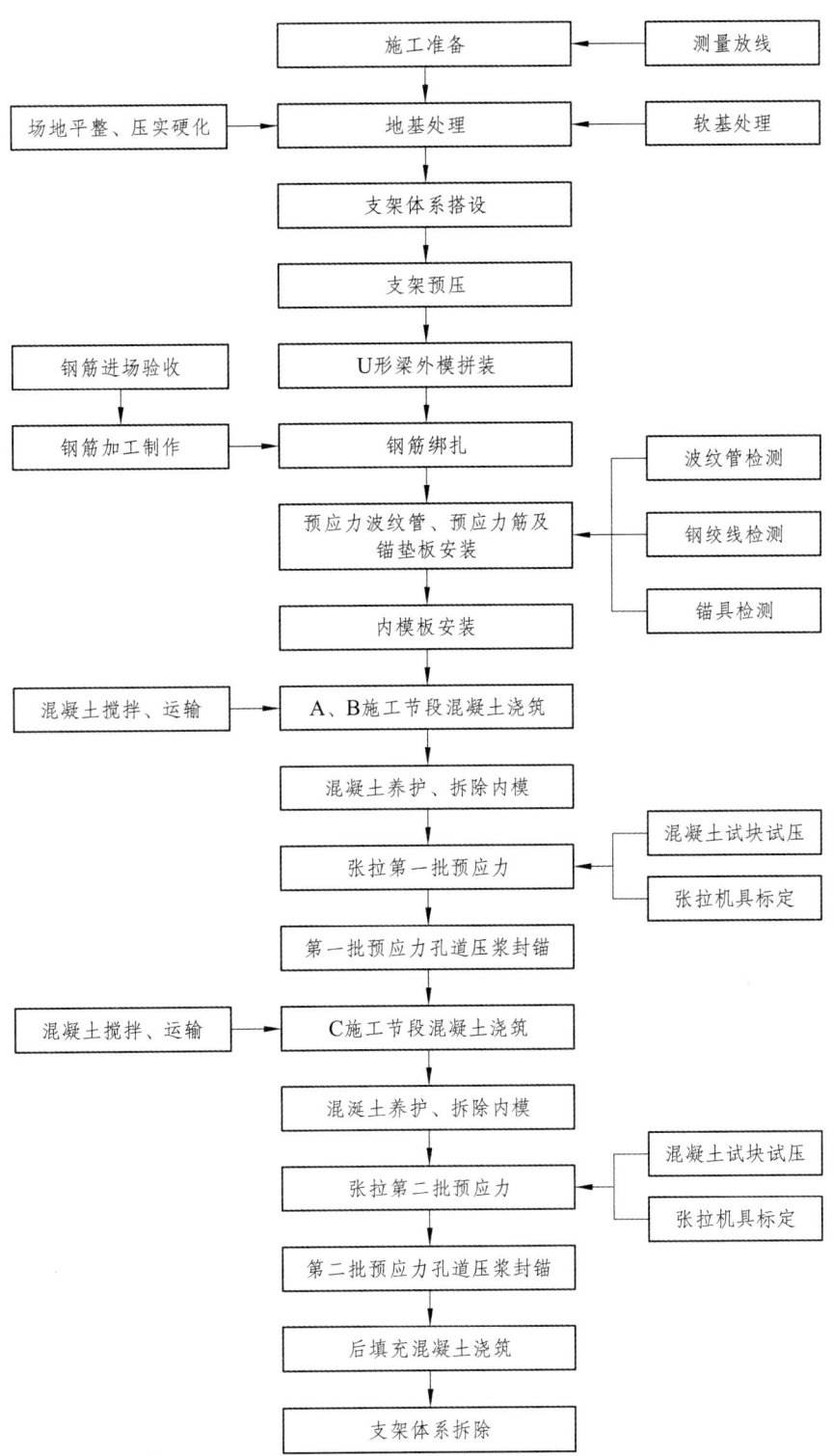

图 7.9 现浇 U 形梁整体施工工艺流程

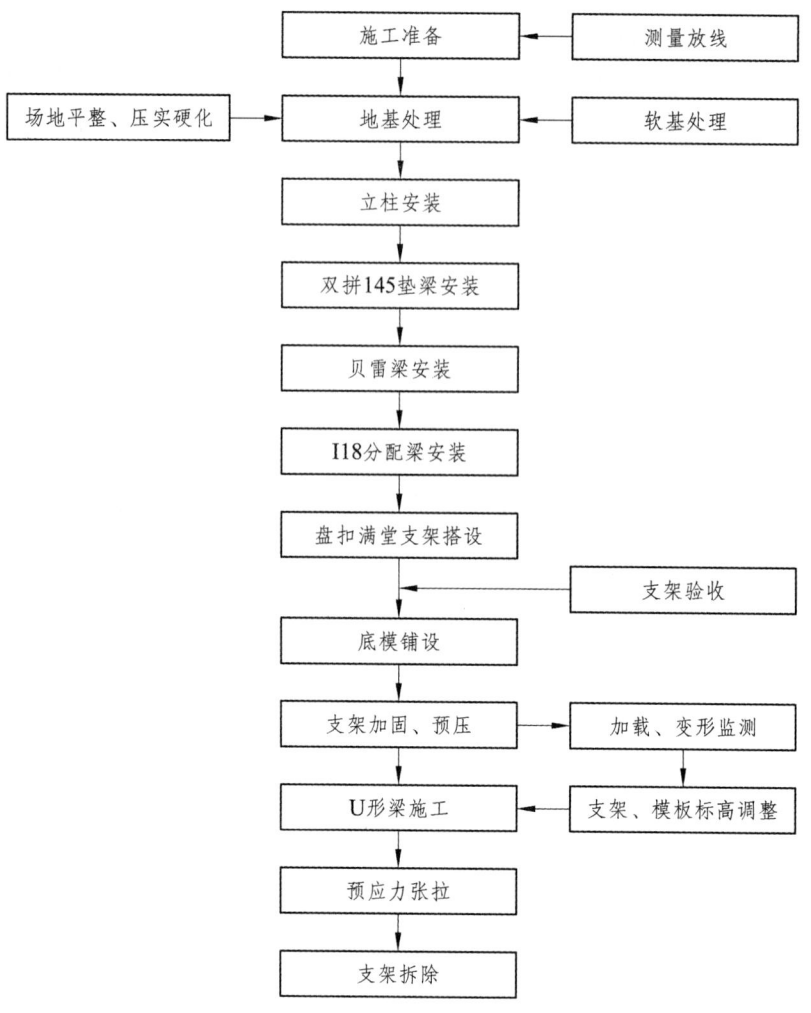

图 7.10 少支点支架施工工艺流程

7.2.2 地基处理

根据设计计算，少支点支架基础地基承载力应满足设计要求，施工前应先检测支架基础及相应区域的地基承载力，对不满足要求的须进行换填处理。基础必须做好排水系统，严禁基础范围内积水。

7.2.3 支架体系搭设

1. 支架体系下部施工

1）基础制作及预埋

本案例支架基础共分为三类：第一类选择承台作为基础；第二类选择三拼 I45 型钢作为基础；第三类选择混凝土基座作为基础。

（1）承台作为钢管柱基础。

在承台顶面均匀埋设 8 根 $\phi 25$ 钢筋筋，外露 10 cm 用以螺母锚固。钢筋长度 60 cm，埋深 50 cm，钢筋距离柱中 53 cm。

（2）三拼 I45b 工字型钢作为基础。

边墩选择三拼 I45b 工字型钢作为基础，工字钢之间及外侧需满焊加劲肋，加劲肋采用 10 mm 钢板，加劲肋具体位置见图 7.11～图 7.13。钢管柱底封板和基础焊接连接，型钢与承台接触面做凿毛找平处理。型钢基础就位后，每间隔 1 m 打一道膨胀螺栓对其限位，限位位置见型钢平面布置如图 7.14 所示。

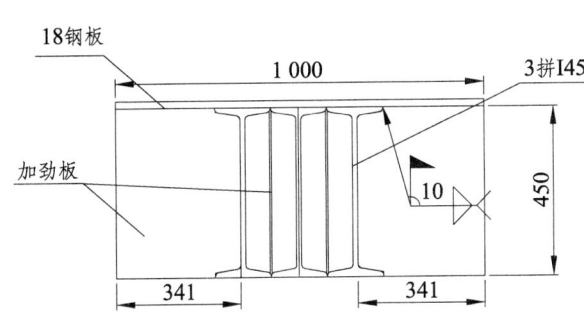

图 7.11　三拼 I45b 工字型钢立面图（单位：mm）　　图 7.12　三拼 I45 柱底连接钢板（单位：mm）

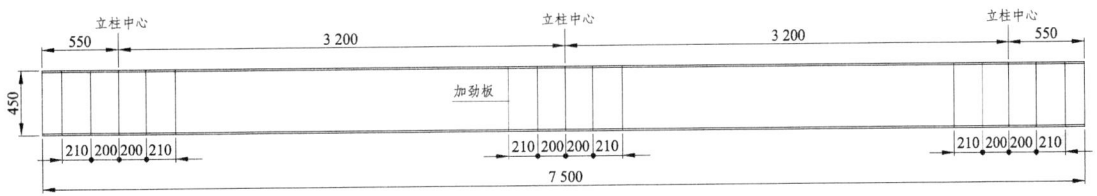

图 7.13　三拼 I45b 工字型钢加劲钢板示意图（单位：mm）

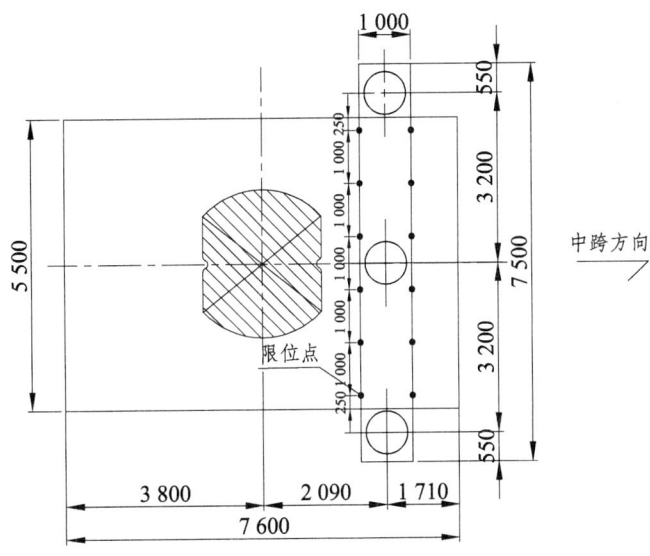

图 7.14　三拼 I45b 工字型钢平面布置及限位（单位：mm）

（3）钢筋混凝土基座基础。

少支点支架采用钢筋混凝土基座。制作基座时，应先浇筑 C20 素混凝土，进行垫层调平。垫层与基座之间用塑料薄膜分隔。

钢筋混凝土基座尺寸为 3 m×3 m×0.4 m+2.2 m×2.2 m×0.5 m，混凝土强度为C20，预埋 $\phi 25$ 一级钢制作螺栓，每个基座设置 8 个预埋螺栓（螺栓位置距离柱中心 53 cm）。基座按照构造要求进行配筋，如图 7.15 所示，基座底部、上部布置钢筋网片。

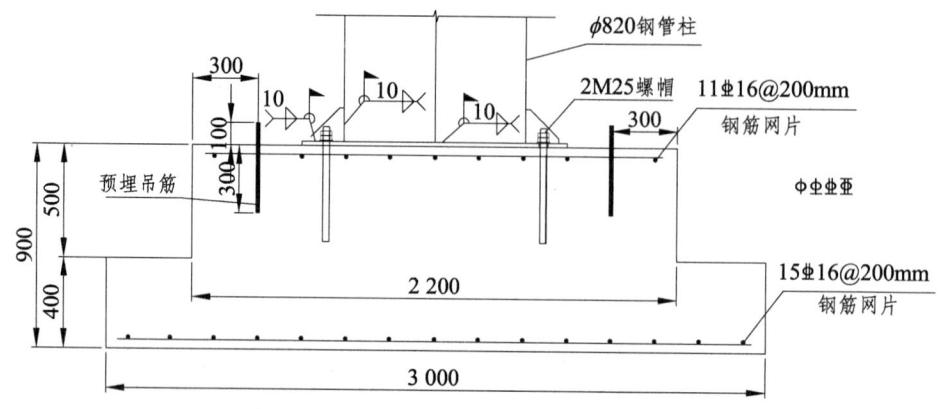

图 7.15 基座配筋立面图（单位：mm）

2）钢管立柱安装

地基处理强度达到要求后，利用全站仪精确定放出基座放置点，将基座吊装至基座放置。底封板采用 1.2 m×1.2 m×16 mm 的钢板，钢管立柱采用 $\phi 820$ mm×8 mm 钢管。钢管立柱底座平面连接如图 7.16 所示。

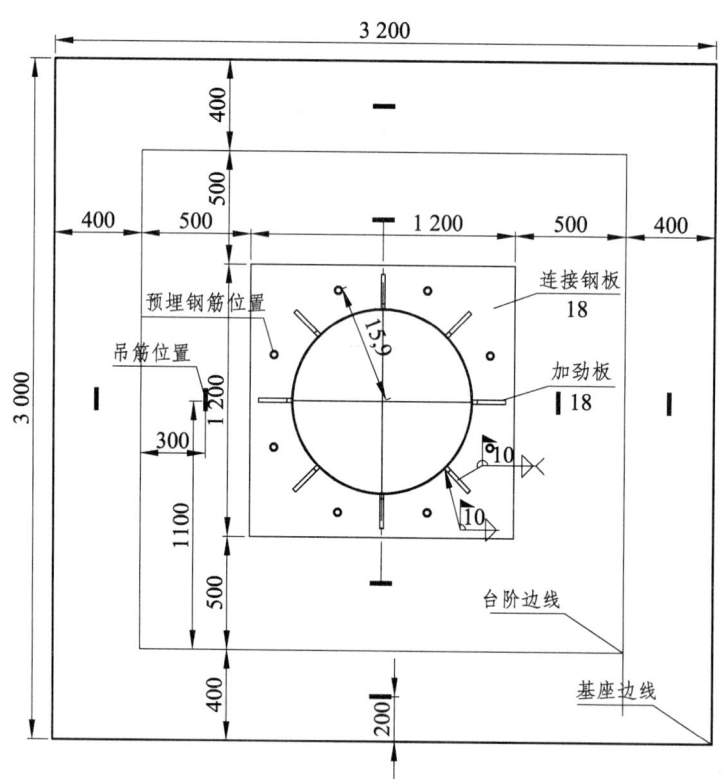

图 7.16 钢管立柱底座平面连接（单位：mm）

钢管需要接长时，锚垫板加工如图 7.17 所示。

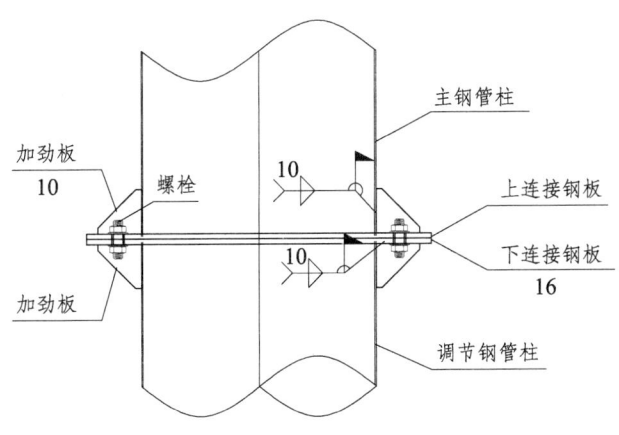

图 7.17 调节段立面图

钢管柱横、纵桥向 2 根钢管之间采用槽钢 2I12 或 I12.6 平联拉结,型钢与钢管柱连接应当焊接牢靠,如图 7.18 和图 7.19 所示。平联加固连接板标准间距为 2 m,不满 2 m 时,取 1 m。

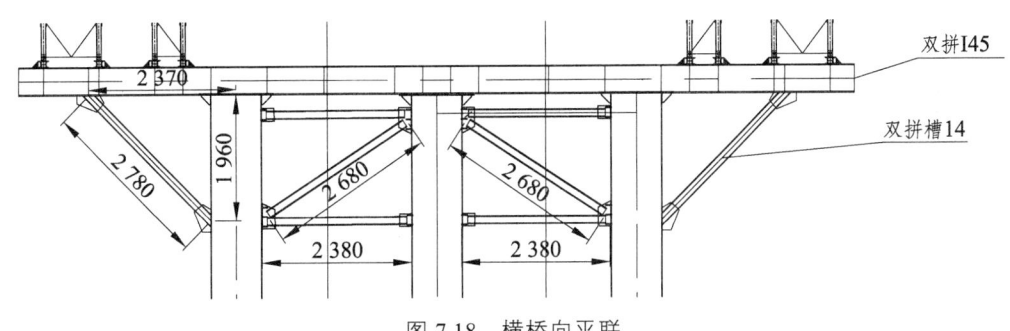

图 7.18 横桥向平联

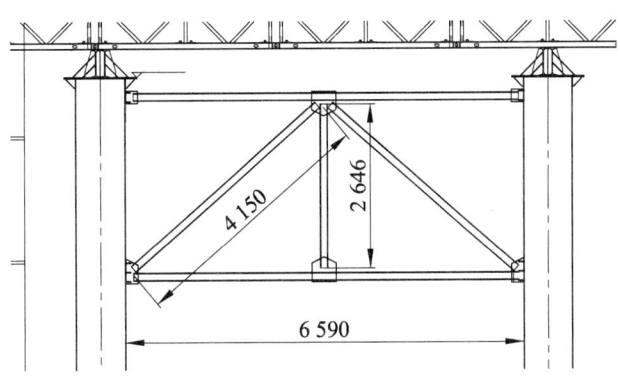

图 7.19 纵桥向平联

钢管柱顶部采用 1.2 m×1.2 m×16 mm 钢板作为上封板,上封板和钢管柱通过加劲肋焊接相连,加劲肋尺寸同柱底加劲肋。

柱顶垫梁采用双拼 I45b,在后场集中加工,加劲肋采用 10 mm 厚钢板与 I45b 满焊,将加工完成的垫梁吊装至钢管柱顶部。在封板上焊接 I12.6 型钢作支撑,防止纵梁倾覆。双拼 I45b 在贝雷梁下方位置满焊加劲板,加劲板厚 10 mm。工字钢与顶封板连接如图 7.20 所示。

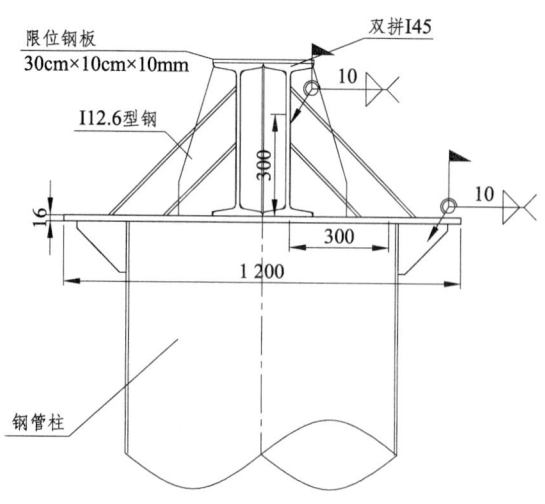

图 7.20 工字钢与顶封板连接示意（单位：mm）

支腿双拼槽 I14 通过双面焊接与钢管柱及垫梁连接。支腿与垫梁及钢管柱关系如图 7.21 所示。

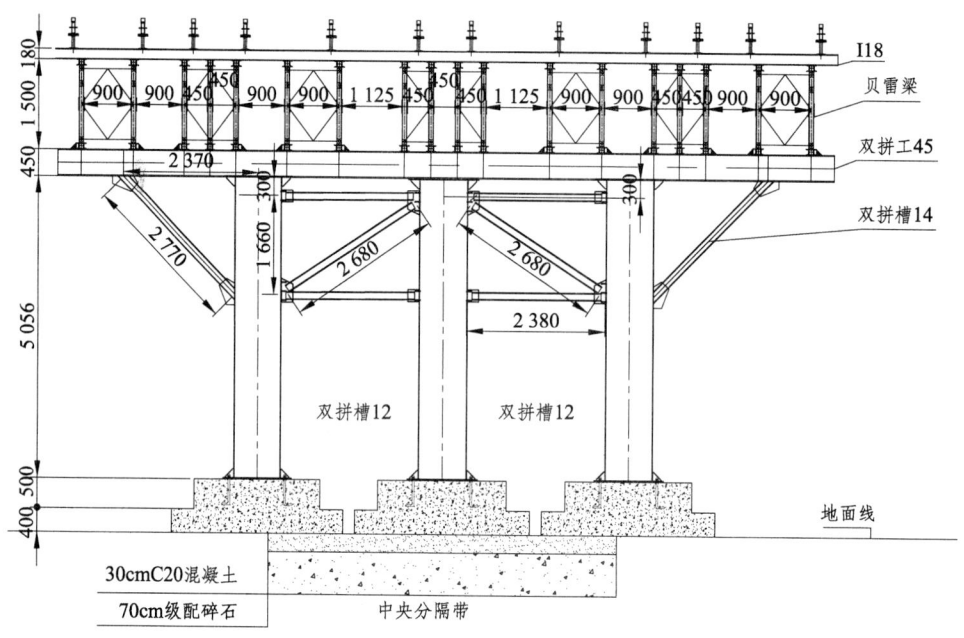

图 7.21 支架体系下部结构示意（单位：mm）

3）贝雷架安装

贝雷架的组成：钢桁架主要由桁架、横梁、保险销、连接板、斜撑、抗风拉杆、加强弦杆等组成。

贝雷架选用单层桁架，每 2 排组合为一组，贝雷梁施工时先在地面拼装完成，并对拼装质量进行检查，合格后，再采用 25 t 汽车吊整体吊装就位。为增强贝雷片的整体稳定性，两侧贝雷片要使用连接花窗作为横向连接，花窗每 3 m 设置一道，连接花窗尺寸需根据现场调整，贝雷梁间距及长度详见少支点支架施工图。贝雷架与垫梁之间采用 10 cm×10 cm 三角钢板对贝雷梁进行限位，钢板与 I45 顶进行满焊。

贝雷梁放置好之后，沿横桥向放置 I18 型钢，I18 沿纵桥向间距 1.2 m，变截面处加密至 0.6 m。采用 U 形卡将贝雷片与横梁（I18）连接限位（如图 7.22 所示），当底托位置与 U 形卡位置冲突时，可适当调整 U 形卡位置。

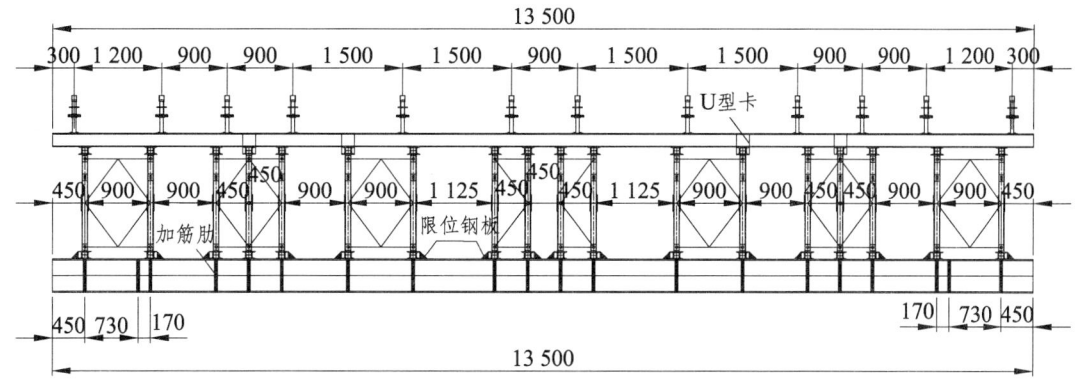

图 7.22　采用 U 形卡与工字钢连接（单位：mm）

2. 支架体系上部施工

1）少支点支架上部设计

根据现浇 U 形梁横断面形式将满堂盘扣架体分为中腹板区、底板区、边腹板区（如图 7.23、图 7.24 所示）。

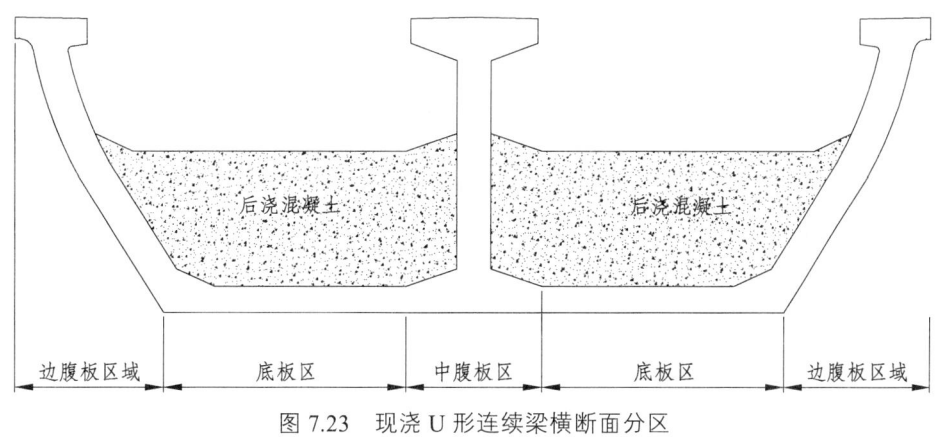

图 7.23　现浇 U 形连续梁横断面分区

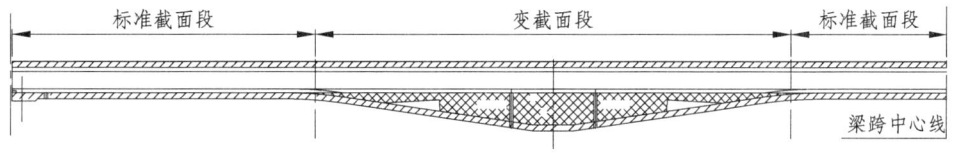

图 7.24　现浇 U 形连续梁纵断面图

（1）满堂支架标准步距 1.5 m，顶层、底层步距为 1 m。支架竖向斜杆隔一列布一列。

（2）满堂支架横距、纵距见表 7.1。

（3）在满堂支架顶部、底部设置扣件钢管水平剪刀撑，剪刀撑的倾角严格控制在 45°~60°，水平剪刀撑应与立杆扣接，如图 7.25 和图 7.26 所示。在水平剪刀撑位置上部设置安全平网。水平剪刀撑设置应严格按照施工图施工。

表 7.1 满堂盘扣架间距设置

序号	区域介绍	横距/m	纵距/m
1	变截面段中腹板区	0.9	0.6
2	标准截面中腹板区	0.9	1.2
3	底板区	1.5	1.2
4	边腹板区	0.9	1.2

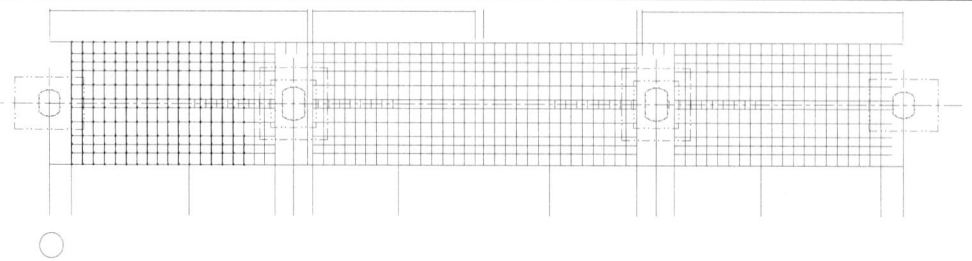

图 7.25 支架水平剪刀撑平面布置（单位：mm）

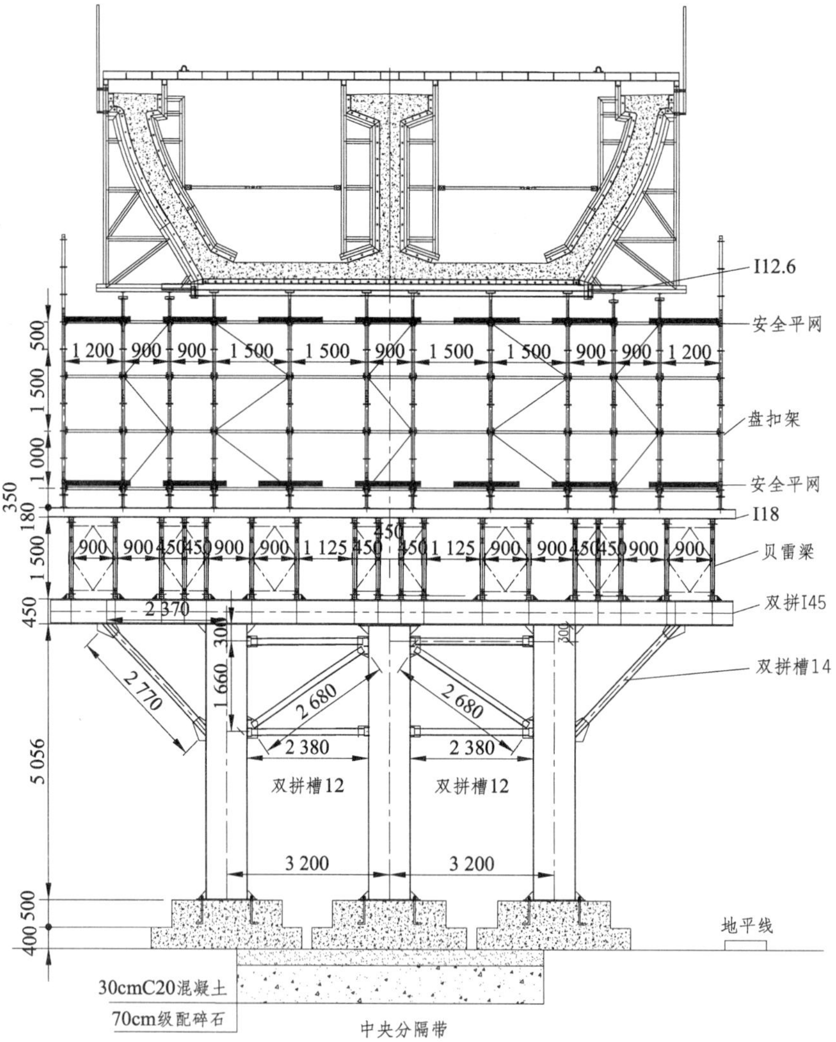

图 7.26 支架横断面布置（单位：mm）

（4）上下爬梯。

支撑架上下楼梯设置在边墩旁，为保证稳定性，采用抱箍和桥墩固定。抱箍 2 m 设置一道。抱箍采用钢管钢管扣件作为连墙件。

楼梯采用盘扣式脚手架搭设，楼梯横距 0.9 m+0.9 m，纵距 0.9 m+1.5 m+0.9 m；每层楼梯高度 2 m，如图 7.27 和图 7.28 所示。梯笼横杆斜杆满布。

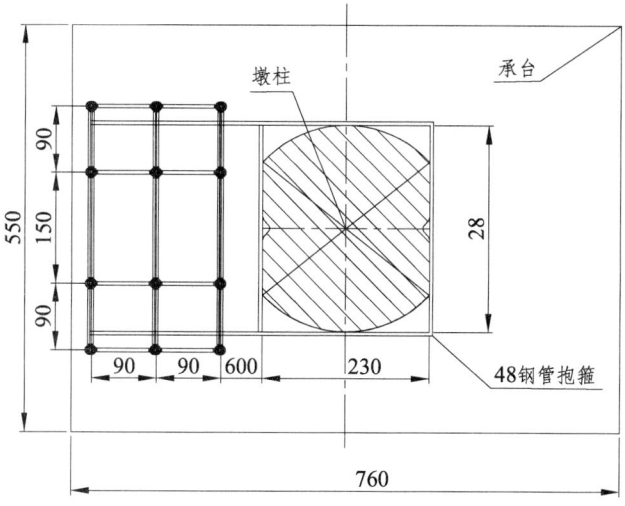

图 7.27 爬梯平面布置（单位：mm）

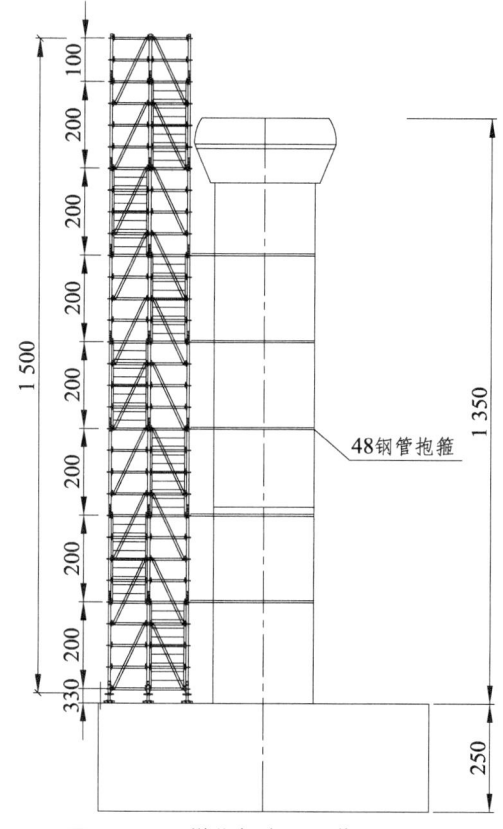

图 7.28 爬梯纵桥向（单位：mm）

2）满堂支架施工

（1）盘扣支架施工。

利用全站仪精确定出满堂支架的中心线，然后利用钢卷尺配合墨线放出支架平面位置，满堂架横向搭设顺序为中间向两侧延伸搭设，纵向搭设顺序与该联 U 形梁具体的施工部署相适应。支架立杆、横杆、斜杆、剪刀撑严格按设计方案进行布置搭设。

支架搭设的总体顺序为：立杆（设置可调底托）→横杆→斜杆→剪刀撑→顶托→横向分配梁 I12.6 工字钢搭设。

在支架顶层与底层设置水平剪刀撑，剪刀撑通过扣件与支架连接，安装时尽量布置在框架结点上，架体与主体结构拉结牢靠。剪刀撑上方搭设安全平网。

先在地面上大致调好顶托伸出量，再运至支架顶安装。根据梁底高程变化决定断面间距，设左、中、右三个控制点，精确调出顶托标高。然后用明显的标记标明顶托伸出量，依次调出每个顶托的标高。顶托调整完毕后，将横向分配梁 I12.6 工字钢吊装至顶托顶部。

（2）搭设要求。

模板支架搭设需有专人指挥，统一进行，具体要求如下：

① 立杆应通过立杆连接套管连接，在同一水平高度内相邻立杆连接套管接头的位置宜错开，且错开高度不宜小于 75 mm。

② 水平杆扣接头与连接盘的插销应用铁锤击紧至规定插入深度的刻度线。

③ 每搭完一步支模架后，应及时校正水平杆步距，立杆的纵距、横距，立杆的垂直偏差和水平杆的水平偏差。立杆的垂直偏差不应大于模板支架总高度的 1/500，且不得大于 50 mm。

④ 模板可调托座伸出顶层距水平杆的长度严禁超过 650 mm，且丝头外露长度严禁超过 400 mm，可调托座插入立杆长度不得小于 150 mm。

⑤ 模板支架可调底座调节丝杆外露长度不应大于 300 mm，作为扫地杆的最底层水平杆离地高度不应大于 550 mm。

7.2.4 支架临边搭设

1. 预压阶段临边防护

支架搭设完成后，在箱梁支架外侧须布置预压阶段临边防护，防护立杆采用盘扣式脚手架，高度 1.2 m，并在外侧满挂防护网片，如图 7.29 所示。

2. 整体原位现浇 U 形连续梁施工阶段临边防护

现浇 U 形连续梁施工阶段的邻边防护采用定型化网片式护栏，护栏防护板宽 1.9 m，高 1.2 m，采用 30 mm×30 mm 方钢与钢板网加工成型，两侧各用钢板焊接 2 个预留孔用于与防护立杆固定，钢板网钢丝直径不小于 2 mm，网孔边长不大于 20 mm，防护板底下 20 cm 设置踢脚板，梯脚板采用薄铁皮制作，并涂刷黄黑相间油漆，采用铆钉安装于防护板上。

防护立杆采用 ϕ48.3 mm×3.0 mm，立杆中心间距为 2.0 m，防护立杆长 3 m。防护立杆与防护网片两侧均通过预留孔进行铁丝绑扎固定，如图 7.30 所示。

定制钢模板侧模外侧焊接 50 cm 长 ϕ48.3 mm×3.5 mm 钢管两排，防护立杆与钢模板外侧焊接钢管相交处均采用 2 排十字扣件连接固定在支撑架横杆上。

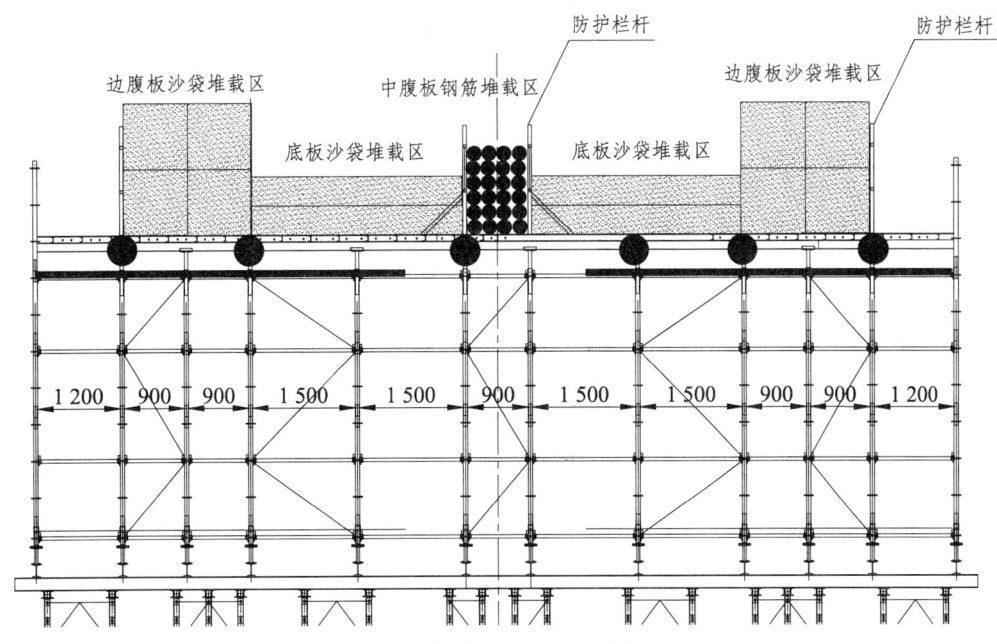

图 7.29　预压阶段临边搭设（单位：mm）

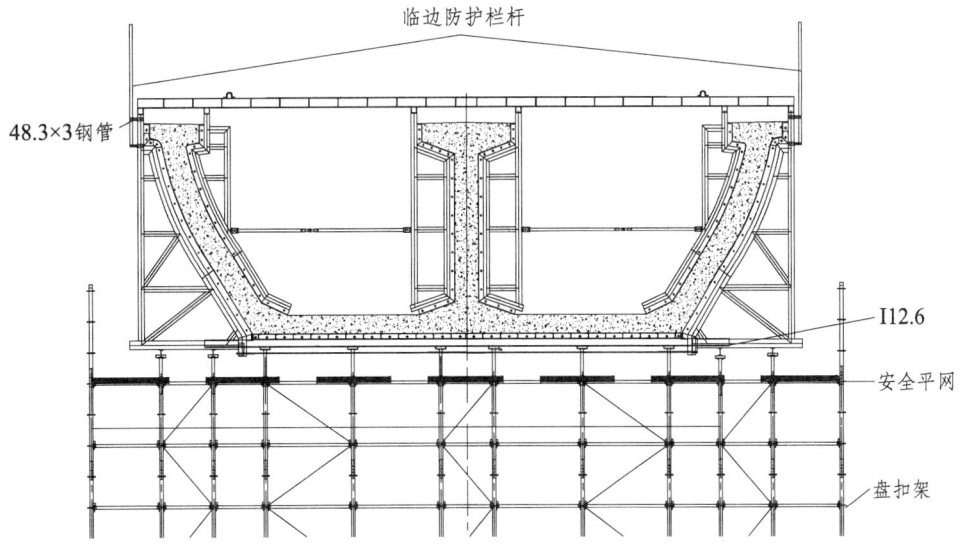

图 7.30　原位现浇 U 形梁施工阶段临边搭设

7.2.5　支架的检查及验收

按照《危险性较大的分部分项工程安全管理规定》（建办质〔2018〕31 号文）要求，支架搭设完成后，在项目部验收合格后，报后报监理工程师（监理单位项目总监理工程师及专业监理工程师）进行验收。其主要步骤有：

（1）观察盘扣支架整体或局部的垂直偏差，尤其观察四角是否偏斜、下沉。如发现有异样者，应立即组织人员进行加固。

（2）检查支架纵距、横距、步距、斜撑和剪刀撑等是否严格按照设计要求搭设，发现不合格应立即整改。

（3）检查支架细部结构是否严格按照方案施工，纵梁和分配梁完成要检查是否连接稳固，钢板焊接是否合格，发现不合格应立即整改。

（4）检查顶托、底托有无滑丝情况；检查立杆垂直度、大横杆小横杆是否水平。

7.2.6 支架预压

1. 预压的目的

支架验收合格后需进行预压，支架预压检查支架及地基的强度及稳定性，确保施工质量及安全。减少和消除地基的沉降变形及支架的非弹性变形的影响，根据掌握的弹性变形资料进行箱梁底模铺设并设置预拱度，有利于桥面线形控制。本案例混凝土 U 形梁支架预压合格后方可进入下一道工序施工。

2. 预压施工方法

结合现场施工环境及工期考虑，本案例支架预压选用沙袋、钢筋相结合预压。

3. 预压监测

1）监测点布置

每跨梁预压的检测断面应设置在支墩及纵梁跨中的位置对应的满堂支架顶部，根据支架布置共计设置 7 个沉降观测断面。每个断面的底板两端、底板中心、中腹板处、U 形梁梁边缘投影与底板交点设置沉降观测点，共计 42 沉降观测点，如图 7.31~图 7.33 所示。

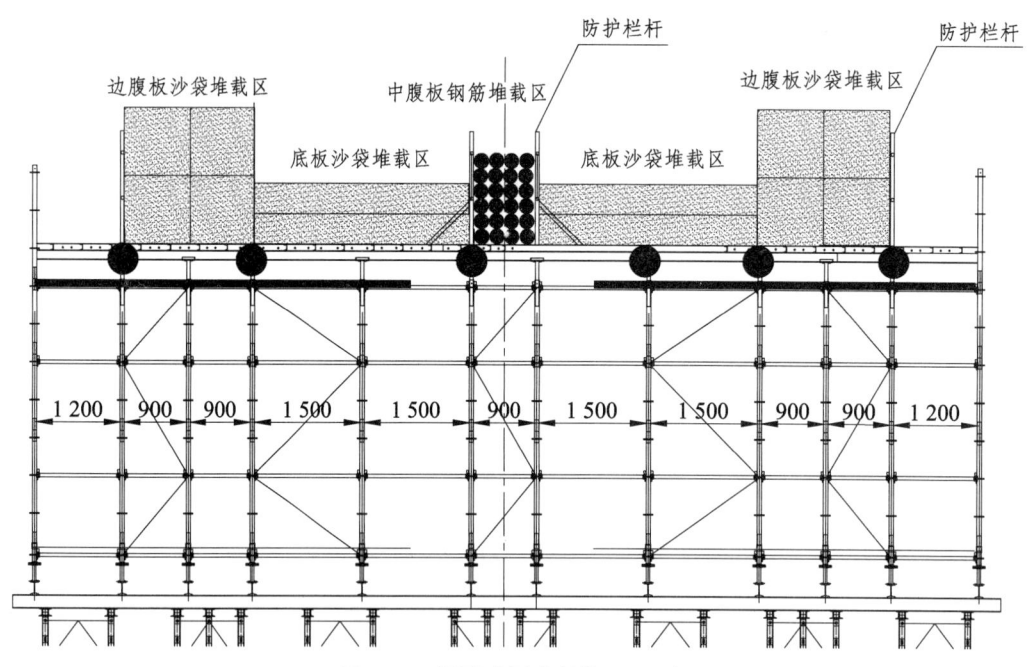

图 7.31 沉降观测（单位：mm）

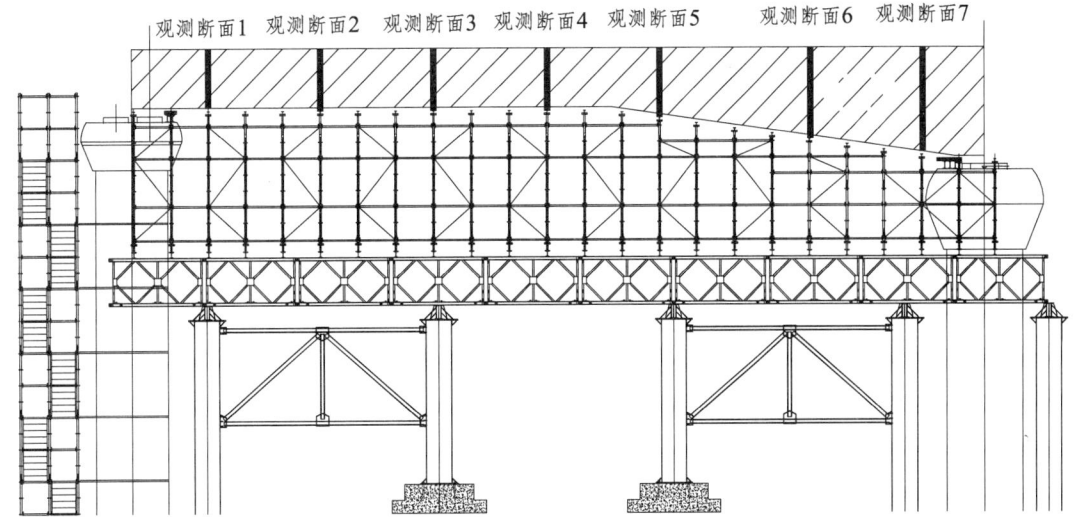

图 7.32 沉降观测断面

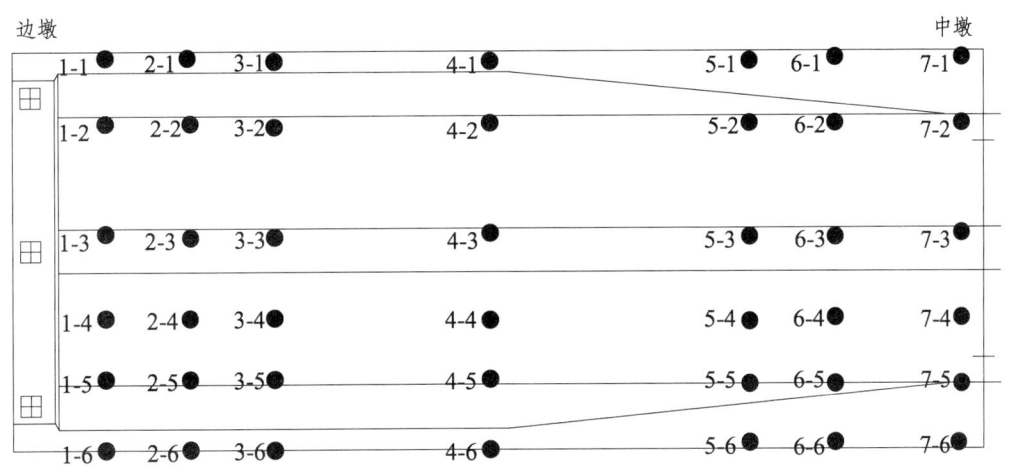

图 7.33 沉降观测点平面布置

2）加载顺序

预压观测分成五个阶段：预压加载前，60%总荷载、100%总荷载、110%总荷载、卸载后。

预压荷载分三次加载，第一次加载至预压荷载值的60%，第二次加载至预压荷载值的100%，第三次加载至预压荷载值的110%。

预压加载方式：纵向加载，从跨中向两端墩柱处进行对称布载；横向加载，从混凝土结构中心线向两侧进行对称布载。

3）预压观测

每级加载后1 h对支架测点标高进行测量，以后每间隔6 h测量一次各测点标高，当相邻两次检测位移平均值之差不大于2 mm时，可以进行后续加载监测。

4）卸载

卸载应均匀进行，严禁一次性卸载整个断面的荷载，卸载从两端往中间，从两侧向中间分层进行。卸载6 h后，不得进行施工作业，对所有监测点进行标高测量。

5）沉降观测注意事项

本次沉降观测工作采用百分表读数和精密水准测量方法进行，观测过程中，各项偏差控制及内业数据处理须注意的几个问题：

（1）每次观测所用的仪器及水准尺固定，观测人员固定，观测路线固定，观测环境和条件基本相同。

（2）观测时间及环境：一般应在早晨太阳高照前（清晨七、八点左右）结束，不允许在高温、强光和大风等情况下进行观测。要勤观测、勤记录，及时反馈。

（3）测量时，水准尺气泡要稳定居中，扶尺员应快速稳定地竖直标尺，提高观测效率。

6）数据整理

（1）加载稳定 12 h 后，测量布设观测点的标高 $H_{载后}$，与初始值 $H_{前}$ 相减，得出加载后最终沉降值 $\Delta H_{沉}$（总沉降值）。

（2）完全卸载 6 h 后，测量观测点的标高 $H_{终}$，卸载后最终回弹值 $\Delta H_{弹}=H_{载后}-H_{终}$。

（3）计算模板标高调整值 ΔH，即为加载后最终沉降值 $\Delta H_{沉}$+施工时考虑的预拱值 $\Delta H_{预拱}$。

（4）根据沉降观测记录，计算出支架弹性变形及非弹性变形值。

总沉降量=满载稳定后最终读数 $H_{载后}$-加载前的初始读数 $H_{前}$

非弹性变形量=加载前的初始读数 $H_{前}$-卸载稳定后的终读数 $H_{终}$

弹性变形量=总变形量-非弹性变形量

根据以上数据，调整 U 形梁底模高度，U 形梁其他标高以 U 形梁底模标高为基准控制。

7）支架预压控制要点

（1）试压前认真按设计图纸及标准验收支架。

（2）认真检查沙袋是否有刮破，发现问题应及时处理。

（3）沙袋高度是否达到标高要求，沙袋袋上口悬挂是否过紧，在保障高度的情况下适当地放松，防止沙袋拉裂。沙袋必须用防雨布进行覆盖，严禁被雨、水淋湿。

（4）测量点的标记必须牢固不滑移。

（5）测量前认真校验水准仪，测量时前后视距尽量相等，每次测量最好在同一位置架设仪器，一个测站测完。

（6）均匀加载。

（7）两侧对称加载。

7.2.7 支架预拱度设置

1. 支架预拱度计算

根据设计要求和预压结果调整底模标高，预留张拉起拱度和支架系统沉降量，确保 U 形梁顶面标高满足设计要求。预拱度计算公式为

$$f=F_1+F_2+F_3+F_4$$

式中：F_1——支架上部构造本身设计需要的预拱度；

F_2——支架在荷载作用下的弹性压缩；

F_3——支架在荷载作用下的非弹性压缩；

F_4——由混凝土收缩及温度变化而引起的挠度。

2. 支架预拱度设置

根据预压监测结果参数,计算各跨的预拱度,最大值设置在箱梁的跨中位置,并按二次抛物线形式进行分配,按照 5 m 一个断面的标高进行控制,通过顶托调整。

7.3 支座及防落梁工程

1. 支座进场及验收

支座安装前开箱,并检查装箱清单,包括配件清单、检验报告复印件、合格证及支座安装养护细则。并不得任意松动连接螺栓,不得随意拆卸支座。依据支座说明书及设计图纸,检查支座外观及各部尺寸,包括支座平面尺寸、螺栓孔间距、支座高度,支座外观不得有划痕及变形。

2. 支座安装细则

本系列支座采用套筒和锚固螺栓连接方式,在墩台顶面支承垫石部位需预留锚栓孔,锚栓孔颈留直径为套筒直径加 60 mm。深度为套筒与螺杆总长度加 60 mm。预留锚栓孔中心及对角线位置偏差不得超过 10 mm。梁体预埋套筒时,应保证各套筒中心距与支座安装要求尺寸的偏差在+1 mm 内。

3. 支座安装工艺

(1)球型支座在工厂组装时,应仔细调平,对中上、下座板,并预压 50 kN 荷载后用临时连接装置将支座连接成整体。对于需设预偏量的,在工厂组装时预留预偏量。

(2)在支座安装前,根据施工图,查阅支座的摆放方向,保证各活动支座的主位移方向正确无误。

(3)在支座安装前,检查支座连接状况是否正常,但不得任意松动上、下座板连接。如发现螺栓松动造成支座初始状态发生扰动,施工单位应在厂家指导下进行恢复。

(4)支座安装前应注意根据梁部设计要求。施工合龙温度等技术条件预留偏量,对于要设预偏量的支座,可以在工厂组装时进行预设。

(5)凿毛支座就位部位的支承垫石表面,清除预留孔中的杂物及积水,安装灌浆用模板,并用水将支承垫石表面浸湿。灌浆用模板可采用钢模板或现场制作木模板,底层设一层 4 mm 厚橡胶防漏条,通过膨胀螺栓固定在垫石顶面。

(6)用混凝土楔块模入支座四角,找平支座,并将支座底面调整到设计标高,在支座底面与支承垫石之间应留有 20~30 mm 空隙。

(7)仔细检查支座中心位置及标高后,用无收缩高强度灌注材料灌浆,灌浆材料强度必须满足设计要求。

（8）采用重力灌浆方式，灌注支座下部及锚栓孔隙处，灌浆时应先灌筑支座预留锚栓孔，当支座预留锚栓孔接近灌时，再从支座中心部位四周注浆，直至从钢模与支座底板周边间隙观察到灌浆材料全部灌满为止。

（9）灌浆前，应初步计算所需的浆体体积，灌注实用浆体数量不应与计算值产生过大误差，应防止中间缺浆。

（10）灌浆材料终凝后，拆除模板及四角混土模块，检查是否有漏浆处，必要时对漏浆处进行补浆，并用砂浆填堵楔块抽出后的空隙，拧紧下座板地脚螺栓，待灌注梁体混凝土后，张拉梁体预应力前，及时拆除各支座的临时连接装置。

（11）支座顶部的梁体内需要设计要求进行加布两片钢筋网片，钢筋网片可与梁底钢筋进行焊接。

7.4 模板工程

7.4.1 模板要求

模板板面之间应平整，接缝严密，不漏浆，能够保证结构物外露面美观，线条流畅，结构简单，制作装卸方便。模板必须具有足够的强度、刚度及稳定性，确保施工过程安全可靠。

7.4.2 钢模板设计

现浇 U 形梁模板应由专业模板设计单位进行设计，采用工厂精加工定型钢钢模板，如图 7.34 所示。

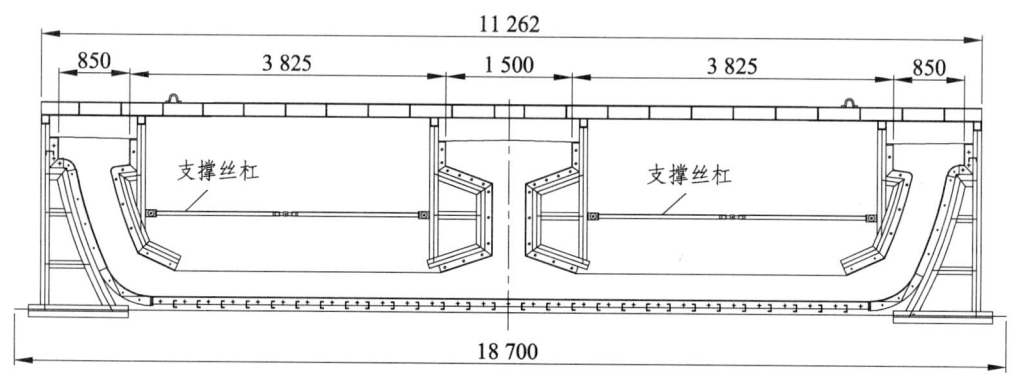

图 7.34 钢模板横断面图（单位：mm）

7.4.3 模板进场验收

（1）每套模板在出厂前均要进行试拼，各项指标检测合格后方可允许出厂运往工地。模板进场后，由项目部组织对进场模板进行验收，确定进场数量及质量。

（2）进场模板堆放分类存放，按厂家提供的节数编号进行试拼。试拼时采用吊车进行配合，专人指挥。各项指标检测合格后再行梁体模板安装。

7.4.4 模板的安装

1. 测量放样

测量放样出底模板、外模板的标高及准确位置，调整好顶托及横向分配梁标高。

2. 模板安装要求

（1）模板组拼采用吊车安装，吊点布置要合理，为防止碰撞引起变形，吊装快到位时，下落速度要慢。吊装时要设专人指挥。按模板编号逐块起吊拼接。

（2）两节模板之间采用螺栓连接牢靠。安装时模板的接缝不得漏浆，且每两块模板拼装的每一个螺栓孔都必须上螺栓紧固。

（3）对于错台要采用辅助工具调整到位后，用螺栓拧紧，不可锤击或用其他强硬手段调整。

3. 模板安装质量要求

必须符合《铁路混凝土工程施工质量验收标准》（TB 10424—2018）及相关规范要求。即："模板及其支架应具有足够的承载能力、刚度和稳定性，能可靠地承受浇筑混凝土的重量、侧压力以及施工荷载"。

（1）在涂刷模板隔离剂时，不得玷污钢筋和混凝土接茬处。

（2）模板的接缝采用双面胶密封条堵塞，不应漏浆；在浇筑混凝土前，混凝土接茬处应凿毛并浇水湿润，但模板内不应有积水；模板与混凝土的接触面应清理干净并涂刷脱模剂；浇筑混凝土前，模板内的杂物应清理干净。

（3）固定在模板上的预埋件、预留孔洞均不得遗漏，且应安装牢固，其偏差应符合规定。

（4）模板安装的偏差应符合相关规范及验标的规定。

（5）为提高模板周转、安装效率，事先按工程轴线位置、尺寸将模板编号，以便定位使用。拆除后的模板按编号整理、堆放。安装操作人员应采取定段、定编号负责制。

7.5 钢筋工程

本案例采用的钢筋主要有 HPB300、HRB400 两种型号，HPB300 型钢筋直径为 10 mm，HRB400 型钢筋直径有 12 mm、16 mm、20 mm 三种。

施工时，最外层钢筋保护层厚不得小于 35 mm，对于底板有防水层及保护层的最外层钢筋保护层厚度不得小于 30 mm。

7.5.1 钢筋的质量检验

钢筋必须按不同钢种、等级、牌号、规格及生产厂家分批验收，分别堆放，不得混杂，且应设立识别标志。钢筋应避免锈蚀和污染，钢筋宜堆放在仓库内，露天堆放时，应垫离与地面保持 20 cm 的距离，防止钢筋受潮锈蚀。

7.5.2 钢筋的加工

（1）钢筋加工前应进行调直，确保钢筋表面的油渍、漆污、铁锈等均应清除干净。钢筋应平直，无局部折曲。

（2）钢筋的弯制在没有设计说明时，所有受拉热扎光圆钢筋的末端应作成 180°的半圆形弯钩，弯钩的弯曲直径不得小于钢筋直径的 2.5 倍，钩端应留有不小于钢筋直径 3 倍的直线段。受拉热扎带肋钢筋的末端，应采用直角弯钩，钩端的直线段长度不应小于 10 倍的钢筋直径，直钩的弯曲直径不得小于 5 倍的钢筋直径。

（3）钢筋接头连接。

① 钢筋焊接前，必须根据施工条件进行试焊，合格后方可正式施焊。焊工必须持考试合格证上岗。

② 在钢筋加工场的钢筋连接应采用电弧焊连接。钢筋接头采用搭接电弧焊时，两钢筋搭接端部应预先折向一侧，使两接合钢筋的轴线一致，接头双面焊缝的长度不应小于 $5d$，单面焊缝的长度不应小于 $10d$（d 为钢筋的直径）。

钢筋接头采用帮条电弧焊时，帮条应采用与主筋同级别的钢筋，其总截面面积不应小于被焊钢筋的截面积。帮条长度，如用双面焊缝不应小于 $5d$，如用单面焊缝不应小于 $10d$。

③ 现场钢筋的连接可根据现场施工的具体情况和设计要求采用搭接焊、绑扎搭接或机械连接。钢筋的搭接焊必须满足设计要求的焊缝厚度、长度及焊缝质量要求。

受拉区钢筋绑扎接头的搭接长度为 $35d$。受拉区内 Ⅰ 级钢筋绑扎接头的末端应做弯钩，HRB400 牌号钢筋的绑扎接头末端可不做弯钩。

在具体实施过程中，连续 U 形梁纵向分布钢筋可采用搭接连接；顶板、底板横向钢筋在加工场加工时采用闪光对焊，在现场采用搭接连接或机械连接的方式进行连接。其余钢筋尽量在钢筋加工场进行加工成型后吊运、绑扎安装。

7.5.3 钢筋绑扎

（1）钢筋绑扎前由测量人员复测模板的平面位置及高程，其中高程为调整后的标高，均无误后方可进行钢筋绑扎。

（2）钢筋将采用现场原位绑扎工艺，局部在钢筋加工场加工成网片后再进行吊运、拼装搭接或焊接连接成型。

（3）在进行底板钢筋及腹板钢筋绑扎的过程中，进行波纹管的安装、预应力筋锚固端（包括垫板及锚下螺旋筋）的安装和穿钢铰线。

（4）U 形梁顶板在内模安装完成之后进行绑扎。

（5）在钢筋绑扎时应防止对模板的破坏；桥梁钢筋接长宜采用搭接。

（6）在桥梁底板及腹板钢筋绑扎完成后，及混凝土浇筑之前采用大功率的吸尘器或高压风清除残留在模板表面的杂物。在所有的操作作业过程中，必须保证操作人员鞋底不得带有泥土进入 U 形梁施工区域。

7.5.4 预留预埋

在钢筋绑扎过程中，严格按照设计图纸进行预留预埋件的留设，确保预留预埋件位置准确、数量齐全，预留预埋件必须固定牢固。在预留预埋过程中，如果与预应力钢绞线位置发生冲突，应调整钢筋及预埋件位置不得对预应力钢绞线位置进行调整。本案例轨道交通工程预留预埋一般包括：接触网支柱基础预埋、声屏障基础预埋、疏散平台栏杆预埋、强电和弱电电缆支架槽道预埋、承台轨钢筋预埋、泄水孔预埋、动照预埋、杂散电流预埋及综合接地预埋等。

7.5.5 钢筋绑扎验收及隐蔽验收

钢筋绑扎完成后，应对钢筋绑扎进行验收，验收先由现场质检工程师自检，自检合格后组织相关部门进行检查验收，验收合格后组织监理验收，验收内容主要为钢筋绑扎位置是否正确，钢筋、预留预埋件等是否遗漏。验收合格后方可进行下道工序施工。

7.6 混凝土工程

现浇混凝土采用泵送混凝土，各阶段、各部分截面施工时一次浇筑成型，当混凝土自流高度大于 2 m 时，必须采用流槽输送混凝土。根据《铁路混凝土工程施工技术规程》（Q/CR 9207—2017）要求，浇筑应分层浇筑，泵送混凝土的最大摊铺厚度不宜大于 50 cm，并采用插入式振捣器振捣。在倾斜面上浇筑混凝土时，应从低处逐层扩展升高。

为保证混凝土施工质量，现场管理人员及作业人员应精心组织，细心安排，严格按照施工方案进行施工，确保混凝土浇筑工作顺利进行。

7.6.1 混凝土试验检验及配比

在混凝土浇筑前，试验室需按照《铁路混凝土工程施工技术规程》（Q/CR 9207—2017）要求对混凝土原材料：水泥、粉煤灰、外加剂、水、砂子、石子以及混凝土配合比等按照规范所要求的标准进行检验和试验，确保各项技术指标满足规范的要求。具体的配合比待试验室试验确定。

7.6.2 混凝土配制及供应

在混凝土出站之前必须对混凝土工作性能进行检查，各项指标必须满足混凝土工作性能的需要，不得有离析等现象；在混凝土运至现场时，需重新对混凝土的工作性能进行验收。在混凝土浇筑过程中不得压车、压料，必须及时进行混凝土的供应。

7.6.3 混凝土浇筑方法

根据设计要求，现浇 U 形梁应先浇筑完成 A、B 节段，预应力张拉完成 A、B 节段后，再浇筑 C 节段（如图 7.35 所示），根据施工场地现状，现浇 U 形梁混凝土浇筑拟采用以下方法：

现浇 U 形连续梁体混凝土浇筑采用"截面分层，薄层浇筑，连续推进，一次成型"的方法，泵车在连续 U 形梁一侧，分别浇筑 A、B 节段，浇筑时从中墩处高程较低处向边墩高程较高处浇筑，先浇筑变截面处底板混凝土，再浇筑标准截面底板混凝土。底板混凝土浇筑完成后，再浇筑腹板混凝土。腹板混凝土应先浇筑中腹板混凝土，再浇筑边腹板混凝土。

混凝土浇筑时应尽可能放低软管，以减小混凝土的浇筑高度，确保直接浇筑其中最大浇筑高度不超过 2 m，并避免混凝土直接冲击波纹管，浇筑过程中严禁混凝土直接冲击侧模。每台泵车及作业面设专人指挥控制。分层浇筑时第一层浇筑完成后，再重新对称浇筑第二层混凝土，依次循环浇筑，上层混凝土浇筑必须在下层混凝土初凝前浇筑完成，每层浇筑厚度控制在 50 cm 左右（如图 7.36 所示）。

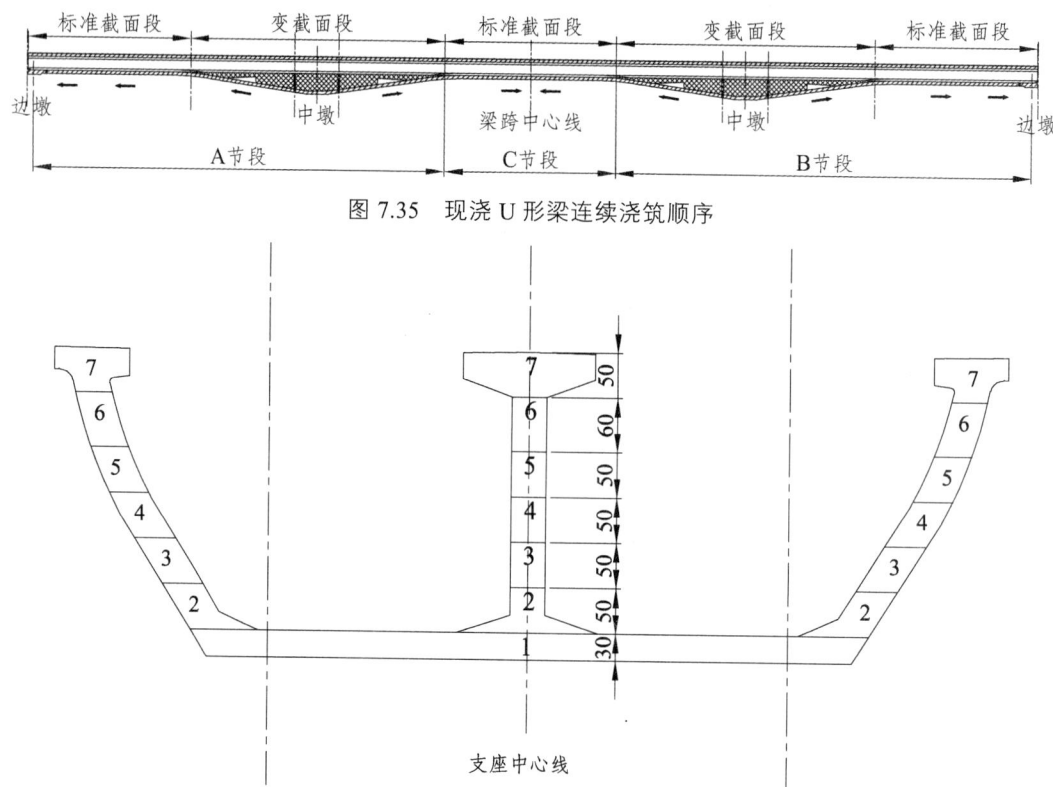

图 7.35 现浇 U 形梁连续浇筑顺序

图 7.36 现浇 U 形连续梁分层浇筑（单位：cm）

7.6.4 混凝土振捣

为了确保 U 形梁混凝土的振捣质量，将 U 形梁混凝土振捣进行分区，明确职责，并进行考核，制订相应奖罚制度，提高振捣手作业人员整体素质。

每台汽车泵安排一组人员跟随汽车泵下料进行振捣；每组安排 8 人进行混凝土振捣，在浇筑上一层混凝土时振捣棒必须插入下一层混凝土表面以下 5~10 cm。混凝土捣固时，严禁振捣棒碰撞波纹管和模板。在混凝土浇筑前振捣工要提前掌握清楚波纹管在各区段的具体位置，做到心中有数。振捣要本着"快插慢拔"的原则，避免漏振和过振，以混凝土表面开始翻浆并无大气泡翻出为度。

在最后一层混凝土浇筑完毕后，及时采用人工对混凝土表面进行抹压收光并覆盖塑料薄膜进行养护。

7.6.5 混凝土试件的制作及取样

混凝土梁的强度和弹性模量主要依靠试件来确定，并以此作为 U 形梁施工挠度控制计算、U 形梁模板拆除及预应力张拉等的主要依据，因此必须重视试件的制作。试验员应在混凝土生产过程中根据要求从搅拌好的混凝土中取出一部分装入试模，并振捣，使之均匀密实。每次 U 形梁混凝土浇筑时，当混凝土量不大于 1 000 m³ 时，每 100 m³ 取一组试块。试块留置如表 7.2 所示。

表 7.2 现浇 U 形梁连续试块留置表

位置	混凝土试件留置（组/现浇梁）						
	拆模强度（同养）	7d（标养）	28d（标养）	同养 600 °C	张拉（同样）	弹模（同养、标养各 1 组）	小计
连续梁	1 组	1 组	3 组	2 组	1 组	2 组	10 组

7.6.6 混凝土养护

在现浇 U 形连续梁混凝土浇筑完毕后，使用木杠刮除混凝土表面的浮浆并刮平混凝土面以后覆盖塑料薄膜，在混凝土初凝前人工一次压实抹平，抹压后立即恢复覆盖塑料薄膜。

常温下混凝土采取洒水养护，并及时用塑料薄膜覆盖保湿。当采用洒水养护时，梁体洒水次数应以能保持混凝土表面充分潮湿为度。不同环境下混凝土养护时间如表 7.3 所示。

表 7.3 不同混凝土保温保湿养护的最低期限表

水胶比	大气潮湿（$RH \geq 50\%$），无风，无阳光直射		大气干燥（$20\% \leq RH < 50\%$），有风或阳光直射		大气极端干燥（$RH < 20\%$），大风，大温差	
	日平均气温 T/°C	养护时间/d	日平均气温 T/°C	养护时间/d	日平均气温 T/°C	养护时间/d
>0.45	$5 \leq T < 10$	21	$5 \leq T < 10$	28	$5 \leq T < 10$	56
	$10 \leq T < 20$	14	$10 \leq T < 20$	21	$10 \leq T < 20$	45
	$T \geq 20$	10	$T \geq 20$	14	$T \geq 20$	35
≤0.45	$5 \leq T < 10$	14	$5 \leq T < 10$	21	$5 \leq T < 10$	45
	$10 \leq T < 20$	10	$10 \leq T < 20$	14	$10 \leq T < 20$	35
	$T \geq 20$	7	$T \geq 20$	10	$T \geq 20$	28

7.6.7 施工注意事项

（1）在现浇 U 形梁混凝土浇筑完成后，当混凝土强度达到 2.5 MPa 以上时，方可进行 U 形梁内模的拆除。在 U 形梁内模板拆除后，继续对现浇梁混凝土进行养护。

（2）插入式振动棒振捣时须特别禁止碰撞波纹管管道和预埋件。浇筑混凝土作业过程，应随时检查预埋件位置，如有任何位移，应及时矫正。

（3）混凝土浇筑现场应配有足够数量的处于良好状态的振捣器，以便可随时替补。表面已摊平，混凝土表面已泛浆，即表明混凝土捣固密实，随振随抹平。

（4）在浇筑混凝土时，为了避免混凝土发生离析现象，混凝土下落高度控制在 2 m 范围内。

（5）混凝土浇筑前应对支架、模板和预埋件进行认真检查，清除模板内的杂物，并用清水对模板进行认真冲洗，但不得积水。

7.7 预应力工程

7.7.1 预应力施工工艺流程

预应力施工工艺流程如图 7.37 所示。

7.7.2 材料设备及验收

材料进场→通知监理单位→审查质量证明文件→材料的取样及送检。

材料进场时，及时通知监理单位，严格审查全部质量证明文件，按规定进行见证取样及送检，对不符合要求的不予签认。材料的取样及送检工作应在监理单位见证下进行，未经检验的不得使用，检验不合格及不符合合同规定的严禁使用，必须清出施工现场。

（1）钢绞线进场，必须按《预应力混凝土用钢绞线》（GB/T 5224—2014）规定分批进行检验。钢绞线分批检验时每批质量不大于 60 t，检验时从每批中任取 3 盘，并从每盘所选的钢绞线端部正常部位截取一组试样进行表面质量、直径偏差和力学性能测试。

（2）锚具、夹具和连接器应按设计规定采用，其性能和质量应符合现行国家标准《预应力筋用锚具、夹具和连接器》（GB/T 14370—2015）的规定。进场时应进行外观检查、硬度检验、静载锚固试验。

（3）波纹管进场，必须按《预应力混凝土桥梁用塑料波纹管》（JT/T 529—2016）规定分批进行检验。进场时对波纹管外观、尺寸、集中荷载下的径向刚度、荷载作用后的抗渗漏及抗弯曲渗漏等进行检验。

（4）预应力张拉力与张拉设备的选用及标定。

预应力的穿心千斤顶额定张拉力宜为所需张拉力的 1.5 倍，且不得小于 1.2 倍，预应力筋张拉力值应通过千斤顶、油压表配套标定的油压值-张拉力关系曲线换算成相应的张拉油压表数值,油压表的精度不宜低于1.0级,张拉油压表的最大读数为压力值的1.5~2.0倍。预应力筋的一次张拉伸长值不应超过设备的最大张拉行程。当一次张拉不足时,可采取分级重复张拉的方法。

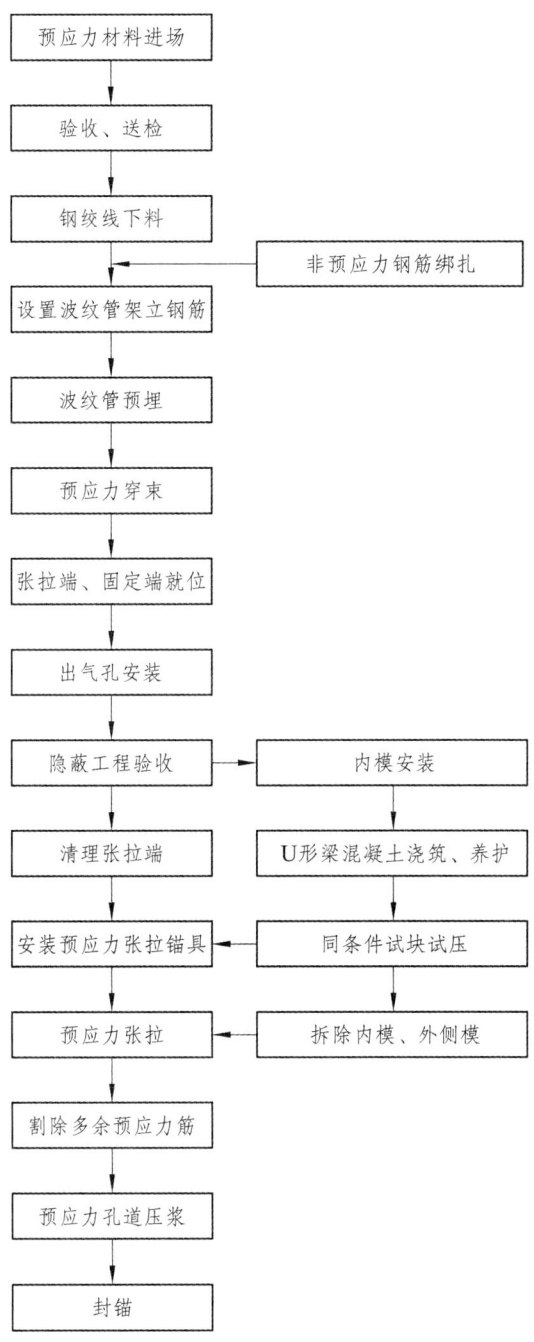

图7.37 预应力施工工艺流程

施加预应力用的机具设备及仪表,应由专人使用和管理,并应定期维护和标定。使用期间的校验期限应视机具设备的情况确定,当千斤顶使用超过3个月或300次或在使用过程中出现不正常现象或检修以后应重新校验。施工现场应记录千斤顶的使用次数，按照工程进度计划要求及时组织安排千斤顶的复核校验工作。

7.7.3 预应力钢束下料

（1）预应力筋下料长度应严格按照图纸给出的长度进行下料。

（2）预应力筋下料应在平坦、洁净的场地上进行。下料时，如发现有电接头或表面机械损伤，应随时剔除。

（3）下料时，将钢绞线盘卷装在放线盘内，从盘卷中央逐步抽出。钢绞线的下料宜用砂轮切割机切割，不得采用电弧切割。编束时应先将钢绞线理顺，并尽量使各根钢绞线松紧一致。如单根穿入孔道，则不需编束。

（4）下料时应先下长筋，后下短筋，以节约材料。下料长度误差应控制在 -500 mm ~ +100 mm。

（5）预应力筋下料应填写现场下料记录，详细记录下料的时间、长度规格、数量、牌号、使用部位等，保证钢绞线材料的使用具有可追溯性。

（6）预应力钢材应存放于干燥的仓库中。露天及现场存放，应在地面上架设枕木，严禁与潮湿地面直接接触，并加盖篷布或搭盖防雨棚。

7.7.4 预应力孔道留设

（1）预应力筋的孔道采用塑料波纹管预埋成型，波纹管的连接，采用大一号同形波纹管作接头。接头管的长度为 200 ~ 500 mm，接头两端用胶带封裹并采用泡沫胶密封。

（2）灌浆孔与排气孔。在构件两端及跨中波峰处应设置灌浆孔或排气孔，孔距不宜大于 30 m。灌浆孔或排气孔也可设置在锚具或铸铁喇叭管处，灌浆孔用于灌筑水泥浆，其孔径一般不宜小于 20 mm；排气孔是为保证孔道内气流通畅，不形成封闭死角，保证水泥浆充满孔道。

（3）预应力管道用"井"字型定位钢筋与附近钢筋焊接进行精确定位，直线段按 50 cm 间距设置。竖弯曲线段和向腹板外侧平弯曲线段及左右的 100 cm 范围内设置 U 形防崩钢筋，防崩钢筋和附近钢筋采用焊接连接，防崩钢筋纵向间距 25 cm。长度随顶板厚度、底板厚度和腹板厚度而调整。

（4）波纹管的安装应按设计图中预应力筋的曲线坐标在梁侧模或箍筋上定出曲线位置，严格保证弯曲坐标和角度，确保管道顺直。施焊时应采取保护管道的措施，严禁因管道漏浆造成预应力管道堵塞，接头处应严防漏浆和卷口。

7.7.5 预应力穿束

（1）穿束前先按设计图纸对预应力筋编束，编束时必须使钢绞线相互平行，不得交叉，从中间向两端每隔 1 m 用铁丝绑紧，并给钢绞束编号。束成后，要统一编号、挂牌，按类堆放整齐，以备使用。

（2）根据穿束与浇筑混凝土之间的先后关系，可分为先穿束和后穿束两种。本案例优先采用先穿束的方法施工。穿束工作可采用人工、卷扬机或穿束机进行。对后穿束波纹管内部须穿对应型号塑料衬管（外径比波纹管内径小 5~10 mm），预防漏浆。

（3）穿束工程中要注意保护波纹管的位置和完好。

（4）穿束时要调节预应力梁两端的钢绞线长度，两端张拉的钢束，钢束下料时每端预留 80 cm 工作长度；单端张拉的钢束，张拉端预留 100 cm 工作长度。

（5）穿束时，钢绞线前头套上子弹头形壳帽或用塑料胶带包裹，方便钢绞线穿入。

（6）对在混凝土浇筑及养护之前安装在管道中，应采取防止锈蚀或其他防腐蚀的措施，直至压浆。

（7）在预应力筋安装在管道中后，管道端部开口应密封以防止湿气或者养护水进入管道。

7.7.6 预应力张拉

1. 预应力张拉施工准备

（1）预应力施工队伍进场需具备三证：① 预应力作业资质证书，② 预应力张拉操作证书，③ 液压千斤顶校核证书。

（2）混凝土强度检验：现浇 U 形梁混凝土龄期不少于 10 d，同时混凝土强度和弹性模量达到设计标准的 100% 以上方可进行。现场留置同条件养护混凝土立方体抗压试件送检，现场同条件试块试压报告满足预应力张拉设计要求。

（3）技术交底：预应力张拉施工前，对项目管理人员、操作工人进行详细的安全、技术交底。明确施工工艺流程，规范操作程序；明确施工安全注意事项，确保施工安全。

2. 预应力张拉顺序

本案例现浇 U 形连续梁预应力张拉分两次进行。先期进行 A、B 节段浇筑，待混凝土强度和弹性模量到达设计值的 100% 时，龄期不小于 10 d，按先后顺序张拉并锚固第一批预应力钢束；再进行 C 节段浇筑，待混凝土强度和弹性模量到达设计值的 100% 时，龄期不小于 10 d，按先后顺序张拉并锚固第二批预应力钢束。预施应力一次张拉完成。

预应力张拉顺序应严格按照施工图要求顺序进行张拉，当预应力钢束采用两端张拉时，两端应保持对称张拉，左右侧最大不平衡束不应超过 1 束，张拉顺序先顶、底板短束，再腹板束，后顶板长束，由外到内左右对称进行。每个梁段纵向预应力钢束张拉锚固后应及时压浆。预施应力采用双控，以张拉力控制为主，以预应力钢筋伸长量作为校核。

3. 张拉程序

张拉程序为：0—$0.2\sigma_{con}$—$0.3\sigma_{con}$—$1.0\sigma_{con}$（σ_{con} 为张拉控制应力），持荷 5 min 锚固。对称钢束预应力张拉过程中应保持两端的伸长量基本一致。实测伸长量应考虑初始应力影响。

4. 施加预应力

张拉前应检查张拉设备的状况及锚具、钢绞线束，确认设备状态良好，钢绞线束、锚具正确无误后才允许进行张拉作业。

当准备工作就绪后，开动高压油泵，使千斤顶油缸进油，千斤顶加荷应缓慢，避免加荷过快而使钢绞线束中应力不均。当张拉应力达到初始应力后 20%停止进油，测量油缸的伸出值，作为伸长量的起点数量；同时在千斤顶工具锚的夹片前钢绞线上作一个记号，经此观察钢绞线在夹片锚具中的滑动量。后继续送油至钢绞线的控制应力的 30%并在夹片前钢绞线上作一个记号，然后继续送油至钢绞线的控制应力的 100%，持荷 5 min，此时测量油顶油缸伸出的数值，作为钢绞线伸长量的最终数据，并据此来计算出钢绞线的实际伸长值。持荷 5 min 后观察预应钢绞线应力有无变化。无变化后才能进行锚固。

张拉过程是一个要求较高的过程，张拉操作人员操作不规范易引起张拉事故。张拉设备要由专人负责使用，现场挂张拉标示牌，认真按标示牌的应力读数读表，发现异常应立即停机，在张拉过程中，千斤顶的正后方不得站人，在张拉高应力区，无关人员不得进入。

5. 预应力张拉理论伸长值计算与校核

根据试验测得的预应力筋材料截面积和弹性模量，以及波纹管摩阻系数对设计提供的引伸量进行修正。具体修正伸长量根据不同批次进行复核计算。

曲线预应力筋的理论张拉伸长值 ΔL_T 按以下公式计算：

$$\Delta L_T = F_p \times L_T \div (E_p \times A_p)$$

式中：F_p——预应力筋的平均张拉力（N），直线筋取张拉端的拉力，两端张拉的曲线筋按以下公式计算：

$$F_p = [F_o - e^{-(k \times x + u \times \theta)}] / (k \times x + u \times \theta)$$

F_o——预应力筋张拉端设计张拉力（N）；
A_p——预应力筋的截面面积（mm^2）；
E_p——预应力筋的弹性模量（N/mm^2）；
L_T——从张拉端至固定端的孔道长度（m）；
k——每米孔道局部偏差摩擦影响系数；
x——到计算截面孔道长度，可取水平投影长度，两端张拉取跨中，一端张拉取到固定端（m）；
u——预应力筋与孔道壁之间的摩擦系数；
θ——从张拉端至固定端曲线孔道部分切线的总夹角（rad）。

6. 预应力实际伸长值计算与测量

（1）预应力筋张拉时应做好现场记录。

在预应力筋张拉过程中"采用双控方法"，即以应力控制为主，伸长量作为校核，当预应力筋张拉力到位时，预应力筋的实际伸长值与理论伸长值的误差在±6%之间，若预应力筋的实际伸长值超过此范围，应查明原因后方可继续张拉。

（2）实际伸长量计算：

$$\triangle L = (100\% - 30\%) + 2 \times (30\% - 20\%) - L_{无阻} - 锚塞回缩$$

$$L_{无阻} = PL/(Eg \times As)$$

$$锚塞回缩 = 限位器深 - 夹片外露量$$

式中：$L_{无阻}$——指在张拉千斤顶中的预应力钢绞线的张拉伸长值；

P——指预应力筋的锚下控制张拉力（N）；

L——指预应力筋的无阻工作长度（mm）；

Eg——指预应力筋的弹性模量（MPa）；

As——指预应力筋的截面面积（mm^2）。

7. 张拉记录

遵循与张拉施工同步的原则，认真做好预应力施工记录表格填写，当日记录当日验收合格，避免事后补交。

8. 张拉注意事项

（1）预应力梁张拉前要拆除预应力梁两侧模板和支座处底模板，严禁拆除预应力梁底支承系统。

（2）预应力张拉前把张拉端喇叭口垫板清理干净，去除多余波纹管，安装锚环和夹片，张拉时保证锚环在垫板槽内。

（3）张拉设备应运转良好，张拉用千斤顶及配套设备要与采用锚具匹配一致，且配套标定，遇到下列情况之一时，应重新标定：设备维修后；张拉过程中出现伸长值异常且找不到原因时；油压表失灵或更新后；钢绞线在张拉时突然断裂或固定端突然松脱而找不到原因时。

（4）张拉开始后，由专人看油表，控制张拉应力。在张拉过程中如果出现钢绞线滑丝或断丝现象应采取退锚更换钢绞线进行处理。从初应力加荷至过程中应由专人对钢束的伸长值进行量测，并填写张拉记录表。

（5）预应力张拉施工时应注意"五不拉"：① 混凝土强度未达标不张拉；② 有安全隐患不张拉；③ 张拉设备未标定不张拉；④ 张拉施工过程中发现伸长值误差过大，在找到原因之前不继续张拉；⑤ 预应力筋有明显缺陷不张拉。

7.7.7 孔道压浆

预应力筋张拉完成后应在 24 h 内压浆（真空辅助压浆），且应在 48 h 内完成。用灌浆泵将水泥浆压灌到预应力筋孔道中，一是保护预应力筋避免锈蚀，二是使预应力筋与构件混凝土保持有效的黏结。

1. 压浆设备

灰浆搅拌机、压浆泵、真空泵、高压管、真空压降组件、各种接头阀门、浆桶等。

2. 浆体技术要求

浆体除了具有足够的抗压强度和黏结强度，还必须保证有良好的防腐性能和稠度，不离析、析水，硬化后孔隙率低、渗透性小，不收缩或低收缩。

3. 孔道压浆施工工艺流程

准备工作→试抽真空→拌浆→压浆→拆除。

1）准备工作

（1）张拉施工完成后，要切除外露的钢绞线。

（2）在压浆施工前清理锚垫板表面，保证平整，在保护罩底面与橡胶圈表面均涂一层玻璃胶，装上橡胶密封圈，将保护罩与锚垫板上的安装孔对正，将螺栓拧紧。

（3）清理锚垫板上的压浆孔，保证压浆通道通畅。

（4）确认浆体配方。

（5）检查材料、设备、附件的型号或规格、数量等是否符合要求。

（6）按设备原理图进行各单元的密封连接，确保密封罩、管路各接头的密封性。

2）试抽真空

启动真空泵，观察真空压力表的读数，应能达到负压力 $0.08 \sim 0.1$ MPa。当孔道内的真空度保持稳定时（真空度越高越好），停泵 1 min，若压力降低小于 0.02 MPa 即可认为孔道能基本达到并维持真空。如未能满足此数据则表示孔道未能完全密封，需在压降前进行检查及更正工作。

3）拌浆

（1）拌浆前先加水空转数分钟，使搅拌机内壁充分湿润，将积水倒干净。

（2）将称量好的水（扣除用于溶化固态外加剂的那部分水）倒入搅拌机，之后边搅拌边倒入水泥，搅拌 $3 \sim 5$ min 直至均匀。

（3）将溶于水的外加剂和其他液态的外加剂倒入搅拌机，再搅拌 $5 \sim 15$ min，然后倒入盛浆浆桶。

（4）倒入盛浆桶的浆体应尽量马上泵送，否则要不停地搅拌。

4）压浆

（1）启动真空泵，当真空泵达到并维持在负压 0.08 MPa 左右时，启动压浆泵，开始压降。

（2）当浆体经过透明高压管并准备到达三通接头时，关闭真空泵；注意透明高压管应超过 10 m 长以便控制。

（3）观察废浆桶处的出浆情况，当出浆流畅、稳定且稠度与盛浆桶基本一样时，关闭压浆泵。

（4）启动压浆泵使压浆压力达到 0.6 MPa 左右，最后关掉压浆泵，关闭进浆阀。

（5）接通水，再拆除阀门处的透明高压管，关闭阀门并清洗。

5）注意事项

（1）压浆后 6 h 内所有阀门不得打开。

（2）压浆前应对压浆孔进行清洗处理。

（3）压浆应使用活塞式压浆泵，不得使用空气压缩机。压浆的最大压力宜为 $0.5 \sim 0.7$ MPa，压浆应达到孔道另一端饱满出浆，出浆孔排出与规定稠度相同的水泥浆为止。为保证管道中充满灰浆，关闭出浆口后，应保持不小于 0.5 MPa 的一个稳压期，该稳压应不小于 2 min。

（4）压浆过程应连续进行，中途不应停顿。

（5）压浆人员应详细记录压浆过程，包括每个管道的压浆日期、水灰比及掺加料、压浆压力、试块强度、障碍事故细节及需要补做的工作。

7.7.8 封锚

切除多余钢绞线后保证钢绞线保护层厚度至少 30 mm。封锚前需对梁端混凝土凿毛并将其周围清洗干净，设置钢筋网并立模浇筑封锚混凝土填平。

7.8 支架拆除

1. 支架上部体系拆除

预应力体系张拉完成，完成受力体系转换之后，即可拆除支架、模板。

拆除采用人工拆除、机械运输的方法。支架的拆除顺序为由跨中向两端墩柱处对称卸落。拆除时先拆除悬臂部分，再从跨中向两端对称拆除，使混凝土 U 形梁逐渐受力，防止因突然受力引起裂纹等。拆除时应慢慢卸载，决不可骤然放松，以防冲击过大。

拆除盘扣式支架时，先用小锤敲松立杆顶端可调顶托，将底模板整体卸落使用吊车缓慢抽出，然后去掉工字钢、可调顶托，再拆除支架，拆除时严禁抛扔。拆除后各杆件、配件要及时维修保养，分类妥善存放。施工注意事项为：

（1）拆除前的准备工作已完成后方可拆除。

（2）架子拆除时，周围设围栏或竖立警戒标志，地面设有专人监护，严禁非作业人员入内。

（3）拆除施工作业人员，必须戴安全帽、系安全带、穿防滑鞋。

（4）支架拆除严禁上下同时进行拆除作业。

（5）拆除时要统一指挥，上下呼应，动作协调，当解开与另一人有关的结扣时，应先通知对方，以防坠落。

（6）拆除时如附近有外电线路，要采取隔离措施。严禁架杆碰触电线。

（7）拆除的材料，应用绳索拴住，利用吊车下运，严禁抛掷，运至地面的材料应按指定地点，随拆随运，分类堆放。

（8）待支架拆除完毕后，对施工场地进行清理，将建筑垃圾全部清除干净。

2. 支架下部体系拆除

满堂支架拆除完成后，进行少支点支架拆除，拆除顺序遵守自上而下的原则，即后搭设的先拆除，先搭设的后拆除的原则。拆除前先拆除各构件之间的连接块，用吊车下放至指定位置。拆除时，先拆两侧后拆中间，采用汽车吊进行吊装，起吊前应进行试吊，汽车吊站位于支架两侧，贝雷梁整片吊装至地面后进行拆卸，拆卸完成后运至料场后周转至下一联。

8 轨道交通 U 形梁质量管理

8.1 质量保障体系

在项目经理领导下做好工程质量管理工作的过程管理,从组织保障、思想保障、技术保障、施工保障、经济保障五个方面进行质量管理工作,建立和完善质量管理保障体系,确保质量管理程序有效运行。质量保证体系如图 8.1 所示。

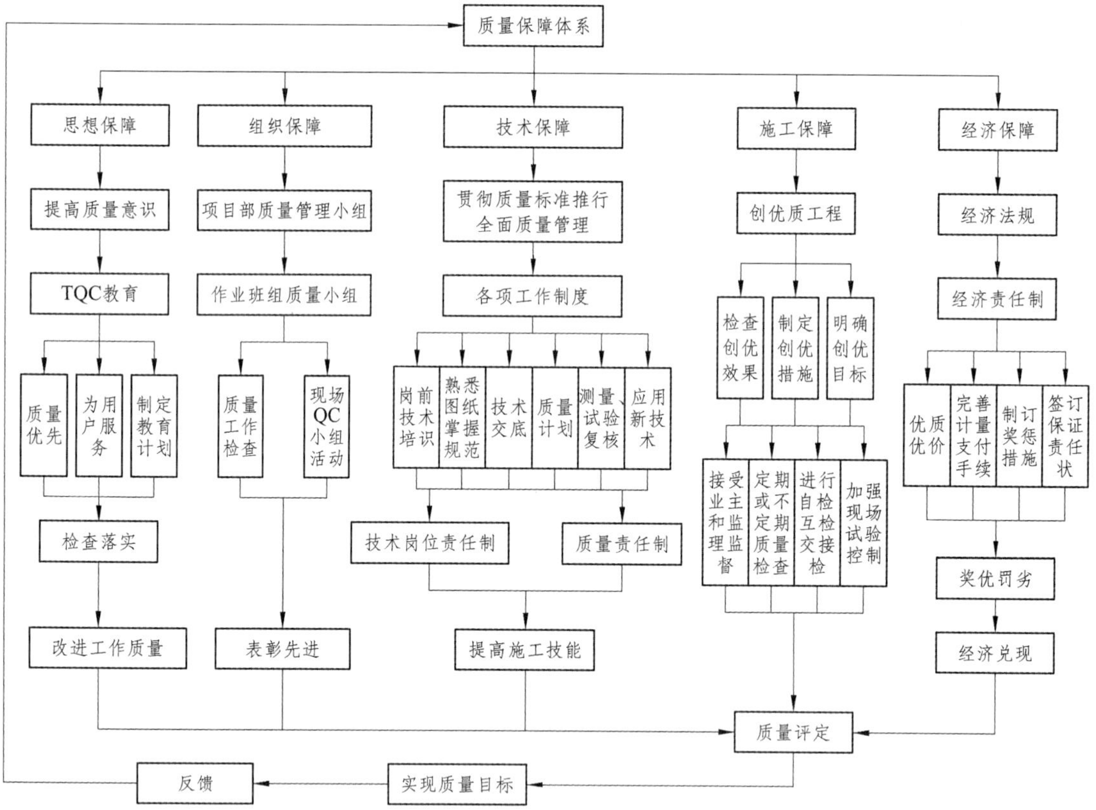

图 8.1 质量保证体系

8.2 质量保障措施

8.2.1 质量管理组织机构

为保证工程质量管理体系的正常运行，建立以项目经理为组长的质量管理小组，并明确各岗位管理人员的质量管理职责，质量管理组织机构如图 8.2 所示。

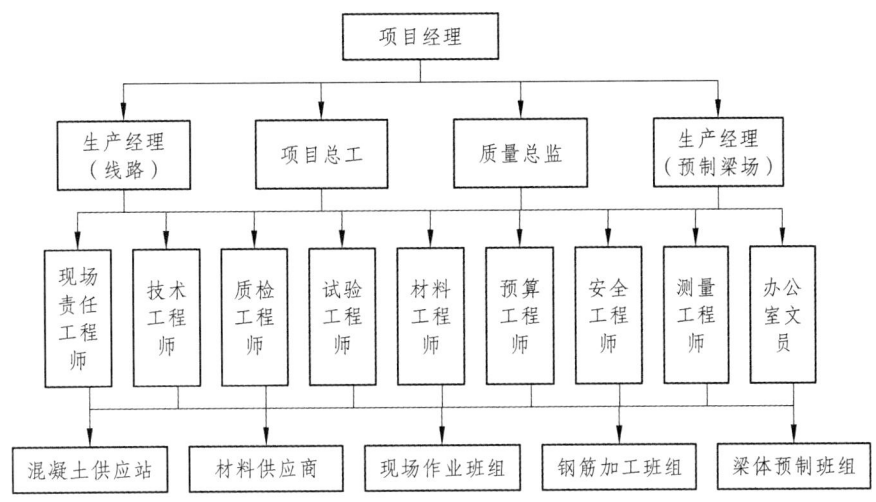

图 8.2 项目部质量管理组织机构

8.2.2 校验、计量试验控制

1. 工程材料控制措施

工程材料和辅助材料（包括构件、成品、半成品），都将构成建筑工程的实体。保证工程材料按质、按量、按时地供应是提高和保证质量的前提。因此，对采购的原材料、构（配）件、半成品等材料，建立健全进场前检查验收和取样送检制度，杜绝不合格材料进入现场：

（1）水泥、钢材等其他外购材料必须三证（出厂证、合格证、检验证）齐全，进场后按规定抽检，合格后方可使用。

（2）地方材料先调查料源，取样试验，试验合格经监理工程师认可后方可进料。

（3）现场设专人收料，不合格的材料拒收。施工过程中若发现不合格材料及时清理出现场。

（4）现场材料堆放、贮存，严格按要求归类整齐堆放，材料堆放区必须挂牌，标识牌上要标明材料的品种、规格、型号、数量、进货日期、保管人姓名及联系方式。需要入库保存的材料须分门别类摆放好，并挂牌标识，标识牌上应标明材料的类别、规格型号、进货日期。

2. 试验室配置

项目试验室面积（含标准养护室）、试验仪器设备以及试验配备均应满足合同文件及相关规范、当地主管部门的要求。在项目施工之前，试验人员应根据工程施工内容及工期计划编制工程材料试验计划；开工之后应根据试验计划进行现场材料检验、试样采集、见证记录和委托单的填写、原始资料的收集等工作。

8.3 工程质量过程控制与管理措施

1. 关键工序与特殊过程的划分

关键工序对产品的质量形成起着至关重要的作用。如果这些工序出现质量问题必然会增加产品的鉴定成本、内部损失成本、外部损失成本和外部质量保证成本，因此必须对过程中的各个阶段进行控制，从而达到保证和改进质量。关键部位的质量管理主要采用以提前计划、监控预防为主的方式来保证质量。在关键工序的施工过程中要重点监视、测量确认设计、规范、技术文件和工艺等涉及的参数符合性。

2. 质量监控计划表

项目部质量总监根据质量管理目标，制订项目的《关键工序、特殊部位质量监控计划表》，并根据质量监控计划内容与工程实施进度分阶段组织交底、实施。

8.4 成品保护

成品保护是施工管理重要组织部分，是保证施工生产顺利进行的主要环节。

1. 建立成品保护工作的组织机构

建立以项目部生产经理为领导的成品保护小组，明确相关部门和人员的岗位职责；组织各专业施工队伍建立相应的成品保护管理组织，在安排施工生产的同时，明确成品保护的基本要求和重点，制定相应的保护措施，并加强监督检查。

2. 明确成品保护工作的责任及管理

应本着"分层管理、分级负责、谁实施谁负责"的原则，建立健全责任制，将成品保护的对象、责任落实到每一级管理人员和操作人员，明确责任人、责任部位和对象、工序交接程序、具体要求和措施、奖罚要求等主要内容，确保现场管理人员和操作人员既明确成品保护对象、重点、责任，又掌握成品保护的方法、措施和手段。

3. 落实成品保护的措施与实施

根据工程进展的不同阶段编制成品保护方案，确定主要成品保护责任单位，明确项目部对实施责任人的工作协调监督责任。

（1）实施责任人应按正确的施工工艺流程组织施工，不得颠倒工序，防止后道工序损坏或污染前道工序。

（2）实施责任人要把成品保护措施列入本专业施工组织设计或单列专项成品保护方案，经项目部技术负责人审批备案（填写分项工程移交单）后认真组织执行，对于施工组织设计中成品保护措施不健全、不完善的专业不允许动工作业。

（3）实施责任人要加强对本单位职工进行法制、规章制度、职业道德教育。教育本单位职工爱护公物，尊重他人和自己的劳动成果，施工时要珍惜已完和部分完工的工程项目，增强本单位员工的成品保护意识。

（4）各专业的成品保护措施应列入技术交底内容，并下达作业指导书，同时实施责任人要认真解决成品保护工作所需的人员、材料等问题，使成品保护工作落到实处。

（5）实施责任人要每日对本专业的成品保护工作进行检查，并及时督促专职施工员落实整改，并做好记录。

9 轨道交通 U 形梁安全管理

9.1 安全保障体系

建立健全安全管理保证体系,成立以项目经理为安全生产第一责任人的安全管理领导小组,设专职安全工程师,施工队按施工人员 1%~3%配备。设专职安全员,作业班组设兼职安全员跟班作业,形成自上而下的安全保证体系。安全领导小组以施工安全、人员安全、财产安全为工作职责,层层签订安全责任书,严格遵守有关安全生产和劳动保护方面的法律法规和技术标准,建立健全安全生产保证制度,定期检查安全生产情况,召开安全会议,搞好安全教育,消除事故隐患,把事故苗头消灭在萌芽状态。安全保证体系如图 9.1 所示。

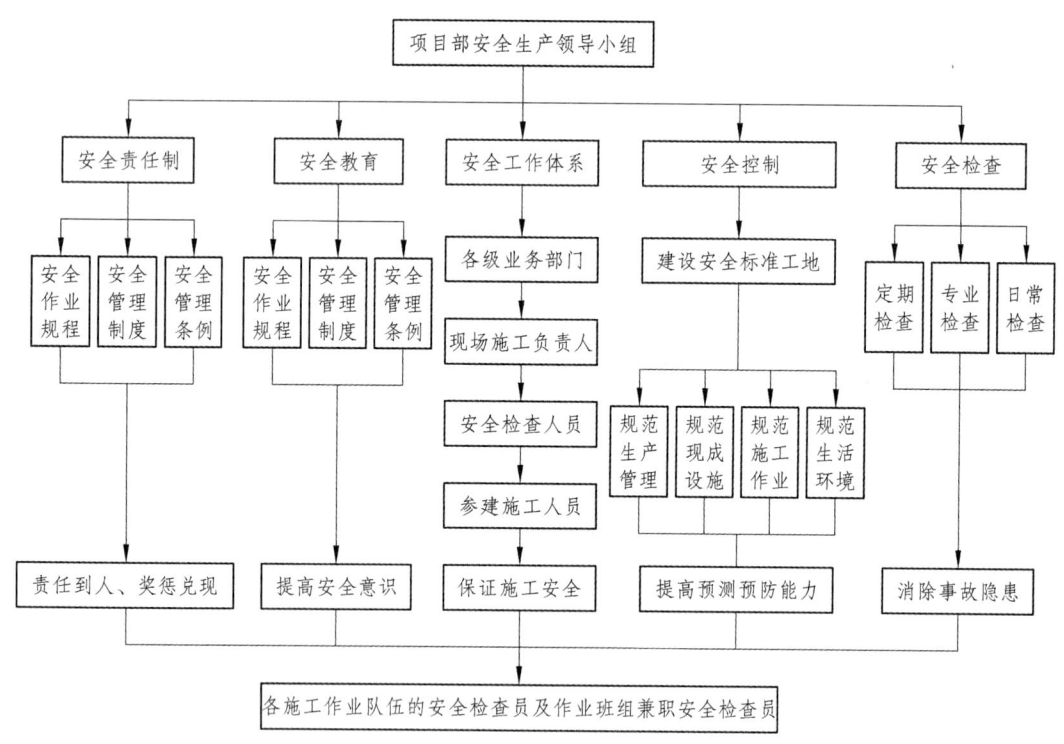

图 9.1 安全保障体系

9.2 安全保障措施

9.2.1 建立健全各项安全管理制度

根据项目特点，制定具有针对性的各项安全管理制度：各类机械的操作要求及安全作业制度，用电安全须知，便道、便桥通行及养护作业制度，高空作业安全作业制度，模板支架体系作业制度，施工现场保安作业制度，防洪、防火、防风措施，起重作业安全作业制度，各种安全标志的设置及维护措施等。

9.2.2 安全生产教育与培训

对所有员工进行上岗前的安全教育，并做好记录。教育内容主要包括：安全技术知识、各工种操作规程、安全制度、工程特点及该工程的危险源等。经考核合格后，方可上岗作业。由工程科技人员组织对施工作业人员进行技术交底、说明操作程序要点、该项工程的危险源及所采取的相应防范措施、施工注意事项等。对于从事电气、起重、高空作业、焊接、预应力张拉等特殊工种的人员，经过专业培训，获得《特种作业操作证》后，方准持证上岗。除进行一般安全教育外，还进行本工种专业安全技术培训。

项目专职安全员除进行日常的一般安全教育、宣传外，还要充分利用广播、录像、板报、警示牌等各种形式进行安全知识普及宣传。通过深化安全教育，强化安全意识。施工人员上岗前必须进行安全教育和技术培训，牢记"安全第一"的宗旨，安全员坚持持证上岗。

9.2.3 加强现场管理，促进安全生产

抓好现场管理，做好文明施工。抓好现场管理是做好安全工作的一个重要环节，工程材料的合理堆放，各种交通、施工信号标示明晰，正确操作和驾驶工程机械与工程车辆，正确使用水、电线路，施工工序有条不紊。

1. 安全生产检查

开工前的安全检查。主要包括：施工组织设计是否有安全措施，施工机械设备是否配齐安全防护装置，安全防护设施是否符合要求，施工人员是否经过安全教育和培训，施工安全责任制是否建立，施工中潜在事故和紧急情况是否有应急预案，等。

定期安全生产检查。每月组织安全生产大检查，积极配合上级进行专项和重点检查；项目部每周进行一次专项安全检查；安全工程师、安全员每日进行安全巡检，检查重点：危爆物品管理、施工用电、机械设备、深基坑、支架模板工程、高空作业、起吊运输、预应力张拉等；班组每日进行自检、互检、交接班检查。

针对施工现场的重大危险源，项目部专职安全员负责对施工现场的特种作业安全进行检查；设备管理人员负责对现场大中型设备的使用、运转、维修进行检查；项目总工负责对现场的施工技术安全是否符合规范要求，保证措施、应急预案是否到位等进行检查。

2. 季节性、节假日安全生产专项检查。

项目部夏季要组织对防洪、防暑、防雷电；冬季要组织对防冻、防煤气中毒、防火、防滑；春秋季要组织对防风、防火防范措施和应急预案进行检查；节假日加班及节假日前后安全生产检查。

项目安全检查要有重点。特别要做好对"高空坠落""机械伤害""淹溺""触电""火灾"等易发事故场所的检查，边查边改。同时推行项目安全检查表，做到安全生产检查标准化、程序化、规范化。对查出的事故隐患及事故苗头，立即发放《隐患整改通知书》，并督促其尽早消除隐患。在隐患未消除前，必须采取可靠的防护措施，如有危及员工人身安全的，立即停止作业。

3. 危险性较大工程的安全技术方案的编制审批

开工前制订好安全生产保证计划，编制安全技术措施，确保施工方案的安全可靠性。

4. 积极推行安全质量标准工地建设

认真实施标准化作业，杜绝违章指挥与违章操作，保证防护设施的投入，使安全生产建立在管理科学、技术先进、防护可靠的基础上。根据工程特点，开工前制订好安全生产计划，编制安全技术措施。建立施工组织设计和重大方案的论证制度，确保施工方案的安全可靠性。

9.2.4 危险源辨识及应对策略

根据工程特点，详细分析危险源及风险等级并制订与之对应的安全防范措施。

参考文献

[1] 曾华. 轨道交通"双U+箱型"变截面梁施工关键技术[J]. 建筑施工, 2016, 38（7）: 952-953.

[2] 魏亮道. U形梁在城市轨道交通应用中的优化及关键技术[J]. 科技创新与应用, 2017（16）.

[3] 刘世龙. 浅谈城市轨道交通新型U梁的特点与工程应用[J]. 科技展望, 2016（10）.

[4] 王凤元, 陆元春, 吴育芬. U形梁在上海轨道交通8号线中的应用[J]. 上海建设科技, 2009（05）.

[5] 陈剑. 轨道交通先张法U形梁关键技术研究[D]. 哈尔滨: 哈尔滨工业大学, 2017.

[6] 张立青. 节段预制拼装法建造桥梁技术总述[J]. 铁道标准设计, 2014, 58（12）: 63-66.

[7] 钱建平. 双U箱型变截面节段梁模板工程控制技术[J]. 工程技术, 2017（5中）: 482-483+494.

[8] 汪永进, 张长春. 双U箱形变截面节段梁预制技术研究[J]. 铁道建筑技术, 2017,（11）: 55-58.

[9] 北京城建勘测设计研究院有限责任公司. 城市轨道交通工程测量规范[S]. 北京: 中国建筑工业出版社, 2017.

[10] 陈昊, 夏辉. 短线匹配法箱梁节段预制测量方法研究[J]. 现代测绘, 2018, 41（2）: 30-33.

[11] 朱佳友. 短线法节段梁预制拼装线形控制[J]. 中国高新科技, 2021（07）: 124-125.

[12] 戴东利. 短线法预制节段梁线形综合控制技术研究[J]. 铁道建筑技术, 2021（03）: 79-82+99.

[13] 罗桂锋. 短线法预制箱梁节段拼装施工控制要点[J]. 黑龙江交通科技, 2019, 42（08）: 90-92.

[14] 潘志群. 轨道交通中的"双U+箱型"变截面梁节段拼装线形控制技术[J]. 建筑施工, 2016, 38（06）: 782-784.

[15] 李凌霄, 秦小锋, 鲁学成, 江大骐. 30 m预制箱梁外观质量控制技术[J]. 公路, 2014, 07: 26-29.